A/B 테스트

A/B 테스트

신뢰할 수 있는 온라인 종합 대조 실험

이기홍·김기영 옮김   론 코하비·다이앤 탕·야 쉬 지음

i!i
에이콘

이 책에 쏟아진 찬사

"린^{lean} 방법론의 핵심에는 가설 생성, 실험 실행, 데이터 수집, 통찰력과 가설의 검증과 수정과 같은 과학적 방법론이 있습니다. A/B 테스트는 검증 가능하고 반복 가능한 실험을 설계하는 표준이며, 이 책은 이를 위한 훌륭한 교과서입니다."

— 스티븐 블랭크(Steve Blank)/ 스탠포드 대학교의 겸임교수, 현대 기업가 정신의 아버지,
『기업 창업가 매뉴얼』과 『Four Steps to the Epiphany(깨달음을 향한 4단계)』의 저자

"이 책은 제품 기능, 프로젝트 효율성 또는 매출을 최적화하기 위해 온라인 종합 대조 실험을 사용하고자 하는 경영진, 리더, 연구원 또는 엔지니어에게 유용한 자료입니다. 코하비의 연구가 빙과 마이크로소프트에 미치는 영향을 직접 알고 있었기에 그의 배움이 이제 더 많은 청중에게 전달될 수 있게 돼 기쁩니다."

— 해리 섬(Harry Shum)/ 마이크로소프트 인공지능 및 리서치 그룹 전무이사

"엄밀하면서도 접근하기 쉬운 훌륭한 책입니다. 독자들은 인터넷 제품 개발에 혁명을 일으킨 신뢰도 높은 온라인 종합 대조 실험을 자신의 조직에 가져오는 방법을 배우게 될 것입니다."

— 애덤 단젤로(Adam D'Angelo)/ Quora의 공동 설립자이자 CEO, 페이스북의 전 CTO

"여러 회사가 온라인 실험과 A/B 테스트를 사용해 제품을 개선하는 방법을 한눈에 알아볼 수 있는 훌륭한 책입니다. 코하비와 탕, 쉬는 풍부한 경험과 훌륭한 조언을 하고자 수년 동안 배운 많은 실전 사례와 교훈을 이 책에 담았습니다."

— 제프 딘(Jeff Dean)/ 구글 선임연구원 및 구글 리서치 상무

"조직이 지속적으로 더 나은 결정을 내리기를 원하십니까? 이 책은 디지털 시대에서 데이터 기반으로 의사결정을 할 수 있도록 돕는 바이블입니다. 이 책을 읽는 것은 아마존, 구글, 링크드인, 마이크로소프트 내부의 회의에 참석하는 것과 같습니다. 저자들은 세계에서 가장 성공적인 기업들이 의사결정을 내리는 방법을 처음으로 공개합니다. 일반 비즈니스 서적에서 볼 수 있는 지침이나 일화 이외에도, 데이터에 기반한 의사결정을 위해 무엇을 어떻게 잘 해야 하는지를 보여줍니다. 이 책은 비즈니스 리더, 엔지니어, 데이터 분석가를 위한 디지털 세계의 의사 결정 매뉴얼입니다."

— 스콧 쿡(Scott Cook)/ Intuit 공동 설립자 겸 실행 위원회 회장

"온라인 종합 대조 실험은 강력한 도구입니다. 온라인 종합 대조 실험이 어떻게 작동하고, 강점이 무엇이고, 어떻게 최적화될 수 있는지를 이해하는 것은 전문가와 더 많은 청중 모두에게 도움이 될 것입니다. 이 책은 기술적으로 권위 있으면서도, 읽기 쉽고, 매우 중요한 문제를 다루는 세상에 많지 않은 책입니다."

— 존 P.A.(John P.A.)/ 이오아니디스 의학과 보건연구정책학 교수,
스탠포드 대학교의 생물의학 데이터 과학 및 통계학과

"어떤 온라인 옵션이 더 나을까요? 우리는 이에 대해 자주 선택하고 실수 또한 자주 해야 합니다. 무엇이 실제로 더 잘 작동할지 결정하려면 엄격한 종합 대조 실험, 즉 A/B 테스트가 필요합니다. 마이크로소프트, 구글 및 링크드인의 전문가가 저술한 이 우수하고 생생한 책은 A/B 테스트의 이론과 모범 사례를 보여줍니다. 온라인상에서 무언가를 한다면 반드시 이 책을 읽어야 합니다!"

— 그레고리 피아테스키-샤피로(Gregory Piatetsky-Shapiro) 박사/ KD Nuggets 사장,
SIGKDD 공동 설립자 및 링크드인 탑보이스의 공동 설립자

"저자들은 세계 최고의 온라인 실험 전문가입니다. 저는 몇 년 동안 그들의 제품을 사용해왔는데, 그들이 팀을 이뤄 이 책을 쓰게 돼 기쁩니다. 이 책을 제 학생들뿐만 아니라 온라인 제품 및 서비스에 관련된 모든 사람에게 추천합니다."

— 에릭 브린욜프슨(Erik Brynjolfsson)/ MIT의 교수이자 『제2의 기계 시대』 공동 저자

"현대 소프트웨어 기반 비즈니스는 온라인 종합 대조 실험 없이는 성공적으로 경쟁할 수 없습니다. 이 분야에서 가장 경험이 많은 지도자 세 명이 쓴 이 책은 기본 원리를 제시하고, 설득력 있는 예를 보여주고, 풍부한 실용적인 조언을 제시하기 위해 더 깊이 파고듭니다. 이 책은 그야말로 필독서입니다!"

— 포스터 프로보스트(Foster Provost)/ 뉴욕대학 경영대학원 교수이자
『비즈니스를 위한 데이터 과학』의 공동 저자

"과거 20년 동안 기술 산업은 과학자들이 수세기 동안 알고 있었던 것을 학습해왔는데, 그것은 바로 종합 대조 실험이 복잡한 현상을 이해하고 매우 어려운 문제를 해결하기 위한 최고의 도구 중 하나라는 것입니다. 종합 대조 실험을 설계하고, 규모에 맞게 실행하고, 그 결과를 해석할 수 있는 능력은 현대 첨단 기술 기업이 어떻게 운영되는지 보여주는 토대입니다. 저자들은 세계에서 가장 강력한 실험 플랫폼들을 설계하고 구현했습니다. 이 책은 이러한 도구와 기술을 사용하는 방법에 대한 경험을 통해 배울 수 있는 좋은 기회입니다."

— 케빈 스콧(Kevin Scott)/ 마이크로소프트의 전무 및 CTO

"온라인 실험은 아마존, 마이크로소프트, 링크드인 및 주요 디지털 기업의 성공을 촉진했습니다. 이 실용적인 책을 읽는다면 이러한 회사에서 수십 년 동안 쌓은 실험 경험을 접할 수 있는 드문 기회를 얻는 것과 같으며, 이 책은 모든 데이터 과학자, 소프트웨어 엔지니어, 제품 관리자의 책장에 있어야 합니다."

— 스테판 톰케(Stefan Thomke)/ 하버드 비즈니스 스쿨의 윌리엄 바클레이 하딩 교수,
『Experimentation Works(실험 연구)』의 저자

"성공적인 온라인 비즈니스의 비결은 실험입니다. 이는 더 이상 비밀이 아닙니다. 이 책은 온라인 종합 대조 실험의 대가들이 A/B 테스트의 모든 것을 설명해서 온라인 서비스를 지속적으로 개선할 수 있도록 도와줍니다."

— 할 바리안(Hal Variian)/ 구글 수석 이코노미스트,
『Intermediate Microeconomics with Calculus(중간 미시경제학)』의 저자

"실험은 온라인 제품 및 서비스를 위한 최고의 도구입니다. 이 책은 마이크로소프트, 구글, 링크드인에서 수년간 성공적으로 테스트해 얻은 현장 속의 지식으로 가득합니다. 실제 사례, 흔한 실수와 실수의 의미와 솔루션을 통해 모범 사례와 통찰력을 보여줍니다. 저는 이 책을 강력히 추천합니다!"

— 프레스턴 맥아피(Preston McAfee)/ 마이크로소프트의 전 수석 이코노미스트이자 부사장

"실험은 디지털 전략의 미래이며, 이 책은 바이블이 될 것입니다. 저자들은 오늘날 실험 분야에서 가장 주목할 만한 전문가 중 세 명이며, 이들의 책은 디지털 실험을 위해 진정으로 실용적인 로드맵을 제공합니다. 마이크로소프트, 아마존, 구글 및 링크드인에서 수십 년에 걸쳐 실시한 사례 연구는 심도 있는 깊이와 명확성으로 실질적인 교훈을 주며 쉽게 이해할 수 있도록 구성돼 있습니다. 디지털 비즈니스의 모든 관리자가 이 책을 읽어야 합니다."

— 시난 아랄(Sinan Aral)/ MIT의 데이비드 오스틴 경영학 교수,
『Hype Machine(하이프 머신)』의 저자

"진지한 실험의 전문가를 위한 필독서로 매우 실용적이며 이 정도로 깊이 있게 다루는 책은 보지 못했습니다. 이 책은 매우 유용해서 마치 초능력을 얻는 것처럼 느껴집니다. 통계적 뉘앙스부터 결과 평가, 장기적인 영향 측정에 이르기까지 이 책을 통해 모든 것을 확인할 수 있습니다."

— 핍 라자(Peep Laja)/ 전환율 전문가이자 CXL의 설립자 및 대표

"온라인 실험은 마이크로소프트의 문화를 바꾸는 데 중요한 역할을 했습니다. 사티아Satya, 마이크로소프트 CEO는 성장 마인드에 대해 말하며 실험은 새로운 아이디어를 시도하고 그로부터 배우는 가장 좋은 방법이라고 합니다. 종합 대조 실험을 신속하게 반복하는 방법을 통해 빙은 수익성을 향상시켰고 마이크로소프트는 오피스, 윈도우와 애저 제품을 확산시켰습니다."

— 에릭 보이드(Eric Boyd)/ 마이크로소프트 AI 플랫폼의 기업 부사장

"기업가, 과학자, 경영자로서 소량의 데이터도 수십 배의 직감에 맞먹는 가치를 지닌다는 것을 어렵게 배웠습니다. 하지만 어떻게 하면 좋은 데이터를 얻을 수 있을까요? 이 책은 아마존, 구글, 링크드인, 마이크로소프트에서 수십 년 동안 쌓은 경험을 보기 쉽게 잘 구성돼 있습니다. 온라인 실험의 바이블입니다."

— 오렌 에치오니(Oren Etzioni)/ AI 연구소 CEO 겸 워싱턴 대학교 컴퓨터 과학 교수

"인터넷 회사들은 전례 없는 규모, 속도, 정교함으로 실험을 해왔습니다. 저자들은 이러한 발전에 핵심적인 역할을 해왔고, 독자들은 그들의 경험으로부터 배울 수 있어서 다행입니다."

— 딘 에클레스(Dean Eckles)/ MIT의 커뮤니케이션과 기술 분야의 KDD 경력 개발 교수, 페이스북의 전직 과학자

"이 책은 중요하지만 아직 충분한 가치를 인정받지 못하는 분야를 살펴볼 수 있는 매우 풍부한 자원입니다. 모든 장의 실제 사례는 성공적인 비즈니스의 내부 운영 방식을 보여줍니다. OEC전체 평가 기준를 개발하고 최적화하는 데 중점을 두는 것이 특히 중요한 교훈입니다."

— 제리미 하워드(Jeremy Howard)/ 싱귤래리티 대학교, fast.ai 설립자, 캐글의 전 대표 및 수석 과학자

"A/B 테스트에 대한 가이드는 많지만, 신뢰할 수 있는 온라인 종합 대조 실험 분야의 가이드는 적습니다. 저는 18년 동안 코하비를 따라다녔습니다. 그의 조언은 실무에 몰두하며 쌓여갔고 경험에 의해 연마되며, 실제 환경에서 연구를 하며 달궈졌다는 것을 알게 됐습니다. 다이앤 탕과 야 쉬와 함께라면 이해의 폭은 무엇과도 비교할 수 없을 것입니다. 다른 모든 책과 비교해보면 더 확실히 알게 될 것입니다."

— 짐 스턴(Jim Sterne)/ 마케팅 분석 서밋 창립자이자 디지털 분석 협회 명예 이사

"분석적 정교함, 명확한 설명, 어렵게 얻은 실제 경험의 교훈을 결합한 온라인 실험 실행을 위한 매우 유용한 방법이 담긴 책입니다."

— 짐 만지(Jim Manzi)/ Foundry.ai의 설립자, Applied Predictive Technologies의 전 CEO, 『Uncontrolled(비통제)』의 저자

"실험 디자인은 농업, 화학, 의학, 이제는 온라인 전자상거래와 같은 새로운 영역에 적용될 때마다 발전합니다. 최고 전문가들이 집필한 이 책은 온라인 실험을 하는 이유와 방법 그리고 실패하지 않는 방법 모두 다루는 실용적인 조언으로 가득합니다. 실험에 많은 비용이 들 수도 있지만, 무슨 일이 일어날지 모를 때는 더 큰 비용이 들 수 있습니다."

— 아트 오웬(Art Owen)/ 스탠포드 대학교 통계학 교수

"경영 간부와 운영 관리자가 꼭 읽어야 할 책입니다. 운영, 재무, 회계, 전략이 비즈니스의 기본 구성 요소를 형성하는 것처럼 오늘날 AI 시대에 온라인 종합 대조 실험을 이해하고 실행하는 것은 필수적입니다. 저자들은 실질적으로 접근할 수 있는 새롭고 중요한 지식 영역의 필수 요소를 제시했습니다."

— 카림 라카니(Karim Lakhani)/ 하버드 대학교의 혁신과학 연구소 책임자이자 교수, 모질라 코퍼레이션 이사

"실력 있는 '데이터 기반' 조직은 분석만으로는 충분하지 않다는 것을 알고 있습니다. 그들은 실험에 전념해야 합니다. 이 책은 어느 책보다 접근하기 쉽고 명확하며, 영향력이 큰 실험 설계를 할 수 있도록 돕는 매뉴얼이자 선언문입니다. 이 책에서 실용적인 영감을 많이 받았는데, 무엇보다도 문화가 기술 역량과 경쟁하는 방식을 중요한 성공 요인으로서 명확하게 알려줬습니다."

— 마이클 슈레이즈(Michael Schrage)/ MIT 디지털 경제 이니셔티브의 연구원이자
『Innovator's Hypothesis(혁신자의 가설)』의 저자

"실험에 관한 이 중요한 책은 세계에서 가장 큰 기술 기업 중 일부에서 일한 세 명의 저명한 리더의 지혜를 담았습니다. 조직 내에서 데이터 중심 문화를 구현하려는 소프트웨어 엔지니어, 데이터 과학자, 제품 관리자에게 훌륭하고 실용적인 책으로 추천합니다."

— 다니엘 툰켈랑(Daniel Tunkelang)/ Endeca의 수석 과학자이자
링크드인의 전 데이터 과학 및 엔지니어링 이사

"모든 산업이 디지털화되고 데이터 중심이 되면서 통제된 온라인 실험을 수행하고 그 혜택을 누리는 것이 필수가 됐습니다. 코하비와 탕, 쉬는 데이터 실무자와 경영진 모두에게 필요한 자료가 될 수 있는, 완벽하고 잘 연구된 가이드를 제공합니다."

— 에반젤로스 시무디스(Evangelos Simoudis)/ Synapse Partners 공동 설립자 겸 전무 이사,
『Big Data Opportunity in Our Driverless Future(이끄는 이가 없는 미래의 빅데이터 기회)』의 저자

"저자들은 10년 이상 동안 어렵게 얻은 실험 교훈을 가장 전략적으로 제공합니다."

— 콜린 맥팔랜드(Colin McFarland)/ Netflix의 실험 플랫폼 디렉터

"A/B 테스트에 대한 이 실용적인 가이드는 실험 실습의 최고 전문가 세 명의 경험을 이해하기 쉽게 추출했습니다. 올바른 지표 선택부터 기관 기억의 이점처럼 실험에서 가장 중요한 몇 가지 고려 사항을 알려줍니다. 과학과 실용성의 균형을 이루는 실험 코치를 찾고 있다면 이 책은 당신을 위한 것입니다."

— 딜런 루이스(Dylan Lewis)/ Intuit 실험 리더

"실험을 하지 않는 것보다 더 나쁜 것은 오해의 소지가 있는 실험을 하는 것입니다. 왜냐하면 그것은 여러분에게 잘못된 확신을 주기 때문입니다! 이 책은 세계 최대 규모의 실험 플랫폼들에서 나온 통찰력을 바탕으로 온라인 종합 대조 실험의 기술적 측면을 자세히 설명합니다. 어떤 규모라도 온라인 실험에 참여한다면 지금 이 책을 읽고 실수를 방지하고 결과에 대한 신뢰를 얻길 바란다."

— 크리스 고워드(Chris Goward)/ 『You Should Test That!(꼭 그 테스트를 해야 해요!)』의 저자,
Widerfunnel의 설립자이자 CEO

"경이로운 책입니다. 저자들은 풍부한 경험을 바탕으로 읽기 쉬운 참고 자료를 만들었고 이는 포괄적이면서도 상세하게 설명합니다. 디지털 실험에 진지하게 임하는 분께 이 책을 적극 추천합니다."

— 피트 쿠멘(Pete Koomen)/ Optimely의 공동창업자

"저자들은 온라인 실험의 선구자입니다. 그들이 만든 플랫폼과 그들이 가능하게 만든 실험은 몇몇 가장 큰 인터넷 브랜드를 변화시켰습니다. 이들의 연구와 강연은 업계 전반의 팀들이 실험을 채택할 수 있도록 영감을 줬습니다. 이 책은 업계에서 기다려온 권위적이면서도 실용적인 텍스트입니다."

— 아이디얼 아이자즈(Adil Aijaz)/ Split Software의 공동 설립자이자 CEO

한국어판 추천의 글

IT 서비스에서 프로덕트를 성장시키고, 사용자를 더 잘 이해하고자 한다면 실험이 필수적이고, 신뢰성 있는 실험을 통해 올바른 결론을 얻는 것이 중요합니다. 하지만 실제 현업에서 신뢰성 있는 실험을 하기란 쉽지 않습니다. 실험에 대한 조직 구성원들의 이해, 실험 진행을 기술적으로 뒷받침할 수 있는 실험 플랫폼, 데이터와 지표의 신뢰성 등 많은 요소를 갖추고 있어야 신뢰성 있는 실험을 진행할 수 있습니다.

이 책은 신뢰성 있는 온라인 종합 대조 실험을 진행하기 위해 알아야 할 항목들을 많은 사례와 함께 설명합니다. 주로 실험의 진행 과정이나 통계 및 기술적인 측면을 다루지만, 실험을 잘 진행하기 위한 조직과 문화적인 부분도 함께 다룹니다. 개인적으로 이 책에 수록된 마이크로소프트 빙과 링크드인 등의 실제 사례에서 많은 도움을 받았는데, 이 사례들을 바탕으로 현업에서의 시행착오를 많이 줄일 수 있었습니다. 실험을 더 잘하고자 하거나 실험을 통해 서비스를 성장시키고 싶은 모든 분께 이 책을 추천드립니다.

― 허성연 / 소프트웨어 엔지니어, 당근마켓 데이터 가치화 팀

옮긴이 소개

이기홍
(keerhee@gmail.com)

카네기멜론대학교에서 석사 학위를 받았고, 피츠버그대학교 Finance Ph.D, CFA, FRM이자 금융, 투자, 경제 분석 전문가다. 삼성생명, HSBC, 새마을금고 중앙회, 한국투자공사 등과 같은 국내 유수의 금융기관, 금융 공기업에서 자산운용 포트폴리오 매니저로 근무했으며, 현재 딥러닝과 강화학습을 금융에 접목시켜 이를 전파하고 저변을 확대하는 것을 보람으로 삼고 있다. 저서(공저)로는 『엑셀 VBA로 쉽게 배우는 금융공학 프로그래밍』(한빛미디어, 2009)이 있으며, 번역서로는 『포트폴리오 성공 운용』(미래에셋투자교육연구소, 2010), 『딥러닝 부트캠프 with 케라스』(길벗, 2017), 『프로그래머를 위한 기초 해석학』(길벗, 2018)과 에이콘출판사에서 펴낸 『실용 최적화 알고리듬』(2020), 『초과 수익을 찾아서 2/e』(2020), 『자산운용을 위한 금융 머신러닝』(2021), 『존 헐의 비즈니스 금융 머신러닝 2/e』(2021), 『퀀트 투자를 위한 머신러닝·딥러닝 알고리듬 트레이딩 2/e』(2021), 『자동머신러닝』(2021), 『금융 머신러닝』(2022), 『퇴직 연금 전략』(2022) 등이 있다. 누구나 자유롭게 머신러닝과 딥러닝을 자신의 연구나 업무에 적용해 활용하는 그날이 오기를 바라며 매진하고 있다.

김기영

(kky416@gmail.com)

서울대학교 기계항공공학부를 졸업한 뒤 동대학원에서 유체역학, 응용수학 분야 연구로 박사 학위를 받았다. 이후 디지털 마케팅 플랫폼에서 인공지능 기반 웹데이터 분석 솔루션을 만들었으며 금융 데이터 분석 전문 회사에서 인공지능 연구소장으로 다양한 기업 및 결제 데이터를 분석하고 활용하는 일을 했다. 현재는 인공지능 기술을 개발 및 서비스하는 아티피셜 소사이어티Artificial Society의 대표로 메타버스와 헬스케어를 결합한 서비스를 운영하고 있다.

옮긴이의 말

이 책은 빙^{Bing}에서의 광고 페이지 속 한 줄의 변화로 전체 매출의 10%를 향상시킨 놀라운 사례로 시작한다. 단순한 A/B 테스트의 기술서가 아닌 마이크로소프트, 구글, 링크드인에서 수년간 온라인 종합 대조 실험을 주도했던 저자들의 경험과 교훈을 공유하는 책이다.

숫자를 얻는 것은 쉽다. 하지만 믿을 수 있는 숫자를 얻는 것은 어렵다. 실험 결과를 단순한 숫자로 얻는 것이 아니라 믿을 수 있는 숫자를 얻을 수 있도록 신뢰도 높은 온라인 종합 대조 실험을 설계하고, A/B 테스트를 사용해 혁신을 가속화하는 방법에 대해 이야기하고 있다. 저자들은 현재 연간 20,000건 이상의 종합 대조 실험을 실행하는 각 기업에서의 경험을 바탕으로 학생과 업계 전문가가 실험을 시작할 수 있도록 예시, 빠지기 쉬운 실수 및 조언을 공유하고 있을 뿐만 아니라 데이터 기반 의사결정 방식을 개선하고자 하는 숙련된 실무자들에게도 도움될 심화 주제에 대해서도 깊이 있게 논의한다.

온라인 종합 대조 실험인 A/B 테스트는 2000년 중반부터 시작된 테크기업들의 문화적 혁신, 예를 들면 에릭 리스의 린 스타트업^{Lean Startup} 및 MVP(최소 기능 제품)의 개념과 그 맥을 같이 한다. 기능 또는 서비스의 작은 변화를 지속적으로 온라인에서 테스트하면서 조금씩 기능 또는 서비스를 개선한다. A/B 테스트는 과거의 설계-개발-테스트-배포의 상품개발이 3년의 주기에 걸쳐 진행되던 행태를 해방시켜 이제는 빠르게 기능 또는 서비스를 출시하고 이를 지속적으로 테스트해 고객과 실시간으로 소통할 수 있도록 한다. 또한 이러한 점에서 A/B 테스트는 개인화된 서비스를 중시하는 여러 분야에서 전통적인 설문조사나 시장조사를 탈피해 실제 상황에서 고객의 취향을 가장 잘 반영하는 서비스와 추천을 가장 효율적으로 달성시킬 수 있는 방법이기도 하다.

A/B 테스트의 기능 중 가장 중요한 것은 한꺼번에 모든 것을 테스트하는 것이 아니라 조금씩 테스트하는 것이다. 통제된 상황에서 이를 실행하는데, 이는 온라인상의 통제이므로 실제 상황을 반영하는 통제이다. 따라서 연관분석(예를 들어 장바구니 분석)에서와 같이 상관관계를 발견하는 것을 넘어서 원인과 결과를 밝히는 설명력이 가능한 인과성을 발견하고자 하는 것이 주된 목적이다. (그래서 그 테스트 대상은 작은 무엇인가가 될 것이다.) 이러한 발견은 보다 설명력이 있기 때문에 테스트의 승자가 상품 또는 서비스의 개선을 위해 큰 신뢰도로 강건하게 도입될 수 있는 것이다. 이에 대한 많은 예제가 이 책에 담겨있으니 독자들은 이를 즐기길 바란다. 1부는 통제실험의 설계, 구축, 과정 및 평가에 대한 기본적 설명이 포함돼 있으며, 2부부터는 데이터 기반의 문화를 도입하고, 신뢰도 있는 온라인 종합 대조 실험이 실제 상황에서 상시적으로 실행되기 위한 전반적인 지침과 교훈, 앞으로의 방향을 담고 있어 데이터 과학자들 및 관련 실무자들뿐 아니라 기업 내의 리더들 및 임원들에게 도 크게 유용하리라 본다. 마지막으로 HiPPO(최고의 보수를 받는 최고 경영자)의 의견이 주도하던 시대를 넘어서 고객들의 의견을 중시하고 데이터를 기반으로 의사결정하는 문화를 구축하는 데 있어 획기적인 전기가 되기를 바란다.

지은이 소개

론 코하비 Ron Kohavi

에어비앤비의 상무 이사이자 기술 펠로우이다. 이 책은 마이크로소프트의 기술 펠로우이자 본사 상무 이사로 있을 때 쓴 것으로, 그 이전에는 아마존의 데이터 마이닝 및 개인화 책임자였다. 스탠포드 대학교에서 컴퓨터 과학 박사 학위를 받았다. 그의 논문은 40,000개 이상의 인용됐으며, 그중 3개가 컴퓨터 과학에서 가장 많이 인용된 상위 1,000개의 논문에 속한다.

다이앤 탕 Diane Tang

대규모 데이터 분석 및 인프라, 온라인 종합 대조 실험 및 광고 시스템에 대한 전문 지식을 보유한 구글 연구원이다. 하버드 대학교에서 학사를, 스탠포드 대학교에서 석사 및 박사 학위를 취득했으며 모바일 네트워킹, 정보 시각화, 실험 방법론, 데이터 인프라, 데이터 마이닝, 대용량 데이터에 대한 특허를 받았으며, 관련 저서를 썼다.

야 쉬 Ya Xu

링크드인에서 데이터 과학 및 실험을 주관한다. 실험에 관한 여러 논문을 발표했으며, 탑티어 콘퍼런스와 대학에서 종종 발표를 한다. 이전에 마이크로소프트에서 일했으며 스탠포드 대학교에서 통계학 박사 학위를 받았다.

17

감사의 글

수년간 우리와 함께 일해준 동료들에게 감사를 표한다. 감사한 분들이 너무 많아서 일일이 이름을 댈 수 없지만, 이 책은 업계 전반의 사람들뿐만 아니라 온라인 종합 대조 실험을 연구하고 수행하는 것 이상의 합동 작업에 바탕을 두고 있다. 여러분 모두에게 많은 것을 배웠다. 다시 한 번 감사하다.

책을 쓰는 내내 편집자인 Lauren Cowles와 연락했다. Cherie Woodward는 훌륭한 편집으로 우리 셋의 목소리가 어우러질 수 있도록 도움을 줬다. Stephanie Grey는 우리와 함께 모든 다이어그램과 그림을 개선했다. Kim Vernon은 최종본을 편집 및 감수했다.

무엇보다 출간 작업으로 가족들과 함께할 시간을 갖지 못한 것을 이해해준 우리 가족에게 깊은 감사를 전한다. Ronny의 가족 Yael, Oren, Ittai, Noga, Diane의 가족 Ben, Emma, Leah, Ya의 가족 Thomas, Leray, and Tavis. 여러분의 성원이 없었다면 이 책을 쓸 수 없었을 것이다!

구글 팀: Hal Varian, Dan Russell, Carrie Grimes, Niall Cardin, Deirdre O'Brien, Henning Hohnhold, Mukund Sundararajan, Amir Najmi, Patrick Riley, Eric Tassone, Jen Gennai, Shannon Vallor, Eric Miraglia, David Price, Crystal Dahlen, Tammy Jih Murray, Lanah Donnelly과 구글에서 실험을 수행하는 모든 분들

링크드인 팀: Stephen Lynch, Yav Bojinov, Jiada Liu, Weitao Duan, Nanyu Chen, Guillaume Saint-Jacques, Elaine Call, Min Li, Arun Swami, Kiran Prasad, Igor Perisic 및 전체 실험 팀

마이크로소프트 팀: Omar Alonso, Benjamin Arai, Jordan Atlas, Richa Bahayan, Eric Boyd, Johnny Chan, Alex Deng, Andy Drake, Aleksander

Fabijan, Brian Frasca, Scott Gudit Gupta, Adam Gustson, Tommy Gufson, Tommy Guy, Randy Henne, Edward Jezierski, Jing Jin, Dongwoo Kim, Waldo Kuipers, Jonathan Litz, Sophia Liu, Jiannan Lu, Qi Lu, Daniel Miller, Carl Mitchell, Nils Pohlmann, Wen Qin, Thomas Schreiter, Harry Shum, Dan Sommerfield, Garnet Vaz, Toby Walker, Michele Zunker 및 분석 실험 팀.

책 전체를 살펴봐준 Maria Stone, Marcus Persson과 윤리에 관한 장에 대한 전문가 피드백을 준 Michelle N. Mey에게 특별히 감사드린다.

피드백을 준 다른 사람들은 다음과 같다. Adil Aijaz, Jonas Alves, Alon Amit, Kevin Anderson, Joel Barajas, Houman Bedayat, Beau Bender, Bahador Biglari, Stuart Buck, Jike Chong, Jed Chou, Pavel Dmitriev, Yurong Fan, Georgi Georgiev, Ilias Gerostathopoulos, Matt Gershoff, William Grosso, Aditya Gupta, Rajesh Gupta, Shilpa Gupta, Kris Jack, Jacob Jarnvall, Dave Karow, Slawek Kierner, Pete Koomen, Dylan Lewis, Bryan Liu, David Manheim, Colin McFarland, Tanapol Nearunchron, Dheeraj Ravindranath, Aaditya Ramdas, Andre Richter, Jianhong Shen, Gang Su, Anthony Tang, Lukas Vermeer, Rowel Willems, Yu Yang, Yufeng Wang

이름을 밝히지 않고 도와준 많은 분께도 감사드린다.

한국어판 감사의 글

보다 정확하고 바르게 전달될 수 있도록 한국어판 출간에 도움을 주신 김진구 박사님, 이명지 박사님, 이민용 박사님, 이민형 님, 황민하 박사님, 허성연 님께 특별히 감사드립니다.

— 편집 팀 일동

차례

23

에이콘출판의 기틀을 마련하신 故 정완재 선생님 (1935-2004)

들어가며

데이터를 갖고 있다면 데이터를 살펴봐라.
만약 갖고 있는 것이 의견뿐이라면 자신의 의견대로 가라.

전 넷스케이프 CEO인 짐 박스데일

아마존과 마이크로소프트(Ron), 구글(Diane), 마이크로소프트와 링크드인 (Ya)에서 수십 년 동안 온라인 종합 대조 실험^{online controlled experiment}을 여러 규모로 실행해온 경험에서 얻은 실질적인 교훈을 공유하는 것이 이 책의 목표다. 구글, 링크드인 또는 마이크로소프트의 담당자가 아닌 한 개인으로써 이 책을 집필하는 동안, 수년간에 걸쳐 마주했던 주요 교훈과 함정을 선정해, HiPPO^{Highest Paid Person's Opinion: 최고 보수를 받는 자의 의견, 즉 최고 경영자의 의견}에 의존하는 것이 아니라 그들에게 정보를 제공하는 데이터 기반 문화를 구축하기 위해 소프트웨어 플랫폼과 기업 문화 측면 모두에 대한 지침을 제공하고자 한다(Kohavi, HiPPO FAQ 2019). 이러한 많은 교훈이 온라인 환경, 대기업 또는 중소기업, 심지어 회사 내의 팀과 조직에도 적용된다고 믿으며, 우리 모두는 실험 결과의 신뢰도를 평가할 필요가 있다고 생각한다. 또한 트위먼^{Twyman}의 법칙이 암시하는 회의론을 믿는다. **흥미로워 보이거나 다르게 보이는 어떤 수치는 대체로 틀린다.** 독자들이 다시 한 번 결과를 확인하고, 특히 획기적이고 긍정적인 결과를 위해 유효성 검사를 실행할 것을 권한다. 숫자를 얻는 것은 쉽지만, 믿을 수 있는 숫자를 얻는 것은 어렵다!

이 책에서는 다음 방법들을 배운다.

- 과학적 방법을 사용한 종합 대조 실험을 통해 가설 평가

- 주요 지표[1] 및 전반적인 평가 기준 정의

- 결과의 신뢰도를 검증하고, 실험자들에게 위배된 가정에 대한 경고 제공

- 실험 결과의 빠른 해석과 반복 실험

- 주요 사업목표를 보호하기 위한 가드레일 구축

- 실험의 한계 비용을 0에 가깝게 낮추는 확장 가능한 플랫폼 구축

- 이월 효과, 트위먼의 법칙, 심슨의 역설, 네트워크 상호작용과 같은 흔한 실수 피하기

- 일반적인 가정 위반을 포함해 통계 문제가 실제로 어떻게 처리되는지 이해

1부는 배경에 상관없이 모든 사람이 읽을 수 있도록 설계됐으며, 4장으로 구성돼 있다.

- 1장에서는 온라인 종합 대조 실험 실행의 이점을 간략히 설명하고 실험 용어를 소개한다.

- 2장에서는 예를 들어 엔드-투-엔드로 실험을 실행하는 과정을 살펴본다.

- 3장에서는 일반적인 오류 및 실험 신뢰도 구축 방법을 설명한다.

- 4장에서는 실험 플랫폼을 구축하고 온라인 실험을 확장하기 위해 필요한 사항을 개략적으로 설명한다.

2부에서 5부까지는 필요에 따라 모든 사람이 이용할 수 있지만, 각 장은 특정 청중에 초점을 두고 작성됐다. 2부에는 조직 지표와 같은 펀더멘털에 관한 5개의 장들이 포함돼 있다. 2부의 주제는 특히 리더와 임원 모두에게 권장된다. 3부의 2개 장은 리더, 데이터 과학자, 엔지니어, 분석가, 제품 관리자들이 온라인 종합 대조 실험을 보완하는 기법을 소개한다. 이 기법은 자

---

1 지표는 metrics로 메트릭, 지표 또는 성과지표와 혼용해서 사용되나 이 책에서는 특별히 구별되지 않는 한 지표로 통일한다. – 옮긴이

원 및 시간을 투자할 때, 유용한 지침으로 사용될 수 있을 것이다. 4부는 실험 플랫폼 구축에 중점을 두고 엔지니어를 대상으로 설명한다. 마지막으로, 5부는 고급 분석 주제를 파고들어 데이터 과학자를 대상으로 한다.

웹사이트 https://experimentguide.com은 이 책의 동반자이다. 여기에는 추가 자료와 오타 정보가 포함돼 있으며, 공개 토론의 영역을 제공한다. 저자들은 이 책의 모든 수익금을 자선단체에 기부할 계획이다.

1부

모두를 위한 소개

01

소개와 동기

하나의 정확한 측정이 수천 개의 전문가 의견보다 가치 있다.

그레이스 호퍼 제독 Admiral Grace Hopper

2012년 마이크로소프트의 검색 엔진인 빙 Bing에서 일하는 한 직원이 광고 헤드라인 표시법을 바꾸자고 제안했다(Kohavi, Thomke 2017). 아이디어는 그림 1.1과 같이 타이틀 라인을 타이틀 바로 밑 첫째 줄의 문장과 합쳐서 광고의 타이틀 줄을 길게 만드는 것이었다.

아무도 이 간단한 변화가 수많은 아이디어 중 빙 역사상 최고의 매출 창출 아이디어가 될 줄 몰랐다!

아이디어의 우선순위는 낮았고 코드를 바꾸는 것이 쉽다는 전제하에 소프트웨어 개발자가 변화를 한 번 시도하자고 하기 전까지 6개월 이상 밀려 있었다. 개발자는 아이디어를 구현하고, 실제 사용자 일부에게 새로운 타이틀 배포를, 또 다른 일부에게는 이전의 것을 무작위로 보여주면서 평가하기 시작했다. 웹사이트에 대한 사용자 반응은 광고 클릭과 이를 통한 매출을 포함해 기록됐다. 이것은 A와 B 또는 대조군 control과 실험군 treatment의 2개 종류를 비교하는 가장 간단한 형태의 종합 대조 실험 controlled experiment인 A/B 테스트의 예시다.

테스트를 시작한 몇 시간 후 매출이 너무 많다는 경고가 발생했으며, 이는 보통 무엇인가 실험에 잘못된 것이 있다는 의미다. 새로운 타이틀이 배치된 실험군이 광고 수입을 너무 많이 증가시켰던 것이다. "사실이기에 너무 좋다"

고 하는 경고는 로그를 두 번 카운트하거나(더블 빌링) 다른 웹 광고가 뜨지 않고 단지 해당 광고만 표시되는 것과 같은 심각한 버그를 발견할 수 있기 때문에 매우 유용하다.

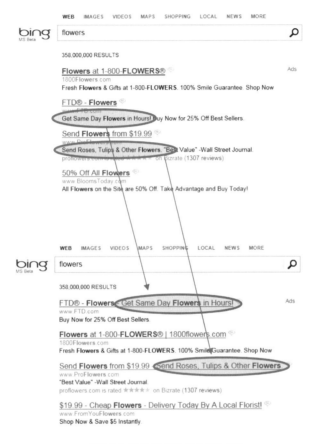

그림 1.1 빙에서의 광고 배포 변화 실험

그러나 이 실험에서의 매출 증가는 유효한 것이었다. 빙의 매출은 12%나 증가했으며 당시 미국에서만 연간 1억불에 해당하는 것이었다. 다른 주요 사용자 경험 지표를 저해하지도 않았다. 이 실험은 오랜 기간 동안 여러 번 되풀이됐다.

이 예시를 통해 온라인 종합 대조 실험의 핵심 주제를 알 수 있다.

- 아이디어의 가치는 평가하기 힘들다. 연 1억불 이상의 가치를 가진 간단한 변화가 여러 달 연기됐다.

- 작은 변화도 큰 영향을 줄 수 있다. 한 개발자가 며칠 작업하고, 연 1억불의 수익을 낸다면 최고의 투자수익률(ROI)을 올린 것 아닌가?

- 큰 영향을 발생시키는 실험은 드물다. 빙은 1년에 10,000건의 실험을 수행하지만, 큰 개선을 주는 간단한 아이디어는 단지 수년에 한 번 발생한다.

- 실험을 실행하는 오버헤드는 적어야 한다. 빙의 개발자들은 마이크로소프트의 실험 시스템인 ExP에 접근해, 과학적으로 아이디어를 쉽게 평가할 수 있었다.

- 전체 평가 기준(OEC)이 분명해야 한다. 앞의 예시에서는 매출(revenue)이 OEC의 핵심 요소였지만 매출만으로는 OEC가 되기는 부족하다. 매출을 위해 사용자 경험을 저해하는 것으로 알려진 광고를 웹사이트에 도배할 수 있지만, 빙은 사용자당 세션(사용자들이 떠나는지 아니면 더 사용하는지)과 여러 다른 요소를 포함해 사용자 경험 지표를 비교해 매출을 판단하는 OEC를 사용한다. 여기서의 핵심은 수익이 극적으로 늘었어도 사용자 경험 지표가 크게 저하되지 않았다는 점이다.

이제 종합 대조 실험의 용어를 알아본다.

온라인 종합 대조 실험 용어

종합 대조 실험$^{\text{controlled experiment}}$은 길고도 매혹적인 역사를 갖고 있으며 이에 대한 우리의 연구는 온라인에서 공유하고 있다(Kohavi, Tang, Xu 2019). 종합 대조 실험은 때때로 A/B 테스트, A/B/n 테스트(다중 변형을 강조하기 위함), 현장 실험, 무작위 종합 대조 실험, 분할 테스트, 버킷 테스트, 및 플라이트라고 불린다. 이 책에서는 이런 여러 변형에 관계없이 종합 대조 실험과 A/B 테스트라는 용어를 섞어 사용할 것이다.

온라인 종합 대조 실험은 에어비앤비, 아마존, 부킹닷컴, 이베이, 페이스북, 구글, 링크드인, 리프트, 마이크로소프트, 넷플릭스, 트위터, 우버, 야후/

오쓰, 얀덱스(Gupta et al. 2019)와 같은 기업에서 많이 사용된다. 이러한 회사는 매년 수천에서 수만 개의 실험을 실행하며, 때로는 수백만 명의 사용자와 연관돼 모든 것을 테스트한다. 사용자 인터페이스(UI), 관련 알고리듬(검색, 광고, 개인 정보 확인, 추천 상품 등), 지연 시간/성능, 콘텐츠 관리 시스템, 고객 지원 시스템 등을 실험하며, 웹사이트, 데스크톱 애플리케이션, 모바일 애플리케이션, 이메일 등 여러 채널에서 실행된다.

가장 일반적인 온라인 종합 대조 실험에서 사용자는 실험군과 대조군에 무작위로 분할되며, 한 번 지정된 분할은 바뀌지 않는다(따라서 사용자는 여러 번의 사이트 방문에서 동일한 경험을 하게 된다). 앞서 빙의 예에서 대조군Control은 광고의 원래 표시였고, 실험군Treatment은 더 긴 제목을 가진 광고의 표시였다. 사용자의 빙 웹사이트에서의 사용내역을 관찰하고 기록해, 기록된 데이터로부터 지표를 계산해 각 지표에서 대한 광고 간의 차이를 평가할 수 있다.

가장 간단한 종합 대조 실험에서는 그림 1.2와 같이 대조군(A)과 실험군(B)의 두 가지 변형군이 있다.

이 책에서는 Kohavi, Longbottom(2017)과 Kohavi, Longbottom et al.(2009)의 용어를 따르며, 다른 분야와 관련한 용어에 관해서는 다음 페이지에서 설명할 것이다. 이 장의 끝에 있는 참고문헌에서 실험과 A/B 테스트에 관한 다른 자료를 확인할 수 있다.

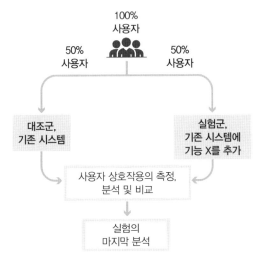

그림 1.2 간단한 종합 대조 실험: A/B 테스트

전체 평가 기준[OEC, Overall Evaluation Criterion]: 실험 목적의 계량적 지표. 예를 들어 OEC를 사용자별 활동일 수[active days per user]로 정할 수 있는데, 이는 실험 중 사용자가 활동한 일 수(사용자가 방문해서 어떤 행동을 취한 일 수)를 가리킨다. 이 OEC를 늘린다는 것은 사용자들이 해당 사이트를 더 자주 방문한다는 것을 의미하며, 이는 좋은 결과물이다. OEC는 단기적으로(실험 기간 동안) 측정할 수 있어야 하면서도 결과적으로는 장기적 전략목표를 추진하는 원인이라고 믿을 수 있는 것이 돼야 한다(이 장의 뒷부분과 7장의 전략, 전술 및 실험과의 관계 참조). 검색 엔진의 경우 OEC는 사용량[usage](예: 사용자당 세션 수), 관련성[relevance](예: 성공적인 세션, 성공까지의 시간), 광고 수익의 조합이다(모든 검색 엔진이 이러한 지표들을 모두 사용하는 것은 아니며, 다른 지표를 사용하는 경우도 있다).

이는 통계에서 흔히 반응[Response] 또는 종속[Dependent] 변수라고 불리며(Mason, Gunst, Hess 1989, Box, Hunter, Hunter 2005), 결과[Outcome], 평가[Evaluation], 적합도 함수[Fitness Function]가 동의어로 사용될 수 있다(Quarto-vonTivadar 2006). 단일 지표를 선택하는 것이 매우 바람직하고 권장되지만(Roy 2001, 50, 405-429), 실험은 여러 목표를 가질 수 있으며 밸런스 스코어 카드 접근 방식(Kaplan, Norton 1996)을 사용할 수 있다.

실험을 위한 OEC를 결정하는 방법은 7장에서 자세히 알아본다.

파라미터: OEC 또는 기타 관심 지표에 영향을 미치는 것으로 간주되는 통제 가능한 실험 변수. 파라미터는 때때로 요인[factors] 또는 변수[variables]라고도 불린다. 파라미터에는 값이 할당되는데, 이를 수준[level]이라고 한다. 단순 A/B 테스트에서는 일반적으로 두 개의 값을 갖는 단일 파라미터가 있다. 온라인 세계에서는 여러 값(예를 들면, A/B/C/D)을 가진 단일변수 설계를 사용하는 것이 일반적이다. 다변수 테스트[MVTs, Multivariate Tests]는 글꼴 색상과 글꼴 크기와 같은 다중 파라미터(변수)를 함께 평가해 실험자가 파라미터가 상호작용할 때의 전역적 최적값을 발견할 수 있도록 한다(4장 참조).

변형군: 테스트되는 사용자 경험으로서 일반적으로 파라미터의 값에 의해 사용자에 어떠한 경험이 할당되는가가 결정된다. 간단한 A/B 테스트에서 A

와 B는 보통 대조군과 실험군이라고 불리는 두 개의 변형군이다. 일부 문헌에서 변형군은 단지 실험군만을 의미하지만, 여기서는 대조군을 특별한 변형군, 즉 비교를 할 대상이 되는 기존 버전의 변형군으로 간주한다. 예를 들어 실험에서 버그가 발견된 경우 실험을 중단하고 모든 사용자를 대조군에 할당해야 할 것이다.

무작위 추출 단위: 의사 무작위 추출(예: 해싱)과정에 의해 실험단위 (예: 사용자 또는 페이지)를 각 변형군에 랜덤하게 할당한다. 높은 확률로 인과관계를 판별할 수 있도록 상이한 변형군에 할당된 사용자들이 통계적으로 비슷해야 하므로, 적절한 무작위 추출은 중요하다. 단위를 지속적이고 독립적인 방식으로 변형군에 할당해야 한다(즉, 사용자가 무작위 추출 단위인 경우 사용자는 동일한 경험을 일관되게 가져야 하며, 한 사용자의 한 변형군에의 할당은 다른 사용자의 동일 변형군에의 할당과 아무런 관련이 없어야 한다). 온라인 종합 대조 실험을 실행할 때, 사용자를 무작위 추출 단위로 사용하는 것은 매우 일반적이며, 적극 권장한다. 일부 실험 설계에서는 페이지, 세션 또는 사용일별로 무작위 추출을 선택하는데, 사용자 경험이 서버에 의해 정의된 매 24시간 동안 일관성을 유지하도록 주어져야 한다. 자세한 내용은 14장을 참조하자.

적절한 무작위 추출이 중요하다. 실험 설계가 각 변형군에 동일한 비율의 사용자를 할당하는 경우, 각 사용자는 각 변형군에 할당될 확률이 같아야 한다. 무작위 추출을 가볍게 생각하지 말자. 다음 소개하는 예시는 적절한 무작위 추출의 어려운 점과 중요성을 보여준다.

- 랜드 법인은 1940년대 몬테카를로 방식에 난수가 필요했기 때문에 맥박 기계를 이용해 생성된 백만 개의 난수를 책으로 만들었다. 그러나 하드웨어의 편향(bias)으로 인해 원래 표에는 현저한 편향이 있었고, 새로 펴낸 책에서 숫자를 다시 무작위 추출해야 했다 (RAND 1955).

- 종합 대조 실험은 처음에 의료 분야에서 사용됐다. 미국 재향군인청(VA)이 결핵에 대한 스트렙토마이신(streptomycin) 실험(제약 실험)을 실시했으나 의사들이 내과적으로 편견을 갖고 선발 과정에 개입했기 때문에 실험은 실패했다(Marks 1997년). 영국에서 유사한 실험이 블라인드 프로토콜로 행해졌는데 이는 성공했으며, 종합 대조 실험의 역사에서 분수령이 되는 순간(watershed moment)을 만들었다(Doll 1998).

어떠한 요인도 변형군 배정에 영향을 주도록 허용해서는 안 된다. 사용자 (실험단위)는 "무작위 추출이 아닌 어떠한 방식"으로도 편향이 없는 분포로 할 당될 수 없다(Weiss 1997). 랜덤성은 "마구잡이식이거나 계획되지 않은" 것이 아니라, "확률에 기초한 의도적인 선택"을 의미한다는 점에 유의해야 한다 (Mosteller, Gilbert, McPeek 1983). Senn(2012)은 무작위 추출에 대한 몇 가지 잘 못된 생각에 대해 논의한다.

실험의 이유? 상관관계, 인과관계, 신뢰성

매달 사용자의 X%가 이탈(가입 종료)하는 넷플릭스와 같은 구독 사업에서 일하고 있다고 가정하자. 당신은 새로운 기능을 도입하기로 결정했고 그 기능을 사용하는 사용자의 이탈률이 X%/2, 즉, 반이라는 것을 보게 된다. 당신은 이에 대해 인과관계를 주장하고 싶을지도 모른다. 기능은 이탈을 절반으로 줄이고 있다. 이 기능을 더 쉽게 검색하고 더 자주 사용하게 할 수 있으면, 가입자가 급증할 것이라는 결론을 얻을 것이다. 그러나 이는 잘못된 논리다! 주어진 데이터에서 이 기능이 사용자 이탈을 감소시키는지 증가시키는지에 대한 결론을 내릴 수 없으며, 그 기능으로 인해 사용자 이탈을 감소시키는 것과 증가시키는 것 두 상황 모두 가능하다.

이러한 오류를 보여주는 예는 또 다른 구독 사업인 마이크로소프트 오피스 365에서 발견할 수 있다. 오류 메시지가 뜨고 충돌을 경험한 오피스 365 사용자가 이탈률이 낮다고 해서 오피스 365에 오류 메시지를 더 많이 표시하거나 마이크로소프트에서 굳이 코드 품질을 낮춰 더 많은 충돌을 유발해야 하는 것은 아니다. 세 가지 이벤트 모두 사용률usage이라는 한 가지 요인에 의해 발생한다. 제품을 많이 사용하는 사용자는 오류 메시지가 더 많이 표시되고, 충돌이 더 많이 발생하며, 이탈률이 더 낮다. 상관관계는 인과관계를 의미하지 않으며 이러한 관찰에 지나치게 의존하면 잘못된 결정을 내리는 것으로 이어질 수 있다.

1995년에 가이야트 외(Guyatt et al., 1995)은 의학 문헌에서의 추천을 평가하는 방법으로 증거 계층hierarchy of evidence을 도입했으며, 그린할Greenhalgh은 증거 기반 의학의 실행에 대한 논의(1997, 2014)에서 이를 확장했다. 그림 1.3은 바일라(Bailar, 1983, 1)에 근거하는 간단한 증거 계층을 보여준다. 무작위 추출 종합 대조 실험은 인과관계를 확립하는 최고의 기준이다. 종합 대조 실험의 체계적 검토, 즉 메타분석은 더 많은 증거와 일반화 가능성을 제공한다.

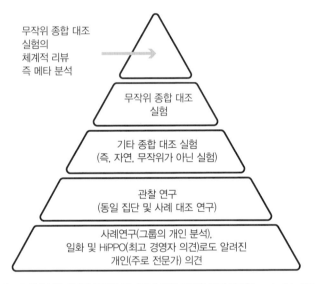

그림 1.3 임상시험 설계의 품질을 평가하기 위한 간단한 증거 계층(Greenhalgh 2014)

옥스포드 증거 기반 의학 센터Oxford Centre for Evidence-based Medicine의 증거 수준Levels of Evidence과 같은 좀 더 복잡한 모델도 이용할 수 있다(2009).

우리 회사들에서 사용하는 실험 플랫폼은 구글, 링크드인, 마이크로소프트의 실험자들이 그 결과에 대한 높은 신뢰도를 갖고 연간 수만 건의 온라인 실험들을 실행할 수 있게 해준다. 우리는 온라인 종합 대조 실험이 다음과 같은 것이라고 믿는다.

- 높은 확률로 인과관계를 확립할 수 있는 최선의 과학적인 방법이다.

- 시간에 따른 변화와 같이 다른 기법으로 탐지하기 어려운 작은 변화 감지가 가능하다 (민감도).

- 예상치 못한 변화 감지가 가능하다. 종종 과소평가되지만 성능 저하, 충돌/오류 증가, 또는 다른 기능으로부터의 클릭 수 감소 등 많은 실험에서 여러 지표에 대한 놀라운 영향을 발견한다.

이 책의 핵심은 실험에서의 잠재적 오류를 알아보고 결과에 대한 신뢰도를 높이는 방법을 알려주는 것이다. 온라인 종합 대조 실험은 신뢰할 수 있는 데이터를 대규모로 전자적으로 수집하고, 적절하게 무작위 추출하며, 함정을 피하거나 탐지하는 데 있어 최고의 능력을 제공한다(11장 참조). 온라인 종합 대조 실험이 불가능한 경우에만 신뢰도가 떨어지는 다른 방법(관찰 연구 등)을 사용하길 권장한다.

유용한 종합 대조 실험 실행을 위한 필수 재료

종합 대조 실험의 과학적인 엄격함으로 모든 결정을 내릴 수 있는 것은 아니다. 예를 들어 인수합병(M&A)과 이에 대한 반대되는 일(인수합병이 없는 사건)을 동시에 진행할 수 없기 때문에 인수합병에 대해 종합 대조 실험을 실행할 수 없다. 이제 유용한 대조 실험을 실행하는 데 필요한 기술적 요소들을 검토하고(Kohavi, Crook, Longbotham 2009), 그 다음에 조직에 도움이 되는 핵심 원칙들을 살펴본다. 4장에서 실험 성숙도 모델을 다룬다.

1. 서로 간의 간섭 효과 없이 여러 변형군에 할당될 수 있는 실험 단위(예: 사용자). 예를 들어, 실험군의 사용자들은 대조군의 사용자들에게 영향을 미치지 않는다(22장 참조).

2. 종합 대조 실험에 충분한 실험 단위(사용자 수). 통제된 경험이 유용하려면 수천 개의 실험 단위를 권장한다. 즉 숫자가 클수록 더 작은 효과도 탐지할 수 있다. 좋은 소식은 작은 소프트웨어 스타트업들조차도 일반적으로 초반에 실험에 필요한 충분한 수의 사용자들을 빨리 얻으므로, 큰 효과를 찾기 위한 종합 대조 실험을 시작할 수 있다는 것이

다. 비즈니스가 성장함에 따라 작은 변화(예: 대규모 웹사이트는 사용자 경험과 수익률 변화율에 영향을 미치는 주요 지표에 대한 작은 변화를 감지할 수 있어야 함)를 탐지하는 것이 더욱 중요해지고, 민감도는 사용자 기반이 증가함에 따라 개선된다.

3. 실제로 평가 가능하면서도 다른 사람도 동의하는 핵심지표(이상적인 OEC). 목표를 측정하기가 너무 어렵다면 대체 지표에 대해 합의하는 것이 중요하다(7장 참조). 신뢰할 수 있는 데이터를 이상적이면서도 광범위하고 저렴하게 수집할 수 있다. 소프트웨어 분야에서는 일반적으로 시스템 이벤트와 사용자 액션을 기록하는 것이 쉽다(13장 참조).

4. 용이한 변경. 소프트웨어는 일반적으로 하드웨어보다 변경하기 쉽다. 그러나 소프트웨어에서도 일부 영역은 일정 수준의 품질 보증을 요구한다. 추천 알고리듬은 변경하기도 쉽고 변경한 것을 평가하기도 쉽다. 항공기 비행 통제 시스템의 소프트웨어를 변경할 때는 연방항공관리국(FAA)의 전혀 다른 승인 과정이 필요하다. 서버 측 소프트웨어는 클라이언트 측보다 훨씬 쉽게 변경할 수 있기 때문이다(12장 참조). 클라이언트 소프트웨어에서 서비스를 호출하는 것이 일반화되고 있고, 업그레이드와 서비스 변경은 보다 신속하게 수행되고 종합 대조 실험을 사용할 수 있게 된다.

대부분의 중요한 온라인 서비스는 종합 대조 실험에 기반한 민첩한 개발 프로세스를 실행하는 데 필요한 구성 요소를 충족하거나 충족시킬 수 있다. 소프트웨어+서비스의 많은 구현도 비교적 쉽게 요구사항을 충족할 수 있다. 톰케^{Thomke}는 조직이 "혁신 시스템"과 함께 사용될 때 실험에서 최대한으로 이익을 얻을 것이라고 한다(Thomke 2003). 신속한 소프트웨어 개발은 그러한 혁신 시스템이다.

종합 대조 실험이 불가능할 경우 모델링을 수행할 수 있으며 다른 실험 기법을 사용할 수 있다(10장 참조). 핵심은 종합 대조 실험이 실행될 수 있다면 그것들은 변화를 평가하기 위한 가장 신뢰할 수 있고 민감한 메커니즘을 제공한다는 것이다.

원칙

온라인 제어 실험을 실행하려는 조직에게 도움될 세 가지 핵심 원칙이 있다(Kohavi et al. 2013).

1. 조직은 데이터 중심 결정을 내리고 OEC를 공식화한다.

2. 조직은 종합 대조 실험을 실행하고 그 결과가 신뢰할 수 있는지 확인하기 위해 인프라와 실험에 기꺼이 투자한다.

3. 조직은 아이디어의 가치를 평가하는 데 서툴다는 것을 인지한다.

원칙 1. 조직은 데이터 중심 결정을 내리고 OEC를 공식화한다.

어떤 조직의 수장이 데이터 중심적으로 생각하고 싶지 않다고 하는 것은 거의 볼 수 없다(켄 세갈이 "우리는 단 한 건의 광고도 테스트하지 않았다. 인쇄물, TV, 광고판, 웹, 리테일 또는 그 어떤 것에도 대해서도."(Segall 2012, 42)라고 주장한 스티브 잡스 집권하의 애플이 눈에 띄는 예외다). 그러나 새로운 기능을 도입했을 때 이에 대한 사용자의 추가적 편익을 측정하는 것은 비용이 들고, 객관적인 측정에 따르면 일반적으로 성과(지표의 개선 정도)가 처음에 계획한 것만큼 낙관적이지 않은 경우가 많다. 많은 조직에서 성과를 정의하고 측정하는 데 드는 자원을 투자하지 않을 것이다. 많은 경우, 새로운 기능이 핵심 지표에 긍정적인 영향을 미치는지 여부를 무시하고, 그저 계획을 짜고 실행해 "실행된 계획의 비율"로 성공을 측정하는 것이 쉽다.

데이터 중심적이 되려면 조직은 비교적 짧은 기간(예: 1~2주)에 걸쳐 쉽게 측정할 수 있는 OEC를 정의해야 한다. 대규모 조직에는 여러 개의 OEC 또는 주요 지표가 있을 수 있으며, 이들은 분야 간에 공유되며 분야별로 적절히 수정돼 사용된다. 어려운 부분은 단기간에 측정할 수 있고, 차이를 보일 정도로 민감하며, 장기 목표를 예측할 수 있는 지표를 찾아내는 것이다. 예를 들어 단기적인 수단(예: 가격 인상)은 단기 이익을 증가시킬 수 있지만 장기적으로는 오히려 이를 해칠 수 있기 때문에 "이익"은 좋은 OEC가 아니다. 고객생애가치는 전략적으로 강력한 OEC이다(Kohavi, Long-bottom et al. 2009). 조직이 전사적으로 이해관계가 일치하는 좋은 OEC에 동의하는 것의 중요성은 아무리 강조해도 지나치지 않다. 6장을 참조하라.

"데이터 정보 기반data-informed" 또는 "데이터 인지data-aware"라는 용어는 의사결정이 단일 데이터 출처(예: 종합 대조 실험)에 의해 내려지지 않았음을 의미하기 위해 가끔 사용된다(King, Churchill, Tan 2017, Knapp et al. 2006). 이 책에서 데이터 주도data driven와 데이터 정보 기반data-informed을 동의어로 사용한다. 궁극적으로 종합 대조 실험, 조사, 새로운 코드의 유지보수 비용 추정 등을 포함한 다양한 데이터를 기반으로 의사결정이 이뤄져야 한다. 데이터 주도 조직이나 데이터에 정통한 조직은 직관에 의존하지 않고 관련 데이터를 수집해 의사결정을 추진하고 최고 경영자HiPPO, Highest Paid Person's Opinion에게 정보를 제공한다(Kohavi 2019).

원칙 2. 조직은 종합 대조 실험을 실행하고 그 결과가 신뢰할 수 있는지 확인하기 위해 인프라와 테스트에 기꺼이 투자할 용의가 있다.

온라인 소프트웨어 영역(웹사이트, 모바일, 데스크톱 애플리케이션 및 서비스)에서는 소프트 엔지니어링을 통해 종합 대조 실험에 필요한 조건을 충족할 수 있다(유용한 종합 대조 실험 실행에 필요한 필수 요소 참조). 즉 사용자를 안정적으로 랜덤화[1]할 수 있으며 원격 측정도 가능하고 새로운 기능과 같은 소프

---

1 랜덤화(Randomization)는 무작위화'라고도 한다. 이 용어는 통계학, 의학, 실험 설계 등 다양한 분야에서 사용된다. 통계학에서, 랜덤화는 연구에서 다루는 변수를 무작위로 할당하는 것을 의미한다. 이는 연구의 외생적 요인이나 바이러스를 최소화하고, 결과의 신뢰성과 일반화 가능성을 높이기 위한 중요한 기법이다. 의학에서, 랜덤화는 환자를 무작위로 집단에 할당하는 것을 의미한다. 이를 통해 연구자들은 환자 집단 간의 차이를 무작위로 생성하여 편향을 최소화하고, 신약이나 치료법 등의 효과를 정확하게 평가할 수 있다. 실험 설계에서, 랜덤화는 실험 처리를 무작위로 할당하는 것을 의미한다. 이는 처리 간의 차이를 최소화하고, 실험의 결과를 신뢰성 있게 분석하기 위한 중요한 기법이다. - 옮긴이

트웨어 변경사항을 도입하기가 매우 쉽다(4장 참조). 비교적 작은 웹사이트라도 필요한 통계적 테스트를 실행할 수 있는 충분한 사용자는 있다(Kohavi, Crook, Longbotham 2009).

종합 대조 실험은 『린 스타트업』(Ries 2011)의 에릭 리스Eric Ries가 널리 알린 애자일[2] 소프트웨어 개발(Martin 2008, K. S. Rubin 2012), 고객 개발 프로세스(Blank 2005), MVPMinimum Viable Products와 결합할 때 특히 유용하다.

다른 분야에서는 종합 대조 실험을 신뢰성 있게 실행하는 것이 어렵거나 불가능할 수 있다. 의료기관에서의 종합 대조 실험에서 필요한 일부 실험은 비윤리적이거나 불법적일 수 있다. 하드웨어 장치는 제조에 대한 리드 타임(개발 시간)이 길거나 수정이 어려울 수 있으므로 사용자에 대한 종합 대조 실험은 거의 새로운 하드웨어 장치(예: 새로운 휴대전화)에서 실행되지 않는다. 이러한 상황에서는 종합 대조 실험을 실행할 수 없을 때 보완 기술(10장 참조)과 같은 다른 기법이 필요할 수 있다.

여러분이 종합 대조 실험을 할 수 있다고 가정한다면 실험에 대한 신뢰성을 확보하는 것이 중요하다. 온라인 실험을 할 때 숫자를 얻는 것은 쉽다. 하지만 신뢰할 수 있는 숫자를 얻는 것은 어렵다. 신뢰할 수 있는 결과에 대해서는 3장에서 다룬다.

원칙 3. 조직은 아이디어의 가치를 평가하는 데 서툴다는 것을 인지한다.

팀에서는 각 기능이 유용하다고 생각해 개발하지만 많은 곳에서 대부분의 아이디어는 핵심 지표를 개선하는 데 실패한다. 마이크로소프트에서 시험한 아이디어 중 개선을 보인 지표를 실제로 개선할 수 있었던 것은 1/3에 불과했다(Kohavi, Crook 및 Longbotham 2009). 빙이나 구글과 같이 최적화된 도메

---

2 애자일(agile)은 신속함을 의미하며, 이는 린(lean) 방법론 및 MVP(최소 기능 제품)과 일맥상통한다. – 옮긴이

인에서는 성공률이 더 낮다. 일부 지표의 성공률은 약 10%–20%이다(Manzi 2012).

슬랙의 제품 및 라이프사이클 담당 이사인 파리드 모사밧^{Fareed Mosavat}은 그의 트위터에서 슬랙의 경험으로부터 수익화 실험의 약 30%만이 긍정적인 결과를 보여준다고 밝혔다. "실험을 주도하는 팀에 있다면 최소한 70% 이상의 작업이 버려지는 것에 익숙해져야 한다. 이에 따라 프로세스를 구축해야 한다."(Mosavat 2019)

아비나쉬 카우쉭^{Avinash Kaushik}은 실험 및 테스트 입문서(Kaushik 2006)에서 "고객의 요구가 무엇인지에 대해 우리의 80%가 잘못 알고 있다"고 썼다. 마이크 모란(Mike Moran 2007, 240)은 넷플릭스는 그들이 시도하는 것의 90%를 틀린 것으로 간주한다고 한다. Quicken Loss의 레지스 하디아리스^{Regis Hadiaris}는 "수년 동안 테스트를 수행해왔지만, 결과의 추측은 메이저리그 야구 선수가 공을 치는 것을 추측하는 것만큼밖에 정확하지 않다"고 기술한다. 그렇다. 5년 동안 이 일을 해왔는데, 테스트의 결과를 33% 정도만 '알아맞힐 수 있다!'(Moran 2008) Etsy의 댄 매킨리^{Dan McKinley}(McKinley 2013)는 "거의 모든 것이 실패한다"고 썼고, 기능에 대해서는 "첫 번째 시도에서 성공하는 것이 얼마나 드문 일인지 겸허하게 받아들여야 한다. 이런 경험이 보편적이라고 굳게 믿지만, 보편적으로 잘 인식되고 있지 않은 것 같다"고 기술하고 있다. 마침내 콜린 맥팔랜드는 『Experiment!(A/B 테스트를 통한 웹사이트 전환율 최적화)』이라는 책에서 이렇게 썼다!(2012) "아무리 쉽다고 생각하든 깊이 연구하든 경쟁자가 얼마나 많이 하고 있든 실험 아이디어는 생각보다 더 자주 실패한다."

모든 도메인이 그런 열악한 통계를 갖고 있는 것은 아니지만, 고객 대면 웹사이트와 애플리케이션에서 종합 대조 실험을 실행한 대부분의 사람들은 이런 겸허한 현실을 경험했다. 즉 우리는 아이디어의 가치를 평가하는 데 서툴다.

시간에 따른 개선

실제로 주요 지표의 개선은 0.1%~2%의 수많은 작은 변화로 달성된다. 많은 실험은 사용자들 일부에게만 영향을 미치기 때문에 10%의 사용자에게 5%의 개선을 했다면 그 영향은 희석되며(모집단이 나머지 사용자와 유사한 경우, 10% x 5% = 0.5%), 따라서 전체 사용자 관점에서 그 영향은 훨씬 적다. 3장을 참조하라. 알 파치노가 영화 〈Any Given Sunday〉에서 말한 것처럼 "...승리는 조금씩 이루어진다."

구글 광고 사례

2011년, 구글은 1년 이상의 점진적 개발 실험development and incremental experiment을 거쳐 향상된 광고 순위 메커니즘을 출시했다(Google 2011). 엔지니어들은 광고 경매 자체에 대한 변화뿐만 아니라 기존 광고 순위 매커니즘 내에서 광고의 품질 점수를 측정할 수 있는 새롭고 개선된 모델을 개발하고 실험했다. 그들은 광고주들에게 미치는 영향을 더 깊이 이해하기 위해 모든 시장에 걸쳐 수백 개의 대조 실험과 여러 번 반복 시행을 실행했다. 이러한 대규모 백엔드 변화(와 종합 대조 실험)는 궁극적으로 어떻게 다양한 변화에 대한 계획과 계층화가 고품질의 광고를 제공함으로써 사용자의 경험을 개선하고, 동시에 이러한 고품질 광고을 제공하는 평균 가격을 낮춰 광고주의 경험도 개선하는지를 보여준다.

빙의 관련성 팀 사례

빙의 관련성 팀Relevance Team은 단일 OEC 측정지표를 매년 2%씩 개선하는 임무를 맡은 수백 명의 사람들로 구성돼 있다. 2%는 연간 사용자에게 실행되는 모든 대조 실험에서의 실험 효과의 합계(즉, OEC의 델타)이다. 그 팀은 수천 개의 실험을 진행하며, 그중 일부 실험은 우연히 긍정적으로 보일 수 있기 때문에(Lee, Shen 2018) 2%에 대한 공헌도는 반복 실험(뒤에 나오는 인증 실험)을 기반으로 부여된다. 여러 번의 반복 시행과 조정 후에 아이디어가 성공적으로 구현되면 인증 시험^certification experiment이 단일 실험군에 대해 실행된다. 이 인증 실험의 실험군 효과가 2% 목표에 대한 공헌도를 결정한다. 최근에는 더 정밀한 공헌도 결정을 위해 베이지안 수축법^bayesian shrinkage를 사용해 실험 효과를 추정하는 방법도 제안되고 있다(Coey, Cunningham 2019).

빙 광고 팀 사례

빙의 광고 팀^Ads team은 꾸준히 연간 15%의 매출(eMarketer 2016)을 성장시켰지만 대부분의 개선이 조금씩 이뤄졌다. 매달 그림 1.4와 같이 많은 실험의 결과물인 "패키지"가 발송됐다. 대부분의 개선 사항은 작았고, 심지어 일부 월별 패키지는 공간 제약이나 법적 요건으로 인해 부정적인 영향을 미치는 것으로 알려졌다.

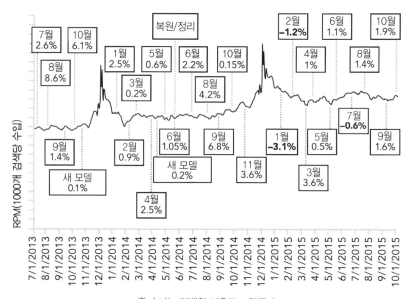

(*) 숫자는 명백한 이유로 교란된다.

그림 1.4 시간 경과에 따른 빙 광고 수입

(y축은 연간 약 20% 성장률을 나타냄) 구체적인 숫자는 중요하지 않다.

사용자들의 구매 의향이 크게 상승하는 12월을 전후해 계절성이 급상승하는 것을 보면 광고 공간이 늘어나고, 1,000건 검색당 매출이 증가하는 것을 알 수 있다.

흥미로운 온라인 종합 대조 실험 사례

기대 결과와 실제 결과의 절대적 차이가 큰 실험은 흥미롭다. 만약 무슨 일이 일어날 거라고 생각했을 때 그런 일이 일어난다면, 그때는 새로 배울 점이 많지 않다. 만약 어떤 일이 일어날 것이라고 생각했지만 일어나지 않았다면, 여러분은 중요한 것을 배운 것이다. 그리고 사소한 일이 일어날 것이라고 생각했고 그 결과가 중대한 놀라움이고 돌파구로 이어진다면, 여러분은 매우 가치 있는 것을 배운 것이다.

이 장의 앞부분과 이 절의 빙의 예시들은 놀랍고 매우 긍정적인 결과가 얻어진 흔치 않은 성공 사례이다. 빙이 페이스북이나 트위터와 같은 소셜 네트워크와 통합하려는 시도는 강력한 결과를 결과가 기대됐으면서도 실현되지 못한 사례로, 2년 동안 많은 실험에서 아무런 가치도 보이지 않자 그 시도는 포기됐다.

지속적인 발전은 지속적인 실험과 많은 작은 개선과 관련된 문제지만, 빙 광고 사례에서 볼 수 있듯이, 여기 우리가 아이디어의 가치를 얼마나 형편없이 평가하는지를 강조하는 놀라운 몇 가지 예가 있다.

사용자 인터페이스 예: 41개 색조의 파란색

구글과 마이크로소프트가 모두 보여주듯이 작은 결정은 상당한 영향을 미칠 수 있다. 구글은 구글 검색 결과 페이지에 대해 41개 색조의 파란색을 테스트했으며(Holson 2009), 당시 시각 디자이너들의 심기를 불편하게 만들었다. 그러나 구글의 색상 수정은 사용자 참여에 상당히 긍정적인 결과를 가져왔고(구글은 각 개인의 변화의 결과를 보고하지 않는다는 점에 유의하라) 결국 디자인과 실험의 강력한 파트너십을 이끌어냈다. 마이크로소프트의 빙 색상 조정도 이와 유사하게 사용자가 작업을 완료하는 데 더 성공적이었고, 성공 시간이 향상됐으며, 미국에서의 매출이 연간 천만달러 이상으로 향상됐다(Kohavi et al. 2014, Kohavi et al. 2014, Kohavi, Thomke 2017).

이러한 변화들이 엄청난 결과를 유발하는 아주 작은 변화들의 좋은 사례지만 광범위한 색상이 테스트됐다는 점을 감안할 때, 추가 실험에서 색상을 변경하는 것에 의해 큰 개선이 얻을 가능성은 낮은 것으로 생각된다.

올바른 시점에 제안하기

2004년에 아마존은 신용카드 제안을 홈페이지에 올렸다. 그것은 매우 수익성이 좋았지만, 클릭률이 매우 낮았다. 연구 팀은 그림 1.5와 같이 아이템을 추가한 후 사용자가 볼 수 있는 쇼핑 카트 페이지로 제안을 이동하는 실험을 진행해 사용자가 받을 수 있는 절감액을 단순한 수학 공식으로 부각시켰다(Kohavi et al. 2014).

장바구니에 아이템을 추가한 사용자들은 명확한 구매 의도를 갖고 있기 때문에 이 제안은 적적한 시기에 표시되는 것이라 할 수 있다. 대조 실험은 이러한 단순한 변화가 아마존의 연간 수입을 수천만 달러 증가시킬 수 있다는 것을 증명했다.

아마존 비자카드로 오늘 30달러 절약할 수 있습니다.

현재 합계: $32.20
아마존 비자 할인: - **$30.00**
당신의 새 합계: **$2.20**

당신의 첫 번째 구매에서 30달러 절약할 수 있으며 추가로 3%의 보너스와 0%의 이자율 혜택을 받고, 연간 수수료는 면제됩니다.

그림 1.5 아마존의 카트 총액에 대한 절감을 나타내는 신용카드 제안

개인화 추천

아마존의 그렉 린덴Greg Linden은 사용자의 쇼핑 카트에 있는 아이템을 기반으로 개인화된 추천을 보여주는 프로토타입을 만들었다(Linden 2006, Kohavi, Longbottom et al. 2009). 사용자가 어떤 항목을 추가하면 그에 따른 추천 사항이 나타나고 또 다른 항목을 추가하면 새로운 추천 사항이 나타난다. 그렉은 이 시제품이 유망해 보였지만 "마케팅 수석 부사장이 이 시제품이 사람들의 체크아웃을 방해할 것이라 주장하면서 이에 대해 완전히 반대했다"고 지적했다. 그렉은 더 이상 이 일을 진행하는 것이 금지됐다. 그럼에도 그는 대조 실험을 했고, 새로운 기능의 성과는 너무 훌륭해서, 새로운 기능을 사용하지 않음으로써 아마존은 큰 비용을 초래하고 있음을 보여줬다. 결국 긴급히 쇼핑 카트 아이템 기반 추천 기능이 도입됐다. 이제 아마존뿐 아니라 여러 서비스에서 쇼핑카트 아이템 기반 추천을 사용하고 있다.

속도는 "매우" 중요하다.

2012년 마이크로소프트 빙의 엔지니어가 자바스크립트 생성 방식을 변경해 클라이언트로 전송되는 HTML의 길이를 크게 줄여 성능을 향상시켰다. 종합 대조 실험은 놀랄 만큼 많은 개선된 지표를 보여주었다. 그들은 서버 성능에 미치는 영향을 추정하기 위해 후속 실험을 실시했다. 그 결과 성능 개선은 성공률과 성공 시간과 같은 주요 사용자 지표를 상당히 개선하며, 매 10밀리초의 성능 개선(눈 깜박임 속도의 1/30)은 엔지니어의 1년 연봉에 상응하는 수익을 초과창출했다(Kohavi et al. 2013).

2015년까지 빙의 성능이 향상됨에 따라 서버가 95번째 백분위에서(즉 쿼리의 95%에 대해) 1초 미만으로 결과를 반화하게 됐고, 이 때 성능 향상에 여전히 가치가 있는지에 대한 의문이 제기됐다. 빙의 팀은 후속 연구를 실시했고 주요 사용자 지표는 여전히 상당히 개선됐다. 수익에 대한 상대적인 영향은 다소 줄었지만, 빙의 수익은 여전히 대폭 개선되고 있었으며, 매 밀리초마다 개선된 성능의 가치가 과거보다 더 높았다. 즉 매 4밀리초 감소마다 한 엔지니어의 연봉이 이익으로 발생했다. 이 실험과 성능의 중요성에 대한 자세한 검토는 5장을 참조하라.

성능 실험은 여러 회사에서 수행됐으며, 성능이 얼마나 중요한지 알 수 있는 결과가 나왔다. 아마존에서는 100밀리초 느린 속도 실험으로 매출이 1% 감소했다(Linden 2006b, 10). 빙과 구글의 연사들이 공동으로 한 강연(Schurman, Brutlag 2009)에서 중복되지 않는 쿼리수, 수익, 클릭 수, 만족도, 클릭까지의 시간 등을 포함한 핵심 지표에 대한 성능의 현저한 영향을 보여주었다.

악성코드 감소

광고는 수익성이 좋은 사업이어서 사용자들이 설치한 '프리웨어'는 종종 광고로 페이지를 오염시키는 악성코드를 포함하고 있다. 그림 1.6은 악성코드malware를 가진 사용자에게 빙의 결과 페이지가 어떻게 나타나는지를 보여준다. 여러 개의 광고(빨간색 상자)가 페이지에 추가됐다는 점에 유의하라(Kohavi et al. 2014).

이로 인해 빙 광고가 제거됨으로써 마이크로소프트의 수입이 줄어 들었을 뿐만 아니라, 저품질 광고와 관련 없는 광고가 자주 게시돼 왜 그렇게 많은 광고를 보고 있는지 깨닫지 못했을 사용자들에게 나쁜 사용자 경험을 제공했다. 마이크로소프트는 380만 명의 사용자에게 종합 대조 실험을 실행했는데, 여기서 DOMDocument Object Mode 수정 기본 루틴은 신뢰할 수 있는 소스로부터의 제한된 수정만 허용되도록 재정의됐다(Kohavi et al. 2014). 그 결과 사용자당 세션을 포함해서 빙의 모든 핵심 지표가 개선돼 사용자들이 더 자주 방문하거나 혼란스러움을 덜 느끼는 것으로 나타났다.

게다가 사용자들은 검색에 더 자주 성공했고, 유용한 링크를 더 빨리 클릭했으며, 연간 수익은 수백만 달러 증가했다. 또한 이전에 논의한 주요 성능의 지표인 페이지 로드 시간이 영향을 받는 페이지에 대해 수백 밀리초 개선됐다.

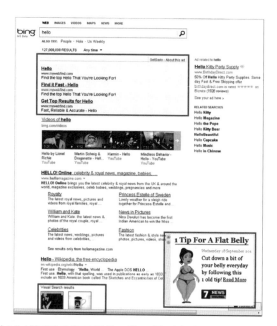

그림 1.6 사용자가 악성코드를 갖고 있는 경우 여러 광고를 표시하는 빙 페이지

백엔드 변화

백엔드 알고리듬 변화는 대조 실험을 사용하는 영역으로서 고려하지 않고 간과되는 경우가 많다(Kohavi, Longbottom et al. 2009). 그러나 이는 중요한 결과를 낼 수 있다. 앞에서 설명했듯이 구글, 링크드인, 마이크로소프트 팀이 많은 추가적인 소규모 변화에 대해 어떻게 작업하는지 아마존의 예로부터 알 수 있다.

2004년에 이미 두 가지 세트를 기반으로 하는 추천 알고리듬이 이미 존재했다. 아마존 추천의 대표 기능은 "X 품목을 산 사람은 Y 품목을 산다"였지만, 그러나 이는 "X 품목을 본 사람은 Y 품목을 산다"와 "X 품목을 본 사람은 Y 품목을 본다"로 일반화됐다. 동일한 알고리듬을 "X를 검색한 사람은 Y 품목을 산다"에 대해 사용할 것이 제안됐다. 알고리듬을 제안한 사람은 키퍼 서덜랜드가 주연으로 나오는 TV 프로그램이 연관된 "24"와 같이 명확하게 지정되지 않은 검색의 예를 들었다. 24를 검색하면 기존의 아마존 검색은 24곡의 이태리 가곡 CD, 24개월 갓난아기 의류 및 24인치 타월 바와 같은 별로 좋지 못한 검색 결과를 보여주고 있었다(그림 1.7 좌측). 그러나 새로운 알고리듬은 아주 좋은 결과를 냈다(그림 1.7 우측). 아마존 검색은 "24"를 검색한 후 사람들이 실제로 구매한 품목을 기반으로 '24' 드라마에 대한 DVD와 관련책을 보여줬다. 이 알고리듬의 한 가지 단점은 검색 단계에서 포함된 단어를 포함하지 않은 품목이 나타난다는 것이지만, 이러한 단점에도 불구하고 아마존은 종합 대조 실험을 실행했고, 이 변경에 의해 아마존 전체 매출을 3% 증가시켰다. 이는 수억불에 해당하는 금액이다.

그림 1.7 BBS[3]가 있을 때와 없을 때의 '24'에 대한 아마존 검색

전략, 전술과 이들의 실험과의 관계

온라인 종합 대조 실험의 실행에 필요한 요소들이 충족되면 전략에서 전술에 이르기까지 모든 수준의 조직 결정에 정보를 주도록 실험이 수행돼야한다. 전략(Porter 1996, 1998)과 종합 대조 실험은 시너지 효과를 낸다. 린

---

3 Behavior Based Search의 약자로 사용자의 행동 이력 기반 검색 - 옮긴이

전략Lean Strategy의 데이빗 콜리스David Collis는 "효과적인 전략은 혁신과 실험이 이루어져야 하는 범위를 파악함으로써 기업가적 행동을 억제하기보다 이를 장려한다"고 기술한다(Collis 2016). 그는 경직된 계획과 제약 없는 실험의 양극단을 경계하는 린 전략 프로세스를 정의한다.

적절한 지표를 사용해 잘 실행된 실험은 비즈니스 전략, 제품 설계를 보완하고, 조직의 데이터 중심화를 통해 운영 효율성을 개선한다. 전략을 OEC에 요약하는 것으로 종합 대조 실험은 전략에 대한 훌륭한 피드백 루프를 제공할 수 있다. OEC를 개선하는 실험으로 아이디어를 평가했는가? 즉 실험의 놀라운 결과는 대안으로 실행할 수 있는 전략적 기회를 조명하게끔 만들 수 있으며, 그 방향으로 선회하게 만든다(Ries 2011). 제품의 설계 결정은 일관성coherency을 위해 중요하며 다중 설계 변형을 시도하는 것은 설계자들에게 유용한 피드백 루프를 제공한다. 그리고 전술적 변화는 운영 효율성을 향상시킬 수 있으며, 포터Porter에 의해 "경쟁사보다 유사한 활동을 더 잘 수행하는 것"으로 정의된다(Porter 1996).

이제 두 가지 주요 시나리오를 검토하겠다.

시나리오 1: 비즈니스 전략이 있고, 실험할 수 있는 충분한 사용자가 있는 제품이 있는 상황

이 시나리오에서 실험은 현재 전략과 제품에 기초해 국지적 최적화를 달성하는 데 도움이 될 수 있다.

- 실험은 ROI가 높은 분야, 즉 노력에 비해 OEC를 가장 많이 개선하는 분야를 식별하는 데 도움이 될 수 있다. MVP(최소 기능 제품)로 상이한 분야를 시도하면 큰 자원을 투입하기 전에 광범위한 분야를 더 빨리 탐색할 수 있다.

- 실험은 설계자에게 명백하지 않을 수 있지만 큰 차이를 낼 수 있는 최적화(예: 색상, 간격, 성능)에 도움이 될 수 있다.

- 실험은 팀이 사용자에게 초두 효과(primacy effect)[4](사용자는 이전 기능에 익숙하다. 즉, 이전 방식에 익숙하다)를 부여하는 완전한 사이트 재설계를 수행하도록 하는 것이 아니라 지속적으로 더 나은 사이트를 재설계하도록 돕는다. 완전한 재설계는 일반적으로 목표를 달성하는 데 실패할 뿐만 아니라 주요 지표에 대한 이전 사이트와의 동등성도 달성하지 못한다. (Goward 2015, slides 22 24, Rawat 2018, Wolf 2018, Laja 2019)

- 백엔드 알고리듬과 인프라 구조를 최적화하는 데 실험이 중요할 수 있다(예: 추천 알고리듬, 순위 알고리듬).

전략을 갖는 것은 실행 중인 실험에 매우 중요하다. 전략은 OEC의 선택을 주도하는 것이다. 일단 OEC가 정의되고 나면 종합 대조 실험은 팀이 OEC를 최적화하고 개선할 수 있도록 함으로써 혁신을 가속화하는 데 도움이 된다. 잘못 사용된 실험을 봤다면 그것은 OEC가 적절하게 선택되지 않은 것이다. 선택한 지표는 주요 기능을 충족해야 하며 지표만 좋게 나오도록 악용할 수 없어야 한다(7장 참조).

회사에는 어떻게 하면 실험을 제대로 실행할 수 있는가에 초점을 맞추는 팀도 있지만 지표 선택, 지표 검증 및 시간에 따른 지표 개선에 초점을 맞추는 팀도 있다. 지표 개선은 시간이 지남에 따라 진화하는 전략에 의해서 필요하며, 조작 가능하고도 개선이 필요한 CTR과 같은 전통적 지표에 한계가 발견했을 때에도 지표 개선이 필요하게 된다. 또한 성과 지표 팀은 실험이 일반적으로 짧은 기간 동안 실행되기 때문에 단기적으로 측정 가능한 지표를 결정하기 위해 노력한다. 하우저와 카츠(Hauser, Katz 1998)는 "현재 팀이 영향을 미칠 수 있지만 궁극적으로 해당 팀의 장기 목표에 영향을 미칠 지표를 파악해야 한다"고 기술한다(7장 참조).

이 전략을 OEC에 연결하면 전략 무결성strategy integrity(Sinofsky, Iansiti 2009)이란 개념이 생성된다. 이 개념을 말한 저자들은 "전략 무결성은 훌륭한 전략

---

4   먼저 제시된 정보가 나중에 들어온 정보보다 전반적인 인상 현상에 더욱 강력한 영향을 미치는 것을 의미하며, 변화 혐오 효과로도 알려져 있다. 최신 효과와 반대인 것으로 생각할 수 있다. – 옮긴이

을 짜거나 완벽한 조직을 갖추는 것이 아니다"라고 지적한다. 이해관계가 일치되고, 어떻게 수행하는지를 아는 조직에 의해 올바른 전략이 실행되는 것이다. 하향식 관점과 상향식 과제를 매칭하는 것이다." OEC는 전략을 명시적으로 만들고 기능을 전략과 일치시키는 완벽한 메커니즘이다.

궁극적으로 좋은 OEC가 없다면 자원을 낭비하고 있는 것이다. 예를 들어 침몰하는 유람선에서 음식이나 조명을 개선하기 위한 실험들을 생각해보라. 그러한 실험에 대한 OEC의 승객 안전 변수의 가중치는 매우 높아야 한다. 사실, 우리가 안전성을 떨어뜨릴 의사가 없을 정도로 안정성이 높아야 한다. 이는 OEC의 높은 가중치를 통해 또는 동등하게 승객 안전을 가드레일 지표 guardrail metrics로 사용함으로써 반영할 수 있다(21장 참조). 소프트웨어에서 유람선 승객 안전과 유사한 것은 소프트웨어 충돌이다. 즉 기능이 제품의 충돌을 증가시키는 경우 그 경험은 너무 나쁜 것으로 간주되며, 다른 요소들은 이에 비교해서 전혀 중요하지 않다.

전략은 "트레이드오프인 무엇을 하지 않을지의 선택 역시 요구하기 때문에", 실험을 위한 가드레일 지표를 정의하는 것은 조직이 무엇을 변화시키려 하지 않는지를 식별하기 위해 중요하다(Porter 1996). 불운한 운명의 이스턴 항공기 401은 승무원이 불탄 착륙장치 표시등에 초점을 맞추다 실수로 자동 조종장치가 해제된 것을 알아차리지 못했기 때문에 추락했다. 즉 주요 가드레일 지표인 고도는 점차 낮아졌고, 1972년 플로리다 에버글레이즈에서 비행기가 추락해 101명의 사망자가 발생했다(위키디피아 기고자, Eastern Air Lines Flight 401, 2019).

포터Porter가 "Japanese Companies Rarely have Strategies"(1996) 섹션에서 바리안Varian은 Kaizen(2007)에 관한 기고문에서 언급한 바와 같이 운영 효율성 향상은 장기적으로 차별화된 이점을 제공할 수 있다.

시나리오 2: 제품과 전략을 갖고 있으나
결과는 방향 전환Pivot을 검토할 필요가 있다는 것을 제시하는 상황

시나리오 1에서 종합 대조 실험은 언덕 등반을 위한 훌륭한 도구다. OEC를 최적화하고 있는 "높이"로 하고, 아이디어의 다차원 공간을 생각한다면 당신은 정점을 향해 발걸음을 내딛고 있는 것일지도 모른다. 그러나 때때로 변화 속도에 대한 내부 데이터나 성장률 또는 기타 벤치마크에 대한 외부 데이터에 기초해 방향 전환pivot을 고려할 필요가 있다. 즉, 더 큰 언덕에 있을 수 있는 공간의 다른 위치로 점프하거나 전략과 OEC(따라서 지형의 모양)를 변경할 필요가 있다.

보통 항상 아이디어 포트폴리오를 만들 것을 권고한다. 즉 대부분은 현재 위치에 가까운 곳에서 최적화하는 시도에 대한 투자이어야 하지만, 그러한 점프가 더 큰 언덕으로 이어지는지를 보기 위해 몇 가지 급진적인 아이디어들이 시도돼야 한다. 우리의 경험에 의하면 대부분의 큰 점프는 실패하지만(예: 대형 사이트 재설계) 위험/보상의 트레이드오프가 있다. 드물지만 성공이 다수의 실패을 상쇄하는 큰 보상을 제공하기도 한다.

급진적인 아이디어를 테스트할 때, 실험을 실행하고 평가하는 방법은 다소 바뀐다. 특히 다음 사항을 고려해야 한다.

- **실험 기간.** 예를 들어, 주요 UI 재설계를 테스트할 때 단기적으로 측정한 실험 변화는 초두 효과(primacy effect) 또는 변화 회피(change aversion)의 영향을 받을 수 있다. 실험군과 대조군의 직접적인 비교는 진정한 장기적 효과를 측정하지 못할 수 있다. 양면시장[5]에서, 변화가 충분히 크지 않으면 변화의 시험이 시장에 영향을 미치지 않을 수 있다. 좋은 비유는 매우 추운 방의 얼음 입방체인데, 실내 온도로 가는 작은 상승은 눈에 띄지 않을 수 있지만, 일단 녹는 점(예: 화씨 32도)을 넘어가면 얼음 입방체가 녹는다. 위의 구글 광고 품질 예제에 사용된 국가 수준의 실험과 같은 더 장기의 대규모 실험 또는

---

5 플랫폼을 통해 구매자와 판매자 간의 거래가 이뤄지는 시장을 '양면시장(two-sided market)'이라고 한다. 양면시장에서는 하나의 기업이 판매자와 구매자 간의 플랫폼 같은 연결고리 역할을 해서 거래가 이뤄지는 시장이다. 플랫폼 역할을 하는 기업에는 판매자와 구매자 모두가 고객이 된다. 이러한 역할을 하는 플랫폼의 예로, 앱스토어나 구글플레이, 삼성앱스 등의 앱 장터를 들 수 있다. - 옮긴이

대체 설계가 이러한 시나리오에서 필요할 수 있다(23장 참조).

- **테스트한 아이디어의 수.** 각 실험은 전체 전략의 일부인 특정 전술만 테스트하기 때문에 여러 가지 다른 실험이 필요할 수 있다. OEC를 개선하지 못하는 단일 실험은 특정 전술이 부실하기 때문일 수 있으며, 이는 전체 전략이 나쁘다는 것을 반드시 나타내는 것은 아니다. 실험은 설계에 의해 특정한 가설을 테스트하는 반면 전략은 훨씬 더 광범위하다. 즉, 종합 대조 실험은 전략을 수정하거나, 비효과적인 부분을 보여주고 방향 전환을 장려하는 것을 돕는다(Ries 2011). 종합 대조 실험을 통해 평가한 많은 전술이 실패한다면 '전략이 아무리 아름다워도 때로는 결과를 봐야 한다'는 윈스턴 처칠의 말을 생각해 볼 때가 올지도 모른다. 빙은 약 2년간 소셜미디어, 특히 페이스북과 트위터와 통합해 소셜 검색 결과가 나오는 제3의 창을 열겠다는 전략을 세웠다. 핵심 지표에 대해 눈에 띄는 영향을 미치지 않고 전략에 2,500만 달러 이상을 지출한 후 전략이 중단됐다 (Kohavi, Thomke 2017). 큰 돈을 걸어둔 내기를 포기하기는 힘들겠지만, 경제 이론은 실패한 내기는 매몰 비용(sunk cost)이라는 것을 말해준다. 그리고 실험을 더 많이 할수록 쌓이는 사용가능한 데이터를 바탕으로 미래지향적인 결정을 내려야 한다.

에릭 리스Eric Ries는 완전히 결함이 있는 것으로 판명된 계획을 성공적으로, 충실하게 그리고 엄격하게 집행하는 회사들에게 "달성된 실패"라는 용어를 사용한다. 대신 그는 다음과 같이 제안한다.

린 스타트업Lean Startup의 방법론은 스타트업의 노력을 어떤 부분이 훌륭하고 어떤 것이 말도 안되는지 그 전략을 테스트하는 실험으로 재인지하는 것이다. 진정한 실험은 과학적 방법을 따른다. 어떤 일이 일어날지 예측하는 명확한 가설에서 시작된다. 그리고 나서 실험은 그 예측들을 경험적으로 테스트한다.

전략을 평가하기 위해 실험을 실행해야 하는 시간과 도전 때문에 시노프스키와 이안시티(Sinofsky, Iansiti, 2009)는 다음과 같이 기술하고 있다.

… 제품 개발 프로세스는 리스크와 불확실성으로 적재돼 있다. 이 두 개념은 매우 다르다. … 우리는 불확실성을 줄일 수 없다. 우리는 무엇을 모르는지 모른다.

하지만 우리는 이에 동의하지 않는다. 즉 종합 대조 실험을 실행할 수 있는 능력은 당신이 최소 기능 제품[MVP, Minimum Viable Product]을 시도하고, 데이터를 얻고, 반복함으로써 불확실성을 줄일 수 있게 해준다(Ries 2011). 그렇기는 해도 모든 사람이 새로운 전략을 테스트하는 데 투자할 수 있는 시간으로 몇 년을 가질 수는 없고, 이러한 경우 불확실성하에서 결정을 내려야 할 수도 있다.

기억해야 할 유용한 개념 중 하나는 더글라스 허버드(Douglas Hubbard, 2014)가 제안한 정보의 기대가치로 EVI[Expected Value of Information]이다. 이는 추가 정보가 의사결정에 어떻게 도움 될 수 있는지를 포착한다. 종합 대조 실험을 실행할 수 있는 능력은 최소 기능 제품(Ries 2011)의 시도, 데이터 수집 및 반복을 통해 불확실성을 현저하게 줄일 수 있다.

추가 참고문헌

온라인 실험 및 A/B 테스트와 직접 관련된 몇 권의 책이 있다(Siroker, Koomen 2013, Goward 2012, Schrage 2014, McFarland 2012, King et al. 2017). 대부분은 훌륭한 동기부여 스토리를 갖고 있지만 통계적으로는 부정확하다. 게오르기 게오르기예프[Georgi Georgiev]의 최근 저서에는 종합적인 통계적 설명이 포함돼 있다(Georgieves 2019).

종합 대조 실험과 관련된 문헌은 방대하다(Mason et al. 1989, Box et al. 2005, Keppel, Sauzey and Tokunaga 1992, Rossi, Lipsey, Freeman 2004, Imbens, Rubin 2015, Pearl 2009, Angist, Pischke 2014, Ger, Ger 2012).

웹상에서 종합 대조 실험을 실행하는 것에 관한 몇 가지 입문서가 있다 (Peterson 2004, 76-78, Eisenberg 2005, 283-286, Chatham, Temkin, Amato 2004, Eisenberg 2005, Eisenberg 2004). (Peterson 2005, 248-253, Tyleryler, Redford 2006, 213-219, Sterne 2002, 116-119, Kaushik, Kaushik 2006).

멀티암드 밴딧[multi-armed bandit]은 실험이 진행됨에 따라 실험 트래픽 배분[experiment traffic allocation]이 동적으로 업데이트될 수 있는 실험의 한 유형이다(Li et al. 2010, Scott 2010). 예를 들어, 매 시간마다 실험을 새롭게 관찰해 각 변형군이 어떤 성과를 냈는지를 볼 수 있고, 각 변형군이 받는 트래픽의 비율을 조정할 수 있다. 잘 하고 있다고 보이는 변형군은 더 많은 트래픽을 얻고, 성능이 떨어지는 변형군은 더 적게 얻는다.

멀티암드 밴딧에 기반한 실험은 대개 "일반적인" A/B 실험보다 더 효과적이다. 왜냐하면 그들은 실험 끝까지 기다리는 대신, 점차 승리하는 변형군 쪽으로 트래픽을 이동시키기 때문이다. 멀티암드 밴딧을 사용하는 것이 적절한 문제가 광범위하게 존재하지만(Bakshy, Balandal, Kashin 2019), 평가 목표는 단일 OEC가 돼야 하며(예: 여러 지표 간의 트레이드오프는 단순하게 공식화될 수 있다), OEC는 재할당 간에 합리적으로 잘 측정될 수 있어야 한다(예: 클릭율 대 세션)는 것이 주요 제한사항이다. 또한 사용자를 나쁜 변형군에 노출시키고, 다른 승자 변형군에 똑같지 않게 분산시킴으로써 잠재적인 편향이 생길 수 있다.

2018년 12월, 이 책의 공동저자들은 제1차 온라인 종합 대조 실험 콘퍼런스를 기획했다. 에어비앤비, 아마존, 부킹닷컴, 페이스북, 구글, 링크드인, 리프트, 마이크로소프트, 넷플릭스, 트위터, 우버, 얀덱스, 스탠퍼드대학교 등 13개 기관에서 총 34명의 전문가가 참가해 소집단회의breakout session에서 개요와 도전과제를 제시했다(Gupta et al. 2019). 도전과제에 관심이 있는 독자들에게는 이 자료가 도움이 될 것이다.

02

실험의 실행과 분석 –
엔드–투–엔드 예제

사실이 적을수록 의견이 강해진다.

아놀드 글래소Arnold Glasow

1장에서는 종합 대조 실험이 무엇인지, 의사결정을 위해 직관에 의존하는 것보다 실제 데이터를 얻는 것의 중요성에 대해 살펴봤다. 이번 장에서는 실험 설계, 실행 및 분석의 기본 원리를 탐구한다. 이러한 원칙은 웹 서버와 브라우저, 데스크톱 애플리케이션, 모바일 애플리케이션, 게임 콘솔, 보조 장치 등을 포함한 소프트웨어가 배포되는 모든 곳에 적용된다. 단순하고 구체적인 내용을 위해 웹사이트 최적화 사례에 초점을 맞춘다. 12장에서는 네이티브 데스크톱 및 모바일 앱과 같은 식 클라이언트thick client 1에 대한 실험을 실행할 때의 차이점을 설명한다.

예제 설정

위젯을 판매하는 가상의 온라인 상점 사이트를 대상으로 예를 들 것이다. 여기에는 테스트할 수 있는 다양한 변화가 있으며 새로운 기능 도입, 사용자 인터페이스UI의 변화, 백엔드 변화 등을 테스트할 수 있다.

---

1 스스로 대용량 데이터를 처리하는 클라이언트로 서버에 반드시 의존하지는 않는다. – 옮긴이

본 예에서 마케팅 부서는 위젯의 할인 쿠폰 코드가 포함된 프로모션 이메일을 보내 판매를 늘리고자 한다. 이전에 쿠폰을 제공하지 않았기 때문에 이 변화는 잠재적인 비즈니스 모델 변화다. 그러나 이 회사의 한 직원은 최근 Dr. Footcare가 쿠폰 코드를 추가한 후 상당한 수익을 잃었다는 기사를 읽었으며(Kohavi, Longbottom et al. 2009, section 2.1) GoodUI.org에서 쿠폰 코드를 삭제하는 것이 오히려 긍정적인 패턴이었다는 것을 알았다(Linowski 2018). 이러한 외부 자료를 고려할 때, 쿠폰이 없는 경우에도, 체크아웃에 쿠폰 코드 필드를 추가하면 수익이 저하된다. 즉, 사용자가 이 쿠폰 코드 필드를 본다는 사실만으로도 속도가 느려지며 코드를 검색하게 하고 심지어는 사용자를 떠나게 할 수 있다는 우려가 존재한다.

단순히 쿠폰 코드를 추가하는 것의 영향을 평가해보자. 우리는 가짜 문이나 페인트칠을 한 문을 이용하는 방법(Lee 2013)를 사용할 수 있다. 가짜 문을 만들거나 벽에 페인트칠을 해서 얼마나 많은 사람이 문을 열려고 하는지 볼 수 있다. 이 경우, 체크아웃 페이지에 쿠폰 코드 필드를 더하는 간단한 추가 변경을 구현한다. 실제로 사용할 수 있는 코드가 없기 때문에 제대로 된 쿠폰 코드 시스템을 구현할 필요가 없게 된다. 사용자가 들어올 때 언제나 시스템은 "유효하지 않은 쿠폰 코드"라 말한다. 우리의 목적은 단순하다. 쿠폰 필드 필드가 끼치는 매출에 대한 영향을 평가하는 것이며, 쿠폰 코드 필드가 사람들의 체크아웃을 방해한다는 우려를 평가한다. 이것은 간단한 변화이기 때문에 2개의 UI(사용자 인터페이스) 구현을 테스트할 것이다. 구현 하나에 아이디어 하나를 평가하기 위해 여러 실험군을 동시에 테스트하는 것이 일반적이다. 이 경우 아이디어는 쿠폰 코드를 더하는 것이고, 구현은 특정 UI 변화이다.

이 단순한 A/B 테스트는 새로운 비즈니스 모델의 실행가능성을 평가하는 데 있어 중요한 스텝이다.

제안된 UI 변화를 가정으로 바꿀 때, 그림 2.1에서 보인 바와 같이 온라인 쇼핑 프로세스를 퍼널^{funnel} 2로 생각하는 것이 유용하다. 고객은 홈페이지에서 시작해서 몇 개의 상품을 관람하고 카트에 상품을 추가하고 구매 프로세스를 개시하고 최종적으로 구매를 완료한다. 물론 퍼널 모델은 단순화된 것이다. 즉 고객이 순서대로 단계를 밟는 경우는 드물다. 상태 간의 많은 전후 이동이 있으며, 중간 스텝을 생략하는 반복 방문자들도 있다. 그러나 간단한 모델은 실험 디자인과 분석을 통찰하는 데 도움이 된다. 왜냐하면 실험은 일반적으로 퍼널의 특정 스텝을 개선하는 것을 목표로 하기 때문이다(McClure 2007).

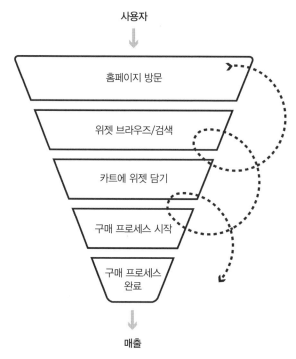

그림 2.1 사용자 온라인 쇼핑 퍼널. 사용자는 퍼널을 따라 선형적으로 진행하지는 않을 것이다. 단계를 앞뒤로 왔다 갔다 하는 것을 반복할 것이다.

---

2 퍼널은 깔대기이며, 데이터 분석과 웹 마케팅에서 퍼널 분석이란, 웹사이트에 유입된 사용자가 '전환 (Conversion)'에 이르기까지의 흐름을 시각화해 어떤 단계에서 가장 많이 이탈하는지를 알아보기 위한 방법 을 지칭한다. – 옮긴이

실험을 위해 체크아웃 페이지에 쿠폰 코드 필드를 더하고, 그림 2.2에 보이는 2개의 상이한 UI를 테스트하며, 수입에 대한 영향을 평가하려고 한다. 우리의 가설은 "쿠폰 코드 필드를 체크아웃 페이지에 더하는 것은 매출을 저하할 것이다"이다.

변화의 영향을 측정하고자 목적 지표 또는 성공 지표를 정의한다. 하나의 지표만 있다면, 그 지표를 직접 우리의 OEC(7장 참조)로 사용할 수 있다. 이 실험에 대한 명백한 지표 선택은 매출일 것이다. 전체 매출을 증가시키는 것이 목표이지만, 변형군마다 사용자 수가 다를 수 있으므로 매출의 합 자체를 목표 지표로 사용하는 것을 권장하지 않는다. 만약 변형군이 동일한 트래픽을 가지도록 배분되더라도, 실제 사용자 숫자는 우연히 변화할 수 있다. 샘플 크기에 대해 표준화된 지표를 사용할 것을 권장한다. 따라서 사용자당 매출은 좋은 OEC이다.

다음으로 중요한 질문은 사용자당 매출 지표의 분모로 어떤 사용자들을 고려할 것인지 결정하는 것이다.

- **사이트를 방문하는 모든 사용자.** 이는 유효하다. 그러나 이는 변화가 일어난 곳에서 체크아웃을 전혀 개시하지 않은 사용자를 포함하기 때문에 불필요한 노이즈가 추가돼 있다. 체크아웃을 전혀 개시하지 않은 사용자들은 우리의 변화에 영향을 받지 않는다. 이들 사용자들을 제외할 때, 더 민감한 A/B 테스트가 될 것이다(20장 참조).

- **구매 프로세스를 완료한 사용자.** 이 선택은 변화가 사용자당 구매액에만 영향을 준다고 가정하고 있는데, 실제로는 구매를 완료하는 사용자 수에도 영향을 줄 수 있으므로 잘못된 선택이다. 만약 더 많은 사용자가 구매한다면, 총 수입은 증가할지라도 사용자당 수입은 떨어질 것이다.

- **구매 프로세스를 시작한 사용자.** 변화가 퍼널 내에 있다는 전제하에 이것은 최적의 선택이다. 잠재적으로 영향을 받은 모든 사용자를 포함하지만, 퍼널 영향을 받지 않는 사용자들(체크아웃을 전혀 시작하지 않는 사용자들)은 포함하지 않는다.

실험 2

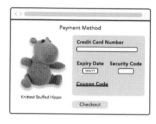
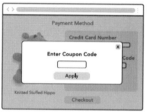

그림 2.2 (1) 대조: 과거 체크아웃 페이지 (2) 실험1: 신용카드 정보 아래
쿠폰 또는 기프트 코드 필드 (3) 실험2: 팝업으로 쿠폰 또는 기프트 코드

더 정교한 가설은 "쿠폰 코드 필드를 체크아웃 페이지에 더하면, 구매 프로세스를 시작하는 사용자에 대한 사용자당 수입이 저하한다."이다.

가설 검정: 통계적 유의성 확립

실험을 설계, 실행 또는 분석하기 전에 통계적 가설 검사와 관련된 몇 가지 기본 개념을 살펴보자.

기준 평균값과 평균의 표준오차, 즉 지표의 추정치가 어느 정도로 변동성이 큰지 이해함으로써 지표의 기능을 파악한다. 실험 크기를 적절하게 조정하고 분석 중에 통계적 유의도를 계산하기 위해 변동성을 알 필요가 있다. 대부분의 경우 지표로 평균을 측정하지만 백분위수와 같은 다른 요약 통계량을 선택할 수도 있다. 통계적으로 유의미한 차이를 탐지하는 능력인 민감도는 평균의 표준오차가 낮을수록 개선된다. 이는 일반적으로 사용자 수가 시간에 따라 증가하기 때문에 일반적으로 각 변형군에 더 많은 트래픽을 할당하거나 실험을 더 오래 실행해서 달성할 수 있다. 그러나 일부 지표 자체는 시간에 따라 분산이 "증가"하는 반면 순 사용자 증가는 반복 사용자로 인해 저선형 sub-linear 3일 수 있으므로 후자는 첫 몇 주가 지날 때까지 효과적이지 않을 수 있다(Kohavi et al. 2012).

　실험을 할 때, 하나의 지표로 요약할 수 있는 한 개의 샘플이 아니라, 여러 개의 샘플을 사용한다. 특히 종합 대조 실험에서는 대조군을 위한 샘플 하나와 실험군을 위한 샘플 하나를 갖고 있다. 평균이 같다는 귀무가설하에 한 쌍의 실험군과 대조군 샘플 간의 차이가 있을 가능성이 낮은지에 대한 여부를 정량적으로 시험한다. 평균이 같을 가능성이 낮다면, 귀무가설을 기각하고 그 차이가 통계적으로 유의하다고 주장한다. 구체적으로 대조군 및 실험군 샘플으로부터의 사용자당 매출 추정치가 주어졌을 때, 차이에 대한 p값을 계산하는데, 이는 귀무가설이 참이라고 가정할 때 그러한 차이 또는 더 극단적인 경우를 관찰할 확률이다. p값이 충분히 작을 경우에는 귀무가설을 기각하고 실험이 효과가 있었다(또는 결과가 충분히 유의하다)고 결론짓는다. 그렇다면 충분히 작다는 것은 무엇일까?

　과학적 표준은 0.05 미만의 p값을 사용하는 것으로, 이는 효과가 실제로 없다면 100번 중 95번 효과가 없다는 것을 정확하게 추론할 수 있다는 것을 의미한다. 차이가 통계적으로 유의한지 여부를 조사하는 또 다른 방법은 신뢰구간이 0을 포함하는지를 확인하는 것이다. 95% 신뢰구간은 시행횟수의 95%에서 관측된 차이를 포괄하는 범위로, 표본 크기가 상당히 큰 경우에 대개 실험군과 대조군 사이의 관측된 델타(차이)를 중심으로 두고 양쪽으로 1.96 x 표준오차로 확장된다. 그림 2.3은 두 방법이 같다는 것을 보여준다.

　"통계적 검정력"은 변형군 간에 실제로 차이가 있을 때, 이 차이를 유의미하다고 판별할 확률이다(통계적으로 차이가 있을 때 귀무가설을 기각한다). 실무

3　선형에 못 미치는 증가를 의미한다. 예를 들어 사용자당 트래픽이 감소하는 경우를 들 수 있다. – 옮긴이

적으로 이야기하면, 당신의 실험은 기대했던 변화 수준보다 더 큰 변화가 있었는지를 높은 확률로 결론 내릴 수 있는 검정력이 요구된다. 일반적으로 표본 크기가 클수록 검정력이 커진다. 일반적으로는 80~90%의 검정력을 가지는 실험을 설계한다. 17장에서는 통계적 세부사항을 추가로 논의한다.

"통계적 유의도"는 귀무가설을 가정할 때, 우연히 관찰한 결과 또는 더 극단적인 결과가 발생할 수 있는 가능성을 측정하지만, 모든 통계적으로 유의한 결과가 실질적으로 의미 있는 것은 아니다. 사용자당 매출은 비즈니스 관점에서 얼마나 큰 차이를 보이는가? 즉, 실질적으로 어떤 변화가 중요한가?

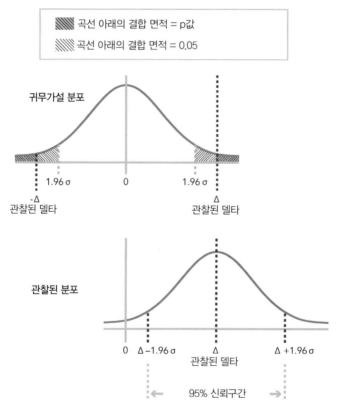

그림 2.3 상단: p값을 이용해 관찰된 델타가 통계적으로 유의한지를 평가한다. 만약 p값이 0.05보다 작으면, 차이가 통계적으로 유의하다고 선언한다. 하단: 통계적 유의성을 평가하기 위한 95% 신뢰구간 [Δ−1.96σ, Δ+1.96σ]을 사용하는 동일한 견해. 만약 0이 신뢰구간 바깥에 있으면 유의성을 선언한다.

이러한 실질적인 경계를 설정하는 것은 그 차이가 변경 비용을 지불할 가치가 있는지 여부를 이해하는 데 중요하다. 만약 당신의 웹사이트가 구글이나 빙과 같이 수십억 달러를 창출한다면, 0.2%의 변화는 실질적으로 중요하다. 이에 비해, 스타트업은 10% 이상의 개선된 변화를 추구하기 때문에 2%의 변화라도 이들은 너무 작게 생각할 수 있다. 예를 들어, 사업 관점에서 사용자당 수익의 1% 이상 증가는 중요하거나 실질적으로 유의한 변화라고 할 수 있다.

실험 설계

이제 우리의 실험을 설계할 준비가 됐다. 가설과 실제적인 유의도 경계를 설정했고 지표를 특징지었다. 우리는 설계를 정의하기 위해 다음과 같은 일련의 결정을 사용할 것이다.

1. 무작위 추출 단위는 무엇인가?

2. 무작위 추출 단위의 모집단을 어느 정도 대상으로 하고 싶은가?

3. 어느 정도 규모의 실험이 필요한가?

4. 실험을 얼마나 오래 진행할 것인가?

일단, 사용자들이 우리의 무작위 추출 단위라고 가정해보자. 14장에서 대안을 살펴볼 예정이지만, 가장 일반적인 방법이 사용자들을 단위로 추출하는 것이다.

특정 모집단을 대상으로 한다는 말은 특정 특성을 지닌 사용자에 대해서만 실험을 실행하려는 것을 의미한다. 예를 들어 새 텍스트를 테스트하려고 하는데, 새 텍스트가 단지 몇 개의 언어로만 표시되는 경우 해당 언어로 인터페이스 로케일interface locale 4이 설정된 사용자만 타겟으로 할 수 있다. 다른 공통 타

---

4 사용자의 언어, 국가뿐 아니라 사용자 인터페이스에서 사용자가 선호하는 출력 형식 등을 정의하는 파라미터다. - 옮긴이

겟 속성은 지리적 지역, 플랫폼 및 장치 유형을 포함한다. 이 책에서는 우리가 모든 사용자를 대상으로 한다고 가정하고 예를 든다.

실험의 크기(우리의 경우 사용자 수)는 결과의 정밀도에 직접적인 영향을 미친다. 작은 변화를 감지하거나 결론에 좀 더 충실해지려면 더 많은 사용자로 더 큰 실험을 실행해야 한다. 이제 변경사항으로 고려할 수 있는 몇 가지를 소개하겠다.

- OEC로 사용자당 수익을 사용하지 않고 구매지표(즉, 사용자가 구매금액과 무관하게 구매했는가: 예/아니오)를 사용하면 표준오차가 작아져 동일한 민감도를 얻기 위해 많은 사용자를 실험에서 사용할 필요가 없게 된다.

- 실질적인 유의도 수준을 높인다면, 예를 들어 1%의 변화 감지에는 더 이상 신경 쓰지 않고 더 큰 변화만 감지하고자 한다면, 큰 변화는 더 감지하기 쉽기 때문에 표본 크기를 줄일 수 있을 것이다.

- 귀무가설을 기각하기 전 변화가 발생했다는 것을 더욱 확신하기 위한 목적으로 0.01과 같은 낮은 p값 임계치를 사용하려면 표본 크기를 늘려야 한다.

여기에 실험 크기를 결정할 때 고려해야 할 몇 가지 사항이 있다.

- 실험은 얼마나 안전한가? 사용자가 어떤 반응을 보일지 모르는 대규모 변경의 경우, 먼저 더 적은 비율의 사용자로 시작하는 것이 좋다. 이 논리는 실제 실험 크기의 선택에 영향을 미치지 않아야 하지만, 대신 실험에 참여하는 사용자 수를 확대하기 위한 전술에 영향을 미칠 수 있다(자세한 내용은 15장 참조).

- 이 실험은 다른 실험과 트래픽을 공유할 필요가 있는가? 만약 그렇다면, 트래픽 요구사항의 균형을 어떻게 맞추는가? 높은 수준에서 테스트할 다른 변경 사항이 있는 경우 이러한 변경 사항을 동시에 실행하거나 순차적으로 실행하도록 선택할 수 있다. 여러 동시 테스트 간에 트래픽을 분할해야 하는 경우, 각 테스트는 더 적은 양의 트래픽으로 끝나게 된다. 4장에서 단일계층 또는 중복 계층으로 테스트를 실행하는 방법, 그리고 더 중요한 내용인 모든 실험을 확장하기 위한 적절한 인프라를 구축하는 방법에 대해서 논의한다.

또 다른 큰 문제는 실험을 얼마나 오래 할 것인가이다. 고려해야 할 다른 요인은 다음과 같다.

- **더 많은 사용자**: 온라인 실험에서는 시간이 흐를수록, 실험이 더 오래 실행될수록 더 많은 사용자들이 실험을 참여하게 된다. 이는 일반적으로 통계적 검정력을 증가시킨다(예를 들어, 측정되는 지표가 누적된 경우, 즉 세션 수와 분산이 증가하는 경우에 예외가 발생하는데 이에 대한 자세한 내용은 18장을 참조하라). 또한 동일한 사용자가 다시 돌아올 수 있다는 점을 고려할 때 시간에 따른 사용자 누적률은 저선형이 될 가능성이 높다. 즉, 첫째 날에 N명의 사용자가 있고, 일부 사용자가 첫째와 둘째 날 모두 방문하면, 둘째 날 이후 2N명보다 더 적은 수의 사용자를 가지게 될 것이다.

- **주간 효과**: 평일과 주말에는 사용자의 분포가 달라질 수 있다. 같은 사용자라도 다르게 행동할 수 있다. 당신의 실험이 주간 사이클을 포착했는지 확인하는 것이 중요하다. 최소 1주일 동안 실험을 하는 것을 추천한다.

- **계절성**: 공휴일과 같이 사용자들의 행동이 달라지는 중요하게 고려해야 할 시기가 있을 수 있다. 글로벌 사용자 기반을 갖고 있다면 미국뿐만 아니라 다른 나라의 공휴일이 영향을 미칠 수 있다. 예를 들어, 기프트 카드를 파는 것은 크리스마스 시즌에는 효과가 좋을 수 있지만 일년 중 다른 기간에는 효과가 없을 수 있다. 이를 외적 타당성(external validity)이라고 하는데, 이는 어떤 기간의 결과를 다른 기간에 일반화할 수 있는 정도를 나타낸다.

- **초두 효과(primacy effect) 및 신기성 효과(novelty effect)**: 실험초기의 효과는 정상보다 크거나 또는 작은 경향이 있어서 효과의 안정화에 시간이 걸리는 실험들이 있다. 예를 들어, 사용자들은 새로운 플래시 버튼을 사용해 보지만, 그것이 유용하지 않다는 것을 발견함에 따라, 버튼의 클릭 수는 시간이 지나면서 줄어들 것이다. 반면에 익숙해지는 것이 필요한 기능은 사용자들이 익숙해져서 효과가 나타나는 데 시간이 걸린다.

현재 우리의 실험 설계는 다음과 같다.

1. 무작위 추출 단위는 사용자다.

2. 모든 사용자를 대상으로 체크아웃 페이지[5]를 방문하는 사용자를 분석한다.

---

5 결제를 위한 페이지로 체크아웃 프로세스의 마지막에 표시되며, 고객에게 일련의 지불 옵션을 제공하고 장바구니에 대한 개요를 보여준다. – 옮긴이

3. 사용자당 수익의 1% 이상의 변화를 감지할 수 있는 80%의 통계적 검정력을 갖기 위해 검정력 분석을 실시해 실험의 크기를 결정한다.

4. 이들 조건은 대조군/실험군 1/실험군 2 간에 34/33/33%로 분할된 상태로 최소 4일 동안 실험을 실행하는 것으로 변환된다. 요일 효과(day-of-week effect)를 확실히 이해하기 위해 일주일 내내 실험을 실행할 것이며, 신기성이나 초두 효과를 감지하면 잠재적으로 더 오래 걸릴 것이다.

일반적으로, 검정력을 과하게 높게 설정하는 것은 문제가 없으며, 세그먼트(예: 지리적 지역 또는 플랫폼)를 검사하고 실험이 몇 가지 주요 지표의 변화를 감지하기에 충분한 검정력을 갖고 있는지 확인해야 할 때도 있기 때문에 오히려 권장된다. 예를 들어 모든 사용자의 수익 영향을 감지할 수 있는 충분한 검정력은 있지만, 캐나다 사용자만 보려면 충분한 검정력을 확보하지 못할 수 있다. 또한 대조군과 실험군에 대해 거의 동일한 크기를 선택했지만, 실험군의 종류가 증가하면, 대조군의 크기를 실험군 크기보다 크게 늘리는 것을 고려할 수 있다(18장 참조).

실험 실행과 데이터 수집

이제 실험을 실행하고 필요한 데이터를 수집하자. 여기서는 관련 부분에 대해 간략히 설명하고 더 상세한 내용은 4장의 "실험 스케일링: 변형 할당 탐구" 절에서 다룬다.

실험을 실행하려면 다음 세 가지가 모두 필요하다.

• 사용자가 사이트와 상호작용하는 방식과 이러한 상호작용이 어떤 실험에 속하는지에 대한 로그 데이터를 얻기 위한 계측(instrumentation)(13장 참조).

• 실험 구성부터 변형 할당에 이르기까지 실험을 수행할 수 있는 인프라(infrastructure). 자세한 내용은 4장 실험 플랫폼 및 문화를 참조하자.

실험을 실행하고 필요한 계측으로 로그 데이터를 수집하면, 데이터를 처리하고 요약 통계를 계산하고 결과를 시각화할 준비가 된 것이다(4장 및 16장 참조).

결과 해석

이제 실험으로부터 데이터를 얻게 됐다. 사용자당 수익 결과를 보기 전에 실험이 제대로 실행됐는지 확인하기 위해 몇가지 적절성 검사를 수행할 필요가 있다.

표 2.1 체크아웃 실험으로부터 사용자당 수입 결과

	사용자당 수입, 실험군	사용자당 수입, 대조군	차이	p값	신뢰구간
실험군 1 대 대조군	$3.12	$3.21	-$0.09 (-2.8%)	0.0003	[-4.3%, -1.3%]
실험군 2 대 대조군	$2.96	$3.21	-$0.25 (-7.8%)	1.5e-23	[-9.3%, -6.3%]

실험 결과를 무효로 할 수 있는 버그가 숨어들어올 수 있는 방법이 많다. 이들을 포착하기 위해 가드레일 지표 또는 불변성 지표들을 살펴본다. 이러한 지표는 대조군과 실험군 사이에서 변경돼서는 안 된다. 만약 그것들이 변경된다면, 측정된 차이는 테스트된 기능에 의한 것이 아니라 우리가 수행한 다른 변경의 결과일 가능성이 높다.

불변성 지표에는 두 가지 유형이 있다.

1. 예를 들어 대조군 및 실험군 샘플의 크기가 실험 설정을 그대로 따르거나 이들의 캐시 적중률[6]이 동일하리라 기대하는 신뢰 관련 가드레일 지표.

2. 조직에 중요하고 많은 실험에서 불변할 것으로 예상되는 지연 시간과 같은 조직 가드레

---

6 적중률 = (캐시히트횟수)/(전체 참조횟수) - 옮긴이

일 지표. 체크아웃 실험에서 지연 시간이 변한다면 매우 놀랄 것이다.

만약 이러한 적절성 검사가 실패한다면 기초적인 실험 설계, 인프라 또는 데이터 처리에 문제가 있을 것이다. 자세한 내용은 21장을 참조하자.

가드레일 지표를 기반으로 적절성 검사를 실행한 후 결과를 검토한다(표 2.1).

두 가지 실험군에 대한 p값이 0.05보다 작기 때문에, 실험군과 대조군의 평균이 같다는 귀무가설을 기각한다. 그렇다면 이것은 무엇을 의미할까? UI 에 쿠폰 코드를 추가하면 수익이 감소한다는 패턴을 확인했다는 뜻이다. 그 숫자들을 더 자세히 살펴보면, 그 결과는 구매 과정을 완료하는 사용자 수가 적기 때문에 감소했다는 것을 보여준다. 따라서 쿠폰 코드를 발송하는 마케팅 이메일은 쿠폰 처리와 유지보수를 추가하는 데 드는 구현 비용뿐만 아니라, 쿠폰 코드를 처음 추가할 때 발생하는 부정적인 영향의 비용도 회수할 필요가 있다. 마케팅 모델은 대상 사용자에 대한 작은 수익 증가를 추정했지만, A/B 테스트는 모든 사용자에게 상당한 수익 감소를 나타냈기 때문에 프로모션 코드를 도입하는 아이디어를 폐기하기로 결정한다. 출시 전 최소 테스트로 A/B 테스트를 수행함으로써 많은 노력이 절약됐다.

결과에서 의사결정으로

A/B 테스트의 실행 목표는 의사결정을 유도하기 위한 데이터를 수집하는 것이다. 올바른 결정을 내릴 수 있도록 결과가 반복 가능하고 신뢰할 수 있게 하는 데 많은 노력이 필요하다. 발생할 수 있는 몇 가지 다른 사례에 대한 의사 결정 과정을 살펴보자.

사례별로 실험 결과를 갖고 있으며, 그 결과를 출시/미출시 결정으로 바꾸는 것이 목표다. 의사결정 부분을 강조하는 이유는 의사결정이 측정의 결론과 함께 다음과 같은 광범위한 맥락 모두를 고려할 필요가 있기 때문이다.

- 여러 지표 간의 트레이드오프를 고려할 필요가 있는가? 예를 들어, 사용자 참여가 증가하지만 수익이 감소할 경우, 출시할 것인지? 또 다른 예로는 CPU의 사용률이 증가하면, 서비스 실행 비용이 변화의 이점보다 클 가능성이 있다.

- 서비스를 출시하는 데 드는 비용은 얼마인가? 여기에는 다음 두 가지가 모두 포함된다.
  - 출시 전 기능을 완전하게 구축하기 위한 비용. 어떤 기능들은 실험하기 전에 완전히 만들어졌을 지도 모른다. 그런 경우 1%에서 100% 출시까지 가는 비용은 제로다. 이 것은 항상 그렇지는 않다. 우리의 사례처럼 출시 전 최소 테스트를 구현하는 것은 저 렴했지만, 전체 쿠폰 시스템을 구현하는 데 드는 비용은 비싸다.
  - 신규 코드를 유지 보수하는 것이 더 비용이 많이 들 수 있으므로, 출시 후 지속적인 엔지니어링 유지 보수에 대한 비용. 새로운 코드는 버그가 더 많고 예외적인 경우 대 해 테스트가 잘 수행되지 않는 경향이 있다. 만약 신규 코드가 더 커다란 복잡성을 가져온다면, 이것은 또한 새로운 변화를 구축하는 데 갈등과 비용을 초래할 것이다. 만약 유지 비용이 많이 든다면, 예상되는 이득이 그것을 커버할 수 있는지 확인해야 한다. 이러한 상황에서는 실무적 유의도 임계값이 이를 반영하기에 충분한지 확인하 라. 반대로 유지 비용이 낮거나 심지어 0인 경우 비용이 드는 변화 즉 실무적 유의도 임계값이 낮은 어떠한 변화도 출시하는 선택을 할 수 있다.

- 잘못된 의사결정의 단점은? 모든 결정이 동일한 것은 아니며 모든 실수가 동일한 것은 아니다. 영향이 없는 변화를 시작하는 하방위험은 없겠지만, 영향을 미치는 변화를 포 기한다면 기회비용은 높을 수 있으며, 그 반대의 경우도 마찬가지일 수 있다. 예를 들 어, 당신은 당신의 사이트에서 가능한 두 가지 헤드라인 제안을 테스트하고 있는데, 그 제안 자체는 단지 며칠 동안만 보여질 것이다. 그럴 경우 변화가 보여지는 기간이 짧기 때문에 잘못된 결정을 할 하방위험이 작다. 이 경우 실험자는 통계적 및 실무적 유의도 에 대한 기준 모두를 낮출 것이다.

통계적 및 실무적 유의도 임계값을 구축할 때 이러한 상황을 고려해야 한 다. 이들 임계값은 실험의 결과에서 결정 또는 행동으로 옮아갈 때 매우 중요 하다. 더 광범위한 맥락을 파악하기 위해, 실험 시작 전 임계값을 업데이트했 다고 가정할 때, 이들 임계값을 사용해 의사결정을 도출하는 법을 설명하기 위해 그림 2.4의 예를 차근차근 살펴보도록 하자.

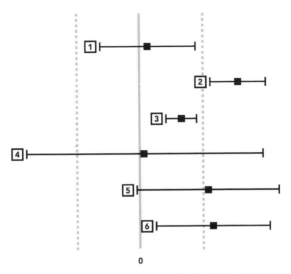

그림 2.4 의사결정을 개시할 때 통계적 및 실무적 유의도를 이해하는 실무적 유의도 경계가 두 개의 점선으로 그려져 있다. 각 샘플에 대한 추정된 차이는 신뢰구간과 함께 표시된 검은색 박스이다.

1. 결과는 통계적으로 유의하지 않다. 실무적 유의도가 없다는 것도 분명하다. 이는 변화가 별 효과가 없다는 쉬운 결론으로 이어진다. 당신은 실험을 반복하거나 이 아이디어를 포기하기로 결정할 수 있다.

2. 결과는 통계적으로 그리고 실무적으로 유의하다. 다시 말해 쉬운 결정이다. 출시한다!

3. 결과가 통계적으로는 유의하지만 실무적으로 유의하지 않다. 이 경우, 변화의 규모에 대해서는 확신하지만, 그 규모가 비용과 같은 다른 요인보다 크지 않을 수 있다. 이 변화는 출시할 가치가 없을지도 모른다.

4. 이 예를 우리의 첫 번째 예와 같이 중립적인 것으로 간주한다. 그러나 신뢰구간은 실무적으로 유의한 범위를 벗어났다. 만약 실험을 실행해서 수익을 10% 증가시키거나 감소시킬 수 있다는 것을 알아낸다면, 정말로 그 실험을 받아들이고 변화가 중립적이라고 말할 것인가? 강력한 결론을 도출할 검정력이 부족하고, 우리가 어떤 출시 결정을 내릴 만한 자료도 부족하다고 말하는 것이 좋다. 이 결과에 대해 더 큰 통계적 검정력을 제공하도록 더 많은 단위를 갖고 후속 테스트를 실행하는 것을 권장한다.

5. 실무적으로 유의한 결과지만 통계적으로는 유의하지 않다. 따라서 비록 이 변화가 당신이 관심 있어 하는 영향을 갖는다고 확실히 추측할지라도, 전혀 영향이 없을 가능성도 충분히 있다. 측정의 관점에서 최선의 권장사항은 이 테스트를 반복하되 더 큰 검정력으로 결과에 대한 더 큰 정밀도를 얻는 것이다.

6. 결과는 통계적으로 유의하며, 실무적으로 유의할 가능성이 있다. 5와 마찬가지로, 그 변화가 실무적으로 유의하지 않을 가능성이 있다. 따라서 여기서는 앞의 예와 마찬가지로 더 많은 노력을 기울여 테스트를 반복하는 것이 좋다. 그러나 출시/미출시 결정만 고려하면, 출시 선택을 하는 것이 합리적인 결정이다.

기억해야 할 중요한 것은 결과에서 명확한 답이 나오지 않을 수도 있지만 결정을 내려야 할 때가 있을 것이라는 점이다. 그러한 상황에서는 어떤 요인을 고려하고 있는지 특히 이 요인들이 실무적 및 통계정 유의도 경계에 어떻게 반영되는지에 대해 명확하게 할 필요가 있다. 이것은 단순히 국지적인 결정이 아니라 미래 의사결정의 기초가 될 것이다.

03

트위먼의 법칙과
실험의 신뢰도

트위먼의 법칙은 아마도 데이터 분석 전체에서 가장 중요한
단일 법칙일 것이다.… 데이터가 특이하거나 흥미로울수록
어떤 오류의 결과였을 가능성이 크다.

캐서린 마쉬와 제인 엘리엇Catherine Marsh and Jane Elliott(2009)

트위먼의 법칙: "흥미롭게 보이거나 다르게 보이는 모든 것들은 대체로 틀렸다."

A.S.C 에렌버그Ehrenberg(1975)

트위먼의 법칙: "흥미롭게 보이는 통계는 거의 다 확실히 실수다."

폴 딕슨Paul Dickson(1999)

윌리엄 앤서니 트위먼은 영국의 라디오 및 텔레비전 시청률 측정 전문가
(MR Web 2014)로 그가 책을 쓰거나 글로 기술한 적은 없지만, 그의 이름을
딴 트위먼의 법칙으로 유명하다. 위 인용문에서도 알 수 있듯이 다양한 변형
이 존재한다.

핵심 지표의 현저한 개선과 같은 놀랄만한 긍정적인 결과를 볼 때 우리는
그것을 중심으로 이야기를 만들고, 공유하고, 축하하는 경향이 있다. 반면 결
과가 놀라울 정도로 부정적일 때는 연구의 한계나 사소한 결함을 찾아내고
그것을 기각해버리는 경향이 있다.

경험에 따르면 많은 극단적인 결과는 계측 오류(예: 로깅), 데이터 손실(또는 데이터 중복) 또는 계산 오류의 결과일 가능성이 더 높다.

실험 결과의 신뢰도를 높이기 위해 결과에 이상이 있을 수 있다는 것을 나타내는 일련의 테스트와 실습을 권장한다. 데이터베이스에는 무결성 제약조건이 있다. 방어적인 프로그래밍에서는 제약조건이 유지되고 있는지 검증하기 위한 assert()를 쓰는 것을 권장한다. 실험에서 다음과 같이 assert와 유사한 근본적인 문제를 확인하는 테스트를 실행할 수 있다. 모든 사용자가 특정 시간부터 대조군 또는 실험군의 하나를 경험해야 하는 경우, 두 변형군 모두에 많은 사용자가 있는 것은 위험신호[red flag]다. 실험 설계가 두 변형에서 동일한 백분율을 요구하는 경우, 확률적으로 가능성이 낮은 큰 편차도 마찬가지 문제를 제기한다. 다음에서 트위먼의 법칙을 정의한 몇 가지 훌륭한 사례를 공유한 후 종합 대조 실험의 신뢰도를 향상시키기 위해 당신이 할 수 있는 일에 대해 토론하고자 한다.

통계 결과의 잘못된 해석

여기에 종합 대조 실험 뒤에 숨겨진 통계를 해석할 때 몇 가지 일반적인 오류가 있다.

통계적 검정력 부족

귀무가설 유의도 테스트[Null Hypothesis Significance Testing]의 프레임워크에서 일반적으로 대조군과 실험군 사이에 지표 값의 차이가 없다고 가정하고 (귀무가설) 데이터가 이에 반하는 강력한 증거를 제시하면 가설을 기각한다. 일반적인 실수는 지표가 통계적으로 유의적이지 않다고 해서 실험 효과[Treatment Efeect][1]가 없다고 가정하는 것이다. 실험이 우리가 보고 있는 효과 크기를 탐지하기에는 검정력이 부족할 수 있다. 즉 테스트에 사용자가 충분하지 않을 수

---

1 개입효과라고도 한다. – 옮긴이

있다. 예를 들어 GoodUI.org에서 115개의 A/B 테스트를 평가한 결과 대부분이 검정력 부족 상태였다고 한다(Georgiev 2018). 이것은 당신의 설정에서 실질적으로 어떤 것이 중요한지를 정의하고(2장 참조) 그 크기의 또는 더 작은 크기의 변화를 감지할 수 있는 충분한 검정력을 갖고 있는지 확인하는 것이 중요한 한 가지 이유다.

실험이 모집단의 작은 부분 집합에만 영향을 미치는 경우에는 영향을 받은 부분 집합만 분석하는 것이 중요하다. 작은 사용자 집합에만 커다란 효과가 있는 경우는 전체적으로 그 효과가 희석되고 감지되지 않을 수 있다(20장, Lu, Liu, 2014)를 참조하라).

p값의 잘못된 해석

P값은 종종 잘못 해석된다. 가장 일반적인 해석 오류는 p값이 단일 실험의 데이터에 기초해 실험군의 평균 지표 값이 실험군의 평균 지표 값과 다를 확률을 나타낸다는 믿음이다.

p값은 귀무가설이 참이라고 가정할 때 관측된 것과 같거나, 또는 더 극단적인 결과를 얻을 확률이다. 귀무가설의 조건은 매우 중요하다.

다음에서 12가지 p값의 오해(A Dirty Dozen, 구글 웹사이트 Optimizer 2008)로부터의 p값에 대한 오해와 그에 대한 설명 몇 가지를 소개한다.

1. **p값= 0.05이면 귀무가설이 참일 확률이 5%에 불과하다.**
   p값은 귀무가설이 참이라고 가정하고 계산된다.

2. **유의하지 않은 차이(예: p값 >.05)는 그룹 간에 차이가 없음을 의미한다.**
   관측된 결과는 실험 효과가 0이라는 귀무가설과 다른 값의 범위를 갖는다는 것 모두와 일치한다. 전형적인 대조실험에서 신뢰구간이 표시될 때, 이는 0을 포함한다. 그러나, 이것이 0이 신뢰구간의 다른 값보다 더 가능성이 높다는 것을 의미하지는 않는다. 실험의 검정력이 부족하다는 것을 의미할 수도 있다.

3. **P값 = 0.05는 귀무가설 하에서 수많은 시행 중 5%만 발생하는 데이터를 관측했음을 의미한다.**

이는 p값의 정의에 따르면 부정확한 표현이다. p값은 관찰된 것과 같거나 더 극단의 값을 얻을 확률이다.

4. p값 = 0.05는 귀무가설을 기각할 경우 거짓 양성 확률이 5%에 불과함을 의미한다.

이것은 첫 번째 예와 같지만 이해하기가 어렵다. 다음 예제가 도움이 될 것이다. 납을 열과 압력에 노출시키고 용액을 주입해서 금으로 바꾸려고 한다고 가정하자. 당신은 결과로 얻은 혼합물에서 "금"의 양을 (노이지가 많은) 측정하고 있다. 화학적 방법으로 납의 원자번호 82를 79로 바꿀 수 없다는 것을 알기 때문에, (변화의 효과가 없다는) 귀무가설을 기각하는 것은 잘못된 것이며, p값과 관계 없이 100% 거짓 양성(false positive)[2]이다. 거짓 양성율을 계산하기 위해, 즉 p값이 〈0.05이고, 또한 귀무가설이 참인 경우의 확률(이는 결합 확률이지 귀무가설이 참이라는 조건의 조건부 확률이 아니라는 것을 유의하라.)을 계산하기 위해, 베이즈 정리를 사용할 수 있고, 이는 어떤 사전 확률(prior probability)을 필요로 할 것이다.

귀무가설이 참이라고 가정하는 위의 p값의 공통 정의조차도 데이터가 수집된 방법(예: 랜덤 샘플링)과 통계적 테스트가 어떤 가정을 하는지와 같은 측면에 대해서는 명시적으로 가정하고 있지 않다. 최종결과가 나오기 전에 중간 분석이 수행돼 그 결과가 분서방법의 선택에 영향을 미치거나, 중간 분석의 작은 크기의 데이터로 p값이 선택되는 경우는 가설검정의 가정이 명백히 위반되는 것이다(Greenland et al. 2016).

p값 미리보기 p-value peeking 3

온라인 종합 대조 실험을 실행할 때 p값을 지속적으로 모니터링할 수 있다. 실제로 상용 제품 옵티마이즐리 Optimizely의 초기 버전은 이를 권장했다 (Johari et al. 2017). 그러한 다중 가설 검정은 결과를 통계적으로 유의하다고

---

2 여기서 '실험의 효과가 있다'가 양성이며, 따라서 실험효과가 있다고 예측했으나, 틀린 경우이므로 거짓 양성이다. 이는 거짓 긍정이라고도 한다. – 옮긴이

3 미리보기 문제는 대조군과 실험군과의 차이에 대한 통계적 유의도 즉 p값에 대한 중간결과를 미리 보고, 이를 기반으로 의사결정을 할 때 발생하는 문제다. 따라서 테스트의 시작점에서 샘플의 크기를 고정시키고 이 크기에 도달할 때까지 어떠한 의사결정도 연기한다면, 중간결과를 미리 보는 것이 문제가 되지 않을 것이다. – 옮긴이

선언할 때 유의한 편향(5-10배)을 초래한다.

다음의 두 가지 대안이 있다.

1. Johari et al.(2017)이 제안한 대로 p값이 항상 유효한지 순차적 테스트를 하거나, 베이지안 테스트 프레임워크(Deng, Lu과 Chen 2016)를 사용한다.

2. 통계적 유의도 결정에는 일주일과 같이 미리 정해진 실험기간을 사용한다.

구글, 링크드인, 마이크로소프트에서 사용되고 있는 실험 플랫폼이 두 번째 방법을 사용하는 반면, 옵티마이즐리는 첫 번째 방법을 기반으로 솔루션을 구현했다.

다중 가설 검정

다음의 이야기는 재미있는 책 "어쨌든 p값은 무엇인가?"에서 나온다 (Vicker 2009).

통계학자 아, 그럼 p값을 이미 계산하셨군요?

외과의사 예, 다항 로지스틱 회귀 분석을 사용했어요.

통계학자 그래요? 어떻게 그런 생각을 하게 된 거죠?

외과의사 통계 소프트웨어 드롭다운 메뉴에서 각각의 분석을 시도했어요.
그리고 그것이 가장 작은 p값을 준 것이었어요.

다중비교문제(위키피디아 기고자, multiple Comparisons problem, 2019)는 위에서 설명한 미리보기의 일반화다. 다중 테스트에서 가장 낮은 p값을 선택하면 p값과 효과 크기에 대한 추정치가 편향되기 쉽다. 이는 아래와 같은 상황에서 나타난다.

1. 여러 가지 지표를 본다.

2. 시간 경과에 따라 계속적으로 p값 보기(위에서 언급한 바와 같은 미리보기).

3. 모집단의 세그먼트(예: 국가, 브라우저 유형, 중/경, 신규/오래된)를 본다.

4. 동일한 실험을 여러 번 반복된 결과를 본다. 예를 들어 실험이 정말로 아무 것도 하지

않는 경우(A/A 테스트), 20회 반복시행하면, 우연히 p값이 0.05보다 작아질 수 있다.

거짓 발견 비율False Discovery Rate(Hochberg, Benjamini 1995)은 다중 테스트를 다루는 핵심 개념이다(17장 참조).

신뢰구간

대략적으로 말해서, 신뢰구간은 실험 효과의 불확실성 정도를 계량화한 다. 신뢰수준은 신뢰구간에 실제 실험 효과가 얼마나 자주 포함돼야 하는지 를 나타낸다. p값과 신뢰구간 사이에는 의미의 중복성이 있다. 종합 대조 실 험에서 일반적으로 실험 효과의 차이가 없다는 귀무가설의 경우, 실험 효과 의 95% 신뢰구간에 0이 포함되지 않는 경우(즉 양끝 구간), p값 〈 0.05라는 것을 의미한다.

흔한 실수 중 하나는 대조군과 실험군에 대한 신뢰구간을 별도로 살펴본 후 중복될 경우 실험 효과가 통계적으로 다르지 않다고 가정하는 것이다. 통 계적 경험 법칙(van Belle 2008, 2.6절)에 나타난 바와 같이, 그것은 부정확하 다. 신뢰구간이 29%까지 겹치더라도 실험 효과의 차이, 즉 델타는 통계적으 로 유의할 것이다. 그러나 그 반대의 경우 95% 신뢰구간이 겹치지 않으면 실 험 효과는 p값 〈 0.05로 통계적으로 유의하다.

신뢰구간에 대한 또 다른 일반적인 오해는 제시된 95% 신뢰구간에 진정 한 실험 효과가 포함될 확률이 95%라는 믿음이다. 한 실험을 위한 특정 신뢰 구간에 대해 실제 실험 효과가 그 구간 안에 포함될 확률은 100% 또는 0% 다. 95% 신뢰구간에서 95%의 의미는 반복된 여러 실험의 신뢰구간들이 얼 마나 많은 경우(즉 실험 수의 95%)에 실제 실험 효과를 포함하는지를 나타낸다 (Greenland et al. 2016). 자세한 내용은 17장을 참조하자.

내적 타당성에 대한 위협

내적 타당성internal validity은 다른 모집단이나 다른 기간에 일반화를 시도하지 않는 실험 결과의 정확성을 말한다. 다음은 몇 가지 공통적인 위협 요소이다.

SUTVA 위반

종합 대조 실험의 분석에서는 실험 단위(예: 사용자)가 서로 간섭하지 않는다는 것을 명기한 "안정적 단위 실험 가치 가정SUTVA, Stable Unit Treatement Value Assumption"(Imbens, Rubin 2015)을 적용하는 것이 일반적이다. 사용자들의 행동은 그들 자신의 변형군 할당에 의해서만 영향을 받지, 다른 사용자들의 변형군 할당에 의해서 영향을 받지 않는다. 이러한 가정은 다음과 같은 설정에서 명백히 위반될 수 있다.

- 기능이 사용자의 네트워크로 유출될 수 있는 소셜 네트워크.

- P2P 호출이 SUTVA를 위반할 수 있는 스카이프(통신 도구)

- 공동 저작 지원을 포함한 문서 작성 도구(예: 마이크로소프트 오피스 및 구글 문서도구)

- 양면 시장(옥션, 에어비앤비, 이베이, 리프트 또는 우버 등)은 "다른" 측을 통해 SUTVA를 위반할 수 있다. 예를 들어, 실험군에 대해 가격을 낮추면 경매를 통해 대조군에 영향을 미치게 된다.

- 공유 자원(예: CPU, 스토리지 및 캐시)은 SUTVA에 영향을 미칠 수 있다(Kohavi and Longbotham 2010). 실험이 메모리를 누출하고 가비지 수집 및 디스크 리소스 스와핑으로 인해 프로세스가 느려지면 모든 변형군이 어려움을 겪는다. 우리의 실험 중 하나에서 실험군의 코드가 특정 시나리오에서 컴퓨터에 고장을 일으켰다. 이 고장은 대조군에 있는 사용자들에게도 영향을 미쳤으며, 양 집단 모두 비슷한 피해를 입었다.

이들 중 일부 문제를 해결하는 방법은 22장을 참조하자.

생존 편향

일정 기간(예: 2개월) 활동한 사용자를 분석하면 생존 편향이 발생한다. 이 생존 편향의 훌륭한 예는 폭격기에 철갑을 추가하기로 결정한 제2차 세계 대전에서 나온 것이다. 비행기가 가장 큰 피해를 입은 곳에 대한 기록이 수행됐고, 군은 당연히 비행기가 가장 총알을 많이 맞은 곳에 철갑을 추가하기를 원했다. 아브라함 월드^{Abraham Wald}는 이곳이 철갑을 추가하기에 **가장 좋지 않은 곳**이라고 지적했다. 총알구멍은 거의 균일하게 분포돼 있었기 때문에 총알 구멍이 없는 곳에 철갑을 추가해야 했는데 왜냐하면 그 곳을 맞았던 폭격기들은 돌아 올 수 없어서 다시 검사를 받을 수 없었기 때문이다(Denrell 2005, Dmitriev, et al. 2016).

실험 의도 분석

일부 실험에서는 변형군으로부터 의도적인 방해 요소가 발생한다. 예를 들어 의료 환경에서 실험 중인 환자는 부작용이 있는 경우 약물 복용을 중단할 수 있다. 온라인 세계에서 당신은 모든 광고주들에게 그들의 광고 캠페인을 최적화할 수 있는 기회를 제공할 수 있지만, 오직 일부 광고주만이 제안된 최적화를 선택한다. 참여한 사용자들만 분석하면 선택 편향이 나타나며 일반적으로 실험 효과를 과대평가하게 된다. 실험 의도 분석^{intention-to-treat} [4]은 최초의 할당이 실행됐는지 여부에 상관없이 최초의 할당을 분석에 사용한다. 따라서 측정된 실험 효과는 실제로 적용됐는지가 아닌 제안 또는 실험 의도에 기반한다.

디스플레이 광고와 이메일 마케팅에서 사용자가 광고에 노출됐는지 알 수 없는데, 실험 의도 분석법을 바탕으로 이 문제를 해결하기 위해 제안된 기법들이 있다(Barajas et al. 2016).

샘플 비율 불일치(SRM)

사용자 비율(또는 무작위 추출 단위)이 설계 비율에 근접하지 않을 경우 실

---

4 의학 임상실험에서는 치료 의향 분석이라고도 불리며, 실제로 치료를 받았는지에 따라 환자군을 나누는 것이 아니라 초기에 나눴던 치료군에 맞춰 분석하는 것을 말한다. – 옮긴이

험은 샘플 비율 불일치(SRM)를 겪는다. 예를 들어 실험 설계가 일대일 비율
(동일한 크기의 대조군과 실험군)이라고 할 때 실제 할당된 사용자 수의 비율이
그와 다르다면 실험에 문제가 있는 경우가 많으며, 이는 디버깅을 요구한다.
아래에 몇 가지 예를 공유한다.

실험단위의 수가 큰 경우, 1.0을 요구하는 실험 설계에서 0.99보다 작거
나 1.01보다 큰 비율은 심각한 문제를 초래할 수 있다. 비율 검정을 위한 p값
이 낮을 경우(예: 0.001 미만) 실험 시스템은 강력한 경고를 생성해야 하며 스
코어카드와 보고서를 공개하면 안 된다.

앞에서 정의한 바와 같이 p값은 귀무가설이 참이라고 가정할 때 관찰된 것
과 같거나 더 극단적인 결과를 얻을 확률이다. 실험에서 두 변형군이 동일한
할당을 받도록 설계됐다면, 그 설계에 의해 1.0에 가까운 비율을 얻어야 한
다. 즉, 귀무가설은 참이어야 한다. 따라서 p값은 관측된 비율 또는 그 이상
의 극단적인 비율이 실험 시스템의 설계와 일치할 확률을 나타낸다. 이 간단
한 테스트로 실험에 있어 수많은 문제를 발견할 수 있었다. 문제가 있었던 실
험들은 처음에는 아주 훌륭하거나 아주 나빠 보였는데, 결국은 트위먼의 법
칙을 따랐다. 다음에 몇 가지 예를 소개한다.

- **브라우저 리디렉션**(Kohavi and Longbotham 2010).
  A/B 테스트를 구현하기 위한 매우 보편적이고 실용적인 메커니즘은 실험군을 다른 페
  이지로 리디렉션하는 것이다. 이것은 단순하고 우아한 아이디어 중 하나지만 잘못된 것
  이다. 몇몇 다른 시도들은 이것이 지속적으로 SRM을 야기한다는 것을 보여줬다. 여기
  에는 몇 가지 이유가 있다.

  a. **성능 차이.** 실험군의 사용자는 추가적인 리디렉션을 경험하게 되는데, 실험실에서는
     빠른 것 같아 보여도 실제 사용자에게는 더 오래 걸릴 수 있다. 수백 밀리초까지 차이
     가 날 수 있으며, 이는 중요한 지표들에 영향을 미칠 수 있다(5장 참조).

  b. **봇.** 로봇은 리디렉션을 다르게 처리한다. 어떤 로봇은 http-equiv="REFREESH" 메
     타 태그를 리디렉션하지 않을 수 있다. 어떤 로봇은 이것을 심층적으로 크롤링할 가
     치가 있는 새로운 페이지로 태그하고 더 자주 크롤링하기도 한다.

c. **리디렉션은 비대칭이다.** 사용자가 실험군 페이지로 리디렉션되고 난 후 즐겨찾기를 지정하거나 친구에게 링크를 전달할 수 있다. 대부분의 구현에서 실험군 페이지는 사용자가 실제로 실험군에 무작위 추출됐는지를 확인하지 않으므로 오염의 원인이 된다.

여기서 교훈은 구현에서 리디렉션을 피하고 서버 측 메커니즘을 선호하는 것이다. 그럴 수 없는 경우, 대조군과 실험군 모두 동일한 "페널티"를 갖는지, 즉 대조군과 실험군 모두를 리디렉션하는지 확인하라.

- **손실 계측**(Kohavi and Longbotham (2010), Kohavi, Messner et al. (2010), Kohavi et al.(2012), Zhao et al.(2016))
  클릭 추적에는 일반적으로 웹 비콘(일반적으로 클릭 신호를 보내기 위해 서버로 전송되는 1x1 GIF)을 사용하며, 손실(즉 클릭이 100% 제대로 기록되지 않음)이 있는 것으로 알려져 있다. 일반적으로는 모든 변형군에서 손실이 일어나기 때문에 문제가 되지 않지만, 때로는 실험이 손실률에 영향을 미쳐 활동성이 낮은 사용자(예: 클릭 한 번밖에 하지 않은 사용자)가 다른 비율로 나타나 SRM을 유발할 수 있다. 웹 비콘을 페이지의 다른 영역에 배포하면 타이밍 차이가 계측을 왜곡한다.

- **잔여 또는 이월 효과**
  새로운 실험은 보통 새로운 코드를 포함하고 버그 발생율은 더 높은 경향이 있다. 새로운 실험이 예상치 못한 문제를 야기해 실험이 중단되거나 빠르게 버그를 수정하면서 실험을 계속하는 경우가 흔하게 있다. 버그를 제거한 후에 실험은 계속되지만, 일부 사용자들은 이미 버그의 영향을 받은 후다. 종종 그러한 잔여효과(residual effect 또는 carryover effects)가 심각한 경우가 있고, 때로는 수개월 동안 지속될 수 있다(Kohavi et al. (2012) Lu, Liu (2014)). 이것이 실험 전에 A/A 테스트(19장 참조)[5]를 실시하고 선제적으로 다시 무작위 추출을 하는 중요한 이유다. 무작위 추출을 다시 하면 사용자들이 한 변형군에서 다른 변형군으로 옮겨질 수 있고, 이는 사용자 경험의 일관성을 해친다.

  그 반대도 사실일 수 있다. 링크드인의 어떤 실험에서는 새로운 버전의 People You May Know 알고리듬을 평가해 매우 유익하고 사용자 방문이 증가했다고 보고됐다. 그

---

5 A/A 테스트는 대조군과 실험군에 동일한 경험을 갖게 하는 것이다. A/A 테스트의 목적은 대조군과 실험군의 차이가 없는 것을 확인함으로써 A/B 테스트를 실행하기 위해 사용하는 설정과 도구의 신뢰성을 확인하는 것이다. – 옮긴이

러나 실험을 중지하고 다시 시작했을 때, 이전 실험에서 얻은 현저한 이월 효과가 있어서, SRM이 발생됐고 결과를 무효화하기에 충분했다(Chen, Liu, Xu 2019).

브라우저 쿠키의 잔여 정보는 실험에 영향을 미칠 수 있다. 예를 들어 실험군에서 사용자에게 교육용 캠페인 메시지를 보여주는데, 사용자의 불편을 방지하기 위해 메시지를 세 번까지만 보여준다고 하자. 메시지가 보여지는 횟수를 세는 것은 브라우저의 쿠키를 사용해 구현한다. 이 실험을 중간에 다시 시작하면 일부 실험군의 사용자들은 0보다 큰 횟수의 쿠키를 가지게 되고, 따라서 작은 수의 메시지를 보거나 아예 보지 않게 돼 실험 효과를 희석시키거나 SRM을 초래한다(Chen et al. 2019).

- **무작위 추출에 대한 잘못된 해시함수**

  Zhao et al. (2016)은 Fowler-Noll-Vo 해시 함수(hash function)를 사용해 실험 할당을 야후!에서 어떻게 수행했는지 설명하는데, 이 해시 함수는 단층 랜덤화(single-layer randomization) 대해서는 성공적이었지만, 다층으로 이뤄진 실험(multi-layer experimentation)들에서 사용자가 중첩돼 할당되는 경우에는 사용자를 적절하게 분배하지 못했다. MD5와 같은 암호해시함수가 좋지만(Kohavi et al. 2009) 느리다. 마이크로소프트에서 사용되는 비암호 함수는 Jenkins SpookyHash다(www.burtleburtle.net/bob/hash/spooky.html).

- **실험의 영향을 받는 트리거링**

  일반적으로 일부 사용자 세그먼트를 정해서 실험을 실시한다. 예를 들어, 특정 국가인 미국의 사용자들만 트리거한다. 그런 다음 이러한 사용자들이 무작위로 여러 변형군으로 분할된다.

  만약 실험을 트리거하는 속성이 시간의 흐름에 따라 변한다면, 그 속성이 실험 자체에 의해 영향을 받지 않도록 해야 한다. 예를 들어 3개월 동안 비활성화된 사용자에게 트리거되는 전자 메일 캠페인을 실행한다고 가정해보자. 캠페인이 효과적이어서 어떤 사용자가 활성화됐다면, 다음번 캠페인을 실행할 때는 SRM이 발생할 수 있다.

- **시간 효과**

  이번에는 각 변형군에서 각기 다른 본문을 사용해 이메일을 보내는 이메일 캠페인에 대해서 고려해보자. 실제 예에서 사용자는 동일한 크기의 대조군과 실험군으로 적절하게 무작위 추출됐지만, 대략적으로 동일해야 하는 전자 메일 개봉 비율은 SRM인 것으로 나타났다.

오랜 조사 결과, 이메일을 읽은 시간이 변형군 간에 서로 다른 시간대에 몰려 있는 것을 알게 됐다. 구현의 용이성 때문에 먼저 이메일을 대조군의 사용자에게 보낸 다음 실험군의 사용자에게 보냈다는 추측을 할 수 있는데, 나중에 사실안 것으로 확인됐다. 즉 첫 번째 그룹은 업무 시간 동안 이메일을 받은 반면, 두 번째 그룹은 퇴근 후 전자메일을 받은 것으로 밝혀졌다.

- **실험의 영향을 받는 데이터 파이프라인**

  MSN 포털(www.msn.com)에는 페이지에 회전하는 복수의 "슬라이드"와 각 점이 슬라이드를 나타내는 Info Panel 영역이 있다(그림 3.1의 화살표 참조)(Kohavi 2016).

  MSN OEC의 핵심 구성 요소는 사용자 참여를 나타내는 사용자당 클릭 수다. 연구 팀은 Info Panel의 슬라이드 수를 12개에서 16개로 늘리는 실험을 했다.

  초기 결과에서 실험에 대한 사용자 참여가 현저하게 감소하는 것으로 나타났지만, 실험은 SRM을 갖고 있었다. 즉, 비율은 1.0이 아니라 0.992이었다. 각 변형군에서 80만 명 이상의 사용자가 있는 경우, 이런 분할이 발생할 p값은 0.000007이었고, 이는 동일한 비율로 할당하는 실험 설계에서 그러한 분할이 우연히 발생할 확률은 극히 낮다는 것을 의미한다. 조사 결과, 실험군에서 증가한 사용자 참여 중 가장 많이 참여하는 사용자 중 일부는 봇으로 분류돼 분석에서 제외됐다는 것이 발견됐다. 이 봇 필터링을 수정한 후, 결과는 역실험 효과를 보였다. 즉 사용자 참여가 실험에서 3.3% 증가했다!

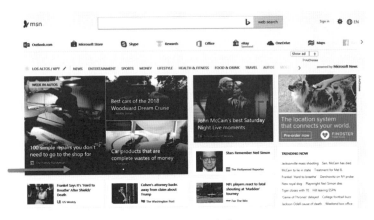

그림 3.1 MSN 포탈 예

봇 필터링[bot filtering]은 특히 검색 엔진에서 심각한 문제다. 빙의 경우 미국 트래픽의 50% 이상이 봇으로부터 전송되며, 중국과 러시아의 경우 이 수치가 90% 보다 높다.

SRM 검사는 매우 중요하다. 마지막 예에서 알 수 있듯이 작은 불균형이라도 실험 효과가 역전될 수 있다. SRM은 (실험단위를 사용자로 할 때) 지나치게 활발해 매우 우수한 사용자 또는 클릭 횟수가 거의 없는 매우 나쁜 사용자들을 포착하지 못해서 발생하는 경우가 많다. 이는 모집단 차이가 작아 보일지라도 결과가 크게 왜곡될 수 있음을 보여준다. SRM 진단에 대한 논문이 최근에 발표됐다(Fabijan et al. 2019).

외적 타당성에 대한 위협

외적 타당성external validity은 종합 대조 실험의 결과가 서로 다른 모집단(예: 다른 국가, 다른 웹사이트)에 일반화될 수 있는 정도(예: 2%의 수익 증가가 장기간 지속될 것인가, 감소할 것인가)를 말한다.

서로 다른 모집단에 대한 일반화는 상당히 의심해볼 만하다. 한 사이트에서 작동하는 기능이 다른 사이트에서 작동하지 않을 수 있지만 해결 방법은 간단하다. 실험을 다시 실행하는 것이다. 예를 들어, 어떤 실험이 미국 시장에서 성공적이었기 때문에 다른 시장에서도 성공적일 것이라 가정하는 대신에 다른 시장에 실험해보는 것이다.

상이한 길이의 기간으로 일반화하는 것은 더 어렵다. 때로는 장기적 효과를 평가하기 위해 몇 달 동안 보류 실험을 계속하기도 한다(Hohnhold, O'Brien, Tang 2015). 19장에서는 장기적 효과을 다루는 방법에 대해 논의한다. 시간 기반의 외적 타당성에 대한 두 가지 주요 위협은 초두 효과primacy effect와 신기 효과novelty effect다.

초두 효과

변경사항이 도입됐을 때 사용자들은 이전 특징, 즉 그것이 작동하는 방식에 익숙하기 때문에 변경사항에 익숙해지기까지 시간이 필요할 수 있다. 또한 머신러닝 알고리듬은 더 나은 모델을 학습할 수 있으며 업데이트 주기에 따라 시간이 걸릴 수 있다.

신기 효과

신기 효과, 즉 새로움 효과는 지속되지 않는 효과다. 새로운 기능, 특히 쉽게 눈에 띄는 기능을 도입하면 처음에는 사용자들의 눈길을 끌어서 그 기능을 시도해 보게 된다. 사용자에게 기능이 유용하지 않으면 반복 사용량은 작아질 것이다. 초기에는 실험군에서 기능을 도입한 성과가 좋은 듯 보이겠지만, 시간이 지남에 따라 실험 효과는 빠르게 감소할 것이다.

우리가 바라지 않는 것의 다른 예로는 『Yes!: 50 Scientific proven ways to be Persuasive』(Goldstein, Martin, Cialdini, 2008)에서 소개한다. 이 책에서 저자들은 콜린 스조트가 홈쇼핑 채널에서 거의 20년 동안 판매 기록을 갈아 치우는 텔레비전 프로그램을 어떻게 만들었는지 토론한다. 스조트는 자신의 홈쇼핑 광고에서 세 단어만 바꿨을 뿐인데 구매자가 크게 늘었다. 바꾼 내용은 흔히 사용하는 "오퍼레이터들이 기다리고 있으니 지금 전화해줘"가 아니라 "오퍼레이터들이 바쁠 때는 다시 전화해 달라"고 한 것이었다. 저자들은 이 것이 사회성의 증거라고 설명한다. 시청자들은 "오퍼레이터가 통화 중이라는 건 다른 사람들도 홈쇼핑 광고를 보고 전화하고 있다는 거야."라고 생각한다.

위와 같은 책략은 정기적으로 사용된다는 것을 사용자가 알게 되면 유효 기간은 짧아진다. 대조 실험에서 효과는 빠르게 감소하는 것으로 나타날 것이다.

그림 3.2에 있는 다른 예를 살펴보자. MSN 웹사이트는 위쪽에 다음과 같이 생긴 메뉴바가 있다(Dmitriev et al. 2017).

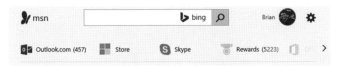

그림 3.2 Outlook.com 링크를 가진 MSN 페이지

마이크로소프트는 사용자에게 더 풍부하고 더 나은 이메일 경험을 제공하는 아웃룩 메일 애플리케이션을 직접 열 수 있도록 Outlook.com 링크와 아이콘을 아래와 같이 변경했다(그림 3.3).

그림 3.3 Outlook 앱 링크를 사용하도록 바꾼 MSN 페이지

예상대로 대조군에 비해 실험군에서 아웃룩 앱을 사용하는 사용자가 많았다. 하지만 클릭율이 증가하리라고는 아무도 기대하지 않았다. 하지만 놀랍게도 대조군에 비해 실험군에서 해당 링크를 클릭하는 횟수가 28%로 매우 크게 증가했다. 사용자가 메일 앱을 더 좋아하고 더 자주 사용했는가? 아니다. 조사 결과 사용자들은 Outlook.com이 열리지 않아서 링크를 여러 번 클릭하는 등 혼란을 겪고 있는 것으로 나타났다.

마지막으로 중국 운동화 제조사 카이웨이 니[Kaiwei Ni]는 그림 3.4와 같이 가짜 머리카락이 운동화 위에 놓여있는 인스타그램 휴대폰 광고를 냈다. 머리카락을 치우고자 화면을 건드리는 경우가 많았고, 그중 상당수는 광고를 클릭하게 됐다. 여기서 신기 효과가 통계적으로 유효했을 것이다. 그러나 이 광고는 인스타그램에서 삭제됐을 뿐만 아니라 계정마저 비활성화됐다(Tiffany 2017).

그림 3.4 실수로 스와이프하고 클릭하기를 바라는 가짜 머리카락이 있는 휴대폰 광고

초두 및 신기 효과 탐지

초두 효과와 신기 효과를 점검하기 위한 중요한 방법은 시간이 지남에 따라 사용량을 표시하고 증가하는지 감소하는지 여부를 확인하는 것이다. 위의 MSN 예를 들면, 그림 3.5의 그래프와 같이 메일 링크를 클릭하는 사용자의 비율은 시간이 지남에 따라 확연히 감소했다.

대부분의 실험 분석에서 실험 효과가 시간에 따라 일정하다고 가정한다. 위와 같은 경향은 이런 가정의 위반을 보여주는 위험신호[red flag]다. 이런 경우 실험 효과가 안정화되기까지 실험을 더 오래 실행할 필요가 있다. 많은 경우에(이 사례에서 강조된 것처럼) 이러한 방식으로 새로운 아이디어(예: 새로운 기능의 도입)가 나쁘다고 결론내기에 충분한 통찰력이 생긴다. 이러한 접근법은 대부분의 경우 간단하고 효과적이지만, 특히 실험을 장시간 실행하는 경우 몇 가지 주의할 사항이 있음을 알아두자(23장 참조).

신기/초두 효과를 강조하기 위한 다른 방법은(시간 경과에 따른 모든 사용자와 대조적으로) 첫 번째 날 또는 두 번째 날에 나타난 사용자를 취해서 시간 경과에 따른 실험 효과를 그림으로 표시하는 것이다.

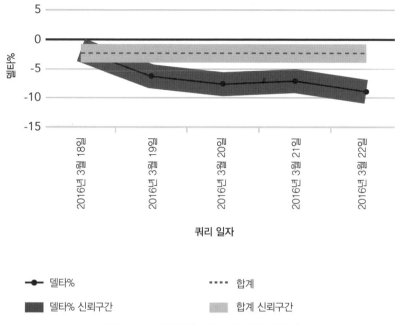

그림 3.5 MSN 사용자 참여가 시간에 따라 감소한다.

세그먼트 차이

서로 다른 세그먼트별로 지표를 분석하는 것은 흥미로운 통찰력을 제공할 수 있고 새로운 발견으로 이어질 수 있는데, 때때로 트위먼의 법칙에 따라 향후 실험에 도움을 주는 결함을 발견하거나 새로운 통찰력을 제공한다. 이는 실험 시스템의 후기 성숙 단계에서 다룰 수 있는 예를 제시하는 고급 테스트다.

좋은 세그먼트란 무엇인가? 아래 예시를 살펴보자.

- **시장 또는 국가**: 어떤 기능은 특정 국가에서 더 잘 작동한다. 때로는 성능이 떨어지는 기능이 다른 언어로의 번역 즉 현지화localization가 제대로 되지 못한 결과일 수 있다.

- **기기 또는 플랫폼**: 사용자 인터페이스가 브라우저, 데스크톱 또는 휴대전화인가? iOS와 Android 중 어떤 모바일 플랫폼을 사용하고 있는가? 때때로 브라우저 버전은 자바스크립트 버그와 비호환성을 식별하는 데 도움을 줄 수 있다. 휴대전화의 경우, 제조업체(예: 삼성, 모토로라)에서 제공한 애드온이 기능을 방해하기도 한다.

- **하루의 시간과 요일**: 시간에 따른 효과를 그리면 흥미로운 패턴을 볼 수 있다. 주말 이용 자는 여러 가지로 다른 경향을 가질 수 있다.

- **사용자 유형**: 새 사용자 또는 기존 사용자. 여기서 새로운 사용자는 어떤 날짜 이후(예: 실험 시작 또는 아마도 한 달 전)에 가입된 사용자

- **사용자 계정 기능**: 넷플릭스의 싱글 계정 또는 공유 계정 또는 에어비앤비의 싱글 또는 가족 여행자

세그먼트 관점은 다음 두 가지 방식으로 사용된다.

1. 지표에 대한 세그먼트 관점

2. 실험 맥락에서 지표의 실험 효과에 대한 세그먼트 관점. 이는 통계학에서 이질적 실험 효과(heterogeneous Treatment effects)라 불리며, 상이한 세그먼트에 대해 실험 효과가 동질적이거나 균등하지 않다고 하는 것이다.

세그먼트 관점에서 본 지표

빙 모바일 광고의 클릭률을 서로 다른 모바일 운영체제에 따라 나눴을 때, 그림 3.6의 그래프에서 보이는 것처럼 서로 매우 달랐다.

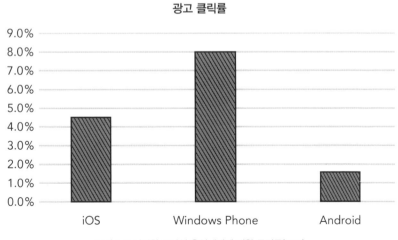

그림 3.6 상이한 모바일 운영체계에 대한 클릭률(CTR)

처음에는 이 결과를 각 운영체제의 사용자의 충성도와 사용자 모집단 간의 차이라고 짐작했지만, 조사 결과 운영체제에 사용되는 서로 다른 클릭 추적 방법론 때문이라는 것이 밝혀졌다. 클릭을 추적하는 방법에는 여러 가지가 있는데 각 방법의 정밀도(충실도)에 따라 서로 상이한 추적 손실률을 보인다(Kohavi, Messner et al. 2010). iOS와 Windows Phone에서는 클릭을 추적하기 위해 리디렉션을 사용했다. 즉 클릭이 항상 서버로 가고 로그가 기록되며, 그런 다음 목적지로 리디렉션된다. 이 방법론은 높은 정확도를 갖고 있지만 사용자 경험은 더 느리다. Android에서 웹 비콘을 사용해 추적 클릭이 수행돼 클릭이 표시되는데, 그 다음 브라우저를 목적지 페이지로 리디렉션한다. 이 방법은 사용자에게는 더 빠른 방법이지만 추적 손실률은 더 높다. 일부 웹 비콘은 서버에 기록되지 않을 수 있기 때문이다. 이것으로 iOS와 Android의 클릭률Ctrl-Through Rate 차이를 설명할 수 있다. 그런데 왜 Windows Phone 클릭률이 그렇게 높았는가? 이에 대한 조사에서 리디렉션 시 사용자가 화면을 미는 것이 클릭으로 잘못 기록되는 버그가 있는 것으로 드러났다. 버그는 항상 발생한다. 이상한 자료를 보면 트위먼의 법칙을 상기하고 문제를 조사하라.

세그먼트 관점에서 본 실험 효과(이질적 실험 효과)

한 실험에서 사용자 인터페이스가 변경됐고, 이것은 브라우저 세그먼트 사이에 매우 큰 차이를 낳았다. 거의 모든 브라우저 세그먼트의 경우 실험 효과는 주요 지표에 대해 약간 긍정적인 개선이었지만, 인터넷 익스플로러 7 세그먼트의 경우 주요 지표에 대해 매우 부정적인 실험 효과가 있었다. 이처럼 긍정적이든 부정적이든 강한 효과가 있는 경우에는 트위먼의 법칙을 발동해 원인을 파헤쳐야 한다. 조사 결과 사용된 자바스크립트가 인터넷 익스플로러 7과 호환되지 않아 사용자가 특정 시나리오에서 링크를 클릭할 수 없도록 하는 오류가 발생한 것으로 드러났다.

위와 같은 발견은 각 세그먼트별 상세 분석을 할 수 있을 때, 즉 통계학에서 조건부 평균 실험 효과(CATEs)라고도 불리는 여러 세그먼트에 대한 실험 효과를 살펴볼 때에만 가능하다. 이질적 실험 효과에 대한 좋은 개요는 EGAP(2018)에서 확인할 수 있다. 흥미로운 세그먼트를 식별하거나 상호작용을 검색하는 것은 의사결정 트리(Athey, Imbens 2016), 랜덤 포레스트(Wager, Athey 2018)와 같은 머신러닝과 통계 기법을 사용해 수행할 수 있다.

실험자가 흥미로운 세그먼트를 발견할 수 있는 경우, 많은 통찰력을 얻을 것이다(그러나 위에서 언급한 바와 같이 다중 가설 테스트의 문제를 고려해야 한다는 것을 기억하자). 일단 다양한 조직에서 A/B 테스트를 실행하도록 하는 것이 중요하며, 이 과정에서 전반적인 실험 효과 이상의 정보를 제공함으로써 혁신을 가속화하는 데 도움이 되는 새로운 통찰력을 제공한다.

실험군에 의해 영향받는 세그먼트별 분석은 오도할 수 있다.

두 개의 상호 포괄적이면서 상호 배타적인 세그먼트[6]의 실험 효과를 평가할 때 OEC가 두 세그먼트에 대해 모두 증가하지만 전체적으로는 하락하는 경우가 있다. 심슨의 역설(다음 절에서 설명)과는 달리, 이는 사용자들이 한 세그먼트에서 다른 세그먼트로 이동하기 때문이다.

예를 들어, 사용자당 세션session-per-user에 관심이 있다고 가정해보자. 사용자가 거의 사용하지 않는 새로운 제품 기능 F를 개발 중이므로 F의 사용자와 여집합(F를 사용하지 않는 사용자)에 초점을 맞춘다. 실험에서 사용자당 세션이 F의 사용자들에 대해 증가하는 것을 관찰할 수 있다. 그런데 이때 여집합에서도 사용자당 세션이 증가했을 수 있다. 이것은 축하할 일일까? 아니다! 사용자당 세션이 전반적으로 감소하거나 그대로 유지됐을 수도 있다.

예를 들어 F 기능의 사용자는 사용자당 평균 20개 세션인 반면 F 세션을 사용하지 않는 사용자는 사용자당 평균 10개 세션이라고 하자. 사용자당 15개의 세션 사용자가 F 기능을 사용하지 못하도록 처리하는 실험을 했다면, 사

---

6 즉, 두 세그먼트의 합이 모집단이지만 겹쳐지는 않는다. – 옮긴이

용자당 평균 세션 수는 F를 사용하는 세그먼트에 대해서는 상승하고(사용자당 평균 세션 수보다 낮은 세션 사용자를 제거함) 여집합에서도 상승하지만(사용자당 평균 세션 수가 높은 사용자를 추가함), 전체 세션 수는 위, 아래 또는 수평의 어떤 방향으로든 움직일 수 있다(Dmitriev et al. 2016의 5.8절).

사용자가 한 세그먼트에서 다른 세그먼트로 이동할 때 세그먼트별 지표 변화를 해석하는 것은 오해를 일으킬 수 있으므로 세그먼트화되지 않은 지표(총합)의 실험 효과를 사용해야 한다. 이상적으로 세그먼트화는 실험 전에 결정된 값으로만 수행돼야 하며, 실험으로 인해 사용자가 세그먼트를 변경할 수 없도록 해야 하지만, 실제로 이러한 방식으로 세그먼트를 제한하는 것은 일부 사용 사례에서는 적용하기 어려울 수 있다.

심슨의 역설

다음은 크룩 등(2009)에 근거한 것이다. 실험이 램프업(15장 참조)을 거치는 경우 즉, 변형군 간의 비율이 다른 기간이 두 개 이상일 때, 결과를 합쳐서 해석하는 것은 실험 효과에 대해 엉뚱한 결론을 내리게 만들 수 있다. 즉, 첫 번째 단계와 두 번째 단계에서는 실험군이 대조군보다 나을 수 있지만, 두 기간을 합치면 전반적으로 더 나쁠 수 있다. 이러한 현상을 비직관적이라 해서 심슨의 역설이라 부른다(Simpson 1951, Malinas, Bigelow 2004, 위키피디아 기고자, Simpson's paradox(심슨의 역설) 2019, Pearl 2009).

표 3.1은 금요일과 토요일 이틀에 1백만 명의 방문자가 있는 웹사이트 예를 보여준다. 금요일에 1%의 트래픽을 실험군에 할당해 실행한다. 토요일에는 그 비율이 50%로 높아진다. 실험군은 금요일에도 전환율이 더 좋고(2.30% 대 2.02%), 토요일 역시 전환율이 더 좋은데도(1.2% 대 1.00%) 불구하고, 이틀 동안 단순 결합하면 실험군이 더 안 좋은 것(1.20% 대 1.68%)으로 나타난다.

표 3.1 2일간 전환율. 각 날은 1백만 고객을 가지는데, 실험군(T)이 대조군(C)보다 각각의 날은 더 좋았지만, 전체적으로는 나쁜 결과를 갖는다.

	금요일	토요일	총
C	C/T 분리비율: 99%/1% $\frac{20,000}{990,000} = 2.02\%$	C/T 분리비율: 50%/50% $\frac{5,000}{500,000} = 1.00\%$	$\frac{25,000}{1,490,000} = 1.68\%$
T	$\frac{230}{10,000} = 2.30\%$	$\frac{6,000}{500,000} = 1.20\%$	$\frac{6,230}{510,000} = 1.20\%$

위의 수학에는 아무 문제가 없다. 수학적으로 $\frac{a+c}{b+d} > \frac{A+C}{B+D}$이면서, $\frac{a}{b} < \frac{A}{B}$이고 $\frac{c}{d} < \frac{C}{D}$일 수 있다. 이것이 비직관적으로 보이는 이유는 가중평균을 다루고 있기 때문인데, 전체적으로 전환율이 더 나쁜 토요일의 영향이 평균 실험 효과에 더 큰 영향을 미친 것은 실험군의 사용자가 더 많았기 때문이다.

심슨의 역설이 발생할 수 있는 종합 대조 실험의 다른 예는 다음과 같다.

- 사용자가 샘플링되는 경우. 모든 브라우저 유형에서 각 유형을 대표하는 충분한 샘플을 얻고자 일부 브라우저(오페라, 파이어폭스 등) 사용자를 높은 비율로 샘플링할 수 있다. 이 경우 전체 결과에서 실험군이 더 낫다고 나타나더라도 각 브라우저 유형별로 세부화하는 경우, 실험군이 모든 브라우저 유형에 대해 더 나빠질 수 있다.

- 미국과 캐나다와 같은 여러 국가에 구현된 웹사이트에서 실험이 실행되고, 대조군 및 실험군에 할당된 비율이 국가에 따라 다른 경우(예: 미국은 실험군이 1%로 운영되는 반면, 캐나다에서는 검정력 계산을 수행해 실험군의 50%가 필요하다고 판단함) 국가별로 세분화했을 때는 실험군이 열등했을지라도 결과를 결합하면 실험군으로 우수한 것처럼 나타날 수 있다. 이 예는 앞에서 기술한 램프업에 수반하는 비율변경의 예와 직접 상응한다.

- 실험이 대조군/실험군에 대해 50%/50%로 실행되지만, 가장 가치 있는 고객(말하자면 지출 상위 1%)을 옹호하는 사람은 고객 세그먼트를 안정적으로 선별해 상위 1%만이 실험에 참여해야 한다고 기업을 설득한다. 이 경우는 위의 예시와 마찬가지로 결합한 실험 결과는 긍정적일 수 있지만, 가장 가치 있는 고객들과 "덜 가치있는" 고객 모두에게 더 나쁠 수 있다.

- 데이터 센터 DC1의 고객을 위해 웹사이트 업그레이드가 이루어지고, 고객 만족도가 향상된다. 데이터 센터 DC2의 고객을 위해 두 번째 업그레이드가 이루어지고, 그 곳의 고객 만족도도 향상된다. 업그레이드로부터의 결합한 데이터를 살펴보면 결합한 고객만족도는 저하됐을 수 있다.

심슨의 역설은 비직관적이지만 드물지 않게 나타난다. 실제 실험에서 이러한 현상이 여러 번 일어난 적 있다(Xu, Chen, Fernandez et al. 2015, Kohavi, Longbotham 2010). 다른 비율로 수집된 데이터를 합산할 때에 유의해야 한다.

심슨의 역설은 어떤 약이 총인구의 회복 확률을 증가시키면서 모든 하위군(예를 들어 남성과 여성)의 인구에서 확률을 감소시키는 (그래서 해로운) 것이 수학적으로 가능하다는 것을 의미한다. 이는 성별을 알 수 없는 경우 약을 복용해야 하지만 성별이 남성 또는 여성일 경우 피해야 한다는 것처럼 보일 수 있는데 명백히 터무니없는 말이다. 펄(2009)에 따르면 인과 모델이 어떤 데이터(모집단 또는 하위 모집단)를 사용할지를 결정할 것이기 때문에 관측 데이터만으로는 이 역설을 해결하는 데 도움이 되지 않는다. "확실한 것 원리[Sure-Thing Principle]" 정리(6.1.1)는 어떤 행동이 각 하위 모집단에서 사건 E의 확률을 증가시키는 경우, 모집단 전체적으로 E의 확률을 증가시켜야 한다고 명시하고 있다.

건강한 회의론의 권장

섬올[SumAll]에서 공동 A/B 테스트 작업을 시작한 지 6개월이 지났다. 그러나 우리는 대부분의 우승 결과는 개선된 고객 획득으로 이어지지 않는다는 불편한 결론에 도달했다. 굳이 말하자면, 우리들은 잘못된 길에 들어가 있었다.

피터 보든[Peter Borden](2014)

조직은 "신뢰할 수 있는 실험"에 선뜻 투자하기 어려울 수 있다. 이는 미지의 것, 즉 테스트가 실패하면 결과를 무효화할 수 있는 테스트를 구축하는 데 투자를 하는 셈이기 때문이다. 좋은 데이터 과학자들은 회의론자들이다. 그들은 이상 징후를 탐지하고 결과에 의문을 제기하며, 결과가 너무 좋아 보일 때 트위먼의 법칙을 발동한다.

04

실험 플랫폼과 문화

**왕자를 발견하기 위해 많은 개구리에게 키스해야 한다면,
더 많은 개구리를 찾아내서 더욱 빨리 키스를 해라.**

마이크 모란[Mike Moran], 『Do It Wrong Quickly』(2007)

1장에서 논의한 바와 같이, 신뢰할 수 있는 종합 대조 실험을 실행하는 것은 많은(전부는 아니지만) 아이디어를 평가하고 데이터에 근거한 결정을 내리는 데 있어 과학의 황금율이다. 자명하지는 않더라도, 종합 대조실험을 단순하게 실행할 수 있도록 함으로써 위에 인용한 마이크 모란의 인용문에서 보듯이 새로운 아이디어를 시도하는 비용을 줄이고, 선순환적인 피드백 루프의 가운데에서 이들로부터 배움을 얻고, 혁신을 가속화시킨다. 이번 장에서는 강력하고 신뢰할 수 있는 실험 플랫폼을 구축하는 데 초점을 맞춘다. 우선 실험을 시작할 때 조직이 일반적으로 겪는 다양한 단계를 보여주는 실험 성숙도 모델을 도입하는 것부터 시작해 실험 플랫폼을 구축하는 기술적 세부사항을 알아볼 것이다.

중요한 조직적 고려사항으로는 리더십, 프로세스, 교육, 이러한 업무들을 사내에서 실시해야 할지 외주를 주어야 할지의 여부, 결과를 최종적으로 어떻게 이용할까 등등이 있다. 기술적 도구는 실험 설계, 배포, 확장과 분석을 지원해 영감을 얻는 것을 가속화시킬 것이다.

실험 성숙도 모델

실험 성숙도 모델Experimentation maturity model(Fabijan, Dmitriev, Olsson et al. 2017, Fabijan, Dmitriev, McFarland et al. 2018, Optimizely 2018, Wider Funnel 2018, Brooks Bell 2015)은 조직들이 데이터 중심적이고 A/B 실험을 통해 모든 변화를 실행하는 과정에서 조직이 겪을 가능성이 높은 단계들로 구성된다.

Fabijan et al.(2017)에 이어 성숙의 4단계를 사용한다.

1. **기어가기(crawl)**: 목표는 기초적인 전제 조건과 구체적인 가설 테스트에 필요한 요약 통계량을 계산할 수 있는 계측과 기본 데이터 과학 능력을 구축해 실험을 설계, 실행 및 분석할 수 있도록 하는 것이다. 성공적인 결과가 앞으로의 진보를 이끈다는 의미에서 몇 개의 실험을 성공시키는 것은 다음 단계로 나아가기 위한 모멘텀을 창출하기 위해 매우 중요하다.

2. **걷기(walk)**: 목표는 기초적인 전제 조건과 소수의 실험을 실행하는 단계로부터 표준적인 지표를 책정해 조직이 더 많은 실험을 실행할 수 있도록 하는 데에 초점을 맞춘다. 이 단계에서는 실험의 검증, A/A 테스트 실행 및 샘플 비율 불일치(SRM) 테스트 수행으로 신뢰도를 높인다(21장 참조).

3. **달리기(run)**: 목표가 많은 실험을 규모 있게 실행하는 것으로 바뀐다. 지표는 포괄적이며, 목표는 합의된 목표를 달성하거나 여러 지표 간의 트레이드오프를 포착하는 OEC를 성문화하는 데까지 이르는 모든 방법을 실시한다. 조직은 실험을 사용해 대부분의 새로운 기능과 변화를 평가한다.

4. **날기(fly)**: 이제 당신은 모든 변화를 추진하는 표준방법으로 A/B 실험을 실행하고 있다. 새로운 기능을 만드는 팀은 데이터 과학자의 도움 없이 대부분의 실험, 특히 간단한 실험을 분석하는 데 능숙해야 한다. 이제 커진 규모의 테스트를 보조하기 위한 자동화로 초점을 옮길 뿐 아니라, 모든 실험과 변화를 기억하는 제도(institutional memory)를 확립하고, 과거의 실험으로부터의 학습을 가능하게 하며(17장 참조), 놀라운 결과와 모범 사례를 공유해 실험 문화를 향상시키는 것이 목표가 된다.

현재의 단계를 대략적으로 추정하는 방법은 기어가기 단계에서 조직은 대략 한 달에 한 번(~10/년) 실험을 하며, 각 단계마다 4~5배씩 증가해서 걷기 단계의 조직은 대략 일주일에 한 번(~50/년), 달리기는 매일(~250/년), 날기는 연간 수천 번 실험을 한다는 것이다.

한 조직은 이러한 단계를 거치면서 기술적 초점, OEC, 심지어 팀 설정까지도 바뀌게 될 것이다. 걷기, 달리기, 날기 단계에서 실험 플랫폼을 구축하는 기술적 측면을 자세히 살펴보기 전에, 단계와 관련없이 조직이 중점적으로 다뤄야 하는 리더십과 프로세스를 포함한 몇 가지 분야를 살펴본다.

리더십

실험을 중심으로 하는 강력한 문화를 확립하고 A/B 테스트를 제품 개발 과정의 필수 요소로 포함시키기 위해서는 적극적인 리더십이 매우 중요하다. 우리의 경험에 의하면 조직이 실험하거나 실험하는 조직 문화를 만들어갈 때에도 단계를 거친다(Kohavi 2010). 실험에 선행하는 첫 번째 단계는 HiPPO^{Highest Paid Person's Opinion, 최고의 보수를 받는 사람의 의견}를 신뢰하기 때문에 측정과 실험은 필요하지 않다고 자만하는 것^{hubris}이다. 다음 단계는 주요 지표를 측정하고, 원인을 설명할 수 없는 차이를 고려하기 시작한다. 토마스 쿤이 지적했듯이 패러다임의 변화는 "통상의 연구에서 무엇인가가 잘못된 것이 있을 때 일어난다"(Kuhn 1996). 그러나 여전히 조직은 정착돼 있는 규범, 신념과 패러다임 및 HiPPO에 강하게 의존하므로 이들과 양립할 수 없는 새로운 지식을 제멜바이스 반사(위키피디아 기고자, Semmelweis reflex 2019)[1]에 따라 거부할지 모른다. 지속적인 측정, 실험, 지식 수집을 통해서만 조직은 원인에 대한 기초적 이해와 모델의 작동에 대한 근본적 이해에 도달할 수 있다.

이 마지막 단계에 도달하기 위해, 우리의 경험상, 경영자와 매니저의 지원

---

1 이 용어는 1847년에 의사들이 환자를 옮기기 전에 염소 용액으로 손을 소독했을 때, 특히 부검 후에 사망률이 10배나 떨어진다는 것을 발견한 헝가리 의사 이그나츠 제멜바이스(Ignaz Semmelweis)의 이름에서 유래했다. 제멜바이스의 시술은 세균 이론이 발견되기 20년 전, 환자(대부분 임산부)가 시체에서 나온 독성 물질로부터 오염되는 것을 막음으로써 많은 생명을 구했다. 압도적인 경험적 증거에도 불구하고, 그의 동료 의사들은 종종 비의료적인 이유로 그의 손을 씻는 제안을 거부했다. 예를 들어, 일부 의사들은 신사의 손이 질병을 옮길 수 있다는 것을 믿지 않았다. 이러한 사실로부터 새로운 것에 대한 강한 거부반응을 제멜바이스 반사라고 한다. – 옮긴이

은 여러 상이한 수준에서 수행돼야 하며, 이는 다음을 포함한다.

- 공유 목표를 확립하기 위한 프로세스에 참여하고, 높은 수준의 목표 지표, 가드레일 지표에 합의하고(18장 참조), OEC를 확립하기 위한 단계로서 트레이드오프(이해상충되는 점들)를 성문화하는 것이 이상적이다(7장 참조).

- 기능 X와 Y의 출하를 목표로 하는 대신 지표 개선 관점에서 목표를 설정한다. 팀이 핵심 지표에 손상을 주지 않는 한, 기능을 출하하는 것에서 핵심 지표를 개선하지 않는 한 기능을 출하하지 않는 것으로 변화하는 것은 근본적인 변화이다. 실험을 가드레일로 사용하는 것은 특히 문화의 어려운 변화다. 특히 확립된 대규모의 팀이 데이터 정보 기반의 문화로 이행하는 것은 매우 어려운 일이다.

- 조직의 가드레일 내에서 핵심 지표를 혁신하고 개선하기 위한 권한을 팀에게 부여한다(21장 참조). 아이디어가 평가되고 많은 아이디어가 실패하고, 개선하도록 설계된 지표를 아이디어가 변화시키지 못했을 때, 겸손함을 보일 것을 기대한다. 빨리 실패하는 문화가 정착된다.

- 적절한 계측 및 높은 데이터 품질을 기대한다.

- 실험결과의 검토, 해석방법의 숙지, 해석기준의 강제(예: p-해킹의 최소화(위키피디아 기고자, Data dredging, 2019)를 위해) 및 이들 결과가 의사결정에 미치는 영향에 대해 투명성을 부여한다.

- 1장에서 논의한 바와 같이 실험에 의한 많은 의사결정은 최적화을 위한 정보 제공에서 있어서 가장 큰 도움이 된다. 장기간의 일련의 실험은 전체적인 전략에 대해 마찬가지로 정보 제공이 가능하다. 예를 들어 빙의 페이스북, 트위터와 같은 소셜 네트워크와의 통합은 2년간의 실험에서 아무런 가치가 없는 것으로 판명된 후 중지됐다. 또 다른 예로서, 홍보 이메일에 비디오를 포함시키는 것이 더 높은 전환율을 초래하는지 여부를 평가하는 것은 여러 구현을 테스트하는 것을 필요로 할 것이다.

- 이익에 점진적으로 공헌하는 프로젝트보다는 고위험/고수익 프로젝트의 포트폴리오를 확보한다. 이들 중 일부는 잘 작동하지만, 대부분은 실패하리라는 것을 이해한다. 지속적인 혁신을 위해서는 실패로부터 배우는 것이 중요하다.

- 데이터 수집만을 위한 실험을 실행하거나, ROI(투자수익률)확립하기 위한 것과 같은 실험을 위한 장기적 목적의 학습을 지원한다. 실험은 개별 기능 변화에 대한 출시/출시

보류 의사결정에 유용할 뿐만 아니라 다양한 이니셔티브에 대한 영향 측정 및 ROI 평가에도 중요한 역할을 한다. 예를 들어 5장 및 장기적 실험(Hohnhold, O'Brien, Tang 2015)을 참조하라.

- 짧은 출시 주기로 민첩성(agility)을 향상시켜 실험을 위한 건강하고 빠른 피드백 루프를 생성하기 위해서, 민감한 대리지표(sensitive surrogate measure)[2]를 확립할 필요가 있다(7장 참조).

리더는 단지 실험 플랫폼과 도구를 조직에 제공만해서는 안 된다. 리더는 조직이 데이터 중심 결정을 내릴 수 있도록 적절한 인센티브, 프로세스 및 권한을 제공해야 한다. 이들 활동에 참여하는 리더십은 특히 기어가기와 걷기 성숙도 단계에서 조직을 목표에 맞추기 위해 매우 중요하다.

프로세스

조직이 실험 성숙의 단계를 거치면서, 신뢰할 수 있는 결과를 보장하기 위해서는 교육 과정과 문화적 규범을 확립하는 것이 필요하다. 교육은 모든 사람이 신뢰할 수 있는 실험을 설계하고 실행하며 그 결과를 올바르게 해석할 수 있는 기본적인 이해가 가능하도록 한다. 문화적 규범은 예상치 않았던 실패를 오히려 축하하고 항상 배우고 싶어하면서 혁신에 대한 기대를 설정하는데 도움을 준다. 실험에 관한 13개 온라인 기업과의 2019년 정상회담에서 실험과 혁신을 장려하는 문화 및 프로세스 구축이 지속적인 과제라고 한 것처럼 이러한 문화적 규범의 확립은 지속적인 과제이다(Gupta, Kohavi et al. 2019).

교육의 경우, 실험 설계 및 실험 분석 중에 저스트-인-타임just-in-time 프로세스를 수립하는 것은 조직을 실제로 한 단계 끌어올릴 수 있다. 구글의 예를 들어보자. 검색 작업을 하는 실험자들이 실험을 하고 싶을 때는 전문가들이

---

2 장기 지표 변화를 예측할 수 있는 단기적으로 예측가능한 지표 – 옮긴이

검토한 체크리스트를 작성해야 했다. 체크리스트에는 '당신의 가설은 무엇인 가' '얼마나 큰 변화를 고려하고 있는가' 등 기본적인 질문들뿐 아니라 검정력을 분석하기 위한 질문까지 포함돼 있었다. 모든 사람에게 적절한 검정력 분석을 하도록 가르치는 것은 비현실적이었기 때문에, 검정력 계산 도구를 체크리스트에 연결시키는 것으로 자동적으로 실험이 충분한 검정력을 갖고 있는지를 확인할 수 있도록 했다. 일단 조직이 충분히 상향 평준화되면, 검색 조직은 더 이상 그러한 명시적인 체크리스트 과정이 필요하지 않게 된다.

일반적으로 실험자가 실험을 수행할 때, 처음 몇 번은 통계 전문가와 데이터 과학자의 도움을 필요로 한다. 이후 실험이 되풀이되면서 실험자는 더 빠르고 독립적이 된다. 실험자가 경험이 많을수록 팀원들에게 개념을 더 잘 설명하고 시간이 지날수록 전문적인 검토자 역할을 하는 것이 가능해진다. 그러나, 경험이 많은 실험자라도 일반적으로 독특한 설계나 새로운 지표가 필요한 실험에 대해서는 통계 전문가나 데이터 과학자의 지원을 필요로 한다.

링크드인과 마이크로소프트(정기적은 아니지만 구글도)는 모두 직원들이 실험의 개념을 계속 상기하도록 강좌를 연다(Kohavi, Crook, Longbotham 2009). 시간이 지나 실험을 수용하는 문화가 성숙해지면서 강좌의 인기가 더욱 높아졌다.

실험 설계 시 체크리스트와 유사하게, 분석 결과를 위한 정기적인 실험 검토 회의는 저스트-인-타임 교육의 혜택을 제공한다. 이들 회의에서 실험자들이 그들의 상사에게 얘기할 출시 여부 권고안을 도출하는 유용한 논의에 뛰어들기 전에, 전문가는 우선 실험 결과의 신뢰도를 검증한다. 이때 특히 처음 실험하는 직원들에게서 계측 문제를 발견하는 경우가 많다. 이러한 논의는 목표, 가드레일, 품질 및 디버그 지표에 대한 이해를 넓혔으며(6장 참조) 개발자들은 개발 수명주기 동안 그러한 문제들을 예상할 가능성을 더 높였다. 또한 이러한 논의를 통해 측정가능한 지표들의 트레이드오프를 성문화하고, OEC를 확립했다(7장 참조). 이러한 실험 검토 회의는 실패한 실험에 대해서 논의하고, 실패한 실험으로부터 배우는 곳이다. 많은 고위험/고보상 아이디어는 첫 번째 시행에서 성공하지 못하며, 실패로부터 배우는 것은 이러한 아이디어를 성공으로 육성하는 데 필요한 개선 사항들뿐만 아니라 나아가야 할 시기를 결정하는 데 있어서 매우 중요하다(1장 참조).

시간이 지나면서, 전문가들은 실험의 영향이 과거의 유사한 실험과 어떻게 관련되는지와 어떻게 이를 메타분석을 통해 더 자세히 검토해 사용자 경험 개선과 주요 지표 정의 업데이트로 이어질 수 있는지(8장 참조)와 같은 변화의 패턴을 포착한다. 처음에는 의도하지 않았지만, 이 실험 분석 포럼의 또 하나의 긍정적인 결과는 이것이 서로 다른 팀을 한 번의 미팅으로 모아서 그들이 서로에게서 배울 수 있도록 했다는 것이다. 각 팀이 동일한 제품을 작업하고 동일한 지표와 OEC를 공유해 학습에 대한 충분한 공유 맥락이 있어야 한다는 것을 관찰했다. 만약 팀들이 너무 다양하거나 도구화에 대한 성숙도가 불충분하다면, 이 회의는 비생산적일 수 있다. 이러한 유형의 검토는 걷기 후반이나 달리기의 성숙도의 실행 단계에서 효력이 발생하기 시작한다고 추정된다.

이러한 플랫폼과 프로세스를 통해, 많은 실험을 관찰하는 전문가들의 메타 학습이든 단일 실험을 통해 얻은 학습이든, 광범위한 실험에서 얻은 학습을 공유할 수 있다. 이는 정기적인 뉴스레터, 트위터의 피드, 큐레이션된 홈페이지, 토론을 장려하기 위해 실험 플랫폼에 접속된 "소셜 네트워크" (Booking.com에서 하는 것과 같은) 또는 기타 채널을 통해 공유될 수 있다. 제도적 기억(8장 참조)은 날기 단계에서 점점 더 유용해진다.

실험을 성공시키고 규모를 확대시키기 위해서는 결과 또는 변경을 출시할지의 여부가 아니라, 학습 그 자체가 가장 중요하다고 생각하는 지적 무결성으로 무장된 문화 또한 반드시 필요하다. 그러한 관점에서 실험의 영향에 대한 완전한 투명성이 중요하다. 이를 달성하기 위해 우리가 발견한 몇 가지 방법을 소개한다.

- 많은 지표를 계산하고, OEC와 가드레일과 같은 중요한 지표 또는 기타 관련 지표들에 대한 실험 대시보드에서의 가시성을 높여 팀이 결과를 공유할 때 주관적 판단으로 일부 결과만 선정하지 못하도록 한다.

- 예상치 못했던 결과(실패와 성공), 직관을 구축하기 위한 많은 선행 실험에 대한 메타분석, 팀의 실험 통합 방법 등에 대한 뉴스레터나 이메일을 발송한다(8장 참조). 이들의 목적은 학습과 필요한 문화적 지원을 강조하기 위한 것이다.

- 실험이 중요한 지표에 부정적인 영향을 미치는 경우 실험자가 실험을 시작하기 어렵게 하라. 이것은 실험자에 대한 경고(warning)로부터 그러한 지표들에 관심을 갖는 사람들에 대한 공지(notification) 및 출시를 잠재적으로 차단(blocking)하는 것에까지 이를 수 있다(지표를 함께 보면서 논쟁의 여지가 있는 의사결정을 공개적으로 토론할 수 있는 문화를 갖는 것이 더 좋기 때문에, 마지막의 극단적 방법은 역효과를 낼 수 있다).

- 실패한 아이디어로부터 배우는 것을 받아들인다. 대부분의 아이디어는 실패할 것이기 때문에, 중요한 것은 그 실패로부터 그 이후의 실험을 개선하는 것을 배우는 것이다.

구축 대 구매

그림 4.1은 구글, 링크드인, 마이크로소프트가 몇 년에 걸쳐 실험의 규모를 어떻게 확장하는가를 보여주고 있으며, 첫째 해는 실험이 하루 1회 이상(즉 365/년 이상)으로 확대되는 해이다. 이 그래프는 빙, 구글, 링크드인의 다음 4년에 걸쳐 현격한 규모로 성장한 것을 보여준다. 초기에는 실험 플랫폼 용량 자체에 의해 성장이 둔화됐다. 2017년에 종합대조실험이 기능의 롤아웃[3]을 위한 안전한 배포 메커니즘으로 자리잡음에 따라 종합대조실험을 대규모로 사용하기 시작한 마이크로소프트 오피스의 경우, 빙[Bing]에서 먼저 실험 플랫폼이 사용됐기 때문에 플랫폼은 제한 요인이 되지 않았고, 2018년 실험은 600% 이상 성장했다. 조직이 '모든 것을 테스트하는' 문화에 도달하면 성장이 둔해지며, 제약요인은 아이디어를 종합 대조 실험에 배포될 수 있는 코드로 변환하는 능력이 된다.

저자들은 모두가 각자의 기업에서 사내 실험 플랫폼을 구축하는 데 크게 관여해 왔지만, 반드시 모든 기업이 자체 실험 플랫폼을 구축해야 한다고 권

---

3 실험을 통해 사용자 경험을 개선시키는 것으로 확인된 기능을 전체 사용자에게 적용하는 것을 말한다. – 옮긴이

고하는 것은 아니다. 특히 걷기 단계에서 구축 또는 구매 결정은 투자수익률 ROI 결정이다(Fabijian et al. 2018에서 구축 대 구매에 대한 통계를 얻을 수 있다). 이 결정을 내릴 때 고려해야 할 몇 가지 질문을 소개한다.

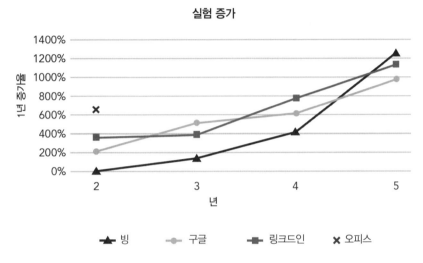

그림 4.1 빙, 구글, 링크드인과 오피스에서의 연간 실험 증가율.
오늘날 빙, 구글, 링크드인과 오피스에서의 연 20,000의 통제실험이 실행되고 있다.
(단, 여기서 1%의 사용자를 5% 또는 더 나아가 10%로 확장하는 것이 하나의 실험으로 간주될 수 있고 크기가 커졌으므로, 또는 예를 들어 3개의 실험으로도 간주 있으며, 한 대조군과 두 실험 군으로 구성된 실험을 하나의 실험으로 또는 두 개의 실험을 간주될 수 있다는 점을 주의하라.)

외부 플랫폼이 필요로 하는 기능을 제고할 수 있는가?

- 프론트엔드 대 백엔드, 서버 대 클라이언트, 모바일 대 웹 등 실행할 실험 유형을 고려하라. 많은 타사 솔루션은 모든 유형을 포괄할 만큼 충분히 다재다능하지 않다. 예를 들어, 자바스크립트에 기반한 솔루션은 백엔드 실험에 효과가 없거나 많은 동시 실험에 대해 잘 확장되지 않을 것이다. 어떤 공급업체는 한 채널에서 강하지만 다른 채널에서는 약하다(예를 들어, 모바일을 위한 훌륭한 소프트웨어 개발 키트(SDK)는 웹을 다루는 능력

은 약하다. 또는 WYSIWYG 편집기[4]는 웹에 대해 훌륭한 반면, 모바일 SDK는 너무 자주 오류를 발생한다).

- 웹사이트 속도를 고려하라. 여러 외부 솔루션에는 페이지 로드를 느리게 하는 것으로 알려진 자바스크립트가 추가적으로 필요하다(Optimize 2018, Kingston 2015, Neumann 2017, Kesar 2018, Abrahamse 2016). 5장에 나타낸 것과 같이 지연 시간의 증가는 사용자 참여에 영향을 미친다.

- 사용하고자 하는 차원과 지표를 고려하라. 예를 들어, 일부 외부 플랫폼은 실험에서 계산할 수 있는 지표로 제한된다. 세션화가 필요한 복잡한 지표는 외부 솔루션에서는 불가능하다. 평균보다 꼬리에 더 민감한 경향이 있는 지연 시간(latency)을 측정하기 위해 백분위수와 같은 지표가 일반적으로 사용되지만, 그것조차 많은 경우 지원되지 않는다. 광범위한 비지니스 보고서를 개별적으로 구축해야만 하는 경우가 있기 때문에 차원과 지표의 공통 언어를 확립하는 것이 어려우며, 플랫폼을 구매하는 경우에는 이러한 일관성을 확보하는 것이 더 어려울 수 있다.

- 어떤 무작위 추출 단위를 사용할지, 어떤 데이터의 공유를 허용할지를 고려하라. 예를 들어 사용자 개인 정보 보호가 보장돼야 하는 경우가 있을 것이다. 통상 어떤 정보(특히 사용자에 관한 정보, 9장참조)를 외부관계자에게 전달할 수 있는지에 대해서 제한이 있어 사용에 제한이 있거나 추가 비용이 들 수 있다.

- 외부로 데이터 기록이 가능한가? 고객이 두 장소에 기록을 남길 필요가 있는가(이중 로깅, dual logging)? 절충하기 위한 도구가 있는가? 이들은 종종 과소평가되는 상이한 시스템의 신뢰도를 저하시키는 복잡성에 대한 질문으로, 유효한 질문들이다.

- 추가 데이터를 통합할 수 있는가? 구매 데이터, 반품, 인구 정보를 통합하기를 원하는가? 일부 외부 시스템은 이러한 외부 데이터를 결합하는 것을 허용하지 않는다.

- 거의 실시간(NRT, Near Real-Time)에 가까운 결과가 필요한가? 이것들은 종종 나쁜 실험을 빠르게 감지하고 멈추는데 유용하다.

- 자신만의 제도적 기억(institutional memory)을 확립하고 싶을 만큼 충분한 실험을 하고 있는가? 많은 제3자 실험 시스템은 실험의 기록을 조직 내에서 공유하고 보존하는

---

4 위지위그(WYSIWYG, What You See Is What You Get, 보는 대로 얻는다)는 문서 편집 과정에서 화면에 포맷된 낱말, 문장이 출력물과 동일하게 나오는 방식을 말한다. 이는 편집 명령어를 입력해 글꼴이나 문장 형태를 바꾸는 방식과 다르다. - 옮긴이

제도적 기억 기능을 가지고 있지 않다.

- 최종 버전의 기능을 실제로 구현할 수 있는가? 많은 WYSIWYG 시스템에서 실험 후에 기능을 다시 구현할 필요가 있다. 실험을 대규모로 수행하는 경우, 실험을 통과한 후 재구현을 기다리는 기능이 점점 많아지기 때문에 제한 요소가 된다.

자체 구축하면 비용이 어떻게 될까?

대규모 시스템을 구축하는 것은 어렵고 비용이 많이 든다. 이 장의 후반부에서 기술적 플랫폼 문제에 대해 설명한다.

실험이 증가하면서 어떤 것이 필요할까?

이러한 유형의 인프라 투자는 조직이 실제로 실험을 수용한다면 얼마나 많은 실험을 실행할 것인가 즉 실험 수의 예측에 기반을 두고 이뤄지는 것이지, 현재 실행하고 있는 실험의 수를 기반으로 이뤄지는 것이 아니다. 실험에 모멘텀과 수요가 있고, 외부 솔루션으로는 대응할 수 없을 정도로 양이 증가할 가능성이 있으면, 내부에서 구축하라. 내부 솔루션을 구축하는 데 시간이 많이 걸리지만, 외부 솔루션을 통합하는 데도 많은 노력이 필요하며, 특히 회사가 확장됨에 따라 다른 솔루션으로 전환해야 하는 경우에는 더욱 그러하다.

실험이 시스템 사양과 배포 방법에 통합될 필요가 있는가?

실험은 연속적인 배포 프로세스의 필수적인 부분이 될 수 있다. 실험과 엔지니어링 시스템이 사양과 배포를 처리하는 방법 사이에는 많은 시너지가 있다(15장 참조). 더 복잡한 디버깅 상황에서와 같이 배포와 실험 간의 긴밀한 통합이 필요한 경우에는 제3자 솔루션으로는 더 어려울 수 있다.

당신의 조직에서는 독자 플랫폼을 구축하기 위한 투자와 그러한 투자에 대한 헌신적인 의지가 아직 부족할 수 있으므로, 독자적인 실험 플랫폼을 구축하기 위한 여부와 시기를 결정하기 전에 외부 솔루션을 활용해 더 많은 실험의 영향을 입증하는 것이 타당할 수 있다.

인프라와 도구들

3장은 실험이 잘못될 수 있는 많은 방법이 있다는 것을 보여주었다. 실험 플랫폼을 만드는 것은 실험으로 혁신을 가속화하는 것에 그치지 않고 의사결정을 위한 결과의 신뢰도를 확보하는 데도 중요하다. 기업에서 실험의 규모를 확대시키는 것에는 실험 플랫폼을 위한 인프라 구축뿐만 아니라 회사의 문화, 개발 및 의사결정 프로세스에 실험을 깊이 편입할 수 있는 도구와 프로세스 구축도 포함한다. 실험 플랫폼의 목표는 실험을 셀프 서비스화하고 신뢰할 수 있는 실험을 실행하는 데 드는 추가 비용을 최소화하는 것이다.

실험 플랫폼은 실험 설계 및 배포에서 실험 분석까지 프로세스의 모든 단계를 포함해야 한다(Gupta et al. 2018). 빙(Kohavi, Longbotham et al. 2009), 링크드인(Xu et al. 2015) 또는 구글(Tang et al. 2010)에서의 실험 플랫폼을 살펴보면, 4가지 큰 구성 요소가 있다.

- 사용자 인터페이스(UI) 또는 애플리케이션 프로그래밍 인터페이스(API)를 통한 실험 정의, 설정 및 관리로 실험 시스템 설정에 저장된다.
- 실험군 할당 및 파라미터화를 커버하는 서버 측 및 클라이언트 측 실험 배포
- 실험 계측
- p값과 같은 통계 테스트와 지표의 정의 및 계산을 포함하는 실험 분석

이러한 요소들이 어떻게 함께 결정되는지를 그림 4.2에서 볼 수 있다. 이 절에서는 이러한 각 구성 요소를 자세히 알아본다.

실험 정의, 설정과 관리

많은 실험을 실행하기 위해 실험자들은 실험 라이프 사이클을 쉽게 정의, 설정 및 관리할 수 있는 방법이 필요하다. 실험을 정의하거나 구체화하기 위해서는 소유자, 이름, 설명, 시작일과 종료일 그리고 몇 개의 다른 필드가 필

요하다(12장 참조). 또한 플랫폼은 다음과 같은 이유로 실험이 여러 번 반복될 수 있도록 해야 한다.

- 실험 결과를 기반으로 기능을 진화시키기 위한 것으로, 이는 실험 중에 발견된 버그 수정을 포함할 수도 있다.

- 실험을 점진적으로 보다 광범위한 실험 대상자에게 시행한다. 이는 사전에 정의된 링(예: 팀 내의 개발자, 회사의 전종업원)을 통하거나, 보다 큰 비율의 외부 사람들을 통해 이뤄질 수 있다.

모든 반복 시행은 동일한 실험 아래서 관리돼야 한다. 일반적으로 플랫폼이 다르면, 상이한 반복 시행이 필요할 수 있지만 하나의 실험에 대해서 하나의 반복 시행이 언제나 활성화돼야 한다.

플랫폼에는 많은 실험과 많은 반복 시행을 쉽게 관리할 수 있는 인터페이스 그리고/혹은 도구가 필요하다. 기능적으로는 다음의 사항을 포함한다.

- 실험 사양서의 초안 작성, 편집 및 보존

- 실험 초안의 반복 시행과 현재 (실행 중인)반복 시행의 비교

- 과거 실험들 또는 실험의 시계열 보기(중지된 실험에 대해서도)

- 생성된 실험 ID, 변형군 및 반복 시행을 자동적으로 할당하고, 실험 설정에 추가하는 것. 이들의 ID는 실험 계측에 필요하다(이 장 뒷부분에서 설명함).

- 설정 불일치(configuration conflicts), 유효하지 않은 타겟 실험 대상자 등과 같은 설정에 명백한 오류가 없는지 검증하는 것.

- 실험 시작/종료뿐만 아니라 실험 상태 확인. 인간의 실수에 방지하기 위해, 보통 실험 소유자나 특별히 허가를 받은 개인만이 실험을 시작할 수 있다. 그러나 사용자를 해치는 비대칭성 때문에, 실험 소유자에게 확실히 정보를 주기 위해 경보가 생성되지만, 누구나 실험을 중단할 수 있다.

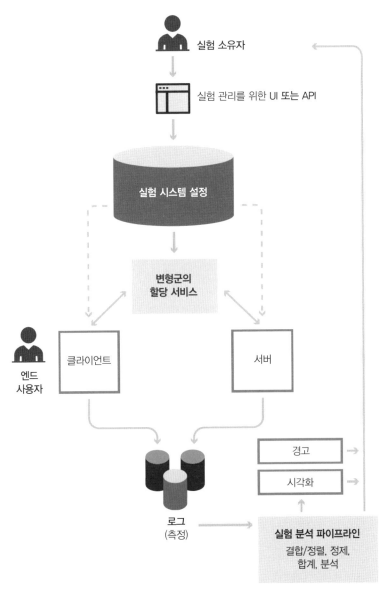

그림 4.2 가능한 실험 플랫폼 구조. 클라이언트 및/또는 서버는 변형군 할당 서비스(Variant Assignment Service)를 호출한다. 변형군 할당 서비스는 별도의 서버일 수도 있고, 또는 클라이언트 및/또는 서버 내에 임베드된 라이이브러일 수도 있다. 상이한 구조 옵션에 대해서는 4장의 후반부의 논의를 참조하라.

또한 실험이 실제 사용자에게 영향을 미치기 때문에 정식으로 실험하기 전 실험 실행 내용을 확인하기 위해 추가 도구나 워크로드가 필요하다. 옵션은 배포 전에 실행해야 하는 테스트 코드에서 실험이 신뢰할 수 있는 전문가의 승인을 받아야 하는 권한 제어 시스템에 이르기까지 다양하다. 이들을 기본적인 점검에 추가해 특히 실험이 대규모 실행되는 시기인 날기 단계에서는 플랫폼에 의한 다음 사항에 대한 지원이 필요할 것이다.

- 실험 시작 및 확대 방법의 자동화(자세한 내용은 15장 참조)
- 실시간에 가까운 모니터링 및 경보, 나쁜 실험 조기 포착
- 불량 실험 자동 탐지 및 종료

이것들은 실험의 안전성을 높인다.

실험 배포

실험 사양을 설정했다면 사용자의 경험에 영향을 줄 수 있도록 사양을 배포할 필요가 있다. 배포에는 일반적으로 다음 두 가지 구성 요소가 포함된다.

1. 실험의 정의, 변형군의 할당 및 기타 정보를 제공하는 실험 인프라
2. 실험 할당에 따라 변형군마다의 행태를 구현하는 생산 코드 변경

실험 인프라는 다음을 제공해야 한다.

- **변형군의 할당**(variant assignment) : 사용자 요청과 그 속성(예: 국가, 언어, OS, 플랫폼)이 주어질 때, 이 리퀘스트는 어떤 실험군과 변형군의 조합에 할당돼야 하는가? 이 할당은 실험 사양 설정과 ID의 준랜덤 해시 즉 f(ID)에 기반을 둔다. 대부분의 경우, 사용자에게 할당이 일관성을 갖도록 하기 위해 사용자 ID를 사용한다. 또한 어떤 사용자가 어떤 변형군에 할당되는가를 아는 것이 다른 사용자가 변형군에 대한 변형 할당에 대한 어떤 정보도 제공하면 안 된다는 점에서 변형군의 할당은 독립적이어야 한다. 이에 관해 14장에서 좀 더 심도 있게 논의한다. 이 장에서는 사용자가 무작위 추출 단위라고 가

정한다.

- **생산 코드, 시스템 파라미터 및 값** : 이제 변형군에의 할당과 정의가 있으므로 사용자가 적절한 경험을 제공받도록 어떻게 보장할 것인가? 상이한 생산 코드와 어떤 시스템 파라미터를 어떤 값으로 변경해야 하는가를 관리할 필요가 있다.

이 인터페이스(또는 인터페이스들)는 그림 4.2에서 변형군 할당 서비스로 표시되며, 성능상의 이유로 변형군에의 할당에 관련된 파라미터 값만을 출력할 것인지 파라미터 값을 포함한 완전한 설정을 출력할지를 선택할 수 있다. 어느 경우든 변형군 할당 서비스가 분리된 서버일 필요가 없다. 대신 공유 라이브러리를 통해 클라이언트나 서버에 직접 통합할 수 있다. 인터페이스에 관계 없이, 변형군 할당 서비스의 단일한 구현은 의도치 않은 편차와 버그를 방지하는 데 매우 중요하다.

인프라를 구현할 때, 특히 대규모로 운용하는 경우에는 고려해야만 하는 미묘한 사항이 있다. 예를 들어 원자성^{atomicity}이 필요한가? 만약 필요하다면 어느 정도 세밀하게 구현할 것인가? 원자성은 모든 서버가 동시에 다음 실험의 반복 시행으로 전환되는지 여부를 의미한다. 원자성이 중요한 한 가지 예는 웹 서비스에서 발견할 수 있으며, 여기서 하나의 리퀘스트가 수백 대의 서버를 호출하는 것이 가능하고, 일관성이 없는 할당은 일관성이 없는 사용자 경험으로 이어진다(예를 들어, 각 서버가 검색 인덱스의 분리된 부분을 처리하는 여러 대의 서버를 필요로 하는 검색 쿼리를 상상해보자. 만약 순위^{ranking} 알고리듬이 변경되면, 모든 서버는 동일한 알고리듬을 사용해야 한다). 이 예를 교정하기 위해, 부모 서비스 변형군 할당을 수행하고 그것을 자식 서비스에게 전달할 수 있다. 클라이언트 기반 실험과 서버기반 실험 사이에는 실험의 배포에 있어서도 차이가 있다. 이는 12장에서 더 자세히 논의할 것이다.

또 다른 고려사항은 워크플로우의 어디에서 변형군 할당이 일어나는가(즉, 언제 변형군 할당 인터페이스가 되는가)이다. Kohavi, Longbottom et al.(2009)에서 논의한 바와 같이 변형군 할당은 여러 곳에서 발생할 수 있다. 즉 트래픽 분할(예: 트래픽 프론트 도어), 클라이언트 측(예: 모바일 앱) 또는 서버 측을 전적으로 사용하는 생산코드의 외부에서 발생할 수 있다. 이러한 결정을 내리기 전에 더 나은 정보를 얻기위해서는 다음과 같은 주요 질문을 고려해야 한다.

- **워크플로우의 어느 시점에서 변형군에의 할당에 필요한 모든 정보가 존재하는가?** 예를 들어 사용자 요청만 있는 경우 사용자 ID, 언어 및 장치와 같은 정보를 가질 수 있다. 계정의 연령, 마지막 방문 시간 또는 방문 빈도와 같은 추가 정보를 사용하려면 변형군 할당에 대한 기준을 사용하기 전에, 여러 정보를 조회(look up)할 필요가 있다. 이 결과, 변형군에의 할당을 워크플로우에서 뒷부분에 위치하게 할 수 있다.

- **실험 할당은 워크플로우의 한 시점에서만 수행하도록 허용할 것인가, 아니면 여러 시점에서 수행하도록 허용할 것인가?** 실험 플랫폼을 구축하는 초기 단계(걷기 또는 초기 달리기 실행 단계)인 경우, 단순성을 유지하기 위해 실험 할당이 발생하는 시점은 하나만 지정하는 것을 권장한다. 실험 할당 시점이 여럿인 경우, 이전에 발생한 실험 할당이 워크플로우 중에서 나중에 발생한 실험 할당에 편향을 주지 않도록 하기 위해 직교성(orthogonality)의 보장이 필요하다. (예를 들어, 이 장의 후반부 "동시 실험(Current Experiments)"에서 설명하는 중복실험(overlapping experiments)처럼)

이제 변형군을 할당했으므로 시스템이 사용자에게 적절한 실험^{Treatement}을 제공하는지 확인하라. 아키텍처에는 크게 세 가지 선택이 있다.

- 첫 번째 아키텍처는 할당된 변형군에 기반한 코드 포크를 생성한다.

```
variant = getVariant(userId)
If (variant == Treatment) then
  buttonColor = red
Else
  buttonColor = blue
```

- 두 번째 아키텍처는 파라미터화된 시스템으로 이동하며, 여기서 실험에서 테스트하고자 하는 모든 가능한 변경사항은 실험 파라미터에 의해 제어돼야 한다. 당신은 코드 포크를 계속 사용하는 것을 선택할 수 있다.

```
variant = getVariant(userId)
If (variant == Treatment) then
```

```
    buttonColor = variant.getParam("buttonColor")
  Else
    buttonColor = blue
```

또는 다음과 같이 바꿀 수 있다.

```
  variant = getVariant(userId)
  ...
  buttonColor = variant.getParam("buttonColor")
```

- 세 번째 아키텍처는 getVariant() 호출조차도 제거한다. 대신, 워크플로우 초기에 변형군 할당이 수행되고, 변형군에 관련된 설정과 해당 변형군과 사용자에 대한 모든 파라미터 값이 남은 워크플로우로 전달된다.

```
  buttonColor = config.getParam("buttonColor")
```

각 시스템 파라미터는 기본 설정(예: 기본 버튼색상은 파란색)을 가지고 있으며, 실험군에 대해서는 단지 어떤 시스템 파라미터와 그 값을 변경하면 되는지를 지정하기만 하면 된다. 전달되는 설정은 모든 파라미터와 그에 관련된 값을 포함한다.

각 아키텍처에는 장단점이 있다. 첫 번째 아키텍처의 주요 장점은 변형 할당이 실제 코드 변경에 가깝게 발생하기 때문에 트리거링 처리가 더 쉽다는 것이다. 첫 번째 아키텍처의 대조군과 실험군 대상자들은 모두 영향을 받는 사용자만 포함한다(20장 참조). 그러나 단점은 포크된 코드 경로를 관리하는 것이 상당히 어려워질 수 있기 때문에 기술적 부담을 증가시키는 것일 수 있다. 특히 두 번째 아키텍처의 두 번째 옵션을 사용하는 경우 트리거링을 보다 쉽게 처리할 수 있는 장점을 유지하면서 코드 부담을 줄인다. 세 번째 아키텍처는 변형군 할당을 조기에 수행하므로 트리거링을 처리하는 것이 더 어렵다. 그러나 이것이 더 좋은 성능을 낼 수 있다. 시스템이 확장돼 수백에서 수천 개의 파라미터를 가지게 되면, 실험이 단지 몇 개의 파리미터에만 영향을 미칠 가능성이 있더라도, 파라미터 처리를 최적화(아마도 캐시를 사용해)하는 것이 성능 측면에서 매우 중요하게 될 것이다.

구글은 성능 및 단일 경로로 다시 병합할 때 코드 경로를 수정해야 하는 기술적 부채 및 어려움을 고려해 미래의 변경을 더 용이하게 하기 위해, 첫 번째 아키텍처에서 세 번째 아키텍처로 전환했다. 빙 또한 세 번째 아키텍처를 사용한다. 마이크로소프트 오피스는 두 번째 아키텍처의 첫 번째 옵션을 사용하지만 실험 파라미터로 버그 ID를 전달하는 시스템을 구현해 3개월 후에 실험적인 코드 경로를 삭제하지 않고 있으면, 경보를 통해 엔지니어가 실험적인 코드 경로를 삭제하는 것을 잊지 않도록 하고 있다.

어떤 아키텍처를 선택하든 실험 실행의 비용과 영향을 측정해야 한다. 또한 실험 플랫폼은 성능에 영향을 미칠 수 있으므로, 실험 플랫폼 외부에서 일부 트래픽을 실행하는 것은 그 자체가 현장 속도 지연 시간, CPU 활용율 및 기계 비용 또는 기타 요인 등의 플랫폼에 의한 영향을 측정하기 위한 실험이다.

실험 계측

사용자 행동 및 시스템 성과와 같은 기본 계측을 이미 기록하고 있다고 가정한다(계측할 내용은 13장 참조). 특히 새로운 기능을 테스트할 때, 새로운 기능을 반영하기 위해 이러한 계측 방법을 업데이트할 필요가 있으며 이렇게 함으로써 적절한 분석이 가능하다. 기어가기 단계에서는 이러한 수준의 계측에 초점을 맞추고, 리더십을 가진 사람은 계측이 지속적으로 검토되고 개선되고 있는지 확인해야 한다.

어떤 실험 조건과 반복 실험이 실행되고 있더라도 실험에 대한 모든 사용자 요청과 상호작용을 계측해야 한다. 모든 서버와 클라이언트에서 사용자의 실험 조건이 동시에 변경되는 것이 아니므로(12장), 반복 실험의 계측은 특히 실험을 개시하거나 실험 대상을 확대할 때 특히 중요하다.

많은 경우에 특히 달리기와 날기 단계에 도달하면 반사실적인 것, 즉 실험을 하지 않았다면 어떤 일이 일어났을지를 기록하기를 원할 수 있다. 예를 들어 실험군의 사용자에 대해서 만약 그들이 대조군의 사용자였다면, 어떤 검색결과를 반환했을지 기록하기를 원할 수 있다. 위에서 설명한 시스템 파라미터화된 아키텍처에서, 변형군 할당이 일찍 일어나는 경우, 반사실적 로깅이 매우 어렵지만 필요하다(20장 참조). 반사실적 로깅은 성능 관점에서 비용이 많이 들 수 있으므로, 이것이 필요한 시기에 대한 지침을 수립해야 할 것이다. 제품에 사용자가 피드백을 입력할 수 있는 공간이 있는 경우 그 피드백과 변형군 ID는 반드시 기록돼야 된다. 이것은 피드백이 변형군에 고유한 경우에 특히 유용하다.

실험 스케일링: 변형 할당 심층 분석

회사가 걷기에서 달리기 단계로 이행함에 따라 실험에 충분한 통계적 검정력을 제공하기 위해, 각 변형군에 사용자들의 충분한 비율(퍼센트)이 할당돼야 한다. 최대 검정력을 원하는 경우 실험은 50%/50%로 실행되며 모든 사용자를 포함한다. 실험 횟수를 확대하려면 사용자가 여러 실험에 참여해야 한다. 이번 절에서는 이것을 수행하는 방법을 설명한다.

단일계층법

변형군의 할당은 사용자가 실험 변형군에 일관성 있게 할당되는 과정이다. 걷기 단계에서는 일반적으로 실험의 수가 적으며, 각 실험 변형군에 총 트래픽의 특정 비율을 할당하는 식으로 모든 트래픽을 분할하는 것이 일반적이다. 예를 들어, 트래픽의 60%가 하나의 대조군과 두 개의 실험군으로 구성된 실험에 할당되고, 나머지 40%가 하나의 대조군과 하나의 실험군으로 구성된 실험에 할당될 수 있다(그림 4.3). 이 할당은 일반적으로 해시함수를 사용해 사용자를 버킷에 일관성 있게 할당한다. 이 예에서 1,000개의 분리된 버킷을 사용하고 어떤 변형이 어떤 버킷을 할당될지 지정한다. 이 예에서 200개의 버킷을 가진 변형은 20%의 트래픽을 할당받는다.

들어오는 리퀘스트는 사용자 UID(사용자 ID)를 가진다.

$$f(UID) \% 1000 = m_i$$

대조군 노란색 m_1-m_{200}	실험군 1 파란색 m_{201}-m_{400}	실험군 2 녹색 m_{401}-m_{600}	대조군 제안 있음 m_{601}-m_{800}	실험군 제안 없음 m_{801}-m_{1000}

← m →

그림 4.3 단일계층 방법에서의 예제 대조군–실험군 할당

버킷에 대한 사용자 할당은 무작위적이면서도 결정론적deterministic이어야 한다. 동일한 실험을 실행하는 두 버킷을 비교할 경우 버킷은 통계적으로 유사한 것으로 가정한다(19장 참조).

- 각 버킷에는 대략 동일한 수의 사용자가 있어야 한다(3장 참조). 국가, 플랫폼 또는 언어와 같은 핵심 차원으로 분해한다면 버킷 내의 분할 결과도 거의 동일할 것이다.

- 핵심 지표(목표, 가드레일, 품질)는 (정상적인 변동성 내에서) 거의 동일한 값을 가져야 한다.

할당을 모니터링하는 것이 핵심이다! 구글, 마이크로소프트 그리고 많은 다른 회사들은 버킷 기능을 모니터링해 랜덤화 코드에서 오류를 발견했다. 또 다른 일반적인 문제는 이월 효과carry-over effect(23장 참조)이다. 이 경우 이전 실험은 현재 실험에 대한 버킷에 영향을 줄 수 있다. 재정규화rerandomization(또는 셔플링shuffling)로 모든 실험에서 버킷이 오염되지 않도록 하는 것이 일반적인 해결책이다(Kohavi, et al. 2012).

단일계층Single-Layer, 숫자선numberline이라고도 함 법은 간단하며 여러 실험을 동시에 실행할 수 있다(각 사용자는 단일 실험에만 있다). 실험이 동시에 실행되는 경우가 거의 없는 초기 성숙 단계에서는 그럴듯한 선택이지만, 주요 단점은 각 실험이 충분한 검정력을 갖도록 충분한 트래픽이 필요하기 때문에, 동시에 실행할 수 있는 실험의 수에 제한이 있다는 것이다. 초기 단계에서도 실험이 한 명의 사용자에 대해서만 수행되는 것이 아니라, 여러 명의 사용자에 대

해서 동시에 실행되기 때문에, 단일계층 시스템으로 실험 트래픽을 관리하는 것은 운영상 매우 어려울 수 있다. 동시성^{concurrency}을 관리하기 위해 링크드인, 빙 및 구글은 모두 수동 방식으로 시작했다(링크드인에서는 팀들은 이메일을 사용해 트래픽 "범위"를 협상했고, 빙에서는 동시성을 프로그램 관리자가 관리했는데 프로그램 관리자의 사무실은 보통 실험 트래픽을 구걸하는 사람들로 꽉 차 있었다. 반면 구글에서는 이메일과 인스턴트 메시징 협상부터 시작해서 프로그램 관리자가 결국 관리하게 됐다). 그러나 수동 방식으로는 규모를 확장시킬 수가 없으므로, 3사 모두 시간이 흐르면서 프로그램에 의한 할당 방식으로 이행했다.

동시 실험

단일계층법을 넘어서 실험을 확대하기 위해서는, 각 사용자가 동시에 여러 실험을 할 수 있는 일종의 동시(중첩, 오버래핑이라고도 함) 실험 시스템으로 이행해야 한다. 이를 달성하는 한 가지 방법은 각 층이 단일계층 방식처럼 동작하는 여러 실험 계층을 갖는 것이다. 여러 계층 간에 실험의 직교성을 보장하려면, 사용자를 버킷에 할당할 때, 계층 ID를 추가하라. 이곳이 위에서 논의한 실험 사양 설정에서와 같이 계층 ID(또는 제약 조건을 지정하는 다른 방법)를 추가하는 곳이기도 하다.

리퀘스트가 들어오면 변형군에의 할당이 각 계층에 대해 한 번씩 수행된다(두 계층이 있는 예는 그림 4.4 참조). 이는 제품 코드와 계측 모두 변형군 ID 벡터를 처리해야 함을 의미한다. 동시 실험 시스템의 주요 문제는 계층을 어떻게 결정하는가에 있으며, 몇 가지 옵션이 있다.

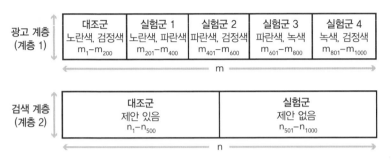

그림 4.4 중첩 방법에서의 통제–실험 할당 예제

한 가지 가능성은 완전 요인 실험 설계[full factorial experiment design]를 완전 요인 플랫폼 설계[full factorial platform design]로 확장하는 것이다. 완전 요인 실험 설계에서는 모든 요인의 가능한 조합이 변형군으로 테스트된다. 이를 플랫폼으로 확장하면 사용자는 모든 실험에 동시에 참여하게 된다. 즉, 사용자는 실행 중인 모든 실험에서 한 변형군(대조군 또는 실험군 어느 것이라도)에 할당된다. 각 실험은 고유한 계층 ID와 연관되므로 모든 실험은 서로 직교한다. 동일한 실험의 반복은 사용자에게 일관성있는 경험을 보장하기 위해 통상 동일한 해시 ID를 공유한다. 이 간단한 병렬 실험 구조에 의해 분산형 방식으로 실험수를 간단히 확대할 수 있다.

이 플랫폼 설계의 주요 단점은 잠재적 충돌이다. 두 개의 상이한 실험의 특정 실험조건이 공존하면, 사용자에게 좋지 않은 경험을 제공할 가능성을 피할 수 없다. 예를 들어, 실험 1에서 파란색 텍스트를 테스트하고 실험 2에서 파란색 배경을 테스트할 수 있다. 우연히 두 가지 실험 모두에 할당된 사용자에게는 끔찍한 경험이었을 것이다.

통계학적으로 말하면, 이 두 실험은 서로 "상호작용"하고 있다. 사용자 경험이 좋지 않을 뿐 아니라 두 실험 간의 상호작용을 고려하지 않으면 각 실험에 대해 독립적으로 측정한 결과도 부정확할 수 있다. 모든 상호작용이 나쁜 영향을 초래하는 것은 아니라는 점에 유의하라. 때로는 두 개의 실험효과를 독립적으로 더하는 것보다 상호작용으로 더 좋은 결과를 보이는 경우도 있다.

즉, 트래픽을 분할할 때 통계적 검정력의 감소가 상호작용의 잠재적 우려보다 큰 경우 요인 플랫폼 설계를 선호할 수 있다. 더욱이 이들 실험을 독립적으로 설정한다면, 어떤 실험이 상호작용을 해서 상호작용에는 어떤 효과가 있을까의 분석이 가능할 것이다. 물론 유의한 상호작용이 없는 경우 각 실험은 개별적으로 분석할 수 있으며, 각 실험은 최대의 검정력을 얻기 위해 이용 가능한 트래픽 전량을 향유할 수 있다. 마이크로소프트의 실험 플랫폼은 상호작용의 탐지를 자동화하는 강건한 시스템을 갖고 있다(Kohavi, et al. 2013).

열악한 사용자 경험을 방지하기 위해 계층적 플랫폼 설계(Tang et al. 2010) 또는 제약조건 기반 플랫폼 설계(Kohavi, et al. 2013)를 사용할 수 있다. 확장성을 위해 구글, 링크드인, 마이크로소프트 및 페이스북은 이러한 설계의 일부 변형된 버전(Xu 2015, Eckles, Bernstein 2014)을 사용하고 있다.

계층적 설계에서는 시스템 파라미터가 계층으로 분할되므로, 결합해서 열악한 사용자 경험을 초래할 가능성이 있는 실험은 반드시 동일한 계층에 있어야 하고, 설계에 의해 동일한 사용자에 대해 실행되는 것을 반드시 방지해야 한다. 예를 들어 공통 UI 요소(예: 페이지 헤더와 헤더 내의 모든 정보)를 위한 하나의 계층, 본문body을 위한 또 하나의 계층, 백엔드 시스템을 위한 세 번째 계층, 파라미터를 위한 네 번째 계층 등이 있을 수 있다.

제약조건 기반 설계에서는 실험자가 제약조건을 지정하고, 시스템은 그래프 색상 알고리듬을 사용해 우려사항을 공유하는 어떤 두 개의 실험이 사용자에게 동시에 적용되지 않도록 한다. 자동적으로 상호작용을 탐지하기 위한 시스템(Kohavi et al. 2013)은 이것의 유용한 확장이 될 수 있다.

실험 분석도구

실험 성숙도의 최종 단계로 넘어가기 위해서는 자동화된 분석도 필요하며, 이는 팀이 시간 소모적인 임시 분석을 할 필요가 없게 하고, 보고서의 이면에 있는 방법론이 견고하고 일관되며 과학적으로 기반을 갖도록 하기 위해 중요하다. 목표, 가드레일 및 품질 지표를 선택하는 작업은 트레이드오프를 OEC로 성문화하는 작업과 함께 이미 수행됐다고 가정한다.

먼저 분석을 자동화하려면 **데이터 처리**가 필요하며, 여기서 목적은 실험 결과를 계산하고 시각화하는 데 사용할 수 있는 상태로 데이터를 가져오는 것이다. 사용자 요청에 대한 계측은 여러 시스템에서 발생할 수 있으므로, 데이터 처리에는 일반적으로 상이한 로그를 분류 및 결합하고, 로그를 정제하고 세션화[5] 및 증강[6]하는 것이 포함된다. 이 과정을 데이터 쿠킹cooking the data이라고 부르기도 한다.

처리가 끝난 데이터를 얻으면, 주요 지표를 요약하고 강조 표시해 의사 결정자가 출시/출시 보류 결정을 내리는 데 도움을 주는 것이 목표다. 이를 위해서는 세그먼트(예: 국가, 언어, 장치/플랫폼)별 지표(예: OEC, 가드레일 지표, 품질 지표)의 데이터 계산, p값/신뢰구간 계산, SRM 점검과 같은 신뢰도 검사도 필요하다. 또한 어떤 세그먼트가 가장 흥미로운지 자동으로 파악하기 위한 분석을 포함할 수 있다(3장 참조). 데이터 계산은 이러한 모든 것을 한 번에 계산할 수 있지만 실제로 실험 데이터를 볼 때는 OEC를 검사하고 분할을 수행하기 전에 신뢰도 검사를 먼저 수행해야 한다는 점에 유의하라. 그러나 실험 데이터를 보기 전에 모든 데이터의 처리와 계산은 철저히 테스트되고 점검돼서 이들 프로세스의 신뢰도를 보장해야 한다.

계산이 끝나고 나면 이해하기 쉬운 방법으로 주요 지표와 흥미로운 지표

---

5 관련된 이벤트를 공통된 키로 구분해서 그룹핑해주는 상태 관리 프로세스이다. – 옮긴이

6 데이터들을 필터링하고, 필터링된 데이터를 지역, 기기, 인구 통계 등의 데이터로 좀 더 풍부하게 만든다. – 옮긴이

와 세그먼트를 강조하기 위해 데이터 시각화를 작성하는 것이 가능하다. 이 시각화는 엑셀과 같은 스프레드시트처럼 간단할 수 있다. 지표는 상대적 변화로 표시되며 결과가 통계적으로 유의한 경우, 종종 현저한 변화를 두드러지게 하기 위해 색상 코드를 사용한다. 지적인 무결성을 추구하는 문화를 구축하기 위해 결과가 추적될 수 있고, 접근 가능한 공통의 정의를 사용하고, 정의가 자주 검토되고 협의 및 업데이트되는 것을 보장할 필요가 있다.

조직이 달리기와 날기 단계로 전환함에 따라 많은 (심지어 수천 개의)지표가 존재할 수 있다. 이는 계층별(회사 전체, 제품별, 기능별 (Xu et al. 2015, Dmitriev, Wu 2016) 또는 목적별(OEC, 목표, 가드레일, 품질, 디버그, 7장 참조)로 지표를 그룹화하는 경우다. 지표의 수가 증가함에 따라 다중 테스트가 더욱 중요해지고, 실험자들로부터 다음과 같은 한 가지 공통적인 문제가 발생한다는 것을 발견했다. 이 지표는 무관해 보이는데 왜 크게 움직였을까?

교육이 도움이 될 수 있지만, 표준 0.05보다 작은 p값 임계값을 사용하는 도구의 옵션도 효과적이다. 임계값이 낮아지면 실험자는 가장 유의한 지표를 신속하게 파악할 수 있다(Xu et al. 2015).

시각화 도구를 사용해 모든 실험 결과에 대한 지표별 뷰를 생성하라. 이 뷰를 통해 이해관계자는 주요 지표의 글로벌 상태를 면밀히 모니터링하고 어떤 실험이 가장 효과적인지 확인할 수 있다. 이러한 투명성은 실험 소유자와 지표 소유자 간의 대화를 장려하며, 이는 다시 당신의 회사에서 실험에 대한 전반적인 지식을 증가시킨다.

시각화 도구는 제도적 기억에 접근을 가능하게 해 무엇이 실험됐는지, 왜 그러한 의사결정이 내려졌는지 그리고 그러한 지식의 발견과 학습으로 이어지는 성공과 실패를 포착하기 위한 훌륭한 관문이다. 예를 들어 과거 실험을 마이닝하는 것으로 어떤 종류의 실험이 특정 지표를 움직이는지, 어떤 지표가 (자연적 상관관계를 넘어) 함께 움직이는지에 대한 메타분석을 실행할 수 있다. 이에 대해서는 8장에서 자세히 살펴본다. 시각자료를 통해 신입사원들은 입사 후 빠르게 직관을 형성하고, 기업 목표에 대한 감각을 얻고, 가설 과정을 배우는 데 도움을 준다. 당신의 생태계가 진화함에 따라 과거의 결과와 개선된 파라미터를 바탕으로 실패한 실험을 재실행할 수 있다.

2부
———

모두를 위해 선택된 주제

2부에서는 실험에 관련된 모든 사람, 특히 리더와 임원들과 관련된 주제에 대한 세부사항을 제공한다.

먼저 사용자 참여와 수익에 민감하게 영향을 주는 대리 지표로서 대기 시간과 사이트 속도의 중요성을 확립하기 위해 세심한 실험 설계와 분석을 사용하는 엔드 투 엔드 예제인 "속도가 중요하다: 엔드-투-엔드 사례 연구(Speed matters: End-to-End Case Study)"(5장)부터 시작한다. 그것은 또한 사이트와 도메인 전체에 적용될 수 있는 유형의 결과로서 좋은 예이다.

다음으로 모든 회사의 데이터 정보에 입각한 의사결정을 수행하기 위해서는 지표가 중요하기 때문에, 실험을 하고 있는지 여부와 상관없이 리더들이 조직을 위해 이해하고, 토론하고, 확립해야 하는 조직 지표[Organization Metrics]를 소개한다. 그러한 지표에 대한 필요성뿐만 아니라 그것들을 만들고, 검증하고, 반복하는 방법에 대해서도 논의한다.

특히 조직이 실험 관행을 발전시킬 때 리더들은 실험 지표와 전체 평가 기준[OEC, Overall Evaluation Criterion]에 대해 논의하고 이상적으로는 동의해야 한다. OEC는 실험에 필요한 특정 기준을 충족하는 하나 이상의 조직 지표를 결합한다. OEC는 온라인 종합 대조 실험과 혁신을 큰 규모로 더 쉽게 추진하기 위해 이러한 지표들 사이의 트레이드오프를 성문화하는 데 사용된다.

조직이 달리기와 날기 성숙 단계(4장 참조)에서 실험 규모를 확대하기 시작하면, 제도적 기억과 메타 분석을 확립하는 것이 더욱 더 유용해진다. 제도적 기억은 과거의 실험과 변화를 포착하고 혁신을 추진해 데이터 정보에 입각한 의사결정 문화를 장려하고 지속적인 학습을 촉진한다.

마지막으로 온라인 종합 대조 실험은 실제 사람들을 대상으로 실행되므로 종합 대조 실험에서의 윤리와 최종 사용자에 대한 배려가 매우 중요하다. 온라인 종합 대조 실험에 대한 윤리의 중요성을 밝히고, 주요 고려사항을 살펴보고 관련 분야의 참고문헌을 제공할 것이다.

05

속도의 중요성:
엔드-투-엔드 사례 연구

느린 웹사이트의 위험:
사용자 좌절, 부정적인 브랜드 인식, 운영 비용 증가, 수익 손실

스티브 수더스Steve Souders(2009)

서버 성능을 10밀리초
(우리의 눈이 깜박이는 속도의 30분의 1에 해당하는 속도)까지
향상시키는 엔지니어는 본인의 연간 총 비용보다 더 많은 이익을 가져온다.
매 밀리초가 중요하다.

코하비, 덩Deng, 프라스카Frasca, 워커Walker, 쉬Xu, 폴만Pohlmann(2013)

빠르다fast라는 것은 내가 가장 좋아하는 기능이다.

구글 셔츠Google shirt 2009년경

주목해야 하는 이유: 속도의 중요성을 평가하기 위해 실험의 (명시적인 가정과 함께) 설계, 실행, 해석까지의 엔드-투-엔드 예를 우선 설명한다. 예시하기 간단하기 때문에 실험의 많은 예가 사용자 인터페이스UI에 초점을 맞추지만, 많은 기업에서 발견한 것처럼, 백엔드 측면에서도 많은 혁신이 일어나며, 속도가 매우 중요하다는 것이 밝혀졌다. 물론 속도가 더 빠를수록 좋지

만, 성능을 10분의 1초 향상시키는 것이 얼마나 중요한가? 성과에 초점을 맞춘 사람이 한 명 있어야 하는가? 어쩌면 5명의 팀? 이러한 노력의 투자수익률[ROI]은 단순한 속도 저하 실험을 실행해 계량화할 수 있다. 2017년 빙은 10분의 1초의 개선마다 1억 8천만 달러의 연간 매출 증가의 가치가 있었다고 하며, 이는 전문팀을 확대하는 근거로 충분했다. 이러한 결과와 여러 해 동안 여러 회사에서 여러 번에 걸쳐 재현된 결과를 기반으로 지연 시간[latency]을 가드레일 지표로 사용할 것을 권장한다.

제품 성능이 얼마나 중요한가? 제품의 어느 곳에서 지연 시간을 줄이는 것이 중요한가? 종합 대조 실험은 단순하지만 강력한 기법인 속도 저하 실험[slowdown experiment]을 통해 이러한 질문에 대한 명확한 답을 제공한다. 제품 속도를 늦추면, 매출 및 사용자 만족도 지표의 하락을 포함한 주요 지표에 대한 지연 시간 증가의 영향을 평가할 수 있다. 검증할 수 있는 가벼운 가정하에서, 성능의 개선 즉 지연 시간의 감소가 이러한 지표(매출과 만족도)를 높일 수 있다는 것을 보여줄 수 있다.

아마존에서 100밀리초 속도 저하 실험은 매출을 1% 감소시켰다(Linden 2006, 10). 빙과 구글의 흔치 않은 공동 강연(Schurman, Brutlag 2009)에서 성능이 검색어 수, 수익, 클릭, 만족도, 클릭 시간 등 주요 지표에 큰 영향을 미친다는 것을 보여줬다. 빙에서의 2012년 상세한 연구(Kohavi et al. 2013)는 100밀리초 속도 가속마다 매출이 0.6% 향상되는 것으로 나타났다. 2015년 빙의 성능(즉 속도)이 향상됐을 때, 서버가 95번째 백분위수에서 1초 미만으로 결과를 반환할 때 매출 향상에 여전히 가치가 있는지에 대한 의문이 제기되기도 했다. 후속 연구가 실시됐고 매출에 미치는 영향은 다소 줄었지만, 성능을 1밀리초라도 개선하면, 빙의 매출을 향상시키는 것이 가능했다. 매 4밀리초의 개선으로 엔지니어 1명을 일 년 고용하는 비용을 댈 수 있다.

비록 많은 결과가 종합 대조 실험에서 나온 것은 아니어서, 결과가 성능 이외의 변화와 혼동되기는 하지만, 성능 향상이 컨버젼과 사용자 참여를 증가시킨다는 많은 결과를 "왜 성능이 중요한가[Why Performance Matter]"(Wagner

2019)에서 공유하고 있다.

여러분이 직면할 수 있는 한 가지 결정은 개인화 또는 최적화를 위해 제3자의 제품을 사용할 것인가 하는 것이다. 이러한 제품 중 일부는 HTML 페이지 상단에 자바스크립트 코드를 삽입해야 한다. 이들은 코드 제공자와 상호작용해야 하고, 일반적으로 수십 킬로바이트인 자바스크립트를 전송하기 위해 다른 코드를 차단해야 하므로, 페이지 속도가 매우 느려진다(Schrijvers 2017, 옵티마이즐리 2018b). 코드를 페이지 아래쪽에 놓으면 페이지가 점멸flashing하게 된다. 지연 시간 실험 결과를 바탕으로 유추했을 때 목표 지표의 증가는 지연 시간 증가 비용으로 상쇄될 수 있다. 따라서 가능하면 서버 측 개인화 및 최적화를 사용할 것을 권장한다. 즉, 서버 측에서 변형군 할당을 구현하고(12장 참조) 이 변형군용 HTML 코드를 생성하도록 한다.

우리의 목적은 성능 개선을 위한 특정 기법이 아닌, 성능 개선이 주요 지표에 미치는 영향을 측정하는 방법을 보여주는 것이다. 성능 향상에 도움을 주는 우수한 참고문헌은 여러 개 있다(Sullivan 2008, Souders 2007, 2009).

이러한 유형의 실험을 실행함으로써 얻을 수 있는 또 다른 이점은 성능의 차이로부터 주요 지표의 차이의 영향을 함수화해서 추정함으로써 다음과 같은 질문에 답할 수 있게 된다는 것이다.

- 성능 개선이 당장 매출에 미치는 영향은?

- 성능 개선으로 인한 장기적 영향(해지 고객이 줄어드는 것과 같은 것)이 있는가?

- 어떤 지표 X에 미치는 영향은 무엇인가? 새로운 기능의 초기 구현이 비효율적인 경우가 많다. A/B 테스트가 지표 X의 퇴보를 보이는 경우 구현 속도를 높이면 지표 X의 퇴보를 해결할 수 있는가? 많은 경우에, 새로운 기능은 웹사이트나 애플리케이션의 속도를 조금 저하시키기 때문에, 이러한 트레이드오프의 영향을 밝히고 그 관계를 함수화하는 것이 유익하다.

- 어느 부분의 성능 개선이 가장 중요한가? 예를 들어 사용자가 스크롤해야 보이는 부분("below the fold"라고도 하며, 스크롤하지 않으면 보지 못하는 부분을 의미한다.)의 지연 시간의 증가는 덜 중요할 수 있다. 마찬가지로, 오른쪽 화면(pane, 분할된 화면의 단위)도 덜 중요한 것으로 알려져 있다.

종합 대조 실험을 수행하기 위해 지연 시간을 변화된 유일한 요인으로 하고, 지연 시간의 영향을 다른 요인들의 영향과 분리하고 싶을 것이다. 성능을 향상시키는 것은 매우 어려운 일이다. 간단한 일이었다면 이미 개발자들은 성능을 향상 시켰을 것이다. 그래서 우리는 웹사이트나 제품의 속도를 저하시키는 간단한 기법에 의존한다. 실험군을 대조군에 비해 느리게 함으로써 간단하게 임의의 지표에 대한 영향을 측정할 수 있다. 하지만 이 경우 몇 가지 가정을 수립할 필요가 있다.

중요 가정: 국지적 선형 근사

속도 저하 실험의 주요 가정은 (매출과 같은) 지표 대 성능의 그래프가 현 시점의 성능값을 중심으로 하는 직선으로 잘 근사된다는 것이다. 이것은 1차 테일러 시리즈 근사 즉 선형 근사이다.

그림 5.1은 시간(성능)과 관심 지표(예: 클릭률(CTR) 또는 사용자당 매출) 간의 관계를 나타낸 그래프이다. 일반적으로 사이트 속도가 빠를수록 지표 값(이 예에서는 더 높음)이 좋다.

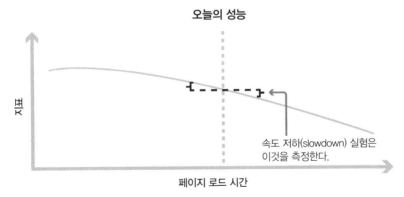

그림 5.1 성능(시간)과 관심 지표와의 전형적 관계

실험 조건의 속도를 늦추면 수직선이 그래프와 교차하는 지점에서 오른쪽으로 이동하며, 측정지표의 변화를 측정할 수 있다. 우리의 가정은 우리가 수

직선의 왼쪽으로 움직인다면(성능이 향상되는 경우), 이 때의 지표의 변화량^{delta}은 우리가 오른쪽으로 움직였을 때 측정하는 변화량과 거의 같을 것이라는 것이다.

이 가정은 현실적인가? 다음 두 가지가 이것을 좋은 가정으로 만든다.

1. 사용자로서의 경험으로 볼 때 검색 시 빠른 속도가 더 좋다. 특히 현시점의 성능 포인트 주변에서 그래프의 불연속성이나 극적인 변화가 있기는 힘들다. 만약 우리가 3초 늦춘다면, 사람들은 눈에 띄는 절벽이 있다고 상상할 수 있지만, 10분의 1초를 더하거나 빼면, 이것이 일어날 가능성이 적다.

2. 그래프를 두 점에서 샘플링해 선형 근사치가 타당한지 확인할 수 있다. 특히 빙은 100밀리초와 250밀리초의 속도로 속도 저하 실험을 진행했다. 몇 개의 주요 지표에서 250밀리초 실험의 변화량은 100밀리초 실험의 약 2.5배이므로 이는 선형성의 가정을 지지한다.

웹사이트 성능을 측정하는 법

웹사이트 성능을 측정하는 것은 자명하지 않다. 이 절에서는 관련된 복잡성 및 가정의 일부를 공유한다. 이들의 중요한 세부사항은 당신의 실험 설계에 영향을 미친다. 얼핏 간단해 보일 수 있지만, 실제로는 복잡한 현실을 맛보기 위해 자세히 살펴보기로 한다. 따라서 이 절은 가볍게 지나가도 좋다.

리퀘스트가 상이한 서버들에 의해 처리되기 때문에, 지연 시간을 신뢰성있게 측정하기 위해 서버는 동기화돼야 한다. 서버 간에 시계가 동기화되지 않으면 데이터 품질에 문제를 일으킨다(예를 들어, 음의 기간 같이 불가능한 데이터). 서버의 시계를 자주 동기화하는 것은 매우 중요하다. 우리의 예에서는 클라이언트와 서버의 시간이 분리된다. 왜냐하면 이들은 다른 시간대에 있을 가능성이 크기 때문이다(13장 참조). 클라이언트 시계는 대체로 신뢰성이 떨어져 때로는 몇 년동안 작동하지 않은 경우(예: 배터리가 방전된 경우)도 있기 때문이다.

그림 5.2는 검색 엔진과 같은 고도로 최적화된 웹사이트에 대한 리퀘스트를 나타낸다. 단계는 다음과 같다.

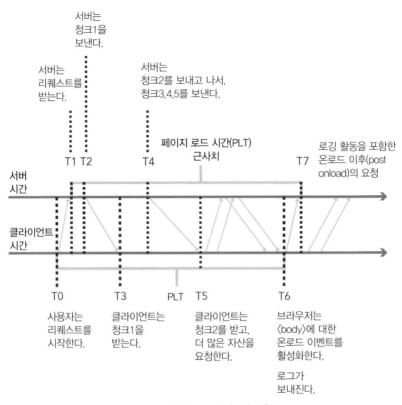

그림 5.2 페이지 로드 시간 (PLT)의 측정

1. 사용자는 시점 T0에 리퀘스트를 한다. 예를 들어 브라우저 주소 표시줄이나 검색 상자에 쿼리를 입력하고 리턴을 치거나 돋보기 아이콘을 클릭한다.

2. 리퀘스트는 서버에 도달하는 데 시간이 걸리고, 시점 T1에 도착한다. T1-T0은 추정하기가 매우 어려워 보이지만 이를 추정하는 좋은 요령들이 있으므로, 이들을 이후에 소개하기로 한다.

3. 리퀘스트를 받으면 서버는 일반적으로 시점 T2에 HTML의 첫 번째 청크1를 클라이언트에 보낸다.

   이 첫 번째 청크는 리퀘스트(예: 쿼리 또는 URL 파라미터)와 독립적이다. 따라서 신속하

---

1 chunk, 데이터 덩어리라는 뜻으로 대용량 데이터를 나누는 한 방법을 지칭할 수 있다. – 옮긴이

게 제공될 수 있다. 이는 일반적으로 헤더, 네비게이션 요소, 자바스크립트 함수 등 기본 페이지 요소를 포함한다. 사용자에게 리퀘스트가 수신됐다는 가시적인 피드백을 제공하는 것이 유익하다. 즉 페이지는 일반적으로 지워지고 헤더는 크롬(chrome) 또는 프레임이라고 불리는 일부 페이지 데코레이션과 함께 표시된다. 서버는 페이지의 URL에 의존하는 부분(예: 조회 또는 URL 파라미터)을 계산하는 데 시간이 걸리므로 (시점 T4에 이르기까지), 발송할 수 있는 "코드"가 많을수록 클라이언트와 네트워크가 일반적으로 유휴 상태이므로 페이지는 더 빨라진다.

4. 시점 T4에 서버는 페이지의 나머지 부분을 전송하기 시작하는데, 이 페이지에는 다른 자산(예: 이미지)에 대한 추가 라운드 트립이 수반될 수 있다.

5. 시점 T6에 브라우저는 페이지가 준비됐음을 나타내는 온로드(Onload) 이벤트를 발행한다. 이때, 로그 리퀘스트(일반적으로 간단한 1X1이미지 요청(비콘) 또는 이에 준하는)를 한다. 그 리퀘스트는 시점 T7에 서버에 도달한다. 온로드 이벤트와 추가 로깅(예: 스크롤, 하버 및 클릭과 같은 사용자 작업) 후에 발생하는 다른 활동이 있을 수 있다.

사용자가 경험하는 페이지 로드 시간^{PLT}은 T6-T0이지만, T7-T1을 측정해 근사한다. 서버에 도달하는 데 초기 리퀘스트가 걸리는 시간은 온로드 이벤트 비콘이 서버에 도달하는 데 걸리는 시간과 매우 유사할 가능성이 높기 때문에(둘 다 작은 요청인 경우), 이 두 델타들은 아마도 매우 유사할 것이며 사용자 경험 시간을 대략적으로 알 수 있게 해준다.

새로운 W3C$^{World\ Wide\ Web\ Consortium}$ 표준을 지원하는 새로운 브라우저에서 내비게이션 타이밍 호출은 여러 PLT 관련 정보를 제공한다(www.w3.org/TR/navigation-timing/을 참조하라). 위의 측정은 보다 일반적이며, W3C 네비게이션 타이밍으로부터 얻은 숫자와 잘 일치한다.

속도 저하 실험 설계

속도 저하 실험은 간단한 실험으로 보일 수도 있지만, 매우 복잡하다. 한 가지 의문점은 속도 저하^{slowdown}를 어디에 삽입하느냐 하는 것이다. 빙은 처음에는 청크1의 전송을 늦췄지만(그림 5.2 참조) 영향이 너무 컸고, 다음과 같은 이유로 불합리하다고 판단됐다.

1. 청크1은 계산할 것이 없기 때문에 서버에서 빠르게 전송된다. 그러므로 청크1의 지연 시간을 개선할 수 있다고 말하는 것은 비합리적이다.

2. 청크1은 사용자에게 페이지 크롬이나 프레임을 색칠을 해 리퀘스트가 제대로 수신됐다는 피드백을 제공한다. 이것의 지연은 전체 사이트 성능과 이것의 지연은 여러 가지 부정적인 영향을 미친다.

지연에 적합한 장소는 서버가 URL-의존적 HTML인 청크2의 계산을 끝낼 때이다. 서버가 HTML을 보내는 대신 HTML의 쿼리 의존적인 부분을 생성하는 데 시간이 더 걸린 것처럼 서버로부터의 응답을 지연시킨다.

지연 시간은 얼마나 돼야 하는가? 여기에는 다음과 같은 몇 가지 요인이 있다.

- 우리가 계산하는 모든 지표에는 신뢰구간이 있다. "기울기"를 더 정확하게 추정할 수 있도록 실험 효과가 클 필요가 있다. 그림 5.3은 지연 시간을 100밀리초와 250밀리초로 한 경우의 두 가지 측정 결과를 보여주고 있다. 만약 둘 다 유사한 신뢰구간 크기를 갖고 있다면, 250밀리초로 측정하는 것이 훨씬 더 좁은 범위의 기울기를 제공한다. 이는 지연 시간을 더 크게 할 것을 요구한다.

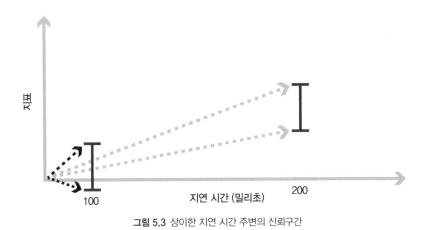

그림 5.3 상이한 지연 시간 주변의 신뢰구간

- 지연 시간이 길다는 것은 1차 테일러 급수 근사치가 덜 정확할 수 있다는 것을 의미한다. 이는 더 짧은 지연을 요구한다.

- 더 빠른 것이 더 낫고 따라서 경험의 속도를 늦추는 것이 해를 끼친다고 강하게 믿기 때문에, 오랜 지연은 사용자들에게 더 많은 해를 끼친다. 이는 더 짧은 지연을 요구한다.

또 다른 질문은 지리적 네트워크의 차이를 감안하기 위해 지연을 일정하게 할지, 또는 일정 비율로 할지의 여부다(예: 남아프리카의 빙 사용자들은 페이지 로드 시간이 매우 느려서 250밀리초 지연이 별로 느껴지지 않을 수도 있다). 백엔드 서버 측 지연을 모델링하는 실험에서는, 일정한 지연이 좋은 선택일 것이다. 네트워크 차이에 관련해 어떤 일이 일어나는가를 모델링하려면, 예를 들어, 실험은 지연 시간 대신 페이로드payload [2] 크기를 기반으로 할 수 있다.

마지막으로, 세션의 처음 페이지 또는 세션 후반부의 페이지 어느 쪽에서의 속도 향상이 더 중요한지에 대한 질문이 있다. 일부 속도 향상 기법(예: 자바스크립트의 캐싱)은 세션 후반부 페이지의 성능을 향상시킬 수 있다.

위의 요인을 감안할 때 빙에서의 100밀리초와 250밀리초의 속도 저하는 합리적인 선택이라고 결정됐다.

상이한 페이지 구성 요소의 영향이 다르다.

페이지 영역마다 성능이 다르다. 빙의 알고리듬 검색 결과를 보여주는 속도는 매우 중요했고, 속도 저하는 매출과 사용자 지표와 같은 주요 지표에 중요한 영향을 미쳤다.

페이지의 다른 영역은 어떠했을까? 그들이 훨씬 덜 중요하다는 것이 밝혀졌다. 빙에서는 오른쪽 화면의 일부 요소가 늦게 로딩되고 있었다(기술적으로

---

2 전송되는 데이터를 의미한다. 데이터를 전송할 때, 헤더와 메타데이터, 에러 체크 비트 등과 같은 다양한 요소들을 함께 보내어, 데이터 전송의 효율과 안정성을 높이게 된다. 이 때, 보내고자 하는 데이터 자체가 바로 페이로드이다. 비유하자면 우리가 택배 배송을 보내고 받을 때, 택배 물건이 페이로드이고, 송장이나 박스 등과 같은 부수적인 것들은 페이로드가 아니다. - 옮긴이

말하자면 window.onload 이벤트 후에). 위에서 설명한 것과 같이 오른쪽 화면의 요소가 표시되는 시간을 250밀리초 지연시키는 속도 저하 실험을 실행했다. 실험에 거의 2천만 명의 사용자가 있었음에도 불구하고 주요 지표에 대해 통계적으로 유의한 영향은 감지되지 않았다.

PLT(페이지 로드 시간)를 측정하기 위해 앞에서 설명한 시퀀스 대신 유용한 브라우저 활동의 종료를 표시하는 window.onload를 사용하는 경우가 많다. 그러나 이 척도는 현대의 웹 페이지에 대해 심각한 결함을 갖고 있다. Steve Souders(2013)가 보여줬듯이, 아마존의 페이지는 기본 화면(위키피디아 기고자, Above the Fold, 2014)을 2.0초 안에 렌더링할 수 있지만, window.onload 이벤트의 실행은 5.2초 후다. ³ Schurman, Brutlag(2009)은 헤더가 일찍 표시되도록 서서히 페이지를 렌더링하는 것이 도움이 된다고 보고하고 있다. 지메일Gmail은 반대의 예로서 window.onload는 3.3초 실행되고, 이 시점에는 단지 진행 막대progress bar만이 표시되고, 기본 화면 컨텐츠는 4.8초 후에 나타난다.

"인지된 성능"이라는 용어는 사용자가 페이지를 충분히 볼 수 있을 때 이를 해석하기 시작한다는 직관적인 아이디어를 나타내는 경우가 많다. 인지된 성능의 개념은 추상적으로 말하기는 쉽지만 실제로 측정하기는 어려우며, perception.ready()는 어떤 브라우저의 로드맵에도 존재하지 않는다(Souders 2013). 인지된 성능을 추정하기 위해 다음과 같은 여러 제안이 개발됐다.

- **첫 번째 결과까지의 시간.** 트위터와 같이 리스트가 표시되면 첫 번째 트윗이 보일 때까지의 시간이 지표가 될 수 있다..

- **기본 화면 표시 시간(AFT, Above the Fold Time).** 브라우저의 초기영역(기본 화면)의 픽셀이 모두 칠해질 때까지의 시간으로 측정할 수 있다(Brutlag, Abrams, Meenan 2011). 비디오, 애니메이션 GIF, 회전하는 갤러리 및 초기 기본 화면 페이지를 변경하는 기타 동적 컨텐츠를 처리하기 위해 휴리스틱한 구현을 사용한다. "페인트된 픽셀의 비율"에 대한 임계값을 설정해 그다지 중요하지 않은 작은 픽셀들 때문에 시간이 필요 이상으로 길게 측정되지 않도록 한다.

---

3 window.onload 함수는 웹 페이지의 로드가 끝나는 시점에 실행되는 함수다. – 옮긴이

- **속도지수(Speed Index).** 이것은 AFT(Meenan 2012)의 일반화한 것으로서, 페이지상에 보이는 요소가 표시되는 시간을 평균 낸 것이다. 이는 덜 중요한 요소가 늦게 보여지는 경우의 문제를 피할 수 있지만, 여전히 초기 기본 화면을 변경하는 동적인 콘텐츠에 시달린다. [4]
- **페이지 단계 시간(Page Phase Time) 및 사용자 준비 시간.** 페이지 단계 시간은 인지된 성능을 만족하는 렌더링 단계를 식별할 필요가 있으며, 단계는 픽셀 변화 속도에 의해 결정된다. 사용자 준비 시간(User Ready Time)은 (각 맥락에 대해 정의된) 페이지의 필수 요소가 사용할 준비가 될 때까지의 시간을 측정한다(Meenan, Feng and Petrovich 2013).

인지된 성능의 복잡한 정의에 대한 설명을 피하는 한 가지 방법은 클릭과 같은 사용자 행까지의 시간을 측정하는 것이다. 이 기법은 사용자가 예상하는 행동이 있을 때, 잘 작동한다. 클릭까지의 시간보다 더 정교한 변형은 성공한 클릭까지의 시간이다. 여기서 성공은 사용자가 30초 동안 다시 돌아오지 않는 클릭으로 정의될 수 있다. 따라서 "미끼" 클릭을 피할 수 있다. 이러한 지표는 많은 성능 지표에 필요하다고 하는 휴리스틱의 영향을 받지 않고, 많은 변경에 민감하지 않다. 이러한 지표의 주요 문제는 동작이 예상될 때만 작동한다는 것이다. 사용자가 '파리에서의 시간'이라는 쿼리를 요청하고, 좋은 즉석 답변[instant answer][5]을 받으면 클릭할 것이 없다.

극단적 결과

속도가 매우 중요한 반면, 또한 우리가 속도의 영향력을 과대평가하고 있다고 믿는 몇몇 결과들을 보았다. 그 당시 구글에 있었던 마리사 메이어[Marissa Mayer]는 웹 2.0 강연에서, SERP[Search Engine Result Page]의 검색 결과 수를 10개에서 30개로 늘리는 실험을 기술했다(Linden 2006). 실험 그룹의 구글 검색자

---

4 요소가 늦게 표시되는 것인지, 단지 애니메이션이기 때문인지의 차이를 판별하기 힘들기 때문이다. - 옮긴이

5 사용자가 검색결과로부터 이동할 필요없이 검색 쿼리에 대해서 검색 엔진에 의해 제공되는 답변 - 옮긴이

로부터의 트래픽과 매출이 20% 감소했다고 주장했다. 그녀는 페이지가 생성될 때까지 0.5초 더 걸렸기 때문이라고 설명했다. 성능은 중요한 요인이지만 여러 요인이 바뀌었고, 성능은 손실의 적은 비율만을 차지하는 것으로 의심된다. 자세한 내용은 Kohavi et al.(2014)을 참조하라.

반대로 당시 Etsy에서 Dan McKinley(2012)는 200밀리초의 지연은 전혀 문제가 되지 않는다고 주장했다. Etsy 사용자의 경우 성능이 중요하지 않을 수 있지만, 우리는 보다 가능성이 높은 가설은 실험이 차이를 탐지하기에 충분한 통계적 검정력을 갖고 있지 않았다는 것이라 믿는다. 성능이 조직에 중요하지 않다면, 사용자가 사이트를 포기해버릴 정도로 사이트를 느리게 만들 것이다.

마지막으로, 매우 드문 시나리오이지만 속도가 너무 빠르면 어떤 활동이 실제로 수행됐는지 사용자가 의심할 수 있어서 일부 제품에는 가짜 진행 막대[progress bar]가 추가되기도 한다(Bodlewski 2017).

실험 결과를 검토할 때 어떤 신뢰수준을 적용해야 하는지 스스로에게 물어보고, 특정 사이트에 대해 아이디어가 작용했더라도 다른 사이트에서는 잘 작동하지 않을 수 있다는 점을 기억하라. 한 가지 할 수 있는 일은 과거 실험의 재현(성공 여부)을 보고하는 것이다. 이것이 과학을 가장 효과적으로 작동시키는 방법이다.

06

조직 운영을 위한 지표

측정할 수 없으면 개선할 수 없다.

피터 드러커[Peter Drucker](켈빈 경[Lord Kelvin]의 더 긴 버전)

[워터멜론 지표:] . . .
팀들은 자신들이 녹색에 대한 목표를 달성하는 일을
훌륭하게 하고 있다고 생각하지만, 고객들이 보는 것은 빨간 부분이다.

바클레이 래[Barclay Rae](2014)

변환을 최적화하기 위해, 펑크난 타이어를 무시하고
엔진의 성능을 향상시키려고 하는 고객들을 자주 보게 된다.

브라이언 아이젠버그[Bryan Eisenberg]와 존 쿼토−본티바다르[John Quarto-vonTivadar](2008)

주목해야 하는 이유: 조직은 진보와 행동에 대한 설명책임을 측정하기 위해 좋은 지표를 필요로 한다. 예를 들어, 조직을 운영하는 한 가지 일반적인 방법은 OKR[Objective Key Results, 목표, 핵심 결과]을 사용하는 것인데, 여기서 목표는 장기 목표이며 핵심 결과는 목표를 향해 나아가는 단기적이고 측정 가능한 결과(Doerr 2018)이다. OKR 시스템을 사용하는 경우, 그러한 목표를 향한 진보를 추척하기 위해서는 좋은 지표가 핵심이다. 상이한 종류의 조직을 위한 지표, 이러한 지표들이 충족해야 하는 중요한 기준, 지표의 작성 및 평가방법

및 시간에 걸친 반복 시행의 중요성을 이해하는 것은 실험을 실행하는 것과 상관없이 데이터를 기반으로 의사결정을 수행하기 위해 필요한 통찰력을 획득하는 데 도움이 된다.

지표의 분류

데이터 중심 조직에서는 최상위 목표 설정과 팀의 설명 책임에 이르는 모든 레벨에서 지표와 이에 수반되는 데이터 분석을 사용한다. 조직이나 팀을 위한 지표가 무엇이 돼야 하는가에 대한 논의는 목표 방향으로 이해 관계를 일치시키고, 이후 목표 방향으로 실행할 때의 투명성과 설명 책임를 제공하기 때문에 유용하다(Doerr 2018). 이 절은 조직 지표 전체에 초점을 맞추는 반면, 7장은 실험에 대한 특정 지표에 대해 논의하고 21장은 실험에 경보를 주기 위한 가드레일 지표의 역할을 논의한다.

조직 지표를 논의할 때 일반적으로 사용되는 분류는 목표, 동인, 가드레일이다. 이 분류는 우리가 전체 회사인 조직에 대해 이야기하든 더 큰 조직 내의 특정 팀을 이야기하든 상관없이 유용하다.

성공 지표^{success metrics} 또는 진북 지표^{true north metrics}라고도 불리는 **목표 지표**^{goal metrics}는 조직이 궁극적으로 무엇을 신경쓰는지를 보여준다. 목표 지표를 도출하기 위해 노력할 때, 먼저 당신이 원하는 것을 단어로 표현해 보는 것을 추천한다. 당신의 제품이 존재하는 이유는? 귀사의 성공은 어떤 모습인가? 조직의 지도자들은 이러한 질문에 대답하는데 관여해야 하며, 그 답은 종종 회사의 미션^{mission statement}에 결부된다. 예를 들어, 마이크로소프트의 미션이 지구상의 모든 사람과 모든 조직에게 더 많은 것을 성취하도록 힘을 실어주는 것이라면, 혹은 구글의 미션이 세계의 정보를 정리하는 것이라면, 그들의 목표는 종종 그러한 미션과 직접적으로 관련된다.

목표를 지표로 완벽하게 변환하는 것이 매우 어렵기 때문에 말로써 목표를 명확하게 표현하는 것이 중요하다. 목표 지표는 당신이 정말로 신경을 쓰는 것의 대용물proxy이므로, 시간이 지남에 따라 반복적으로 개선할 필요가 있다. 사람들이 지표와 목표의 명확한 표현 사이의 한계와 차이를 이해하도록 하는 것은 비즈니스를 올바른 방향으로 이끄는 데 매우 중요하다.

목표 지표는 일반적으로 여러분이 추구하는 궁극적인 성공을 가장 잘 포착하는 단일 또는 매우 작은 지표 집합이다. 각 이니셔티브가 지표에 미치는 영향이 매우 작을 수도 있고 영향을 실현하는 데 오랜 시간이 소요되기 때문에 이러한 지표는 단기적으로 움직이기가 쉽지 않을 수 있다.

동인 지표driver metrics는 사인 포스트 지표sign post metrics, 대리 지표surrogate metrics, 간접 지표indirect metrics 또는 예측 지표predictive metrics라고도 불리며, 목표 지표보다 단기적이고 더 빠르게 움직이며, 더 민감한 지표인 경향이 있다. 동인 지표는 성공 그 자체보다는 오히려 조직을 성공으로 이끌기 위한 사고의 인과관계 모델mental causal model, 즉 성공 요인이 어떤 가설을 반영하는가를 반영한다.

무엇이 성공을 이끄는가에 대해 생각할 수 있는 다음의 몇 가지 유용한 지표 프레임워크가 있다. 즉 HEART 프레임워크(행복Happiness, 참여Engagement, 고객의 획득, 유지Retention, 작업 성공Task Success)(Rodden, Hutchinson, Fu 2010), Dave McClure의 PIRATE 프레임워크(AARRR! 획득Acquisition, 활성Activation, 유지Retention, 조회Referred, 매출Revenue) 또는 전반적인 사용자 퍼널user funnel 등이다. 이러한 프레임워크는 성공으로 이어지는 단계를 세분화하는 데 도움이 될 수 있다. 예를 들어 궁극적으로 매출을 달성하기 전에 일반적인 회사는 사용자를 확보하고 그들의 제품이 사용자를 유지할 만큼 충분한 매력을 가지고 있는지를 확인해야 한다.

좋은 동인 지표는 조직이 목표 지표를 향해 올바른 방향으로 움직이고 있다는 것을 표시한다.

가드레일 지표guardrail metric는 가정을 위반하는 것을 방지하기 위한 것으로 다음의 두 가지 유형이 있다. 즉 비즈니스를 보호하는 지표와 실험 결과의 신뢰성과 내적 타당성을 평가하는 지표가 있다. 여기서는 첫 번째 유형인 조직 가드레일에 초점을 맞추고, 신뢰도 가드레일 지표에 관해서는 21장에서 논의한다.

통상적으로 목표와 동인 지표를 주목하지만, 중요한 제약을 위반하지 않고, 적절한 균형을 가지고 성공을 향해 나아가기 위해서는 가드레일 지표가 중요하다. 예를 들어, 우리의 목표는 가능한 한 많은 사용자를 등록시키는 것일 수도 있지만, 사용자당 참여 수준이 급격히 떨어지는 것을 원하지 않는다. 또 다른 예는 암호 관리 회사다. 보안(해킹이나 정보를 도난 당하지 않음), 사용 편의성 및 접근성(즉, 사용자가 얼마나 자주 잠금 상태가 되는지) 간에 트레이드 오프가 있을 수 있다. 보안이 목표일 수 있지만 사용 편의성과 접근성이 가드레일이 될 수 있다. 마지막으로 페이지 로드 시간이 목표 지표가 아닐 수 있지만, 기능 출시가 로드 시간을 저하시키지 않도록 해야 한다(5장 참조). 가드레일 지표는 종종 목표 또는 동인 지표보다 더 민감하다. 가드레일 지표의 자세한 예는 21장을 참조하라.

목표, 동인 및 가드레일 지표는 적절한 양의 세분성과 포괄성을 제공하지만 다른 비즈니스 지표 분류법도 있다.

- **자산 대 참여 지표**: 자산 지표는 총 페이스북 사용자 수(계정) 또는 총 연결 수처럼 정적인 자산의 축적을 측정한다. 참여 지표는 세션 또는 페이지뷰와 같은 사용자의 행동 결과 또는 다른 사용자의 제품 이용에 의해 받는 가치를 측정한다.

- **비즈니스 대 운영 지표**: 사용자당 매출 또는 일일 활성 사용자(DAU, Daily Active User)와 같은 비즈니스 지표는 비즈니스의 상태를 추적한다. 초당 쿼리 등의 운영 지표는 운영상의 문제가 있는지 여부를 추적한다.

7장에서 실험에 대한 지표에 대해 더 자세히 논의하지만, 실험에 일반적으로 사용되는 다른 유형의 지표도 있다. **데이터 품질 지표**는 기초 실험의 내적 타당성과 신뢰도를 보장한다(3장 및 21장 참조). **진단 또는 디버그 지표**는 목표, 동인 또는 가드레일 지표가 문제가 있음을 나타내는 시나리오를 디버깅할 때 유용하다. 그들은 일반적으로 너무 세부적이어서 지속적으로 추적할 수 없지만 상황을 파악할 때 유용하게 사용할 수 있는 추가적인 세분화 또는 기타 정보를 제공할 수 있다. 예를 들어 클릭률^{click-Through Rate}이 핵심 지표인 경우, 페이지의 특정 영역에서 클릭을 나타내는 지표가 20개 있을 수 있다. 또는 매출이 핵심 지표인 경우 매출을 두 가지 지표, 즉 사용자가 구매했는지 여부만을 나타내는 부울(0/1)과 구매한 경우에만 구매액을 나타내고 그렇지 않은 경우 무효한 값을 가지는 조건부 매출 지표로 분해할 수 있다(구매액 평균값을 계산할 때는 구매한 사용자들의 구매액만 사용된다). 평균 전체 매출은 이 두 가지 지표의 산물이지만 각 지표는 매출에 대해 다른 이야기를 전달한다. 더 많은/더 작은 사람들이 구입했기 때문에 또는 평균 구매 가격이 변했기 때문에 매출이 증가/감소됐는가와 같은 식으로 상이한 이야기를 전달한다.

사용된 분류법에 관계없이 지표에 대한 논의를 하는 것은 유용한데, 지표에 합의하는 것은 명확한 목표 표현과 조정이 필요하기 때문이다. 지표는 이후 회사 수준, 팀 수준, 기능 수준 또는 개인 수준의 목표 설정에 사용할 수 있으며 경영진 보고부터 엔지니어링 시스템 모니터링에 이르는 모든 작업에 사용될 수 있다. 조직이 진화하고 지표의 이해가 진척됨에 따라 시간에 걸쳐 지표가 반복 개선되는 것도 예상된다.

종종 회사 수준과 팀 수준 모두에서 목표, 동인, 가드레일을 측정할 필요가 있다. 각 팀은 회사의 전반적인 성공에 다르게 기여한다. 어떤 팀은 채택에, 다른 팀은 행복에, 다른 팀은 보존이나 성능이나 지연에 더 중점을 둘 수 있다. 각 팀은 자신의 지표가 전체 회사 지표에 어떻게 연관돼 있는지에 대한 목표와 가설을 분명히 밝혀야 한다. 동일한 지표가 팀마다 다른 역할을 할 수 있다. 어떤 팀은 지연 시간 또는 다른 성능 지표를 가드레일 지표로 사용할 수 있으나, 인프라 팀은 동일한 지연 시간 또는 성능 지표를 목표 지표로 사용하고 다른 비즈니스 지표를 가드레일 지표로 사용할 수 있다.

예를 들어 전반적인 목표 지표가 장기 매출이고, 비즈니스 수준의 동인 지표가 사용자 참여 및 보존인 제품을 개발 중이라고 가정하자. 이제 이 제품의 지원 사이트에서 작업 중인 팀을 고려하자. 이 팀은 "사이트에서의 체류시간"

을 개선할 핵심 동인 지표로 설정하려고 노력했지만, 사이트에서의 더 긴 시간이 좋은 것인지 나쁜 것인지에 대해서는 논의의 여지가 있다. 이러한 유형의 토론은 회사의 모든 수준에서 지표를 이해하고 이해관계를 일치시키기 위해 유용하다.

Parmenter는 "핵심 성과지표Key Performance Indicators"(2015)에서 그림 6.1에 나타낸 도표를 사용해 전체적인 비즈니스 전략에 목표와 동인 지표를 맞추는 것이 중요하다는 점을 강조한다.

조직 규모와 목표에 따라, 각각의 목표, 동인, 가드레일 지표를 가진 여러 팀을 가질 수 있으며, 이 모든 팀의 이해관계는 전체적인 목표, 동인, 가드레일 지표와 일치해야 한다.

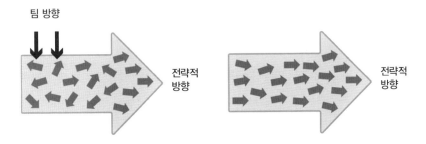

팀 방향

전략적 방향

전략적 방향

그림 6.1 전체적인 목표와 전략적 방향에 각 팀의 지표를 일치시키는 것이 중요하다.

지표의 공식화: 원리와 기법

이제 성공이 어떻게 보이는지 그리고 가능한 동인이 무엇인지 말로 요약해 보았으니, 이제 지표를 공식화하자. 질적 개념을 구체적이고 계량화할 수 있는 정의로 가져간다. 매출과 같은 경우는, 답이 뻔할 수도 있다. 그러나 기업은 성공을 현재 실현된 매출보다 측정하기 어려운 장기 매출로 정의할 수 있다. 성공에 대한 다른 측정하기 어려운 개념에는 사용자 행복과 사용자 신뢰가 포함된다.

목표 및 동인 지표를 개발할 때의 주요 원칙은 다음과 같다.

1. 목표 지표가 다음과 같은지 확인하라.

   - **단순한지:** 이해당사자가 쉽게 이해하고 폭넓게 수용할 수 있어야 한다.
   - **안정적인지:** 새로운 기능을 실행할 때마다 목표 지표를 업데이트할 필요가 없어야
     한다.

2. 동인 지표가 다음과 같은지 확인하라.

   - **목표와 이해 관계 일치 여부:** 동인 지표가 사실상 성공의 동인인지 검증하는 것이
     중요하다. 이 검증에 대한 일반적인 기법 중 하나는 이러한 목적을 위해 실험을 명시
     적으로 실행하는 것이다. 이것을 아래에서 더 논의한다.
   - **행동 가능 및 관련성 여부:** 팀은 이들 지표를 움직이기 위해 레버(제품 기능과 같은
     것)에 행동을 취할 수 있다고 느껴야 한다.
   - **민감성 여부:** 동인 지표는 목표 지표를 위한 선행 지표이다. 대부분의 이니셔티브로
     부터의 영향을 측정하기 위해 충분히 민감한지를 확인하라.
   - **조작에 대한 내성 여부:** 동인 지표와 목표 지표는 성공을 측정할 때 쉽게 조작되도
     록 만들지 마라. 개인의 유인과 행동이 지표를 움직이고, 조작할 가능성이 있는지를
     생각하라. 이 장 뒷부분에 나오는 조작 가능성을 보조해설에서 참조하라.

이러한 원칙을 염두에 두고 지표 개발을 위한 몇 가지 유용한 기법과 고려
사항이 있다.

- 아이디어를 도출하기 위해 확장성이 낮은 방법의 가설을 사용한 다음, 정확한 정의를
  결정하기 위해 확장 가능한 데이터 분석에서 가설을 검증한다(10장 참조). 예를 들어, 사
  용자 만족이나 사용자 작업 성공은 확장성이 없는 방법론인 사용자 조사를 통해서만 직
  접 측정할 수 있을 것이다. 단, 일반적으로 성공과 만족과 상관되는 행동의 유형을 관찰
  하기 위해 조사나 사용자 경험 연구(UER, User Experience Research) 연구를 실시할
  수 있다(10장 참조). 규모에 맞는 온라인 로그 데이터 분석을 사용해 이러한 동작 패턴을
  탐색해 해당 지표가 높은 수준의 지표로 작동하는지 여부를 판단할 수 있다. 구체적인
  예로는 웹사이트에서 단기간 체류하는 사용자의 비율인 바운스 레이트(bounce rate)가
  있다. 짧은 체류가 불만족과 관련이 있다는 것을 알아차릴 수 있을 것이다. 이 관측치를

데이터 분석과 결합하면 지표를 정밀하게 정의하는데 필요한 정확한 임계값(임계값이 1 페이지 뷰 이어야 하는가? 20초이어야 하는가?)을 결정하는 데 도움이 된다(Dmitriev, Wu 2016, Huang, White, Dumais 2012).

- 목표나 동인 지표를 정의할 때는 품질을 고려하라. 검색 결과의 클릭이 사용자가 곧 반환 버튼을 클릭하는 경우에는 "나쁜" 클릭이지만, 신규 사용자 등록에서는 사용자가 웹 사이트에 적극적으로 참여하는 경우에 "좋은" 등록이다. 링크드인 프로파일이 교육 기록이나 현재 및 과거 포지션과 같이 사용자를 대표할 수 있는 충분한 정보를 포함하고 있다면 "좋은" 등록이다. 인적 평가(10장 참조)와 같은 품질 개념을 목표 및 동인 지표로 구축하면 이들 지표로부터의 움직임이 의사결정의 근거가 되는 확고한 해석으로 이어질 가능성이 훨씬 더 높아진다.

- 지표의 정의에 통계적 모델을 통합할 때, 모델을 해석 가능한 상태로 유지하고 시간에 걸쳐 검증하는 것이 필수적이다. 예를 들어, 가입으로 인한 장기 매출을 측정하기 위해서는 예측 생존 확률을 기준으로 생애가치(LTV)를 계산하는 것이 일반적이다. 그러나 생존 함수가 너무 복잡할 경우, 이해관계자로부터 승인을 받기가 더욱 어려워질 수 있다. 더욱이 지표의 갑작스러운 하락을 조사해야 한다면, 더더욱 어려울 것이다. 또 다른 예로는 버킷화된 시청 시간을 동인 지표로 사용하는 넷플릭스를 들 수 있는데, 이는 해석 가능하고 장기적인 사용자 유지를 나타내기 때문이다(Xie, Aurisset 2016).

- 때로는 사용자 불만족 등 원하지 않는 것을 정확하게 측정하는 것이 원하는 것을 측정하는 것보다 더 쉬울 수 있다. 예를 들어 사용자가 사이트에 얼마나 오래 머물러야 "만족한" 것으로 간주되는가? 검색 엔진과 같이, 수행할 작업이 있는 사이트에서는 검색 결과에서 발견한 사이트에 대한 짧은 방문은 긴 방문보다 사용자의 불만족과 종종 더 관련이 있다. 사실 긴 방문은 사용자가 필요한 것을 발견한 것을 의미할 수도 있고, 무언가를 열심히 했으나, 실제로 좌절했다는 것을 의미할 수 있다. 위와 같은 식의 부정적 지표는 가드레일 또는 디버그 지표로 유용하다.

- 지표 자체가 프록시라는 점을 항상 기억하라. 각 지표는 독자적인 실패 사례를 가지고 있다. 예를 들어 검색 엔진은 사용자 참여를 측정하기 위해 CTR을 사용할 수 있지만 CTR만 추구하면 클릭베이트(click bait)[1]를 증가시킬 수 있다. 이러한 경우 극단적 사례를 측정하기 위해 추가 지표를 생성해야 한다. 이 예에서 한 가지 가능성은 관련성을 측

---

1   클릭을 유도하기 위한 허위 광고와 과장 광고 – 옮긴이

정하는 지표로서 인간의 평가(10장 참조)를 사용해, 클릭베이트에 주어지는 좋은 지표 평가를 상쇄시키는 것이다.

지표의 평가

지표를 개발할 때 따라야 할 몇 가지 원칙을 개략적으로 설명했다. 대부분의 지표 평가와 검증은 공식화 단계에서 이루어지지만, 시간이 지남에 따라 지속적으로 이루어져야 하는 작업이 있다. 예를 들어 새 지표를 추가하기 전에 기존 지표와 비교해 추가 정보를 제공하는지 여부를 평가하라. 생애가치^{LTV} 지표는 시간 경과에 따라 평가해서 예측 오류가 작게 유지되도록 해야 한다. 실험에 많이 의존하는 지표는 주기적으로 평가해 조작을 초래하는지 여부를 결정해야 한다(즉, 지표 정의에 사용된 임계값이 사용자들이 임계값을 넘게 하는 것에만 불균형적인 초점을 갖는지 여부).

가장 흔하고 도전적인 평가 중 하나는 동인 지표의 목표 지표에 대한 인과관계를 구축하는 것이다. 즉, 이 동인 지표가 실제로 목표 지표를 구동하는지 여부다. 비영리 조직에서 카플란과 노튼은 "궁극적으로 스코어카드의 모든 측정에서 발생하는 인과 경로가 재무적 목표와 연결돼야 한다"고 서술하고 있다(Kaplan, Norton 1996). 하우저와 캣츠(Hauser, Katz 1998)는 "팀이 당장 오늘 영향을 미칠 수 있지만, 궁극적으로는 기업의 장기 목표에 영향을 줄 지표를 식별해야 한다"고 쓰고 있다. 스피처(Spitzer 2007)는 "측정 프레임워크는 초기에는 핵심 지표와 이들의 인과관계에 대한 가설(가정)로 구성된다. 이후 이러한 가설은 실제 데이터로 테스트돼, 확인, 부정 또는 수정될 수 있다."라고 서술하고 있다. 우리가 흔히 근본적인 인과관계 모델을 모르고 단지 가설의 인과관계 모델을 갖고 있기 때문에 이러한 특성을 만족하도록 하는 것이 가장 어렵다.

다음은 다른 유형의 지표 평가에도 적용할 수 있는 인과관계 검증을 다루기 위한 몇 가지 높은 수준의 접근법이다.

- 설문 조사 포커스 그룹, 사용자 경험 연구(UER) 등의 다른 데이터 소스를 활용해 모두 같은 방향을 가리키는지 확인한다.

- 관측 자료를 분석한다. 관측 데이터를 바탕으로 인과관계를 확립하는 것은 어려운 일이지만(11장에서 논의하는 바와 같이), 세심하게 수행된 관찰 연구는 가설을 무효화하는 데 도움을 줄 수 있다.

- 다른 업체에서도 유사한 검증이 이루어지고 있는지 확인한다. 예를 들어, 여러 회사가 사이트 속도가 매출과 사용자 참여에 어떤 영향을 미치는지 보여주는 연구를 공유했다(5장 참조). 또 다른 예로는 앱 크기가 앱 다운로드에 미치는 영향을 보여주는 연구들이 있다(Rainhardt 2016, Tolomei 2017).

- 지표 평가라는 1차 목표를 갖고 실험을 실시한다. 예를 들어 고객 충성도 프로그램이 고객 유지율을 높이고 따라서 고객 LTV를 증가시키는지 여부를 판단하려면 고객 충성도 프로그램을 서서히 롤아웃하는 실험을 실행하고 유지율 및 고객 LTV를 측정하라. 우리는 이러한 실험들이 종종 비교적 좁은 가설을 시험하기 때문에 결과를 일반화하기 위한 작업이 여전히 필요하다는 것을 경고한다.

- 새로운 지표를 평가하기 위한 귀중한 샘플로서 과거에 축적된 실험 자료를 사용한다. 이들 실험을 잘 이해하고 신뢰할 수 있는 것이 중요하다. 이들 과거 실험을 사용해 지표의 민감도와 인과관계 정합성을 확인할 수 있다.

목표 지표와 동인 지표를 연관시키는 문제는 가드레일 지표에도 적용된다. 지연 시간 지표인 가드레일 지표가 목표 지표에 미치는 영향을 측정하기 위한 실험을 수행하는 방법을 다루는 5장의 예를 참조하라.

지표의 진화

지표의 정의는 시간이 지남에 따라 진화한다. 개념은 그대로 유지된다 하더라도 정확한 정의는 여전히 변할 수 있다. 변화는 다음과 같은 이유로 발생할 수 있다.

- **비즈니스의 진화:** 비즈니스는 성장해 경영이 다각화될 가능성이 있다. 이는 고객의 획득

에서 참여 및 유지로 전환하는 것과 같이 비즈니스의 초점을 변경시킬 수 있다. 진화의 구체적인 유형으로서 사용자층의 변화가 있다. 지표를 계산하거나 실험을 하거나 할 때, 이 데이터는 모두 기존의 사용자층으로부터 얻고 있다는 점을 유의하라. 특히 초기단계 제품이나 스타트업의 경우, 얼리 어답터는 기업이 장기적으로 추구하는 사용자층을 대표하지 못할 수 있다(Forte 2019).

- **환경 진화:** 경쟁 구도가 바뀌었을 수도 있고, 더 많은 사용자들이 사생활에 대한 우려하고 있을 수도 있고, 새로운 정부 정책이 시행됐을 수도 있다. 이러한 모든 변화는 비즈니스 초점이나 관점을 변경시킬 수 있으며, 따라서 측정하고자 하는 지표도 변화한다.

- **측정 기준에 대한 이해의 진화:** 개발 단계에서 신중하게 평가한 지표라도, 실제로 성능을 관찰할 때(예: 조작가능성을 찾을 때), 더 세분화하거나, 상이한 지표로 개선할 여지를 발견할 수 있다. 허바드(Hubbard 2014)는 추가 정보가 의사결정에 어떻게 도움이 되는지를 포착하는 개념인 정보의 기대가치(EVI, Expected Value of Information)를 논한다. 지표를 조사하고 기존 지표를 수정하는 데 들이는 시간과 노력은 EVI가 높다. 민첩하게 대처해서 측정하는 것만으로는 충분하지 않으며, 지표가 올바른 방향으로 여러분을 인도하도록 해야 한다.

어떤 지표들은 다른 지표들보다 더 빨리 진화할 수 있다. 예를 들어, 동인, 가드레일 및 데이터 품질 지표는 종종 근본적인 비즈니스 또는 환경 진화가 아닌 방법론 개선에 의해 주도되기 때문에 목표 지표보다 더 빨리 진화할 수 있다.

지표는 시간이 지남에 따라 진화할 것이기 때문에 조직이 성장함에 따라 지표의 변화도 보다 구조적으로 처리해야 한다. 특히, 새로운 지표의 평가, 이에 수반되는 스키마 변경, 필요한 데이터의 백업 등을 지원하기 위한 인프라가 필요할 것이다.

추가 참고문헌

지표, 측정 및 성과 지표에 관한 몇 가지 훌륭한 책들이 있다(Spitzer 2007, Parmenter 2015, McChesney, Covey, Huling 2012). 스피처는 "측정을 강력하

게 만드는 것은 정보에 입각한 행동을 발동시키는 능력 때문"이라며 "사람들이 적절한 시기에 올바른 행동을 할 수 있도록 하는 기회를 제공하는 것"이라고 지적했다. 종합 대조 실험의 맥락에서, 실험군은 각 지표에 대한 영향의 원인^{cause}이기 때문에 (통계적으로 효과가 유의하다고 할 정도의 높은 확률로) 주요 지표를 공식화하는 것은 어떤 관심주제에 대한 아이디어(실험)의 가치에 대한 평가가 된다.

사이드 바: 가드레일 지표

가드레일 지표에는 신뢰도 관련 가드레일 지표와 조직 가드레일 지표의 두 가지 유형이 있다. 신뢰도 관련 가드레일 지표는 실험 결과를 신뢰할 수 있도록 하기 위해 필요하므로 21장에서 자세히 논의한다. 여기서는 조직 가드레일 지표를 다룬다.

5장에서 논의한 바와 같이, 몇 밀리초라도 지연 시간을 증가시키면 매출 손실이 발생하고 사용자 만족도가 감소할 수 있다. 따라서 지연 시간은 특히 매출과 사용자 만족도 지표에 비해 매우 민감하기 때문에 가드레일 지표로 자주 사용된다. 대부분의 팀은 일반적으로 목표나 동인 지표를 움직이기 위해 새로운 기능을 연구하고 있지만, 그렇게 함에 있어 지연 시간을 검사하고 해당 기능이 지연 시간을 증가시키지 않도록 한다. 만약 증가한다면, 새로운 기능의 영향이 지연 시간 증가에 따른 영향을 받을 만한 가치가 있는지, 증가를 완화할 방법이 있는지 또는 지연 시간을 개선(감소)하는 다른 기능으로 새로운 기능을 상쇄할 방법이 있는지 등과 같은 트레이드오프에 대한 논의의 필요성이 나타난다.

대부분의 조직에서 사용하는 가드레일 지표는 지연 시간(latency)과 유사하게 목표와 동인 지표에 영향을 주는 현상을 측정하지만, 대부분의 팀들이 그러한 영향을 주면 안 되도록 민감하게 만든 지표다. 이러한 지표의 예로서 다음과 같은 것들이 있다.

1. **페이지당 HTML 응답 크기.** 웹사이트에서 서버 응답 크기는 대량의 코드(자바스크립트 등)가 도입됐다는 초기 지표다. 그러한 변화에 대해 경고하는 것은 아마도 최적화가 필요한 불완전한 코드를 찾아내는 좋은 방법이다.

2. **페이지당 자바스크립트 오류 수.** 페이지의 평균 오류 수를 감소(즉, 증가)시키는 것은 좋은 대리지표다. 브라우저별로 세분화하면 자바스크립트 문제가 브라우저 종속적인지의 여부를 확인하는 데 도움이 된다.

3. **사용자당 매출.** 제품의 일부분에 대해서만 작업하는 관련성 팀과 같은 팀은 그들이 전체적인 매출을 해치고 있다는 것을 깨닫지 못할 수도 있다. 사용자당 매출은 일반적으로 통계적 분산이 크기 때문에 가드레일로 쓰기에 민감하지 않다. 보다 민감하게 변형하면, 훌륭한 대안이 될 수 있다. 그 예로 사용자당 매출 여부를 나타나는 이진 지표(사용자에 대해 매출이 있었는지: 예/아니오), 사용자당 매출 상한(X달러 이상의 금액은 X달러로 제한됨),[2] 페이지당 매출(분산을 정확하게 계산하기 위해 주의를 기울여야 하지만, 더 많은 페이지 유닛이 있었는지. 22장 참조)을 들 수 있다.

4. **사용자당 페이지뷰.** 페이지당 측정되는 많은 지표(예: CTR)가 있으므로 사용자당 페이지뷰를 변경하면 많은 지표가 변경될 수 있다. 분자에 집중하는 것은 당연하지만 사용자당 페이지뷰가 바뀌면 변하는 것이 분모인데, 이는 잘 살펴봐야 한다. 만약 그 변화가 예기치 못한 것이라면 그 이유를 신중히 검토할 가치가 있다(Dmitriev et al. 2017). 사용자별 페이지뷰는 어떤 경우에는 가드레일로 작동하지 않을 수 있다는 점에 유의하라. 예를 들어, 사용자가 특정 스크롤 기능을 테스트하는 경우 페이지-사용자당 뷰는 거의 확실히 변화할 것이다.

5. **클라이언트 충돌.** 클라이언트 소프트웨어(예: 오피스 워드/파워포인트/엑셀, 아도비 리더) 또는 휴대폰 애플리케이션(예: 페이스북, 링크드인, 마인크래프트, 넷플릭스)의 경우 충돌률은 중요한 가드레일 지표다. 횟수를 세는 지표(사용자당 크래시 수)에 추가로 모든 사용자에 대한 평균한 사용자당 충돌여부(실험 중에 사용자가 충돌을 경험했는가)와 같은 지표는 분산이 작아 이른 단계에서 통계적 유의성을 나타내므로, 일반적으로 사용되는 지표이다.

어떤 지표가 목표인지 동인인지 또는 가드레일인지는 팀에 따라 바뀔 수

---

2 극단적으로 매출이 높은 사용자 때문에 분산이 높아지는 것을 막기 위해서이다. - 옮긴이

있다. 예를 들어 대부분의 팀이 표준 목표, 동인 및 가드레일 지표를 사용할 수 있지만, 인프라 팀은 성능 또는 조직 가드레일 지표를 목표로 사용할 수 있다(그리고 제품 팀의 목표 및 동인 지표를 가드레일로 사용할 수 있다). 동인 지표와 마찬가지로, 가드레일 지표와 목표 지표 간의 인관관계를 5장에서 한 것처럼 확립하는 것이 중요하다.

사이드 바: 조작가능성

여러분의 목표와 동인 지표는 조작하기 어렵게 만들 필요가 있다. 수치적인 목표를 부여했을 때, 인간은 상당히 독창적일 수 있고, 특히 그 수치적 지표가 보상과 결부될 때, 더욱 그러하다. 역사적으로 수많은 예가 있다.

- 러시아의 유명 슈퍼헤비급 역도 선수인 바실리 알렉세예프는 그가 세계 기록을 깨뜨릴 때마다 인센티브를 제공받았다. 이 조건부 측정의 결과는 그가 보상금 지급을 극대화하기 위해 한 번에 1 또는 2그램씩 세계 기록을 계속 갈아치웠다는 것이다(Spitzer 2007).

- 패스트푸드점 경영자가 음식점의 '닭고기 효율성' 지표(닭고기의 주문 수와 판매 수의 비율)에서 100%를 완벽히 달성했다. 그는 닭이 주문될 때까지 기다렸다가 요리하는 것으로 이를 달성했다. 그는 상은 받았지만 대기 시간이 길어서 식당은 폐업하게 됐다(Spitzer 2007).

- 회사는 재고를 낮게 유지하는 것에 대해 중앙 창고 예비부품 담당자에게 보너스를 지급했다. 그 결과 창고에서 필요한 예비 부품을 구할 수 없었고, 부품을 주문해서 입고될 때까지 운영을 중단해야 했다(Spitzer 2007).

- 영국의 어떤 병원의 관리자들은 사고가 났을 때, 응급실에서 환자를 치료하는 데 걸리는 시간을 줄이고 싶었다. 이들은 환자 등록부터 주치의의 진찰까지 시간을 재기로 했다. 이에 간호사들은 병원의 주치의가 환자를 진찰할 준비가 될 때까지 구급대원에게 환자를 구급차에 놔두라고 요청하기 시작해 '환자 치료에 걸린 평균 시간'을 개선했다(Parmenter 2015).

- 프랑스 식민지 지배하의 하노이에서는 쥐 꼬리가 건네질 때마다 사람들에게 현상금을 지급하는 프로그램이 있었는데, 이는 쥐를 박멸하기 위한 것이었지만, 쥐 양식으로 이어 졌다(반 2003). 코브라 뱀에 관해서는 일화일 가능성이 높지만 비슷한 예가 언급돼 있는데, 아마도 영국 정부가 델리의 모든 죽은 코브라에 현상금을 걸었을 때, 기업가 성향의 사람들이 소득을 위해 코브라를 키우기 시작했을 것이다(위키피디아 공헌자, Cobra Effect(코브라 효과) 2019).

- 1945년부터 1960년 사이에 캐나다 연방정부는 고아원에 하루 70센트를 지급하고, 정신과 병원의 환자 1인당 하루 2.25달러를 지급하고 있었다. 보도에 따르면, 2만 명에 이르는 고아 아동들이 정신질환자로 거짓으로 인정해 카톨릭 교회가 환자당 하루 2.25달러를 받을 수 있었다고 한다(위키피디아 기고자, Data Dredging(데이터 조작) 2019).

- 화재 신고 수에 의해 소방서에 자금지원을 하는 것은 가장 많은 업무를 수행하는 소방서를 보상하기 위한 것이다. 그러나 그것은 화재 발생 수를 줄이는 화재 방지 활동을 수행하는 의욕을 떨어 뜨렸다(위키피디아 기고자, Perverse Incentive(잘못된 유인) 2019).

이러한 예는 신중하게 지표를 선택하는 것의 중요성을 보여준다. 그렇다면 온라인 도메인에서는 어떻게 적용되는가? 한 가지 일반적인 시나리오는 단기 매출을 주요 지표로 사용하는 것이다. 단, 가격을 올리거나 광고로 웹사이트를 도배함으로써 단기 매출을 높일 수 있다. 그러나 이들에 의해 사용자가 사이트를 포기하고 고객 LTV가 감소하는 결과를 초래할 수 있다. 고객 LTV는 지표를 고려할 때 유용한 지침이 되는 원칙이다. 더 일반적으로, 많은 제약 없는 지표는 조작 가능하다. 페이지 공간 또는 품질 측정에 제약된 광고 매출을 측정하는 지표는 고품질 사용자 환경을 보장하기 위한 훨씬 더 좋은 지표다. 한편, 얼마나 많은 쿼리가 결과를 반환하지 않는가를 지표로 하면 어떠한 쿼리도 항상 나쁜 결과를 반환할 수 있으므로 쿼리에 품질에 대한 제약이 없으면 조작할 수 있다.

일반적으로 사용자 가치와 행동을 측정하는 지표를 사용할 것을 권장한다. 사용자가 무시하는 경우가 많은 "당신 행동"의 지표는 허구이므로 피해야만 한다. (배너 광고의 출현 횟수는 허구 지표인 반면, 광고의 클릭 수는 잠재적인 사용자 관심을 나타낸다.) 페이스북에서 사용자의 "좋아요"는 사용자 체험의 기본적인 부분인 사용자 행동을 포착하는 UI 기능의 예이다.

07

실험을 위한 지표와
종합 평가 기준

네가 나를 어떻게 측정하는지 말해달라.
그러면 내가 어떻게 행동할지 말해주겠다.
엘리야후 M. 골드라트 Eliyahu M. Goldratt(1990)

첫 번째 규칙은 측정(모든 측정)이 없는 것보다 낫다는 것이다.
그러나 진정으로 효과적인 지표는 작업 단위의 성과를 측정하는 것이고,
단순히 관련 활동을 측정하는 것이 아니다.
분명히 영업 사원은 전화(활동)가 아니라
그가 받는 주문(성과)으로 측정된다.
앤디 그로브 Andrew S. Grove의 『High Output Management』(1995)

주목해야 하는 이유: 온라인 종합 대조 실험을 잘 설계하고 실행하려면 특정 특성을 만족하는 지표가 필요하다. 그것들은 단기(실험 기간)에 측정할 수 있어야 하고 계산 가능해야 하며, 실험에 유용하도록 상당히 민감하고 시기 적절해야 한다. 실험의 성공을 측정하기 위해 여러 지표를 사용하는 경우, 이상적으로는 장기 목표에 인과적으로 영향을 미치는 종합 평가 기준 OEC, Overall Evaluation Criterion으로 결합하는 것이 좋다. OEC를 조정하고 정교하게 만들기 위해 여러 번 시행착오를 필요로 한다. 그러나 위의 엘리야후 골드라트의 인

용에서 강조하듯, 이러한 과정에 의해 조직 내에 명확한 이해관계 일치 메커니즘을 제공한다.

비즈니스 지표로부터 실험에 적절한 지표를 작성

6장에서 논의한 바와 같이, 데이터 기반 조직은 종종 목표, 동인 및 가드레일 지표를 사용해서 투명성과 설명책임에 따라 비즈니스 목표를 조정하고 실행한다. 그러나 이러한 비즈니스 지표는 온라인 실험에 직접적으로 유용하지 않을 수 있다. 실험에 대한 지표는 다음과 같아야 하기 때문이다.

- **측정 가능**: 온라인 세계에서도 모든 효과를 쉽게 측정할 수 있는 것은 아니다. 예를 들어 구매 후 만족도는 측정하기가 어려울 수 있다.

- **귀속 가능**: 실험의 목적에 맞게 지표를 계산하려면, 실험의 변형군에 지표값을 귀속시킬 수 있어야 한다. 예를 들어, 어떤 '실험군'이 '대조군'보다도 높은 앱 충돌율을 발생시키는지 여부를 분석하기 위해, 앱 충돌을 이들 변형군에 연결시킬 수 있어야 한다. 이러한 귀속의 기능이 외부 데이터 공급자에 의해 제공되는 지표에서는 가능하지 않을 수 있다.

- **민감하고 시기적절함**: 실험 지표는 시기적절하게 중요한 변화를 감지할 수 있을 정도로 민감해야 한다. 민감도는 기초가 되는 지표의 통계적 분산, 효과의 크기(실험에서 실험군과 대조군 사이의 델타) 및 무작위 추출 단위(사용자 등) 수에 따라 달라진다. 민감하지 않은 지표의 극단적인 예로서 종합 대조 실험을 실시해 회사의 주가를 살펴보는 것을 들 수 있다. 실험 기간 동안 주가에 영향을 미칠 수 있는 일상적인 제품의 변경은 사실상 없기 때문에, 주가 지표는 전혀 민감하지 않을 것이다. 다른 극단으로 당신은 새로운 기능의 존재(그것이 보이고 있는지, 아닌지를) 측정할 수 있는데, 이는 매우 민감하지만 사용자에 대한 실제 가치에 대해서는 아무런 정보를 제공하지 않는다. 두 극단 사이에 위치하는 새로운 기능에 대한 클릭율(CTR) 지표는 민감하지만, 페이지의 다른 부분에의 영향과 다른 기능들에 대한 자기 잠식 효과(cannibalization)를 포착하지 못하고 매우 국지적인 영향밖에 포착할 수 없을 것이다. 전체 페이지 클릭율(특히 사용자가 빨리 돌아오는 퀵백(quick-back)에 대해 페널티를 부여하는 경우), (구매와 같은) "성공"의 지표 및 성공까지의 시간은 통상 실험을 수행하기 위한 충분한 민감도를 가진 좋은 주요 지표다. 민감도에 대한 심도 있는 논의는 Dmitriev, Wu(2016)를 참조한다. 여기 몇

가지 더 일반적인 예가 있다.

- 광고 매출의 경우, 클릭당 단가가 매우 높은 클릭과 같이 소수의 특이 사용자들이 매출에 대해 불균형적으로 영향을 가지는 것이 일반적이다. 모든 달러가 같은 달러 이므로, 이런 고가의 클릭이 비즈니스 보고에 포함돼야 할 필요가 있지만, 이러한 큰 특이값들은 분산을 부풀려 실험 효과를 탐지하는 것을 어렵게 만든다. 이러한 이유로, 실험을 위한 보다 민감도가 높은 지표로 사용자당 매출에 상한을 부여한 버전을 고려할 수 있다(22장 참조).

- 매년 갱신되는 주기를 가진 구독 계약을 고려해보자. 1년 간의 실험을 하지 않는 한, 갱신율에 미치는 영향을 측정하는 것이 어렵다. 이러한 경우 실험에서 갱신율을 직접 실험에 사용하는 대신, 이용도와 같은 갱신으로 이어지는 만족도의 조기 지표 가 되는 대리지표들을 찾는 것이 일반적이다.

이러한 고려사항으로부터 비즈니스 보고 목적으로 사용되는 모든 지표가 실험에 적합한 것은 아니라는 것을 알 수 있다. 앞서 나왔던 앤드류 그로브 의 인용에 동의한다. 의심스러울 때 더 많이 측정해야 하는 것도 중요하지만, 더 중요한 것은 스스로 무엇을 위해 최적화하고 있는가에 대해 깊이 생각하는 것이다. (좋은 세션/성공세션과 같은) 품질 측면을 고려하지 않고 최적화하는 지표를 사이트에서의 체류시간$^{time-on-site}$으로 결정하는 것은 불필요한 페이지와 느린 사이트를 초래해 단기적으로는 지표를 개선시키지만, 장기적으로는 사용자가 이탈하는 원인이 된다.

일반적으로 실험을 위해 이러한 측정 가능성, 계산 가능성, 민감도 및 적시성 기능을 충족하는 비즈니스 목표, 동인 및 조직 가드레일 지표의 일부를 선택할 것이다. 그리고나서, 더 나아가 그 다음과 같은 지표들을 추가적으로 고려할 필요가 있을 것이다.

- 비즈니스 목표 및 동인을 위한 대리 지표의 추가

- 특정 기능의 움직임을 이해하는 데 도움이 되는 기능 수준 지표와 같은 보다 세분화된 지표. 예를 들어, 페이지 클릭률은 페이지 상의 수십 가지 기능에 대한 클릭율로 세분화 할 수 있다.

- 신뢰도 가드레일(21장 참조) 및 데이터 품질 지표의 추가

- 진단과 디버그 지표의 추가. 지속적으로 추적하기에는 너무 자세한 정보를 제공하지만, 목표, 동인 또는 가드레일 지표가 문제를 나타내는 상황을 자세히 검토할 때 유용하다.

지표에 대한 모든 상이한 분류와 사용 사례를 고려할 때, 전형적인 실험 스코어 카드에는 몇 개의 주요 지표와 수백에서 수천 개에 이르는 그 밖의 지표가 있을 것이며, 이들 모두는 브라우저와 시장의 차원에 의해 세분화할 수 있다.

주요 지표를 OEC로 결합하기

여러 가지 목표와 동인 지표를 갖고 있는 일반적인 상황이 주어졌을 때, 무엇을 할 것인가? 하나의 지표만 선택해야 하는가, 아니면 둘 이상의 지표를 유지해야 하는가? 그것들을 모두 하나의 조합 지표로 결합하는가?

일부의 서적, 예를 들어 Lean Analytics(Croll and Yoskovitz 2013)에는 단지 하나의 지표에 초점을 맞추는 것OMTM, One Metric that Matters을 제안하고, "4가지 실행 원칙The 4 Disciplines of Execution"에서는 제일 중요한 중요한 목표WIG, Wildly Important Goal를 제안하고 있지만, 이들은 매력적임에도 지나친 단순화라고 할 수 있다. 사소한 시나리오를 제외하고, 일반적으로 기업이 무엇을 위해 최적화하고 있는가를 포착하는 단일 지표는 없다. Kaplan, Norton(1996)은 좋은 예를 든다. 현대의 제트 비행기에 탑승하는 것을 상상해 보라. 조종사의 대시보드에 올려야 할 지표가 하나만 있는가? 비행속도? 고도? 남은 연료? 조종사가 이런 지표들에 접근할 수 있어야 한다는 것은 모두가 아는 사실이다. 온라인 사업을 하는 경우, 당신은 몇 가지 주요 목표와 동인 지표를 갖게 될 것이며, 일반적으로 사용자 참여(예: 활성일, 사용자당 세션, 사용자당 클릭 수)와 금전적 가치(예: 사용자당 매출)를 측정하게 된다. 통상 최적화를 위한 단순한 단일 지표는 존재하지 않는다.

실제로 많은 조직은 여러 가지 주요 지표를 검토하고, 이들 지표들의 특정 조합을 고려할 때, 어떤 트레이드오프를 수용할지에 대한 모델을 마음 속에 갖고 있다. 예를 들어 어떤 실험에 의해 사용자를 잃었음에도 불구하고, 남아있는 사용자의 참여와 매출이 충분히 증가해 사용자의 손실을 상쇄하는 경우, 실험에 의해 얼마나 많은 사용자를 잃어도 좋을지에 대해 좋은 아이디어를 갖고 있다. 실험에 의해 매출이 증가해도, 성장을 우선시하는 조직에서는 사용자의 감소를 받아들이지 않을 수도 있다.

많은 경우, 트레이드오프의 모델이 마음 속에 있지만, 그것을 표현하기 위해 여러 지표를 가중 조합한 OEC를 고안하는 것이 더 바람직한 해결책이 될 수 있다(Roy 2001, 50, 405 - 429). 그리고 다른 지표와 마찬가지로 합성된 지표가 조작 가능하지 않도록 확실하게 하는 것이 중요하다(6장의 부록: 조작 가능성 참조). 예를 들어 농구 스코어보드는 각 팀별 합산 점수(이것이 OEC다)만을 기록하고, 2점 숏과 3점 숏별로는 나타내지 않는다. FICO 신용점수[1]는 여러 개의 지표를 300에서 850 사이의 단일 점수로 결합한다. 하나의 값으로 요약하는 점수를 가지는 것은 스포츠 세계에서는 전형적인 것이며, 비즈니스 세계에서도 중요한 것이다. 단일 지표는 성공의 정확한 정의를 명확히 하며, 무엇보다도 지표에 합의하는 것과 유사한 가치를 갖고 있다. 트레이드오프에 대해 조직 내 사람들의 이해관계를 일치시킨다. 더욱이, 토론을 하고 트레이드오프를 명시함으로써, 의사결정에 더욱 일관성이 생기고, 사람들은 단일 점수의 한계를 더 잘 이해하고, OEC 자체가 변화할 시기를 더 잘 결정할 수 있다. 이 접근법은 팀이 경영진에게까지 보고할 필요 없이 결정을 내릴 수 있도록 하며 궁극적으로는 자동검색(파라미터 스윕, AI에 의한 검색)을 위한 기회를 제공한다.[2]

여러 지표를 갖고 있는 경우, Roy(2001)가 제안한 한 가지 가능성은 각 지

---

[1] 신용카드의 결제 이력을 참조해 작성하는 점수로 대출 심사 등의 경우에 참조한다. - 옮긴이

[2] 파라미터 스윕은 특정 파라미터를 특정 파라미터를 다양하게 바꿔 테스트해보면서 최적의 파라미터 값을 찾는 것이다. - 옮긴이

표를 사전 정의된 범위(예: 0 - 1)로 정규화하고 각 지표에 가중치를 할당하는 것이다. OEC는 정규화된 지표의 가중합이다.

처음에는 하나의 가중 조합을 도출하는 것이 어려울 수 있지만, 결정을 네 개의 그룹으로 분류하는 것부터 시작할 수 있다.

1. 모든 핵심 지표의 변화가 0(통계적으로 유의하지 않음)이거나 양수(통계적으로 유의함)이고, 적어도 하나의 지표가 양수인 경우, 변경을 실시한다.

2. 모든 핵심 지표의 변화가 0이거나 음수이고, 적어도 하나의 지표가 음수인 경우, 변경을 실시하지 않는다.

3. 모든 핵심 지표가 0이면 변경을 실시하지 않고, 실험 검정력을 높이거나, 빨리 실패로 간주하거나, 방향 전환을 고려하라.

4. 일부 핵심 지표가 양이고 일부 핵심 지표가 음이면 트레이드오프를 기반으로 결정한다. 당신이 이러한 결정을 충분히 축적했을 때, 당신은 가중치를 할당할 수 있을 것이다.

핵심 지표를 단일 OEC로 결합할 수 없다면, 핵심 지표의 수를 최소화하라. Pfeffer, Sutton(1999)은 오티스 레딩의 유명곡 'Sittting by the Dock of the Bay'에서 나오는 "10명이 나에게 뭐라해도 할 수 없는 것은 할 수 없는 것이다. 따라서 나는 변하지 않을 거라고 생각한다."는 가사의 (오티스 레딩 문제로 알려져 있는) 문제에 대해 경고를 하고 있다. 지표가 너무 많으면 인지 과부하와 복잡성을 야기할 수 있으며, 잠재적으로 조직은 주요 지표를 무시하는 방향으로 갈 수 있다. 지표의 수를 줄이면 통계에서 여러 가지 비교 문제에도 도움이 된다. 한가지 대략적인 경험 법칙은 핵심 지표를 다섯개로 제한하는 것이다. 강력한 0.05의 p값 임계값을 사용하는 것은 그 자체로 남용될 수 있다(이는 p-해킹이라 불리는 것으로 다중 비교 문제라고도 불린다)(위키피디아 기고자, multiple Comparisons prioblem, 2019). 기초적인 통계학 개념으로부터 이 경험 법칙을 설명할 수 있다. 특히 귀무가설이 참일 경우(변화 없음) 단일 지표에 대한 p값 〈 0.05의 확률은 5%이다. k개의 (독립적) 지표가 있는 경우 적어도 p값〈 0.05 가 하나 이상 있을 확률은 $1-(1-0.05)^k$이다. k=5의 경우,

하나 이상의 지표가 통계적으로 유의하게 될 확률은 23%이다. k = 10의 경우, 그 확률은 40%까지 상승한다. 지표가 많으면 많을수록, 1개 이상의 지표가 통계적으로 유의하게 될 가능성이 커져 지표가 충돌 또는 의문을 야기하는 잠재적 문제가 발생할 가능성이 커진다.

합의된 OEC의 한 가지 확실한 이점: 단순한 실험과 파라미터 스윕을 사용함으로써 실험에 의한 개선을 자동화할 수 있다.

OEC의 예: 아마존 이메일

아마존에서 다양한 조건을 바탕으로 특정 고객을 선정했으며, 이들 고객에 대해 프로그램화된 캠페인을 기반으로 하는 이메일을 보내는 시스템을 다음과 같이 구축됐다(Kohavi, Longbotham 2010).

- **이전에 구입한 저자의 신간 서적:** 캠페인으로 고객들에게 새로운 출시에 관련된 이메일을 보낸다.

- **구매 이력:** 아마존의 추천 알고리듬을 이용한 한 프로그램이 다음과 같은 이메일을 보낸다. "Amazon.com에서는 당신이 구매했거나 보유하고 있다고 알려준 아이템을 바탕으로 새로운 상품을 추천하고 있다."

- **크로스 폴리네이션(Cross pollination)[3]:** 많은 프로그램에서 특정 아이템을 구매한 고객에 대해 이메일로 제품 추천을 송신하기 위해 사람에 의해 특정 제품 카테고리 조합이 매우 구체적으로 정의됐다.

문제는 이러한 프로그램에 어떤 OEC를 사용해야 하는가 이다. 초기 OEC 즉 아마존에서 호출된 "적합도 함수fitness function"는 이메일에 클릭을 한 사용자로부터 창출된 매출에 기초해 프로그램에 크레딧을 제공했다.

문제는 이 지표가 이메일 양과 함께 단조 함수로 증가한다는 점이다. 더

---

3 수술에서 만들어진 꽃가루가 다른 꽃의 암술머리에 부착하는 현상을 말하며, 타가 수분 또는 타화수분이라고도 한다. 예를 들어, 현재 구입한 서적의 분야와 다른 분야로부터 보완이 되는 좋은 아이템을 발견해 추천하는 것을 말한다. – 옮긴이

많은 캠페인과 더 많은 이메일이 단지 매출을 증가시킬 뿐이며, 이는 사용자들을 스팸화하는 것으로 이어진다. 이메일 볼륨으로 매출을 증대시키는 이 속성은 실험군의 사용자(이메일을 수신하는 사용자)의 매출을 대조군의 사용자(수신하지 않는 사용자)와 비교해도 사실이라는 점을 유의하라.

사용자들이 너무 많은 이메일을 받는 것에 대해 불평하기 시작했을 때 문제점이 드러나기 시작했다. 아마존의 초기 해결책은 사용자는 매 X일마다만 이메일을 수령하는 제약 조건을 추가하는 것이었다. 그들은 이메일 트래픽 경찰을 구축했지만, 문제는 그것이 최적화의 대상이 됐다는 것이었다. 여러 개의 이메일 프로그램이 사용자를 타겟팅할 때 매 X일마다 어떤 이메일을 보내야 하는가? 만약 사용자들이 이메일이 정말로 유용하다고 생각한다면, 어떤 사용자들이 더 많은 이메일을 수신해도 좋다고 생각하는지를 판별할 수 있을까 등으로 문제가 바뀌었다.

이들의 주요 통찰력은 클릭율 매출 OEC가 사용자 생애가치 대신 단기 매출에 최적화되고 있다는 것이었다. 짜증난 사용자들이 이메일 수신을 취소하면, 아마존은 미래에 그들을 타겟팅할 기회를 잃는다. 그들은 사용자가 이메일 수신을 취소할 때의 사용자 생애 기회 손실에 대한 하한을 설정하기 위한 간단한 모델을 만들었다. 그들의 OEC는 다음과 같다.

$$\text{OEC} = \left(\sum_i Rev_i - s * unsubscribe\_lifetime\_loss \right) \Big/ n$$

여기서

- i는 변형군별 이메일 수신자의 범위를 커버한다(여기서 Rev는 매출이다).

- s는 변형군 내의 수신취소자 수이다.

- unsubscribe_lifetime_loss(수신취소 생애 손실)는 "일생"동안 사람에게 이메일을 보낼 수 없음으로 예상되는 매출 손실이다.

- n은 변형군 내 사용자 수이다.

그들이 수신 취소의 생애 손실에 대해 단지 몇 달러만 할당하고 이 OEC를 실행했을 때도 프로그램 캠페인의 절반 이상이 부정적인 OEC를 보여주고 있었다!

더욱 흥미롭게도, 수신 취소가 그렇게 큰 손실을 초래한다는 인식으로 새로운 구독 취소 페이지를 만들었는데, 여기서의 기본값은 아마존의 모든 이메일이 아닌 이 "캠페인 군campaign family"의 이메일 수신을 취소하는 것이었고, 이는 수신 취소 비용을 대폭 줄였다.

OEC의 예: 빙의 검색 엔진

빙은 "신뢰할 수 있는 온라인 종합 대조 실험: 다섯 가지 예상 밖의 결과 설명Trustworthy online controlled experimentation: Five puzzling outcomes explained"(Kohavi et al. 2012)에서 묘사한 대로 두 가지 핵심 조직 지표, 즉 검색어 점유율query share 과 매출revenue을 사용해 목표의 달성도progress를 측정한다. 이 사례는 단기 목표와 장기 목표가 극적으로 어떻게 정반대 방향으로 갈 수 있는지를 보여준다. 이 문제는 "데이터 과학 인터뷰 설명Data Science Interviews Exposed"(Huang et al. 2015)에도 포함돼 있다.

빙의 순위 알고리듬에 버그가 있어서 실험군의 사용자에 매우 나쁜 검색 결과를 보여 주게 될 때, 두 핵심 조직 지표는 대폭 개선됐다. 사용자당 고유 쿼리(결과 값이 중복되지 않은 쿼리) 수는 10%이상 증가하고, 사용당 매출은 30% 이상 증가했다. 검색 엔진의 OEC는 무엇이 돼야 하는가? 분명히, 검색 엔진의 장기 목표는 이 실험에서의 두 가지 핵심 지표와 일치하지 않는다. 만약 일치한다면 검색 엔진은 쿼리 점유율과 매출을 올리기 위해 의도적으로 품질을 떨어뜨릴 것이다!

저하된 알고리듬 결과(사용자에게 표시되는 주요 검색 엔진 결과, 10개의 파란색 링크)는 사람들로 하여금 더 많은 쿼리를 입력(사용자당 검색어 수 증가)하고, 광고를 더 많이 클릭(매출 증가)하도록 했다. 문제를 해결하기 위해 검색어 점유율을 분해해보자.

월별 쿼리 점유율은 측정하고자 하는 대한 고유 쿼리 수를 한달 동안의 모든 검색 엔진에 대한 고유 쿼리 수로 나눈 것으로 정의된다. 월별 고유 쿼리 수가 방정식 7.1과 같이 이 세 항의 곱으로 분해된다.

$$n \frac{\text{사용자 수}}{\text{월}} \times \frac{\text{세션 수}}{\text{사용자 수}} \times \frac{\text{고유 쿼리 수}}{\text{세션 수}} \qquad (7.1)$$

여기서 곱의 두 번째 및 세 번째 항은 월에 걸쳐 계산되며 세션은 쿼리로 시작해 검색 엔진 상에서 30분 간 비활성으로 끝나는 사용자 활동으로 정의된다.

검색 엔진의 목표가 사용자가 자신의 답변을 확인하거나 작업을 빨리 완료할 수 있도록 하는 것이라면, 작업당 고유 쿼리 수를 줄이는 것이 명확한 목표인데, 이는 쿼리 점유율을 증가시키는 비즈니스 목표와는 상반된다. 이 지표는 세션당 고유 쿼리 수(작업당보다 세션당이 더 쉽게 측정할 수 있음)와 높은 상관관계를 가지므로, 고유 쿼리 수만 검색 실험을 위한 OEC로 사용해서는 안된다.

식 7.1에서와 같이 고유 쿼리가 3개의 항으로 분해될 때, 각각의 항에 대해서 살펴보자.

1. 월별 사용자. 종합 대조 실험에서 고유 사용자 수는 실험설계 시에 결정된다. 예를 들어, 50/50 분할된 A/B 테스트에서는 각 변형군에 속하는 사용자 수가 거의 같으므로 이 항을 종합 대조 실험에서 OEC의 일부로 사용할 수 없다.

2. 작업별 고유 쿼리 수를 최소화해야 하지만 측정하기 어렵다. 세션당 고유 쿼리 수를 대리 지표로 사용할 수 있다. 이 지표가 높아지면 사용자가 작업을 완료하기 위해 더 많은 검색어를 입력해야 한다는 것을 의미할 수 있지만, 지표가 낮아지면 사용자가 포기하는 것을 나타낼 수 있기 때문에 이것은 미묘한 지표이다. 따라서 작업이 성공적으로 완료됐는지(즉, 포기가 증가하지 않는 경우)를 확인하고, 이 지표, 즉 세션당 순 사용자 수를 줄이는 것을 목표로 할 수 있다.

3. 사용자당 세션 수는 종합 대조 실험에서 최적화(증가)해야 하는 핵심 지표다. 만족한 사용자들이 더 자주 방문한다.

마찬가지로 사용자당 매출도 제약조건을 추가하지 않고 검색 및 광고 실험을 위한 OEC로 사용돼서는 안 된다. 참여율 지표에 부정적인 영향을 주지 않고 매출 지표를 증가시켜야 한다. 일반적인 제약조건은 쿼리가 여러개 있는 경우 광고가 사용할 수 있는 평균 픽셀 수를 제한하는 것이다. 이러한 제약조건이 주어졌을 때 검색당 매출을 증가시키는 것은 제약 하의 최적화 문제의 일종이다.

굿하트의 법칙, 캠벨의 법칙과 루카스 비판

OEC는 단기(실험 기간)적으로 측정 가능해야 하지만, 장기적인 전략적 목표를 추진하는 원인으로 신뢰할 수 있어야 한다. 굿하트^{Goodhart}의 법칙, 캠벨^{Campbell}의 법칙, 그리고 루카스 비판$^{Lucas\ Critique}$은 모두 상관관계가 인과관계를 의미하지 않으며 많은 조직에서 OEC를 선택할 때, 상관관계를 인과관계로 잘못 판단한다는 것을 강조한다.

영국의 경제학자 찰스 굿하트는 원래 "관찰된 통계적 규칙성은 제어를 목적으로 압력이 가해지면 붕괴되는 경향이 있다."고 이 법칙에 대해서 썼다. (Goodhart 1975, Chrystal, Mizen 2001). 오늘날 굿하트의 법칙을 "어떤 척도가 목표가 되면, 그것은 더 이상 좋은 척도가 되지 못한다(Goodhart's law 2018, Stratern 1997)."라고 언급하는 것이 더 일반적이다.

도널드 캠벨의 이름을 딴 캠벨의 법칙은 "어떤 정량적, 사회적 지표도 사회적 의사결정에 이용될수록 부패 압력의 대상이 되고 이를 모니터하려는 사회적 과정이 왜곡되고 부패되기 쉽다"(Campbell's law 2018, Campbell 1979)고 명시하고 있다.

루카스 비판(Lucas critique 2018, Lucas 1976)은 역사적 자료에서 관찰된 관계는 구조적 또는 인과관계로 간주될 수 없다고 주장한다. 정책 결정은 경제 모델의 구조를 바꿀 수 있고 이에 따라 역사적으로 유지됐던 상관관계가 더 이상 유지되지 않을 것이다. 예를 들어, 필립스 곡선은 물가상승과 실업 사이의 역사적 음의 상관관계를 보여주었다. 영국의 1861년에서 1957년까지의 연구 기간 동안 물가상승이 높을 때 실업률은 낮았고, 그 반대의 경우도 성립했다(Phillips 1958). 실업률이 낮아질 것이라는 희망에서 물가상승률을 올리는 것은 잘못된 인과관계를 가정하는 것이다. 사실 1973-1975년 미국 경기침체에서, 물가상승과 실업이 모두 증가했다. 장기적으로 물가상승이 실업률에 대해 아무런 인과관계가 없다는 것이 현재의 믿음이다(Hoover 2008).

팀 하트포드는 다음과 같은 예를 들어 역사적 자료를 사용하는 오류를 예시한다(Harford 2014, 147). "포트 녹스Fort Knox 4는 도적을 맞은 적이 없기 때문에 경비원을 해고함으로써 돈을 절약할 수 있다." 당신은 경험적 자료만 보면 안 된다. 인센티브에 대해서도 생각해 볼 필요가 있다. 분명히 정책 변화는 강도들이 그들의 성공 가능성을 재평가하게 할 것이다.

과거 데이터에서 상관관계를 찾는다고 해서 변수 중 하나를 수정하면, 다른 변수가 변화할 것으로 예상하는 상관 곡선 상의 점을 선택할 수 있다는 의미는 아니다. 그렇게 되기 위해서는 관계가 인과관계여야 하며, 이는 OEC에 대한 지표를 선택하는 것을 어려운 문제로 만든다.

---

4 연방 금괴저장소가 있는 켄터키 북부 루이빌의 군용지 - 옮긴이

08

제도적 기억과
메타 분석

개인은 때때로 용서하지만, 조직과 사회는 결코 용서하지 않는다.

체스터필드 경Lord Chesterfield(1694 – 1773)

주목해야 하는 이유: 여러분의 조직이 '날기' 성숙기에 접어들면서, 모든 실험과 변화의 역사를 담고 있는 제도적 기억은 점점 더 중요해진다. 그것은 실험들에 걸쳐 일반화하는 패턴을 식별하고, 실험 문화를 육성하며, 미래 혁신 등을 개선하는 데 사용될 수 있다.

제도적 기억은 무엇인가?

종합 대조 실험을 혁신 프로세스의 기본 단계로 완전히 수용한 후, 회사는 효과적으로 설명, 스크린샷, 주요 결과를 포함한 실험에 의한 모든 변경에 대해 효과적으로 디지털 저널을 가지는 것이 가능하다. 과거에 실행된 수백, 심지어 수천 개의 실험은 각각 저널의 한 페이지로, 각각의 변화에 대한 소중하고 풍부한 데이터를 갖고 있다(출시하든 안 하든). 이 디지털 저널은 우리가 제도적 기억institutional memory이라고 부르는 것이다. 8장에서는 이러한 역사적 시험에서 얻은 모든 데이터에 대한 메타분석과 데이터 마이닝을 통해 제도적 기억을 어떻게 활용하는가에 대해 살펴본다.

제도적 기억의 일부로서 데이터를 취득하고 정리할 필요가 있다는 것은 두말할 나위도 없다. 모든 변화를 시험하는 중앙집중식 실험 플랫폼을 갖는 것은 확실히 그것을 더 쉽게 만든다. 각 실험에 대해 소유자가 누구인가, 실험 시작 시간이 언제인가, 실행 시간을 얼마인가를 포함해 변경이 시각적이라면 설명문과 스크린샷과 같은 메타정보를 취득하는 것을 강력하게 권장한다. 또한 실험이 다양한 지표에 얼마나 큰 영향을 미쳤는지를 요약한 결과를 가져야 한다. 이는 트리거된 영향과 함께 전체적인 영향을 가진 명확하게 정의된 스코어 카드를 포함한다(20장 참조). 마지막으로 실험의 근거가 되는 가설, 어떤 결정이 내려졌고 그 이유가 무엇인지를 파악해야 한다.

제도적 기억이 왜 유용한가?

이 모든 실험으로부터의 데이터를 마이닝해서 무엇을 얻을 수 있는가? 이것이 우리가 여기서 메타분석이라고 부르는 것이다. 사용 사례를 다음과 같은 범주로 정리한다.

1. 실험 문화

과거의 실험에 대한 요약된 견해를 갖는 것은 실험의 중요성을 강조하고 문화를 공고히 하는데 도움을 줄 수 있다. 메타분석의 몇 가지 구체적인 예는 다음과 같다.

- **실험이 더 광범위한 조직 목표 확대에 어떻게 기여했는가?**
  즉 예를 들어, 회사의 목표가 사용자당 세션 수 향상에 있다면, 실험을 통해 시작된 변경으로 인해 지난 1년간 사용자당 세션 수 향상에 얼마나 기여하는가? 이것은 수많은 작은 개선이 합해진 것일 수 있다. 빙 광고 팀(Bing Ads)은 2013년과 2015년 사이의 수익 증가가 수백 개의 실험에서 얻은 증분적 개선으로 인한 것임을 나타내는 강력한 도표를 보여줬다(1장 참조).

- **큰 충격이나 놀라운 충격을 주는 실험은 무엇인가?** 조직이 통찰력을 대량으로 얻는 데는 숫자가 큰 도움이 되지만, 그 이상으로 사람들은 구체적인 사례에 영향을 받는다. 우리는 큰 성과나 경이로운 결과를 가진 실험을 정기적으로 공유하는 것이 도움이 된다고 생각한다(1장 참조). 4장에서 언급했듯이, 또한 사람들이 관심을 갖는 지

표에 큰 영향을 미치는 실험에 대한 정기적인 보고서를 공유할 수 있다.

- **얼마나 많은 실험이 지표에 긍정적인 영향과 부정적인 영향을 주는가?** 빙, 구글과 같이 최적화가 잘된 도메인에서 어떤 측정에 의한 성공률은 10–20%(Manzi 2012)에 불과하다(Kohavi et al. 2012). 마이크로소프트는 실험의 3분의 1이 주요 지표를 긍정적으로 움직였고, 3분의 1은 부정적으로 움직였으며, 3분의 1은 유의한 영향을 미치지 않았다고 보고하고 있다(Kohavi, Longbotham et al. 2009). 링크드인은 유사한 통계를 관찰했다. 실험의 영향에 대해 객관적으로 참된 평가를 할 수 없으면, 긍정적인 실험과 부정적인 실험 모두를 실시해서 서로의 영향을 상쇄할 가능성을 인지하는 것도 중요하다.

- **실시되는 기능 중 실험을 거친 기능의 비율은 얼마인가?** 가장 많은 실험을 하는 팀은 어떤 팀인가? 분기별 또는 연도별 성장률은? OEC를 가장 효과적으로 움직인 팀은? 실험되지 않은 변경과 관련된 기능 중단의 사례는? 실험되지 않은 기능의 중단에 대한 사후분석시 이와 같은 질문들에 대해 답하지 않으면 안 될 때, 사람들은 실험이 정말로 안전망을 제공한다는 것을 깨닫고, 문화가 바뀐다. 실험을 실행하는 데 관여하는 팀이 많은 대기업에서 제도적 기억은 이러한 질문들에 대한 보다 세부내역을 작성하고, 설명책임을 장려하도록 도움을 준다.

2. 실험 모범 사례

반드시 모든 실험자가 모범 사례를 따르는 것은 아니다. 이것은 점점 더 많은 사람들이 실험을 시작할 때 특히 일반적인 현상이다. 예를 들어, 실험은 내부에서 권장하는 베타(예비) 확대기간을 거치는가? 실험이 핵심 지표의 움직임을 감지할 수 있을 만큼 충분한 검정력을 가지는가? 충분한 수의 실험을 실행한 후, 메타분석을 실시하고 요약통계를 보고해 팀과 리더십을 어느 정도 개선할 수 있는지 보여줄 수 있다. 설명책임을 더욱 높이기 위한 팀별 통계를 세분화할 수 있다. 이러한 통찰력을 통해 모범 사례 대비 가장 큰 격차를 해소하기 위한 자동화에 투자해야 하는지 여부를 결정할 수 있다. 예를 들어, 실험 확대 일정을 검토함으로써 링크드인은 많은 실험이 초기 확대 단계에 너무 많은 시간을 소비하는 반면, 다른 실험들은 사내의 베타 확대 단계를 거치지 않는다는 것을 깨달았다(14장 참조). 이를 해결하기 위해 링크드인은 자동 확대 기능을 구축해 실험자가 최적의 확대 방식을 준수할 수 있도록 지원했다(Xu, Duan, Huang, 2018).

3. 미래 혁신

당신의 회사에 새로 입사했거나 팀에 새로 입사하게 된 사람에게 과거에 잘 작동한 것과 그렇지 않았던 것에 대한 카탈로그를 갖게 하는 것은 매우 가치 있는 일이다. 이것은 반복적인 실수를 방지하고 효과적인 혁신을 고무한다. 아마도 거시적인 환경 변화 때문에 과거에는 효과가 없었던 변화들은 다시 시도할 가치가 있을 것이다. 많은 실험에서 메타분석을 실시함에 따라 더 나은 아이디어로 안내할 수 있는 패턴이 생겨난다. 예를 들어, 핵심 지표를 움직이는데 가장 효과적인 실험 유형은 무엇인가? 어떤 종류의 UI 패턴이 사용자의 참여를 유도할 가능성이 더 높은가? GoodUI.org는 반복적으로 성공하는 UI 패턴을 많이 요약하고 있다(Linowski 2018).

SERP(Search Engine Results Page, 검색 엔진 결과 페이지)같은 특정 페이지를 최적화하는 많은 실험을 실행한 후에 간격, 두께, 줄 길이, 미리 보기 등의 변경이 지표들에 미치는 영향을 예측할 수 있다. 따라서 SERP에 새로운 요소를 추가하면 실행할 실험 공간을 좁힐 수 있다. 또 다른 예는 국가 간 실험 이질성을 살펴보는 것이다(3장 참조). 여러분은 각 국가가 기능들에 대해 어떻게 다르게 반응하는지에 대한 숨겨진 통찰력을 발견할 수 있는데, 이것은 이러한 사용자들에게 맞춤화된 더 나은 사용자 경험을 구축할 수 있게 해준다.

4. 지표

지표는 실험과 분리할 수 없다(7장 참조). 실험을 통해 다양한 지표가 어떻게 수행되고 있는지 살펴보고 이를 더 효과적으로 활용하는 방법에 대한 이해를 높일 수 있다. 다음은 지표에 대한 메타 분석의 몇 가지 사용 사례이다.

- **지표 민감도**

  지표를 개발하면서 한 가지 중요한 기준은 실험 중에 의미 있게 측정할 수 있느냐 하는 것이다. 어떤 실험도 통계적으로 유의하게 움직일 수 없는 지표는 좋은 지표가 아니다(7장 참조). 분산이 민감도를 낮추는 주요 요인이지만, 외생적 변화가 지표에 영향을 미칠 수 있는 가능성 또한 고려해야 한다. 예를 들어 일일 활성 사용자(DAU, Daily Active User)는 단기 실험에서 움직이기 어려운 지표이다. 기존 지표의 과거 실험에서의 성과를 비교함으로서 기존 지표를 연구하면 단기 지표에 대해서 장기지표를 식별할 수 있다(Azevedo et al. 2019). 또한 신뢰할 수 있는 실험들을 찾아 새로운 측정 기준을 평가하고 여러 가지 정의 옵션들을 비교할 수 있다(Dmitriev, Wu 2016).

- **관련된 지표**

  실험에서 지표의 움직임을 사용해 지표가 서로 어떻게 관련되는지 식별할 수 있다. 이는 지표 간의 상관관계와는 다르다는 점에 유의하라. 예를 들어 링크드인을 더 자주 방문하는 사용자는 또한 훨씬 더 많은 메시지를 보내는 경향이 있다. 그러나 세션과 메시지가 실험에서 반드시 함께 움직이는 것은 아니다. 실험에서 관련된 지표의 한 예는 조기지표로 영향을 표시하는 데 시간이 걸리는 다른 지표에 대해 선도적 신호를 보여주는 경향이 있다. 이러한 조기 지표는 느리게 움직이는 지표가 의사결정에 중요한 경우 특히 유용하다(7장 참조). 많은 실험을 연구함으로써 이러한 관계를 밝혀낼 수 있다. 링크드인에서 이러한 통찰력을 발견하고 활용하는 방법은 Chen, Luu, Suh(2019)를 참조하라.

- **베이지안 접근에 대한 확률론적 사전확률**

  실험을 평가하는 베이지안적 시각이 인기를 끌면서, 한 가지 중요한 관심사는 합리적인 사전확률을 구축할 수 있느냐 하는 것이다. 좀 더 성숙된 제품의 경우, 역사적 실험에서 지표의 움직임이 합리적인 사전 분포를 제공할 수 있다고 가정하는 것이 합리적이다. Deng(2015)을 참조하라. 급속도로 진화하는 제품 영역의 경우 과거의 경험적 분포가 합리적으로 미래를 나타낼 수 있을지는 명확하지 않다.

5. **경험적 연구**

방대한 양의 실험 데이터는 또한 연구자들에게 메타분석을 통해 그들의 이론을 평가하고 연구할 수 있는 경험적 증거를 제공한다. 예를 들어, Azevedo et al.(2019) 연구진은 기업이 어떻게 실험을 가장 잘 활용해 혁신 생산성을 향상시킬 수 있는지를 연구했다. 그들은 마이크로소프트의 실험 플랫폼에서 실행된 수천 개의 실험을 바탕으로 한 최적의 구현과 실험 전략을 제안했다. 또한 실험의 랜덤화도 큰 도움이 되는 변수가 되는 것을 발견했다.

Saint-Jacques et al.(2018)은 2014~2016년 링크드인에서 '당신이 알 수도 있는 사람들(PYMK, People you may know)' 알고리듬에 대해 실시한 700여 건의 실험을 조사한 결과 취업에 가장 도움이 되는 것은 가장 강력한 연결 관계가 아니라 강도와 다양성을 절충하는 연결 관계들이라는 인과관계의 증거를 발견했다. Lee and Shen(2018)은 출시된 여러 실험의 영향을 어떻게 종합할 것인지 살펴봤다. 일련의 실험이 수행될 때, 일반적으로 눈에 띄는 성공적인 결과를 가진 실험이 선택돼 제품으로 출시된다. 이들은 이 과정에 있어서의 통계적 선택 편향(statistical selection bias)을 조사하고, 에어비앤비의 실험 플랫폼에서 실행된 실험 연구를 바탕으로 수정 방법을 제안한다.

09

종합 대조 실험의 윤리

> 과학의 진보는 인간의 윤리적 행동보다 훨씬 앞서 있다.
>
> 찰리 채플린Charlie Chaplin(1964)

> … 코드의 변경으로 사용자를 속이는 테스트 …
> [우리는] 이 새로운 접근법을 A/B 시험과 구별하기 위해
> C/D 실험이라고 부른다.
>
> 라켈 벤부난−피치Raquel Benbunan-Fich(2017)

주목해야 하는 이유: 실험의 윤리를 이해하는 것은 리더부터 엔지니어, 제품 관리자, 데이터 과학자에 이르기까지 모든 사람에게 중요하다. 즉, 모든 이는 윤리적 고려사항을 숙지하고 생각해야 한다. 기술, 인류학, 심리학, 사회학, 의학의 모든 분야에서 종합 대조 실험은 실제 사람들에게 행해진다. 여기서는 실험의 윤리와 관련해 전문가의 조언을 구할 시기를 결정할 때에 고려해야 할 질문과 우려사항을 소개한다.

배경

윤리의 넓은 정의는 우리가 해야 하거나 해서는 안 되는 것을 규정하는 일련의 규칙이나 도덕이다. 연구에 적용되는 윤리는 결과의 완전성, 공동 작업에 필수적인 가치관, 공적 설명 책임, 더 나아가 공공의 안전과 피실험자의

보호 등을 아우르는 도덕적 사회적 가치를 확보하기 위한 행동 규칙을 만들어낸다(Resnick 2015). 연구에 적용된 윤리는 시간과 함께 변할 수 있으며, 그것은 조사 연구가 예상치 못한 결과에 대한 세계, 문화 사람들의 반응의 변화를 반영하는 것이다. 찰리 채플린이 위의 인용문에서 언급했듯이 윤리적 행동에 대한 규칙과 규제는 계속 발전하나 과학에 뒤처지고 있다.

이 주제는 너무 깊은 것이라 여기서 충분히 탐구할 수 없기 때문에 종합 대조 실험의 연구 윤리에 대한 개요만 제시한다. 보다 심층적인 연구를 위해 핵심 원칙, 체크리스트, 실무 지침을 제시하는 몇 가지 참고자료(Loukides, Mason, Patil 2018, FAT/ML 2019, ACM 2018, King, Churchill, Tan 2017, Benbunan-Fich 2017, Meyereer 2015, 2018)를 추천한다. 실험자들이 윤리 전문가가 아닐지라도, 스스로에게 질문을 하고, 관행을 비판적으로 검토하고, 사용자와 비즈니스의 장기적인 최대 이익을 고려해야 한다. 우리가 구글, 링크드인 또는 마이크로소프트의 대표가 아닌 개인 자격으로 이 글을 작성하고 있다는 점에 유의했으면 한다.

최근 기술분야에서 나온 두 가지 예는 이러한 질문의 필요성을 보여준다.

1. 페이스북과 코넬대학의 연구자들은 무작위로 선택된 참가자가 부정적인 게시물에 노출된 경우, 일주일 후에 보다 많은 부정적인 콘텐츠를 게시했는지 알아봤다. 그리고 이와 반대로 또 다른 무작위로 선택된 참가가가 조금 더 긍정적인 게시물에 노출된 경우, 일주일 후에 보다 더 긍정적인 게시물을 올렸는지를 결정하는 소셜 미디어를 통한 감정 전염(emotional contagion by social media)을 연구했다(Kramer, Guilory, Hancock 2014).

2. OKCupid[1]는 우선 알고리듬으로 30%, 60%, 90% 매치로 판정된 고객의 쌍을 식별했다. 다음 이들 3개의 그룹에 대해 각각 1/3은 30% 일치, 1/3은 60% 일치, 나머지 1/3은 90% 일치라고 알려주는 실험을 실행했다.[2]

---

1 미혼자들에게 온라인 데이팅 서비스를 제공하는 회사이다. - 옮긴이

2 결과는 실제로 90% 일치했지만 30% 일치했다는 말을 들은 두 명의 사용자가 실제로 30% 일치했지만 90% 일치했다는 말을 들은 두 명의 사용자보다 대화를 계속할 가능성이 낮다는 것을 발견했다. 다시 말해서, 일치에 대한 잘못된 정보가 진실과 마찬가지로 효과가 있다는 것을 보여주었다. 이는 감정의 조작에 대한 일례를 보여준다. - 옮긴이

이러한 예와 많은 다른 예들을 고려해서 어떤 A/B 테스트를 실행할지를 평가하는 기준을 고려할 수 있다. 어떻게 평가해야 하는가?

먼저 1979년에 발표된 벨몬트 보고서(The National Committee for Human Cubjects of Biological, Violative Research 1979)와 이들 원칙을 기반으로 해서 실행 가능한 심사 기준을 구축한 공통 법칙(Office for Human Research Protections 1991)을 참조할 수 있다(Meyer 2012). 이들은 1930년대 투스케지 매독 연구(CDC 2015)와 1960년대 밀그램 실험(Milgram 2009) 등 온라인 실험보다 위해의 위험성이 일반적으로 훨씬 높은 의료 분야에서 몇 가지 사례를 거쳐 확립됐다. 이러한 지침을 바탕으로 이 임상시험이 정당화되는지(Hemkens, Contopoulos-Ioannidis, Ioannidis 2016)와 랜덤화된 대조 실험[RCTs, Randomized Controlled Trials]을 실시하는 것이 비현실적이거나 비윤리적이라고 인식되는 상황이 있는지(Djulbegovic, Hozo 2002)에 대해 질문을 한다.

벨몬트 보고서와 일반 규칙은 생물 의학 및 행동 인간 주제 연구의 맥락에서 다음과 같은 세 가지 핵심 원칙을 제공한다.

- **사람에 대한 존중**: 사람들을 존중하라. 즉, 실험에서 사람들을 자율적 주체로 대하며 그렇지 않을 경우 사람들을 보호하라. 이는 투명성, 진실성, 자율성(선택과 동의)에 초점을 맞춘 것으로 해석된다.

- **유익성**: 사람을 위험으로부터 보호한다. 벨몬트 보고서는 유익성이 참가자에 대한 위험을 최소화하고 이익을 최대화하는 것을 의미한다고 기술하고 있지만, 공통 법칙은 그렇게 하는 과정에서 어려움을 인식하고 대신 제안된 연구를 검토할 때, 위험과 이익을 적절히 평가하고, 균형을 적절히 맞추는 데 초점을 맞춘다.

- **정의**: 실험 참가자가 착취되지 않고, 위험과 이익이 공정하게 분배되도록 보장한다.

복잡성 때문에 공통 법칙은 연구 자체의 유익성과 위해성뿐만 아니라, 면책조항을 포함한 연구 참가자들의 투명성, 진실성 및 자발성의 필요성을 알리는 조항을 제시한다.

이러한 질문은 상당한 위해가 발생할 수 있는 분야인 의학에서 유용한 프레임워크인 반면, 명확히 옳고 그른 답은 거의 없기 때문에 특정 온라인 A/B 실험과 관련해 이러한 원칙을 평가하려면 판단, 생각, 주의 및 경험이 필요하다. 여기 고려해야 할 핵심 영역들이 있다.

위험

당신의 연구에서, 참가자는 어떤 **위험**에 직면하는가? "연구에서 예상되는 위해성이나 불편함의 확률과 크기가 일상 생활이나 일상적인 신체적 또는 심리학적 검사나 시험을 수행하는 동안 일반적으로 부딪히는 것보다 크지 않다"고 공통 법칙에 의해 정의되는 최소 위험을 초과하고 있는가? 그 해악은 신체적, 심리적, 정서적, 사회적, 경제적일 수 있다.

한 가지 유용한 개념은 임상적 평형^{equipoise} [3] (Freedman 1987)이다. 즉 임상적 평형은 관련 전문가 커뮤니티가 두 가지 실험방법이 진정으로 불확실한 상태에 있는가에 대한 여부를 말한다.

온라인 종합 대조 실험을 평가할 때 한 가지 유용한 기준은 "그 기능을 조직 표준에 따른 실험 없이 모든 사용자에게 적용해도 문제가 없는지의 여부"다. 만약 실험 없이 알고리듬 또는 제품의 외관과 사용자의 느낌을 변경하려면, 우선 확실히 실험을 실행해서 과학적으로 평가할 수 있어야 하고, 아마도 실험없이 예상치 못한 효과를 발견할 수도 있어야 할 것이다. 기능을 배포할지 여부를 결정하는 것은 사실상 실험이다. 이는 종합 대조 실험이 아니고, 시계열을 관측하는 비효율적인 순차적 테스트일 수 있다. 핵심 지표(예: 매출, 사용자 피드백)가 음수일 경우, 기능은 폐지된다.

온라인 종합 대조 실험에서 모든 사람에 대해 실험하는 것이 받아들여지

---

3 Freeman이 제안한 임상적 평형은 진성(眞性)의 임상적 불확실성(Genuine Clinical Uncertainty)을 말한다. 쉽게 설명하자면 안전성 유효성이 불확실하기 때문에 의료계가 50대 50으로 의견이 나뉘는 경우 임상적 평형이 존재한다고 말한다. 이는 임상시험을 위한 조건으로 치료법이나 약이 유해한 것을 알면서 임상을 할 수 없다. 따라서 임상을 하려면 적어도 치료법이나 약이 대안에 대해서 나쁜지 몰라야 한다는 점에서 평형을 유지해야 한다는 원리다. – 옮긴이

더라도, 도덕성을 이유로 종합 대조 실험에 대한 저항이 있을 수 있으며, 이를 'A/B 환상(A/B illusion)'이라 부른다(Meyer 2015, Meyer et al. 2019). 당신이 무엇인가를 실시하기로 결정할 때 어떤 결과가 발생할지를 가정하는데, 그 가정은 성립할 수도 있고, 그렇지 않을 수도 있다. 100%의 사용자에게 무엇인가를 실시하고자 한다면, 100%의 사용자를 목표로 하되 50%의 사용자에게 실험적으로 실시하는 것도 좋은 아이디어일 것이다. Meyer가 작성한 예에서 다음과 같이 기술하고 있다(Meyer 2015).

> . . . 한 회사의 대표는 일부 직원들이 퇴직할 수 있을 만큼 저축을 하지 못하고 있는 것을 우려하고 있다. . . 그녀는 지금부터 401(k) 우편물을 발송할 때, 직원의 연령으로부터 5년 이내의 동료들 중 얼마나 많은 동료들이 퇴직연금 자동 적립에 등록했는지에 대한 진술을 포함하기로 결정한다. 그녀는 가입하지 않은 소수의 직원들이 대다수와 반대되는 행동을 하고 있음을 알게 됨으로서 그들도 등록하도록 영향을 받을 것이라고 가정하고 있는 것이다.

기업 대표의 의도도 좋았고, 동료 효과peer effects의 이점을 보여줬지만 종합 대조실험이 실행됐을 때 적대적 반응을 일으켜 저축이 감소하는 결과를 초래했다(Beshears et al. 2011).

이익

위험의 다른 측면은 연구의 이익을 이해하는 것이다. 종종 온라인 종합 대조 실험의 경우, 직접적으로는 실험군의 사용자, 결과로부터 이익을 얻는 모든 사용자들을 위한 제품 개선의 관점에서 또는 간접적으로 사용자들이 서비스로부터 계속 이익을 얻을 수 있도록 지속 가능한 비즈니스를 구축하는 관점에서 이익이 고려된다. 사용자 생산성의 개선은 처음 버킷에 속할 것이며 광고 수익의 개선은 간접적 이익의 마지막 버킷에 속할 수 있다. 이익을 평가하는 것이 더 까다로울 수 있는 한 가지 상황은, 종종 트레이드오프를 계량화할 수 있게 함으로써 궁극적으로 모든 사용자의 경험을 개선한다는 목표를 갖고 참가자들에게 더 나쁜 경험을 제공하는 실험을 실행할 때 있다. 예를 들어 사용자 경험을 느리게 하는 실험 실행(5장 참조), 장기적 효과를 이해하기 위한 더 많은 광고 표시(23장 참조) 또는 그 가치를 평가하기 위한 권고사항과 같은 기능을 비활성화하는 실험을 들 수 있다. 이러한 경우는 "실험이 유익하지 않지만, 사용자에 있어 위험은 최소한이다"라고 일반적으로 합의한다는 점에서 임상적 평형조건을 위반한다.[4] 이러한 실험을 실행함으로써 얻는 이익은 보다 정보에 입각한 의사결정에 사용할 수 있는 트레이드오프를 확립하는 것에 있으며, 궁극적으로 사용자 경험을 향상시키는데 도움이 된다. 중요한 것은 이러한 경우 사용자들에 대한 기만 행위가 없다는 점이다. 대부분의 온라인 종합 대조 실험보다는 위해 가능성이 높긴 하지만, 의학 분야의 약물 독성 연구에서 유사한 경우를 찾을 수 있다. 어떤 시점에 너무 많은 약물이 해로울 수 있다는 것을 알고 있지만, 연구를 실행하지 않으면 그 효과가 얼마나 해로운지 알 수 없다.

강조해야 할 점 하나는 새로운 특징, 새로운 텍스트, 새로운 알고리듬 및 인프라를 시험하고 심지어 트레이드오프를 확립하기 위해 실험을 실행하는 것과 사람 사이의 행동 실험과 관계에 초점을 맞춘 속임수 실험deception experiment 및 암시의 힘 실험power of suggestion experiment을 실행하는 것 간에는 큰 차이가 있다는 것이다(Benbunan-Fich 2017). 속임수 실험은 더 높은 윤리적 위험을 야기해, 참가자들이 존중되고 있는지에 대한 의문이 제기될 수 있다.

실험참가자에 대한 존중을 생각할 때, 우리가 가장 먼저 물어봐야 할 질문은 투명성과 기대에 관한 것이다. 제품의 UI에 무엇이 있는지와 무엇이 광범위하게 소통되는가에 의해 제품이 사용자에게 무엇을 제공하는가에 대한 기대를 설정한다. 실험은 이러한 기대를 따라야 한다.

투명성을 보장하기 위한 몇 가지 다른 방법들과 함께, 정보에 입각한 동의는 참가자들이 위험과 유익성, 프로세스, 대안 옵션, 수집되는 데이터와 그것

---

4 실험하지 않고 결과의 일부를 안다고 가정하고 있다. - 옮긴이

이 어떻게 처리되는지에 대해 충분히 알고 난 후에 연구에 참여하기로 동의하는 핵심 윤리적 개념이다. 여기서 유럽의 GDPR^{General Data Protection Regulation, 일}
반 데이터 보호 규정(European Commission 2018)과 같은 법적 정의에 대한 구체화보다는 일반적인 의미 측면에서 동의를 논의하고 있다는 점에 유의한다. 대부분의 의학 실험은 각 참가자에 대해 (실험에 대한 제공 및 설명 후) 사전 동의를 가지며, 이러한 사전 동의가 없는 실험은 통상 위험 정도가 최소한이고 다른 조건을 만족해 공통 법칙^{Common Rule}하에서 동의 면제의 자격을 갖는다. 대조적으로, 온라인 서비스 제공자의 실험은 일반적으로 참가자들에게 훨씬 낮은 수준의 위험을 수반하지만, 온라인 서비스가 물리적 패키지 발송, 승차 공유 등과 같은 경험에 영향을 미치기 시작함에 따라 위험과 결과성이 증가할 수 있다. 게다가, 실험의 규모를 고려할 때, 사전동의서를 얻는 것은 엄청나게 비싸고 사용자들에게 성가시다. 대신, 동의가 필요한 실험부터 이용자에 대한 위험과 잠재적 위해가 매우 낮고 동의가 필요하지 않은 실험까지 가능성의 범위를 고려한다. 그러한 스펙트럼의 중간에 있는 한 가지 대안이 추정적 동의^{presumptive agreement}인데, 여기서는 작지만 대표적인 그룹의 사람들이 연구에 참여하는 것에 대해 어떻게 느낄 것인가를 질문하고 만약 동의한다면, 이러한 감정이 모든 참가자들에게 일반화될 것이라고 가정한다(King et al. 2017).

선택지의 제공

또 다른 고려사항은 참가자에게 어떤 선택지^{choice}가 있는가이다. 예를 들어 검색 엔진의 변경사항을 테스트하는 경우, 참가자는 항상 다른 검색 엔진을 사용할 수 있다. 다른 온라인 서비스로의 전환 비용은 시간, 비용, 정보 공유 등의 측면에서 더 높을 수 있다. 이러한 요인은 참가자에 제공되는 선택지를 평가할 때 고려해야만 하고, 위험과 편익의 균형을 취할 필요가 있다. 예를 들어 암에 대한 신약을 시험하는 의학 임상 실험에서 대부분의 참가자들이 직면하는 주된 선택지는 죽음이므로, 사전 동의가 주어질 때 위험이 매우 크더라도 수락할 가능성이 크다.

데이터 수집

A/B 실험을 실행하기 위한 한 가지 전제조건은 실험 분석과 의사결정을 위해 데이터를 측정해야 한다는 것이다. 많은 경우 이 데이터는 사용자에게 고품질의 서비스를 제공하고 측정하기 위해 수집된다. 그 결과 데이터 수집 동의서는 온라인 서비스의 서비스 약관에 포함되는 경우가 많다. 다른 참고 문헌이 데이터 수집에 대해 더 자세히 논의하고 있고(Loukides et al. 2018), 물론 모든 실험이 모든 적용 가능한 개인 정보 보호 및 데이터 보호 법률을 준수하는 것이 전제 조건이지만, 실험자나 엔지니어는 데이터 수집에 관한 다음과 같은 주요 질문에 대답할 수 있어야 한다.

- 어떤 데이터를 수집하고 있으며 사용자는 해당 수집에 대해 무엇을 이해하고 있는가? 프라이버시(개인정보보호)를 설계에서부터 고려하는 것은 이 영역의 유용한 프레임워크 중 하나이다(위키피디아 기고자, Privacy by Design, 2019).
  - 사용자는 자신에 대해 수집되고 있는 데이터를 이해하고 있는가?
  - 얼마나 민감한 자료인가? 그것은 금융 데이터를 포함하고 있는가? 건강 데이터를 포함하고 있는가? 그 데이터는 인권을 침해하는 방법으로 사용자를 차별하는 데 사용될 수 있는가?
  - 데이터를 개인에게, 즉 개인적으로 식별할 수 있는 것으로 간주할 수 있는가(이 장 뒷부분의 부록 참조)?
  - 데이터를 수집하는 목적은 무엇이며, 데이터를 어떻게 사용할 수 있으며, 누구에 의해 수집되는가?
  - 목적상 자료수집이 필요한가? 개별 사용자를 보호하기 위해 데이터를 얼마나 빨리 집계하거나 삭제할 수 있는가?
- 데이터 수집에 어떤 문제가 생길 수 있는가?
  - 데이터 또는 일부 부분집합이 공개될 경우 사용자에게 어떤 해가 될 것인가?

- 건강, 심리적 또는 정서적 상태, 사회적 지위, 또는 금융에 해를 끼치는 것을 고려한다.

- 개인정보 보호와 유용성에 대한 사용자의 기대는 무엇이며, 그러한 기대는 어떻게 보장되고 있는가?

  예를 들어, 만약 참가자가 공개 환경(예: 축구 경기장)에서 관찰되고 있다면, 개인정보 보호에 대한 기대는 낮아진다. 만약 연구가 기존 공공 데이터에 관한 것이라면, 더 이상의 기밀 유지를 기대할 수 없다. 데이터를 개인적으로 식별할 수 없는 경우(103페이지의 사이드 바 참조), 개인 정보 보호와 중요성이 반드시 문제가 되는 것은 아니다(NSF 2018).

  그렇지 않은 경우는 다음의 관점이 중요하다.
  - 참가자들이 어느 수준의 기밀 유지를 기대하는가?
  - 해당 데이터 취급에 대한 내부 안전장치는 무엇인가? 특히 개인 식별이 가능한 경우, 회사의 누구라도 데이터에 액세스할 수 있는가, 아니면 액세스 기록과 감사로 데이터가 안전한가? 그러한 보안에 대한 침해는 어떻게 포착, 전달 및 관리되고 있는가?
  - 이러한 보장이 충족되지 않을 경우 어떤 보상이 발생할 것인가(참가자에게 통지될 것인가)?

문화와 프로세스

우리가 다루는 문제들은 복잡하고 미묘한 것이다. 모든 판단과 원칙의 설정을 전문가에게 맡기고 싶을 것이다. 그러나 윤리적 고려가 충족되도록 하기 위해서는 리더 이하 모든 사람들이 이러한 질문과 함의를 이해하고 고려하는 것이 중요하다. 자기 성찰은 매우 중요하다.

기업(리더)은 이러한 수준의 이해도가 전반적으로 다음과 같은 수준에 도달하도록 프로세스를 구현해야 한다.

- 문화적 규범과 교육 프로세스를 확립해 직원들이 해당 문제에 대해 숙지하고 제품 및 엔지니어링 리뷰에서 이들 질문을 확실히 하도록 한다.
- 기관 심사 위원회(IRB, Institutional Review Board)의 역할을 하는 프로세스를 만들어라. IRB는 인간을 대상으로 하는 연구의 가능성을 심사하고, 위험과 유익성을 평가하고,

투명성을 보장하고, 프로세스를 제공하며, 참여자에 대한 무결성과 존중을 보장하기 위해 더 많은 것을 제공한다. IRB는 연구를 승인하거나, 대안을 요구하거나, 거부한다. 그들은 철저한 검토와 적절한 자기반성을 보장하고 교육목적을 위한 적시 프로세스를 확립하기 위해 실험자들이 고려할 질문을 제공한다.

- 도구, 인프라 및 프로세스를 구축해 식별되건 안 되건 모든 데이터가 안전하게 보존되도록 하고, 업무를 완료하기 위해 데이터가 필요한 사람에 한정해서 접근 시간을 제공한다. 어떤 데이터 사용이 허용 가능한지, 어떤 데이터 사용이 허용되지 않는지에 대한 명확한 원칙과 정책이 있어야 한다. 모든 데이터 사용이 기록되고 위반에 대해 정기적으로 감사가 시행되도록 해야 한다.

- 최소 리스크를 넘거나 데이터 민감성 이슈를 가진 경우를 처리하는 방법에 대해 명확한 상부 보고 경로를 만들어야 한다.

실험의 윤리를 둘러싼 이러한 질문과 과정은 체크해야 할 항목이 아니라 최종 사용자를 위한 제품 설계와 실험을 개선하는 논의다.

사이드 바: 사용자 식별

자주 묻는 질문 중 하나는 식별된 데이터와 가명, 익명 데이터의 차이점이다. 정확한 정의는 맥락 또는 적용 가능한 법률에 기초해 변경될 수 있고 여전히 논의되고 있지만, 이러한 개념과 관련된 높은 수준의 개념의 개요는 다음과 같다.

- **식별된** 데이터(Identified data)는 개인식별정보(PII, Personal Identifiable information)라고 불리는 개인을 식별할 수 있는 정보로 보존 및 수집된 것이다. 이는 이름, ID(사회보장번호[5] 또는 운전면허증 등), 전화번호 등이 될 수 있다. 공통 표준은 HIPAA(Health, Human Services 2018b, Health, Human Services 2018c)로, 개인 식별이 가능한 것으로 간주되는 18개의 식별자(HIPAA Journal 2018, Health, Human Services

---

5 한국의 주민등록번호와 같은 것 - 옮긴이

2018a)가 있다. 기기 ID(예: 스마트폰의 기기 ID)도 많은 경우 개인적으로 식별할 수 있는 것으로 간주된다. 유럽에서는 GDPR(General Data Protection Regulation)이 훨씬 높은 표준을 세우고 있으며, 어떤 데이터라도 개인과 연계될 수 있다면 개인 데이터로 간주한다(European Commission 2018).

- **익명** 데이터는 개인 식별 가능한 정보 없이 저장 및 수집된다. 이 데이터는 사용자가 앱을 열 때와 웹사이트를 처음 방문할 때와 같은 어떤 이벤트에 할당된 쿠키와 같이 임의로 생성된 ID로 저장되고, ID가 저장되지 않는 경우 **가명**으로 간주된다. 그러나 단순히 데이터가 가명 또는 익명이라고 명기한다고 해서, 재식별이 일어날 수 없는 것은 아니다(McCullah 2006). 왜일까? 익명 데이터와 익명화된 데이터를 구별해야 한다. 익명화된 데이터는 식별되거나, 재식별 위험이 낮거나 없다는 것을 어떤 방식으로 관측하고 보증한 것으로, 즉 데이터가 주어질 때 어떤 사람도 데이터가 참조하는 개인이 누구인지 결정하는 것은 거의 불가능하다. 종종 이러한 보장은 세이프 하버[6] 방법이나 k-익명성[7]와 같은 다른 방법(Samarati, Sweeney 1998) 또는 차등 정보보호[8](Dwork, Roth 2014)와 같은 방법을 통해 이뤄진다. 이러한 방법 중 다수는 익명 데이터가 재식별 위험을 가지지 않을 것이라는 보장이 아니라, 쿼리를 제한하거나 추가 쿼리로 노이즈를 추가하는 등 위험과 제약조건을 계량화하려고 노력한다는 점에 유의해야 한다(Abadi et al. 2016).

개인 정보보호에 관해 현재 전세계적으로도 높은 기준을 가진 유럽연합(EU) 기반의 개인정보보호 문헌에서, 이들은 더 이상 익명 데이터를 별도의 범주로 논하지 않고 단순히 개인 데이터와 익명화된 데이터에 대해 이야기한다.

따라서 실험에서 수집, 수집, 저장 및 사용되는 데이터의 경우 다음과 같은 질문을 할 수 있다.

- 데이터가 얼마나 민감한지?

---

6 미국과 유럽(EU)이 체결한 개인신상정보(PII) 사용에 관한 협정 – 옮긴이

7 익명성의 수준을 의미하는 계수인데, K-익명성은 K의 수치만큼 익명성을 가진다는 것으로 데이터 집합에서 구별되지 않은 레코드가 최소 K개 이상 있어야 익명성이 보장된다는 의미이다. – 옮긴이

8 입력에서 작은 차이가 출력에서 중대한 차이를 줄 수 있는 자료생성 과정을 제어해 정보보호를 구현하려는 개념이다. – 옮긴이

- 데이터로부터 개인의 재식별 위험은 얼마나 큰가?

민감도와 위험이 증가함에 따라 데이터 보호, 중요성, 액세스 제어, 보안, 모니터링 및 감사 등의 수준을 높여야 한다.

3부

종합 대조 실험에 대한

보완 및 대체 기법들

3부에서는 온라인 종합 대조 실험을 보완하는 방법을 소개한다. 이 내용은 데이터 과학자와 같이 이 기술을 사용하고자 하는 이들에게 유용할 뿐만 아니라, 데이터 기반 의사결정을 위한 실험을 설계하고 자원을 할당하는 방법을 이해하려는 리더들에게도 유용하다.

먼저 온라인 종합 대조 실험에 함께 사용되는 사용자 경험 연구, 조사, 포커스 그룹 및 참여자 평가와 같은 보완 기법의 전반에 대해 살펴볼 것이다. 이러한 기법들은 온라인 종합 대조 실험을 수행하기 전 또는 지표를 사용하거나 대략적으로 구성해 평가하기 전에 "아이디어 퍼널"의 아이디어를 만들고 평가하는 요소로서 사용하거나, 온라인 종합 대조 실험의 대체 지표로 사용한다.

그런 다음 관측 인과 연구에 초점을 맞춘다. 온라인 종합 대조 실험은 제품이나 서비스 변경에 대한 인과관계 영향을 설명하기 위한 표준으로 여겨지지만 항상 온라인 종합 대조 실험이 가능한 것은 아니다. 3부에서는 온라인 종합 대조 실험이 불가능할 수 있는 몇 가지 일반적인 시나리오에 대해 설명하고 이러한 상황에 대한 일반적인 방법에 대해 간략히 살펴볼 것이다.

10

보완 기법들

네가 망치를 갖고 있다면 모든 것이 못처럼 보일 것이다.

아브라함 매슬로우^{Abraham Maslow}

주목해야 하는 이유: 실험을 수행할 때, 지표를 테스트하고 생성, 검증하며 더 일반적인 결과를 도출할 목적의 근거를 확립하기 위한 아이디어가 필요하다. 이러한 이유로 올바른 A/B 테스트 문화를 보완하고 확대하기 위해 사용자 경험 연구, 포커스 그룹, 설문 조사, 참여자 평가 및 관찰 연구를 활용할 수 있다.

보완 기법의 사용 범위

성공적인 A/B 실험을 위해서는 엄밀하고, 주의 깊게 분석과 실험 플랫폼 및 도구를 만들어야 하는 것뿐만 아니라 다음 사항도 필요하다.

- 실험을 위한 아이디어인 아이디어 퍼널(Kohavi et al. 2013)

- 우리가 관심 있는 효과를 측정하기 위한 검증된 지표

- 온라인 종합 대조 실험이 불가능하거나 불충분할 때 가설을 뒷받침하거나 반박하는 근거

- 부가적으로, 종합 대조 실험에서 계산된 지표를 보완하는 지표

아이디어 퍼널의 경우, 사용자 경험 연구에서 사용자를 관찰하는 것처럼 가능한 모든 방법을 사용해 아이디어를 내야한다. 구현하기 쉬운 아이디어의 경우 대조 실험을 통해 직접 테스트하는 것을 권장하지만, 구현 비용이 많이 드는 아이디어의 경우 초기 평가 및 아이디어 다듬기를 위해 보완기법을 사용해서 구현 비용을 절감할 수 있다.

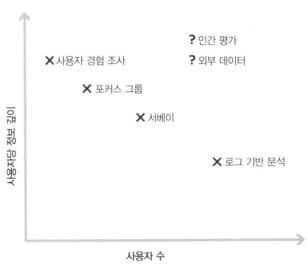

그림 10.1 사용자 수 대 사용자당 정보 깊이

보완적 기법을 사용하는 또 다른 예로서, 현실에서 측정이 어려운 요소인 사용자 만족을 가늠하기 위한 신뢰성 있는 대리 지표를 만들어야 하는 경우를 생각해 볼 수 있다. 이때 설문조사를 실행하고 자체 보고된 사용자 만족 데이터를 수집한 다음 계측된 로그 데이터를 분석해 대규모 관찰 결과와 설문조사 결과가 어떤 상관관계를 가지는지 확인할 수 있다. 제안된 대리 지표의 유효성을 확인하기 위해 종합 대조 실험을 실행해서 이 범위를 더 확장할 수 있다.

이 장에서는 그림 10.1에서 볼 수 있듯이 규모(사용자 수) 대 사용자당 정보의 깊이라는 두 축을 따라 논의할 것이다. 각 축을 차례로 논의하면서 작은 스케일 방법에서 얻을 수 있는 세부 정보와 이를 다른 스케일로의 일반화라는 측면에서 두 축의 트레이드오프를 살펴볼 것이다.

로그 기반 분석

신뢰할 수 있는 A/B 실험을 실행하기 위한 한 가지 선행조건은 종합 대조 실험 평가를 위한 지표를 계산하기 위해 사용자 뷰, 행동 및 상호작용을 적절하게 측정하는 도구를 확보하는 것이다. 로그 기반 분석(소급 분석이라고도 함)도 마찬가지다. 이들은 다음과 같은 역할을 한다.

- **직관 확립**: 지표를 정의하고 직관을 확립하기 위해 다음과 같은 질문에 대답할 수 있다.
  - 세션당 사용자 또는 클릭률의 분포는 어떻게 되는가?
  - 국가나 플랫폼과 같은 분류 기준에 따른 차이는 어떠한가(3장 참조)?
  - 이러한 분포는 시간이 지남에 따라 어떻게 변화되는가?
  - 시간이 지남에 따라 사용자는 변화하는가?
    이러한 직관을 확립함으로써 제품 및 시스템 기준과 분포를 파악하고 실험과 무관하게 유기적으로 일어나고 있는 일, 실제적으로 어떤 크기의 변화가 중요한지 등을 이해할 수 있다.

- **잠재적 지표의 구체화**: 직관을 확립한 후 이를 기반으로 잠재적 지표를 구체화할 수 있다. 구체화로 새로운 지표가 기존 지표와 어떤 관계를 가지는지를 파악하고 분산과 분포를 이해할 수 있다. 로그 기반 분석은 잠재적 지표가 과거 실험에서 어떻게 작동했을지 이해하는 데도 도움을 준다. 예를 들면 이들이 의사결정에 도움을 줬는지다. 기존 측정기준보다 새롭거나 더 나은 정보를 제공하는지에 대한 질문에도 대답할 수 있다.

- **탐색한 데이터를 기반으로 A/B 실험 아이디어의 창출**: 구매 퍼널의 각 단계에서 전환율을 검토해 전환율이 크게 떨어지는 단계를 찾아낼 수 있다(McClure 2007). 세션화된 데이터를 분석하면 특정 작업 순서가 예상보다 오래 걸렸다는 것을 밝혀낼 수 있다. 이러한 문제 발견 방식을 통해 새로운 기능을 도입하거나 UI 설계 변경을 도입하는 것과 같이 제품을 더 나은 상태로 만드는 방법에 대한 아이디어를 얻을 수 있다.

- 이런 보완적 기술을 사용해서 생성된 아이디어가 충분히 큰 규모인지, 그리고 A/B 실험을 사용해 구현하고 평가할 만한 가치가 있는지 파악할 수 있다. 예를 들어, 이메일 첨부 파일을 사용하기 쉽게 만드는 데 투자하기 전에 보낸 첨부 파일 수를 분석해 영향의 최대 범위를 가늠해 볼 수 있다.

- **자연 발생 실험**: 이러한 상황은 외부 환경(예: 외부 회사의 기준 변경)이나 버그(예: 모든 사용자를 로그아웃 시키는 버그)로 인해 가끔 발생한다. 이 경우 관측 분석(11장 참조)을 실행해서 효과를 측정한다.
- **관측기반 인과 연구(11장 참조)**: 준 실험 설계(quasi-experimental design)를 사용할 수 있는 경우와 같이 실험이 불가능할 때 이러한 연구를 실행할 수 있다. 만약 준 실험 설계와 본 실험을 함께 사용할 수 있다면 보다 일반적인 결과에 대해 향상된 추론을 할 수 있다.

로그 기반 분석은 다양한 측면에서 A/B 실험을 보완할 수 있다. 한 가지 한계점은 이러한 분석은 오직 과거에 일어났던 일을 바탕으로만 미래에 일어날 일을 유추할 수 있다는 점이다. 예를 들어, 현재 사용량이 적기 때문에 이 메일 첨부 기능에 더 이상 투자하지 않기로 결정할 수 있지만, 현재의 사용량이 적은 것은 사용하기 불편하다는 사실에서 기인했을 수 있다. 그러나 이러한 사실은 로그기반 분석에서는 잘 드러나지 않는다. 이 장 후반부에서 논의한 바와 같이 로그 기반 분석을 사용자 및 시장 조사와 결합하면 보다 포괄적인 결론에 도달할 수 있다.

사람의 평가

'사람의 평가'란 회사가 평가자를 활용해서 업무를 수행하는 것이다. 그리고 그 결과를 후속 분석에 사용한다. 이것은 검색 및 추천 시스템에서의 일반적인 평가 방법이다. 간단한 평가방법은 'A와 B중 어떤 것을 더 선호하는가' 또는 '이 이미지는 포르노인가?'와 같은 질문일 수 있으며, '이 이미지에 레이블을 붙여라' 또는 '이 결과가 이 질의와 얼마나 관련성이 있는지'와 같이 점차 더 복잡해질 수 있다. 더 복잡한 평가방법에는 더 정확한 평가를 위한 자세한 지침이 있을 수 있다. 일반적으로 여러 명의 평가자가 동일한 임무를 할당 받는데, 평가자 간의 결과가 일치하지 않을 수 있기 때문이다. 다양한 투표나 기타 의견 불일치 해결 메커니즘을 사용해서 고품질의 결과를 얻을 수 있다. 예를 들어 메카니컬 터크(Mechanical Turk 2019)[1]와 같은 비용을 지불하고 데이터를 제공받는 서비스의 데이터 품질은 인센티브와 지급액에 따라 달라지므로 품질관리와 의견 불일치 해결의 중요성이 높아진다(Buhrmer, Gwang, Gosling 2011).

'사람의 평가'의 한 가지 한계는 평가자들이 사용자가 아니라는 것이다. 평가자들은 자신에게 할당된 작업을 대량으로 수행하지만, 사실 제품은 사용자들이 그들의 삶에서 유기적으로 이용하게 되는 것들이다. 또한 평가자들은 실제 사용자의 섬세한 맥락을 놓칠 수 있다. 예를 들어 많은 평가자에게 "5/3"이라는 검색어는 산술적인 질문으로 받아들여져 1.667의 결과를 내놓을 것이지만, 로고가 "5/3"인 Fifth Third Bank[2] 근처에 사는 사용자들은 은행 정보를 찾고 있는 것일 수 있다. 이는 개인 맞춤형 추천 알고리듬을 평가하기 얼마나 어려운지를 보여주는 사례다. 그러나 이러한 한계점은 평가자들을 훈련시킴에 따라 장점으로 전환될 수 있다. 훈련된 평가자들은 사용자들이 인지 또는 탐지할 수 없는 스팸이나 다른 유해한 문제를 탐지할 수 있을 것이다. 사람의 평가는 실제 사용자로부터 수집된 데이터를 보완하기 위한 것이라 생각하는 것이 가장 좋다.

A/B 실험을 평가하기 위한 추가 지표로 사람의 평가에 기반한 지표를 사용할 수 있다(Huffman 2008). 다시 한 번 검색 순위 변경을 보자. 평가자에게 주어진 쿼리에 대해 실험군과 대조군의 결과를 평가하도록 요청할 수 있으며, 어떤 변수가 선호되는지 확인하기 위해 평가를 종합하거나, 두 결과를 나란히 표시하는 실험을 통해 평가자에게 어느 쪽이 더 나은지 물어볼 수 있다. 예를 들어, 빙과 구글의 확장성 있는 사람의 평가 프로그램은 온라인 종합 대조 실험 결과와 함께 사용할 수 있을 만큼 충분히 빠르며, 해당 변화를 개시할지 여부를 결정할 수 있게 한다.

---

1 컴퓨터보다 사람이 훨씬 더 잘하는 작업(HIT, Human Intelligence Task)을 소액의 사례를 지불하고 다른 사용자에게 의뢰하는 시스템 – 옮긴이

2 미국의 한 은행. 글자 그대로 해석하면 분수 5/3을 의미함. – 옮긴이

사람의 평가 결과는 디버깅에도 유용하다. 결과를 자세히 검토해서 어떤 변화가 잘 수행되는지, 그리고 잘 수행되지 않는지 이해할 수 있다. 위의 검색 쿼리 예에서는 쿼리와 잘 매칭되지 않는 결과들을 조사함으로써 알고리듬이 해당 결과를 반환한 이유를 파악하는데 도움을 준다. 또한 사람의 평가를 로그 기반 분석과 결합해서 검색어와 관련이 깊은 결과와 관찰된 사용자 행동간의 관련성을 이해할 수도 있다.

사용자 경험 연구 (UER)

사용자 경험 연구가 다양한 방법을 사용하기는 하지만, 여기서는 소수의 사용자들이 그들이 관심 있어 하는 작업을 수행하거나 현장에서 질문에 답하는 것을 심층적으로 탐구하는 영역과 관련 연구분야에 초점을 맞추고자 한다 (Alvarez 2017). 이러한 유형의 연구는 일반적으로 사용자 수가 최대 수십 명 정도로 심층적이고 집약적이며, 직접적인 관찰과 시기 적절한 질문으로부터 아이디어를 창출하고 문제를 발견하며 통찰력을 얻는 데 유용하다. 예를 들어, 웹사이트가 무언가를 판매하려고 하는 경우 구매를 완료하려는 사용자를 관찰할 수 있으며, 사용자가 어려움을 겪는 위치를 관찰해 지표에 대한 아이디어를 얻을 수 있다. 구매에 시간이 오래 걸리는지 관찰하고 있는가? 사용자들이 쿠폰 코드를 찾기 위해 힘들어하는가?

이러한 유형의 현장과 실험실 연구에는 다음이 포함될 수 있다.

- 계측기에서 수집할 수 없는 시선 추적 데이터를 수집하기 위한 특수 장비

- 사용자가 오랜 기간 자신의 행동을 기록한 기록 연구는 온라인 계측기가 하는 것과 유사한 데이터 수집에는 유용하지만, 사용자의 의도나 오프라인 활동과 같이 계측을 통해 수집할 수 없는 데이터가 더해진다.

이러한 기법은 "진정한" 사용자 의도와 계측을 통해 관찰되는 것의 상관관계를 기초로 하는 지표 개발에 유용할 수 있다. 물론 관측 분석 및 종합 대조

실험과 같이 더 많은 사용자에게 적용 가능한 방법을 사용해서 이러한 아이디어를 검증해야 한다.

포커스 그룹

포커스 그룹은 실험자의 지침에 따른 모집된 사용자 또는 잠재적 사용자들 간의 그룹 논의이다. 여기서는 '동료들 사이에서는 보통 무엇이 이야기되고 행해지고 있는가?'와 같은 사용자 행동에 대한 자유로운 질문에서 스크린 샷이나 데모 버전을 통해 바로 피드백을 끌어낼 수 있는 구체적인 질문까지 논의된다.

포커스 그룹은 UER 연구보다 확장성이 뛰어나며 제품 개발과 가설의 방향을 설정할 수 있는 모호하면서도 답이 정해지지 않은 질문을 비슷한 정도의 수준으로 다룰 수 있다. 그러나 그룹 성격과 토론 형식을 고려할 때 포커스 그룹은 UER 연구에서보다 더 적은 영역을 다루며 집단의 편견이나 소수의견에 빠질 우려가 있다. 고객이 포커스 그룹이나 설문 조사에서 하는 말은 그들의 진짜 생각과 다를 수 있다. 이러한 현상의 잘 알려진 예는 필립스 일렉트로닉스가 10대들의 휴대용 카세트 라디오 기능에 대한 선호도를 파악하기 위해 포커스 그룹을 운영했을 때 일어났다. 포커스 그룹 참석자들은 포커스 그룹 기간 중 노란색을 매우 선호했으며 검은색을 진부한 것으로 얘기했으나 실제로 참석자들이 방에서 나와 참여에 대한 보상으로 라디오를 집으로 가져갈 기회가 주어졌을 때 대부분은 검은색(Cross, Dixit 2005)을 선택했다.

포커스 그룹은 추후 실험을 위한 설계 초기 단계의 잘못 설정된 가설에 대한 피드백을 얻거나 또는 종종 브랜딩이나 마케팅 변화를 위해 근본적인 감정 반응을 이해하려고 노력하는 데 유용할 수 있다. 다시 말하지만, 목표는 측정장비를 통해 측정할 수 없는 정보를 수집하고 설계 과정에 도움이 되도록 아직 완전하게 구성되지 않은 변경사항에 대한 피드백을 얻는 것이다.

설문 조사

설문 조사를 실행하기 위해 일련의 질문에 답할 사람들을 모집한다 (Marsden, Wright 2010). 질문의 종류에 따라 질문의 수도 달라질 수 있다. 객관식 답안이나 자유롭게 답변을 하는 개방형 질문을 할 수 있다. 이러한 작업은 전화를 통해 직접할 수도 있고, 온라인에서 직접 사용자에게 접근해 그들을 타깃팅할 수 있는 앱이나 사이트 또는 그 밖의 다른 방법으로 수행할 수도 있다(예: 구글 서베이^{Google Surveys}, (2018)). 또한 제품 내에서 설문조사를 실행할 수 있으며, 잠재적으로 종합 대조 실험과 결합할 수 있다. 예를 들어, 윈도우 운영체제는 사용자에게 운영체제와 다른 마이크로소프트 제품에 대해 한두 가지 짧은 질문을 한다. 구글은 사용자의 제품 내 경험과 만족도와 관련된 간단한 질문을 하는 방식을 쓴다(Mueller, Sedley 2014).

설문조사는 단순해 보일 수 있지만, 실제로 이를 설계하고 분석하는 것은 상당히 어렵다(Marsden, Wright 2010, Groves et al. 2009).

- 질문이 잘못 해석되거나 의도치 않게 응답자가 특정 답변을 선택하도록 하거나 다듬어지지 않은 답변을 만들지 않도록 설문지를 주의 깊게 작성해야 한다. 질문 순서는 응답자의 대답을 바꿀 수 있다. 그리고 서로 다른 시간의 데이터를 얻으려면 이를 잘 반영해 설문지가 작성 됐는지에 대해서도 주의해야 한다.

- 답변의 자체 보고: 사용자는 익명의 설문조사일지라도 완전히 진실된 답변을 하지 않을 수 있다.

- 모집단은 쉽게 편향될 수 있으며 실제 사용자집단을 대표하지 못할 수 있다. 이는 사용자 응답이 편향될 수 있다는(예: 불행한 사람들만 응답) 응답 불균형에 의해 더 악화될 수 있다. 이러한 편견 때문에, 절대적인 결과보다는 시간에 따른 상대적 결과가 더 유용할 수 있다.

이러한 함정은 설문조사가 계측장비에서 관찰된 결과와 직접적으로 비교하는 것이 거의 불가능함을 의미한다. 설문조사는 UER 또는 포커스 그룹보다 더 많은 수의 사용자에게 도달하기 위해 사용할 수 있지만, 주로 사용자의 오프라인 활동 또는 신뢰와 만족도 수준과 같이 계측된 데이터에서 관찰할 수 없는 질문에 대한 답변을 얻는 데서만 유용하다. 질문에는 친구의 이야기와 같은 오프라인 활동이나 구매자들의 3개월 후 만족도와 같이 사용자가 구매 결정을 내릴 때 사용한 다른 정보들을 포함할 수 있다.

설문조사는 신뢰나 평판과 같이 직접 측정할 수 없는 문제에 대한 추세를 관찰하는 데 유용하며, 때로는 전체적인 사용량이나 성장과 같은 고도로 집적된 비즈니스 지표의 추이와 상관관계를 보는데 사용된다. 이 상관관계는 사용자 신뢰도를 향상시키는 방법과 같은 일반적인 영역에 대한 투자를 촉진할 수 있지만 반드시 특정 아이디어를 창출하는 것은 아니다. 만약 특정 영역을 지정한다면 아이디어를 얻기 위해 타깃팅이 된 UER을 사용해 볼 수 있다.

설문 조사 참여자의 동의여부에 따라 설문 조사 결과를 관찰 분석과 결합해서 어떤 설문 응답이 관찰된 사용자 행동과 연관되는지 확인할 수 있지만, 설문 참여자의 편향은 결과의 신뢰성과 일반화에 영향을 줄 것이다.

외부 데이터

외부 데이터는 당신 또는 당신이 보고자 하는 것과 관련된 것으로 회사의 외부에서 수집되고 분석된 데이터다. 외부 데이터의 출처는 다음과 같다.

- 모든 온라인 행동 추적에 동의한 대규모 사용자 패널을 모집해서 수집한 데이터를 바탕으로 사이트별 세분화된 데이터(웹사이트에 대한 사용자 수 또는 사용자 온라인 습관에 대한 자세한 정보 등)를 제공하는 기업. 한 가지 질문은 이러한 사용자들의 대표성에 관한 것인데, 이들이 인구통계학적 비율을 맞춰 선정이 됐다 하더라도 그 외의 요소에서 실제 사용자와의 차이점이 있을 수 있다는 것이다.

- 로그 기반 데이터와 결합이 가능한 사용자 세그먼트와 같이 사용자별 세분화된 데이터를 제공하는 기업

- 직접 공표하거나 맞춤형 설문으로 쓸 수 있게 만든 설문조사와 설문지를 운영하는 기업. 이러한 기업들은 사용자가 얼마나 많은 기기를 갖고 있는지 또는 브랜드가 얼마나

신뢰할 수 있는지에 대한 사용자의 관점 등 당신이 관심을 가질 수 있는 질문에 대답하기 위해 다양한 방법을 사용한다.

- 공개된 학술지 논문. 학술지 발표 연구자들은 종종 흥미로운 것에 대한 연구를 발표한다. 예를 들어, 시선 추적을 통해 사용자가 본 것과 검색 엔진에서 클릭했던 것을 비교한 논문(Joachims et al. 2005)과 같은 많은 논문은 실제 클릭 데이터가 얼마나 대표성을 띄는지 잘 보여준다.

- 교훈을 제공하는 기업과 웹사이트는 교훈을 검증하기 위해 종종 크라우드 소싱 결과를 제공한다. 이것은 UI 디자인 패턴이 될 수 있다(Linowski 2018b).

외부 데이터는 사이트 또는 산업이 이러한 목록 중 하나에 해당할 경우 간단한 비즈니스 지표를 검증하는 데 도움이 될 수 있다. 예를 들어, 만약 당신이 당신의 사이트에 온 총 방문객들을 보고 싶다면 내부 관찰 분석으로부터 계산된 숫자와 컴스코어^{comScore} 또는 히트와이즈^{Hitwise}가 제공한 숫자와 비교하거나, 각 카테고리별 쇼핑 트래픽의 비율과 당신의 사이트에서 관찰하고 있는 값을 비교할 수 있다. 이 숫자들이 정확히 일치하는 경우는 드물다. 검증을 수행하는 더 좋은 방법은 내부 및 외부 데이터의 시계열을 검토해 시계열이 추세 또는 계절 변동성 측면에서 일관성이 있는지를 확인하는 것이다. 직접 측정할 수 있는 값 또는 측정이 어려운 값의 경우 이를 대신할 측정 가능한 지표에 대한 아이디어를 얻는 것을 도움으로써, 비즈니스 지표에 대한 근거 자료 또한 제공할 수 있다.

사용자 경험과 관련된 공개된 학술 논문들은 많은 경우에 상이한 유형의 지표들 간의 유사성을 보인다. 한 예는 사용자가 보고한 검색 작업 만족도와 작업 지속시간을 비교하는 것인데(Rssell, Grimes 2007), 이는 몇 가지 주의사항에도 불구하고 일반적으로 둘 사이의 유의미한 상관관계를 보여준다. 이 연구는 대규모로 계산하기 어려운 지표인 "사용자 보고 만족도"와 대규모로 계산가능한 지표인 지속시간의 상관관계가 있음을 보이므로, 지속시간 지표의 검증에 유용하다.

외부 데이터는 증거의 계층에도 추가될 수 있다. 예를 들어, 기업은 자체적으로 온라인 종합 대조 실험을 실행할 필요 없이 마이크로소프트, 구글 등의 공개된 작업을 사용해서 지연 시간과 성능이 중요하다는 것을 확인할 수 있다(5장 참조). 기업들은 자기 제품의 특징적인 요소들을 이해하기 위해서 실험을 수행해야 할 수도 있지만, 그러한 자원이 없는 작은 회사의 경우 외부 데이터에 기초해 일반적인 방향과 투자를 수행할 수 있다.

또한 외부 데이터를 당신의 회사와 경쟁업체를 비교해서 연구를 수행할 수도 있으며, 이는 회사 내부 비즈니스 지표에 대한 목표를 제공하고 달성하는 것에 대한 감각을 제공할 수 있다.

한 가지 주의할 점은 표본추출이나 실제 분석이 어떻게 수행됐는지에 대해 정확히 알 수 없기 때문에 절대적인 수치를 보기보다 추세, 상관관계, 지표 개발 검증 등에 활용하는 것이 좋다.

종합

사용자에 대한 데이터를 수집하는 여러 가지 방법 중 어떤 것을 사용해야 할까? 크게 보자면 이는 목표에 따라 다르다. 특정 사용자 환경을 측정하는 방법을 찾는가? 지표를 검증할 것인가? 첫 번째 단계에서 어떤 지표들을 수집해야 할지 모르는 경우, UER 연구 또는 포커스 그룹과 같이 보다 상세하고 질적이며 새로운 아이디어를 얻을 수 있는 유형을 사용하는 것이 좋다. 만약 당신의 사이트에서 상호작용이 없기 때문에 데이터를 얻을 방법이 없다면, 설문조사를 고려해볼 수 있다. 지표를 검증하기 위해서는 외부 데이터와 관찰 분석이 좋은데, 이는 데이터가 충분히 큰 모집단에서 수집되기 때문에 표본추출 편향이나 기타 측정 문제가 적기 때문이다.

이 모든 기술은 서로 다른 장단점을 갖고 있다. 일단 얼마나 많은 사람으로부터 데이터를 수집할 수 있는지 고려해야 한다. 이것은 결과의 일반성에 영향을 미친다. 즉, 외부적 타당성을 확보할 수 있는가 하는 것이다. 사용자 수는 종종 어떤 유형의 세부 정보를 얻을 수 있는지에 대한 절충이다. 예를 들어, 로그는 일반적으로 충분한 수의 사용자 행동을 보여주지만 왜 그들이 UER 필드 연구에서 얻을 수 있는 특정한 행동을 하는지에 대해 알려 주진 않는다. 제품 주기가 있는 경우에도 고려사항이 있다. 시험할 아이디어가 너무 많은 초기에는 포커스 그룹이나 사용자 경험 연구 같은 보다 질적인 방법이 더 합리적일 수 있다. 그 후 양적 데이터를 확보하게 되면 관찰 연구와 실험을 사용하는 것이 좋다.

마지막으로, 보다 정확한 측정을 위한 여러 방법을 사용해 증거의 계층을 확립함으로써, 보다 강건한 결과를 도출할 수 있다(Grames, Tang, Russell 2007). 다른 방법의 결과를 완전히 복제할 수 있는 방법은 없으므로 여러 방법을 사용해서 다양한 답을 얻을 수 있다. 예를 들어 사용자가 개인화된 추천에 만족하는지 여부를 확인하려면, '만족'을 먼저 정의해야 한다. 이를 위해 UER 연구에서 사용자가 개인화된 추천을 사용하는지 확인하고, 그들에게 추천 상품이 유용한지 여부를 질문할 수 있다. 그 피드백에 기초해서, 당신은 그 사용자들에 대해 관찰된 데이터를 분석하고, 화면을 더 오래 읽는다거나 특정한 클릭 주문과 같은 행동의 시그널을 포착할 수 있다. 그런 다음 대규모 관찰 분석을 수행해 소규모 UER 연구에서 착안한 지표 아이디어를 검증하고, 전체 비즈니스 지표들과의 상호작용을 확인한 다음, 추천에 만족하는지에 대한 간단한 온라인 설문조사로 증거를 뒷받침할 수 있다. 추천방식을 학습하는 실험과 함께 이 작업을 수행하면 사용자 만족도 지표가 전체 비즈니스 지표와 어떻게 관련되는지 더 잘 이해하고 OEC를 개선할 수 있다.

11

관측 인과 연구

얄팍한 사람은 운을 믿는다. 심지가 굳은 사람은 원인과 결과를 믿는다.

랄프 왈도 에머슨^{Ralph Waldo Emerson}

주목해야 하는 이유: 무작위 대조 실험은 인과관계를 확립하기 위한 탁월한 표준이지만 때때로 그런 실험을 진행하는 것은 불가능하다. 조직이 방대한 양의 데이터를 수집하고 있다고 가정하면, 신뢰수준은 낮지만 인과관계를 평가하는 데 사용할 수 있는 관측 인과 연구를 할 수 있다. 온라인 상의 통제 실험이 불가능한 경우, 가능한 설계 범위와 흔히 하는 실수가 어떤 것인지 이해하는 것이 유용할 수 있다.

종합 대조 실험이 불가능한 경우

사용자가 휴대전화를 아이폰에서 삼성으로 바꾸는 것은 제품 계약에 어떤 영향을 미칠까? 사용자들을 현재 사용하고 있는 서비스로부터 강제로 로그아웃시키면 얼마나 많은 사용자가 다시 돌아올까? 쿠폰 코드가 비즈니스 모델의 일부로 도입되면 매출은 어떻게 될까? 이 질문에 대한 답변을 하기 위해 특정 변화에 의한 인과 효과를 측정해야 하며, 이는 변화의 영향을 받는 집단과 그렇지 않은 집단을 비교해야 한다. "인과 추론의 기본 공식(Varian 2016)"은 다음과 같다.

실험군 결과 − 대조군 결과

= [실험군 결과 − 실험이 실행되지 않았을 경우 실험군 결과]

+ [실험이 실행되지 않았을 경우 실험군 결과 − 대조군 결과]

= [실험이 실험군에 미친 영향 + 선택편향]

이는 실험군에서 발생한 결과와 실험이 실행되지 않았을 경우 실험군에서 발생될 것으로 생각되는 결과의 비교가 인과관계 확립에 있어 중요한 개념임을 보여준다(Angrist, Pischke 2009, Neyman 1923, Rubin 1974, Varian 2016, Shadish, Cook, Campbell 2001).

종합 대조 실험은 인과관계를 평가하기 위한 탁월한 표준인데, 이는 변수에 단위를 무작위로 할당하면 위 식의 첫 번째 항은 실험군과 대조군 사이의 차이이며 두 번째 항은 0에 가까울 것이기 때문이다.

그러나 때때로 종합 대조 실험을 제대로 수행할 수 없다. 이러한 상황의 예는 다음과 같다.

- 테스트할 인과적 행동을 조직이 통제할 수 없는 경우. 예를 들어, 사용자가 아이폰에서 삼성 갤럭시 휴대폰으로 변경할 때 사용자의 행동이 어떻게 변하는지 이해하고 싶을 수 있다. 그러나 사용자에게 임의의 선택지들을 제공할 수 있는 삼성이라도 이런 경우 일반적으로 사용자의 선택을 제어하는 것은 불가능하며, 사람들에게 변화를 요구하기 위해 대가를 지불하는 것은 편향된 결과를 가져온다.

- 사건의 수가 너무 적은 경우. 예를 들어, 인수 합병(M&A) 시나리오에서 발생하는 (또는 발생하지 않는) 일회적 현상에서 그 반대의 경우를 추정하는 것은 매우 어렵다.

- 실험이 실행되지 않는 대조군을 설정하는데 너무 많은 기회비용이 드는 경우(Varian 2016). 예를 들어, 무작위 추출 실험은 슈퍼볼의 광고(Stephens-Davidowitz, Varian, Smith 2017)와 같이 희소하게밖에 발생하지 않는 이벤트와 현재 자동차를 구입한 후 5년 후에 새 자동차를 구입하기 위해 웹사이트에 다시 방문하는 것을 OEC로 하는 경우와 같이 시간이 너무 오래 걸린다면 실시하는 것이 어렵다.

- 예상되는 가치에 비해 변화의 비용이 높은 경우. 일부 실험은 관계를 더 잘 이해하기 위해 진행된다. 예를 들어 일정 기간 후에 모든 사용자를 강제로 로그아웃하면 몇 명의 사용자가 이탈할까? 또는 빙이나 구글과 같은 검색 엔진에 광고를 게재하지 않으면 어떻게 될까?

- 실험단위를 적절하게 무작위 추출할 수 없는 경우. TV 광고의 가치를 평가할 때 시청자를 무작위 추출하는 것은 사실상 불가능하다. DMA(Designated Market Areas)(위키피디아 기고자, Multiple Comparisons 2019)를 사용하는 대안은 페어링과 같은 기술

을 사용할 때도 훨씬 적은 샘플(예: 미국의 경우 약 210)로 진행하며 이는 통계적으로 낮은 유의성을 지닌다.

- 실험내용이 비윤리적이거나 불법적인 경우. 예를 들어, 유효하다고 생각되는 의학치료를 보류하는 경우

위의 상황에서 종종 가장 좋은 방법은 증거의 계층이 낮은 여러 방법을 사용해서 효과를 추정하는 것이다. 즉 소규모 사용자 경험 연구, 설문 조사 및 관찰 연구를 포함한 여러 방법을 사용해서 질문에 답하는 것이다. 다른 여러 기법에 대한 소개는 10장을 참조하라.

이 장에서 우리의 초점은 우리가 관측 인과 연구라고 부르는 관측 연구로부터 인과적 영향을 추정하는 데 있다. Shadish et al.(2001)와 같은 일부 저서에서 관측 (인과) 연구라는 용어를 사용해서 실험 대상 조작이 없는 연구를 지칭하고, 준실험quasi-experiment 설계라는 용어는 실험단위가 변형군에 할당되지만, 무작위가 아닌 연구를 지칭하는 데에 사용했다. 자세한 내용은 Varian(2016), Angrist, Pischke(2009, 2014)를 참조할 것을 추천한다. 관측 인과 연구는 보다 일반적인 관측 데이터 분석, 즉 후향적retrospective 데이터 분석과 구별해야 한다. 둘 다 과거 로그 데이터를 기반으로 하지만, 관측 인과 연구의 목표는 가능한 한 인과적 결과에 가깝게 접근하는 것인 반면, 10장에서 논의하는 후향적 데이터 분석의 경우 분포 요약하기, 특정 행동 패턴이 얼마나 일반적인지 확인하기, 가능한 지표 분석하기, 종합 대조 실험에서 가설을 테스트할 수 있는 흥미로운 패턴을 찾기와 같이 다른 목표를 지닌다.

관측 인과 연구를 위한 설계

관측 인과 연구에서는 다음과 같은 문제가 있다.

- 비교를 위해 대조군 및 실험군을 어떻게 구성할 것인가
- 대조군과 실험군에 미치는 영향을 어떻게 모델링할 것인가

단절적 시계열

단절적 시계열ITS, Interrupted Time Series 1은 적절한 실험군과 대조군을 할당하기 위한 실험군의 랜덤화는 불가능하지만, 시스템 내의 실험 변화 여부를 제어할 수 있는 준실험설계2다. 이는 실험군과 대조군에 동일한 모집단을 사용해 모집단이 시간이 경과함에 따라 무엇을 경험하는가를 변화시키는 실험계획을 가리킨다.

특히 실험하기 전에 여러 측정방법을 사용해서 실험 후 관심 있는 지표의 시간 흐름에 따른 추정치를 제공할 수 있는 반사실적 모델을 만든다. 실험 후 여러 측정을 수행하고, 실험 효과는 관심 지표에 대한 실제 값과 모델에 의해 예측된 값 사이의 평균 차이로 추정된다(Charles, Melvin 2004, 130). 간단한 ITS의 한 가지 확장은 실험의 실행와 비실행을 선택적으로 여러번 반복하는 것이다. 예를 들어, 경찰관 헬리콥터 정찰이 주택 강도에 미치는 영향을 수개월에 걸쳐 정찰의 실행과 비실행을 여러번 반복하면서 추정했다. 헬리콥터 정찰이 시행될 때마다 강도의 수는 감소하고, 정찰이 시행되지 않을 때마다 강도의 수가 증가했다(Charles, Melvin 2004). 온라인 환경에서 유사한 예는 온라인 광고가 검색 관련 사이트 방문에 미치는 영향을 이해하는 것이다. 영향을 유추하기 위해 정교한 모델링이 필요할 수 있으며, ITS의 온라인의 예시로는 베이지안 구조 시계열 분석(Charles, Melvin 2004)이 있다.

---

1 단절적 시계열분석은 정책 행위가 정책 결과에 미친 영향을 분석한다. 단절적 시계열 분석은 특정 기관이 예를 들어, 특정 관할 지역이나 또는 대상 집단에 영향을 미칠 어떤 정책행위를 다루며, 이때 정책 행위는 특정 관할 지역이나 또는 대상 집단의 사람들에 국한되기 때문에, 다른 관할 지역들과 정책 결과들을 비교한다거나 또는 다른 범주에 속하는 대상 집단들과의 정책 결과를 비교할 수는 없다. 따라서 이러한 상황에서는 유일한 비교 기준이 전년도 결과가 될 것이다. 이러한 의미에서 단절적 시계열 분석은 '준실험(quasi-experiment)이라고도 불린다. 표준적 실험의 중요한 특성들(참여자의 무작위 추출, 실험군과 대조군으로의 무작위 할당 등)의 조건이 결여됐기 때문에 그렇게 불린다. 이와 같은 분석은 어떤 정책 행위(실험)의 실시 전과 후에 걸쳐 측정을 한다는 점에서 고전적 실험과 공통점을 가진다. 금융 연구에서는 이벤트 스터디라는 이름을 가지고 이벤트 발생 전과 후에 대한 비교분석을 한다. – 옮긴이

2 준실험설계(quasi-experimental design)는 연구자가 개입을 하지 않고 이미 존재하는 조건이나 변수를 이용해 인과관계를 추론하려는 경우에 사용된다. 이러한 설계는 보통 그룹 간 차이를 비교하는데 사용되며, 대표적으로 전후 비교 설계, 대조군을 사용한 비교 설계 등이 있다. 전후 비교 설계는 시간의 흐름에 따라 변화하는 것을 측정하기 위해 사용되며, 대조군을 사용한 비교 설계는 연구 대상과 유사한 특성을 가진 집단과 비교해 특정 결과에 영향을 미치는 요인을 파악하려는 경우에 사용된다. – 옮긴이

관측 인과 연구에서 교란효과[3]가 있는 경우에 교란효과를 변화에 귀속되지 않도록 해야 한다. ITS에 가장 일반적인 교란효과는 상이한 시점에서 이뤄지는 비교에 기인하는 시간 기반의 효과다. 계절성은 명백한 예이지만 다른 기저의 시스템 변화도 교란의 원인이 될 수 있다. 여러번 변화를 이리저리 시행하면 교란효과의 가능성을 줄이는 데 도움이 된다. ITS를 사용할 때의 또다른 문제는 사용자 경험에 관한 것이다. 사용자가 자신의 경험이 앞뒤로 반전되고 있는 것을 알아차리는 경우, 이런 일관성의 결여는 사용자를 불쾌하게 하거나 불편하게 할 가능성이 있으며, 이러한 영향은 변화에 의한 것이 아니라 일관성의 결여에 의한 것일 수 있다.

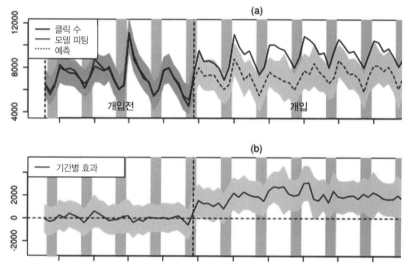

그림 11.1 베이지안 구조적 시계열을 사용한 단절적 시계열 (Charles, Melvin 2004). (a)는 실험 전 기간에 맞는 모델과 실선으로 실제 관측된 지표를 보여주며, 점선은 예측된 반사실을 나타낸다. 가로축은 날짜며 음영 처리된 세로 막대는 주말이다. (b)는 실제와 예측 간의 차이를 보여준다. 좋은 모델은 실험의 효과를 잘 예측한다. 주말은 회색으로 음영 처리됐다.

---

3 교란효과(confounding effect)란 한 변수와 결과 사이의 인과관계가 다른 변수들에 의해 왜곡되는 현상이다. 즉, 변수 간의 상호작용으로 인해 어떤 결과가 발생했을 때, 그 결과와 원인 간의 인과관계를 파악하기 어려운 상황을 말한다. 예를 들어, 흡연과 폐암 발생 간의 관계를 살펴보면, 흡연이 폐암을 유발하는 것으로 알려져 있다. 그러나 만약 폐암 발생과 동시에 흡연과 많이 마시는 술의 양이 증가하는 경우, 이러한 변수들이 폐암 발생에 영향을 미칠 수 있다. 따라서 흡연이 폐암을 유발하는지 아닌지를 판단하기 위해서는 흡연, 알코올 섭취, 나이 등 다른 변수들이 폐암 발생과 상호작용하는지를 고려해야 한다. - 옮긴이

교차배치 실험 설계

교차배치 실험 설계는 검색 엔진 또는 웹사이트 검색과 같은 순위 알고리듬 변경을 평가하는 데 사용되는 일반적인 설계이다(Chapelle et al. 2012, Radlinski, Craswell 2013). 교차배치 실험에는 X와 Y의 두 가지 순위 알고리듬이 사용된다. 알고리듬 X는 결과 x_1, x_2, ... x_n을 순서대로 표시하고 알고리듬 Y는 y_1, y_2, ... y_n을 표시한다. 교차배치 실험은 x_1, y_1, x_2, y_2, ... x_n, y_n와 같이 결과를 함께 섞고, 중복된 결과는 제거한다. 알고리듬을 평가하는 한 가지 방법은 두 알고리듬의 결과에 대한 클릭률을 비교하는 것이다. 이 설계는 강력한 실험 설계이지만 결과가 균질해야 하기 때문에 적용 가능성이 제한된다. 일반적으로 첫 번째 결과가 더 많은 공간을 차지하거나 페이지의 다른 영역에 영향을 주는 경우 복잡한 문제가 발생한다.

회귀 불연속 설계

회귀 불연속 설계[RDD, Regression Discontinuity Design]는 실험을 적용하는 모집단을 식별하는 명확한 임계값이 있을 때 사용할 수 있는 방법이다. 해당 임계값을 기준으로 임계값 바로 밑에 있는 모집단을 대조군으로 식별하고 임계값 바로 위에 있는 모집단을 실험군으로 비교해 선택 편향을 줄일 수 있다.

예를 들어, 장학금이 수여될 때 거의 수여 대상자가 될 뻔했던 사람들을 쉽게 식별할 수 있다(Thistlewaite, Campbell 1960). 장학금이 80% 이상의 성적을 가진 학생에게 수여되는 경우, 80%를 가까스로 받은 학생은 실험군에 배정된다. 그리고 유사한 성적을 받았지만 80%에 조금 못 미치는 성적을 받은 학생은 대조군으로 가정된다. 실험의 참가자가 자신에 대한 실험 여부에 영향을 줄 수 있는 가정은 위반된다. 예를 들어, 위와 같은 경우, 실험(장학금 수여)가 합격점 이상에 적용되더라도 학생이 교사를 설득해 자비의 합격을 받는 경우가 있을 수 있다(McCrary 2008).

RDD를 사용한 예는 음주가 사망에 미치는 영향을 평가하는 것이다. 21세 이상의 미국인은 합법적으로 음주를 할 수 있으므로 생일별로 사망 추이를 살펴볼 수 있다(그림 11.2 참조). "사망위험은 21세 생일과 그 직후에 급증하는데, … 일일 약 150명의 베이스라인 수준에 비해 약 100명이 더 증가한다. 그러나 이 21세 급증 현상은 광란의 생일파티 효과는 아닌 것 같다. 이 급증이 생일파티만의 효과라면 20번째 생일과 22번째 생일 이후에도 사망자가 급증할 것으로 예상하지만 실제로 그것은 발생하지 않는다(Angrist, Pischke, 2014)."

위의 예에서와 같이 한 가지 중요한 문제는 다시 교란 요인이다. RDD에서 임계값 불연속성은 동일한 임계값을 공유하는 다른 요인에 의해 오염될 수 있다. 예를 들어 법적 연령 21세를 기준으로 선택한 알코올의 영향 연구는 이것이 합법적 도박에 대한 기준이기도 하다는 사실에 의해 오염될 수 있다.

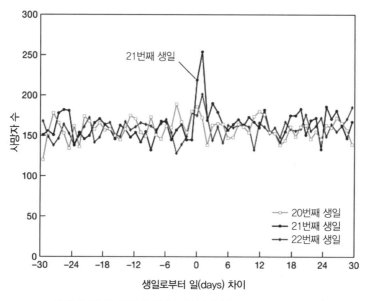

그림 11.2 20, 21, 22번째 생일날 대 사망자 수(Angrist, Pischke 2014)

RDD는 어떤 점수를 생성하는 알고리듬이 있고, 그 점수의 임계값을 기반으로 어떤 일(예: 장학금 수여)이 발생할 때 자주 사용하는 방법이다. 소프트웨어의 세계에서 이런 경우에는 RDD를 사용할 수도 있지만, 무작위 대조 실험을 사용하거나 두 가지를 혼합해서 적용할 수도 있다(Owen, Varian 2018).

도구 변수 및 자연 실험

도구 변수[IV, Instrumental Variables]는 무작위 할당을 근사하는 기법이다. 구체적으로, 이 기법의 주요 목표는 무작위 할당을 근사화할 수 있는 도구 변수를 찾아내는 것이다(이는 자연 실험에서 유기적으로 발생한다)(Angrist, Pischke 2014, Pearl 2009).

예를 들어 군대에 다녀온 사람과 그렇지 않은 사람들의 소득 차이를 분석하기 위해, 무작위 할당으로 개인의 군대 참여 여부를 결정하는 베트남 전쟁 징병 추첨 같은 것을 도구 변수로 사용할 수 있다. 이와 유사하게 공립학교[4]의 입학은 추첨에 의해 결정되므로, 연구를 위한 좋은 도구변수[IV]가 될 수 있다. 두 예에서 추첨은 참석을 보장하지는 않지만 참석율에 큰 영향을 미친다. 이 효과를 추정하기 위해, 2단계 최소제곱 회귀모델[two-stage least-square regression model]이 일반적으로 사용된다.

때때로 무작위만큼 똑같이 좋은 자연 실험이 발생할 수 있다. 의학에서 일란성 쌍둥이는 자연 실험으로 쌍둥이 연구를 수행 가능하게 한다(Harden et al. 2008, McGue 2014). 온라인, 소셜 또는 또래 네트워크를 연구할 때 실험의 효과는 구성원간 커뮤니케이션으로 인해 실험군에 국한되지 않으므로 구성원에 대해 종합 대조 실험을 실행하는 것은 어려울 수 있다. 그러나 알림 대기열과 메시지 전송 순서는 Tutterow, Saint-Jacques(2019)의 예와 같이 알림이 사용자 참여에 미치는 영향을 이해하기 위해 활용할 수 있는 자연 실험 유형이다.

성향 점수 매칭

또 다른 접근 방식은 계층화된 샘플링과 유사한 방식으로 사용자를 공통의 교란변수로 분류해서 유사한 대조 및 실험 집단을 구성하는 것이다. 이 아이디어는 대조군과 실험군의 차이가 두 집단의 기본적 특성 차이로부터 오지

---

4 원문은 차터 스쿨이며, 이는 미국의 대안학교 성격의 공립학교다. - 옮긴이

않도록 구성하는 것이 중요하다. 예를 들어 Windows에서 iOS로 변경하는 사용자의 영향에 대한 외생적 변화를 조사하는 경우 집단의 인구통계학적 차이를 측정하는 것이 아닌지 확인해야 한다.

공변량covariate 5을 활용해 집단을 일치시키는 대신 "구축된 성향 점수 constructed propensity score"라는 하나의 수치를 이용해 집단을 일치시키는 성향 점수 매칭PSM, Propensity Score Matching으로 이 방법을 확장할 수 있다. 이 접근법은 온라인 광고 캠페인의 영향을 평가하기 위해 온라인 공간에서 사용됐다 (Chan et al. 2010). PSM의 주요한 점은 오직 관찰된 공변량만을 고려한다는 것이며, 따라서 고려되지 않은 요인들로 인해 숨겨진 편향이 생길 수 있다. Judea Pearl(2009, 352)은 "Rosenbaum과 Rubin은 … 성향 점수는 "강한 무지strong ignorability 6의 조건" 하에서만 작동한다고 실무자에게 분명히 경고했다. 그러나 그들이 깨닫지 못한 것은 그것만으로는 사람들이 인식할 수 없는 위험에 대해 경고하기에 충분하지 않다는 것이다."라고 기술하고 있다. King, Nielsen(2018)은 PSM이 종종 불균형, 비효율성, 모델 의존성 및 편향의 증가와 같이 의도된 목표와 반대되는 결과를 초래한다고 주장한다.

소개된 모든 방법에 있어서 교란 요인을 고려하는 것이 중요하다.

차이들의 차이

위의 많은 방법은 실험군과 유사한 대조군을 식별하는 방법에 중점을 둔다. 이들을 식별한 후 변수의 효과를 측정하는 한 가지 방법은 일반적인 추세를 가정해서 차이들의 차이DD 또는 DID, Difference In Differences를 보는 것이다. "변화

---

5 공변량은 여러 변수들이 공통적으로 공유하는 변량을 의미하며, 이들을 통제하지 않고서는 특정 독립변수가 종속변수에 미치는 영향의 정도를 정확하게 파악하는게 어려워진다. 공변량 분석은 독립변수 이외의 잡음인 자들이 종속변수에 영향을 미치는 것을 통제함으로써 독립변수의 순수한 영향을 측정하는 것을 목적으로 한다. PSAPropensity Score Analysis는 통계적으로 공변량을 제어하는 대표적인 방법이다. PSA에서 가장 중요한 과정은 실험군과 대조군 사이 공변량 특징의 밸런스를 맞추기 위한 관측치 스코어링(성향점수 추출)이다. 실험군과 대조군의 공변량의 평균 차이를 의미하는데, 이 값이 0이 아닌지를 검증하는 테스트를 통해 매칭 방법의 유의미성을 평가한다. – 옮긴이

6 이 가정은 조건부 독립성의 가정과 공통 영역의 가정이 성립해야 성립한다. 자세한 내용은 Rosenbaum and Rubin(1983)을 참조하라. – 옮긴이

에 영향을 받지 않은 그룹은 변화에 영향을 받은 그룹과 다르기는 하지만 전체적으로는 같은 방향으로 움직인다(Angrist, Pischke 2014)."

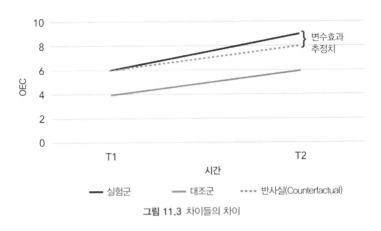

그림 11.3 차이들의 차이

지리 기반의 실험에서는 이 기법을 흔히 사용한다. 당신은 TV 광고가 사용자 확보, 참여 및 유지에 미치는 영향을 이해하려고 한다. 한 DMA^{Designated} $^{Market\ Area}$7에서 TV 광고를 실행하고 이를 다른 DMA와 비교한다. 예를 들어, 그림 11.3에 표시된 것처럼 T1 시간에 실험군에 변동이 수행됐다고 하자. T_1 직전 및 T_2 직후 시점에서 실험군 및 대조군 모두에 대해 측정을 수행한다. 대조군의 두 기간 사이에 OEC와 같은 관심 대상 지표들의 차이는 외부요인(예: 계절성, 경제력, 인플레이션)을 포착한다고 가정되며, 실험군에서 실험이 없었다면 발생했을 반사실적 변화로 간주된다. 실험 효과는 실험군의 관심 대상 지표의 차이에서 같은 기간 동안 대조군에서 나타난 해당 지표의 차이를 차감한 것으로 추정된다.

이 방법은 변화가 실험에 의해 능동적으로 수행되는 것이 아니라, 외부요인에 의해 발생하는 경우에도 적용 가능하다. 예를 들어, 뉴저지의 최저 임금에 변화가 생겼을 때, 패스트푸드 식당의 고용 수준에 미치는 영향을 연구하

---

7 DMA는 미국의 TV 시청이 측정되는 지역 분할 체계를 가리키며, 지역 타깃 마케팅 및 광고에 사용된다. - 옮긴이

고자 하는 연구자들은 많은 특성들이 일치하는 동부 펜실베니아와 비교했다 (Card, Krueger 1994).

함정

관측 인과관계 연구가 때로는 최선의 선택이지만, 주의해야 할 많은 함정이 있다(더 자세한 목록은 Newcomer et al. (2015) 참조). 위에서 언급한 바와 같이, 관측 인과 연구를 수행할 때 방법에 관계없이 주요 함정은 예상치 못한 교란 요인이다. 여기서 교란 요인은 측정된 효과 뿐 아니라, 인과관계의 관심이 있는 변화로의 귀속에도 영향을 미칠 수 있는 요인들을 총칭한다. 이러한 교란 때문에 관측적 인과 연구는 신뢰할 만한 결과를 내기 위해 많은 주의를 기울여야 하며, 반증된 관측 인과 연구의 많은 사례가 있다(사이드 바 참조: 이 장의 뒷부분에 있는 반박된 관측적 인과 연구 및 17장의 몇가지 사례 참조).

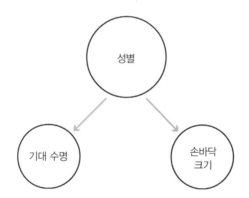

그림 11.4 손바닥 크기가 기대 수명을 예측하는 것이 아니라, 성별은 두 가지를 모두 예측하는 공통 원인이다.

한 가지 흔한 유형의 교란 요인은 인식하지 못한 공통 원인이다. 예를 들어, 인간의 손바닥 크기는 기대 수명과 강한 상관관계가 있다. 평균적으로 손바닥이 작을수록 더 오래 산다. 그러나 손바닥이 작은 것과 수명이 긴 것의 공통 원인은 성별이다. 여성은 손바닥이 작고 평균적으로 수명이 더 길다(미국에서 약 6년).

다른 예로, 마이크로소프트 오피스 365를 포함한 많은 제품의 경우 더 많은 오류를 경험하는 사용자는 일반적으로 이탈이 적다! 그렇다고 사용자의 이탈을 줄일 목적으로 더 많은 오류를 발생시키면 안 된다. 왜냐하면 이 오류와 이탈률의 상관관계는 공통 원인인 사용량usage에 기인하는 것이기 때문이다. 사용량이 많은 사용자들은 더 많은 오류를 발견할 가능성이 높지만 더 낮은 비율로 이탈한다. 한편 새로운 기능을 사용한 사용자가 더 낮은 비율로 이탈하는 것은 드문 일이 아니며, 이는 해당 기능이 이탈을 줄인다는 것을 의미한다. 실제로 유효한 것은 기능 자체일까 아니면 (보다 가능성이 높은 경우로) 사용량이 많은 사용자가 적은 이탈률을 보이며 더 많은 기능을 사용하는 것일까? 이런 질문들에 대한 답을 위해서는 새로운 기능이 이탈을 줄이는지에 대해 평가하기 위해 종합 대조 실험을 실행하고, 신규 사용자와 사용량이 많은 사용자들을 별도로 분석하는 것을 권장한다.

알고 있어야 할 또 다른 함정은 **허위의 또는 기만적인 상관관계**이다. 강한 특이값에 의해 기만적인 상관관계가 발생할 수 있다. 예를 들면, 그림 11.5와 같이 마케팅 회사가 에너지 음료가 운동 성과와 높은 상관관계가 있고 인과관계가 의미한다고 주장할 수 있다. "우리의 에너지 제품을 마시면 운동 성과가 향상된다(Orlin, 2016)."

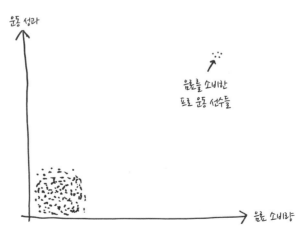

그림 11.5 운동 성과와 소비되는 에너지 음료의 기만적 상관관계.
상관관계가 인과관계를 나타내지는 않는다!

허위 상관관계는 거의 항상 찾을 수 있다(Vigen 2018). 우리가 많은 가설을 테스트할 때와 위의 예에서와 같이 인과관계 주장을 기각할 직관이 없을 때 우리는 그것을 믿어버리는 경향이 있다. 예를 들어, 누군가가 독거미에 의해 사망한 사람들과 강한 상관관계(r = 0.86)를 갖는 요인을 발견했다고 말하면 이 정보에 현혹될 수 있다. 그러나 그림 11.6에서 보이는 바와 같이, 전국 스펠링 비 대회[8]에서의 단어의 길이와 독거미로 인한 사망수 간에 상관관계가 있다는 것을 알면, 여러분은 전국 스펠링 비 대회의 단어 길이를 단축하라는 말도 안 되는 리퀘스트를 쉽게 거부할 것이다.

주의를 기울여도 관측 인과 연구에 포함되지 않지만 결과에 영향을 줄 수 있는 다른 요인이 없다고 보장할 수 없다. 비교할 반사실을 도출해 인과관계를 확립하고자 하는 준실험 방법은 많은 단순한 가정을 요구하므로, 그중 어느 것이라도 잘못될 수 있으며, 일부 가정은 암묵적이다. 부정확한 가정은 내적 타당성 부족으로 이어질 수 있지만 가정 및 제한 방법에 따라 연구의 외적 타당성에도 영향을 줄 수 있다. 1장에서 논의한 것처럼 직관을 기르는 것은 가정의 질을 향상시키는 데 도움이 될 수 있지만 직관이 모든 가능한 문제를 해결해 주지 않는다. 따라서 인과관계 확립을 위한 과학적 표준은 여전히 종합 대조 실험이다.

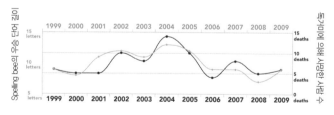

**스크립스 전국 스펠링 비 대회의 우승 단어의 철자 길이와
독거미에 의해 사망한 사람의 수의 상관관계**
상관관계 80.57 % (r = 0.8057)

● 독거미에 의해 사망한 사람 수
◆ 스펠링 비 대회의 우승 단어 길이

그림 11.6 스크립스 전국 스펠링 비 대회에서의 단어 길이와
독거미로 사망한 사람간의 허위 상관관계

---

8 미국에서 열리는 초등학생과 중학생 대상 세계 최대 규모의 영어 철자 맞추기 대회 – 옮긴이

사이드 바 : 반증된 관측 인과 연구

(통제되지 않은, 즉 대조 실험 데이터가 아닌) 관측 데이터로부터 인과관계를 주장하려면, 테스트할 수 없고 쉽게 위반할 수 있는 여러 가정이 필요하다. 많은 관측 인과 연구는 나중에 무작위 대조 실험(Concato, Shah, Horwitz 2000)에 의해 확인됐지만, 일부 연구들은 반증됐다. Ioannidis(2005)는 자주 인용된 연구들에서 나오는 주장을 살펴보았는데, 자신의 연구 역시 포함된 여섯 가지 관측 인과 연구 중 5개는 다시 같은 결과를 내놓지 못했다. Stanley Young과 Alan Karr(2019)는 관측 인과 연구(즉 통제되지 않은)를 사용해 유의하다고 보여진 의학적 가설로부터의 발표 결과를 보다 신뢰성이 높다고 간주되는무작위 임상실험과 비교했다. 12건의 논문에 나온 52건의 관측 인과연구 기반의 결과 중 어느 것도 무작위 대조 실험에서는 재현되지 않았다. 오히려 5건에서는 관측 인과 연구와는 통계적으로 반대되는 결과가 나오기도 했다. 따라서 그들은 "관측 연구에서 나온 모든 주장은 틀릴 가능성이 높다."고 결론 내렸다.

온라인 분야의 한 예는 온라인 광고가 브랜드 활동을 증가시켰는지 또는 사용자 참여를 유도했는지와 같은 온라인 광고의 효과를 측정하는 방법에 대한 것이다. 실험(광고) 및 효과(사용자 가입 또는 참여)가 일반적으로 별도의 사이트에서의 활동이므로 많은 경우, 관측 인과 연구가 실험효과를 측정하기 위해 필요하다. Lewis, Rao, Reiley(2011)는 "황금 기준"인 대조 실험에 대한 관측 인과 연구에 의해 추정된 온라인 광고의 상대적인 효과를 비교했다. 그 결과 관측 인과 연구가 효과를 매우 과대 평가했음을 발견했다. 구체적으로, 그들은 세 가지 실험을 수행했다.

먼저 광고(디스플레이 광고)를 사용자들에게 노출시킨 후 '광고에 나타난 브랜드와 관련된 키워드를 사용해서 검색하는 사용자 수가 증가하는가?'는 질문을 던졌다. 통제 변수를 사용한 3가지 회귀 분석을 포함해서 5천만명의 사용자에 대한 몇 가지 관측 인과 연구를 사용해서 추정된 증가의 범위는 871%에서 1198%이다. 이 추정된 증가는 종합 대조 실험을 통해 측정된 5.4% 보다 수백 배 더 높다. 교란 요인은 근본적으로 야후를 방문하는 사용자라는 공통 원인common cause이다. 야후를 활발하게 방문하는 사용자는 동일한 날에 디스플레이 광고를 보고 야후에서 검색한다. 따라서 광고 노출과 검색은 높은 양의 상관관계를 가진다고 볼 수 있지만, 디스플레이 광고가 검색과 큰 인과관계가 있다고 보기는 어렵다.

다음으로 사용자가 동영상을 보고 난 후, 이것이 활동 증가로 이어질 수 있는지에 대한 질문을 했다. 아마존 미케니컬 터크^{Amazon Mechanical Turk}를 통해 사용자를 모집했으며 절반은 야후 서비스를 홍보하는 30초 비디오 광고(실험군), 절반은 정치 비디오 광고(대조군)에 노출됐으며 목표는 야후의 활동이 증가했는지에 대해 측정하는 것이었다. 그들은 30초의 야후 광고 노출 전후 실험군에 대한 관측 인과 연구와 광고를 본 후 두 집단의 활동을 비교하는 실험적 분석이라는 두 측면에서 분석했다. 관측 인과 연구는 광고의 효과를 350% 과장했다. 여기서 공통의 교란 요인은 아마존 미케니컬 터크에서 활동적인 사용자는 해당 실험에 참여할 가능성도 높으며 야후에서도 활동적일 가능성도 높다는 것이다.

마지막으로 야후 사용자들이 광고 캠페인을 본 당일에 경쟁 업체의 웹사이트에 가입할 가능성이 높은지를 측정했다. 관측 인과 연구는 광고에 노출된 사용자의 해당일과 이전 주를 비교한 반면, 실험은 야후를 방문했으나 광고를 보지 않은 사용자와 경쟁사의 광고를 본 사용자를 비교했다. 관측 인과 연구에서 광고에 노출된 사용자는 이전 주보다는 광고를 본 당일에 경쟁업체 가입에 더 많이 참여했다. 그러나 실험에서 그들은 거의 동일한 증가를 관찰했다. 이 결과는 이전의 이탈 및 오류에 대한 논의와 유사하다. 더 활동적인 사용자는 단순히 광범위한 활동을 수행할 가능성이 높은 것이다. 일반적으로 활동성을 하나의 요인으로 사용하는 것이 중요하다.

이것은 하나의 이야기와 하나의 비교에 불과하다. 보다 최근의 비교 연구 역시 관측적 인과 연구가 온라인 종합 대조 실험보다 정확도가 낮다는 것을 발견했다(Gordon et al. 2018). https://bit.ly/experimentGuideRefutedObservationalStudies에서 밝혀지지 않은 공통 원인, 시간에 민감한 교란 요인, 외적 타당성이 결여된 모집단 차이 등의 예를 더 살펴볼 수 있다. 관측 인과 연구를 수행할 필요가 있는 경우 반드시 주의해야 한다.

4부

실험 플랫폼 구축을 위한

고급 주제

4부는 엔지니어와 데이터 과학자를 대상으로 하는 5개의 짧은 장으로 이루어지며, 실험 플랫폼을 구축하는 방법에 대해 4장으로부터 확장한다. 여기서 논의될 문제들은 실험 분석을 위한 데이터 품질뿐만 아니라 실험 설계에 영향을 줄 수 있다. 따라서 프로덕트 매니저들은 최소한 이 문제들을 이해할 필요가 있다.

이 책에서는 논의를 간소화하기 위해 주로 서버 측 실험에 중점을 둔다. 그러나 모바일 또는 데스크탑 앱과 같은 식 클라이언트에서는 클라이언트 측에서 실험을 수행할 필요가 있다. 여기서는 클라이언트 측 실험을 실행할 때 고려해야 할 주요 차이점을 설명한다.

다음 두 가지 주제는 당신의 실험 성숙 단계에 관계없이 기본적인 것이다.

첫째, 고품질 계측은 신뢰할 수 있는 온라인 종합 대조 실험을 실행하기 위한 전제 조건이다. 이것이 없으면 실험을 분석하거나 시스템의 기본 성능을 결정하기 위한 데이터 또는 지표를 얻을 수 없다. 13장에서 계측의 실험 맥락에서의 중요성을 논의한다.

다음으로, 이 책에서는 간소화를 위해 사용자를 랜덤화 단위로 가정했지만, 세션이나 페이지 같은 다른 선택지가 있다. 랜덤화 단위를 선택하는 것은 일반적으로 시스템에 깊이 반영되며 사용자 경험과 분석의 유효성에 영향을 줄 수 있다. 당신이 사용할 수 있는 다양한 선택지에 대해 설명하고 이의 선택 방법에 대한 지침을 제공한다.

더 많고 다양한 실험들을 할 수 있으려면 다음을 고려해야 한다.

먼저, 원칙적이고 통제된 방식으로 실험의 노출 비율을 올리는 것이 규모의 측면에서 중요하다. 속도, 품질 및 리스크의 균형이란 점에서 실험 노출 증가에 대해 논의한다.

마지막으로 자동화 및 확장 가능한 데이터 분석 파이프라인 또한 실험의 규모를 키우는 데에 중요하다. 여기서는 데이터의 처리, 계산 및 출력과 같은 실험과 분석의 규모를 키우기 위한 일반적인 단계를 살펴볼 것이다.

12

클라이언트 측 실험

현실 속 이론과 현실의 차이는 이론 속 이론과 현실의 차이보다 크다.

얀 L.A. 반 드 스엡스회트[Jan L.A. van de Snepscheut]

주목해야 하는 이유: 당신은 웹 브라우저와 같은 신 클라이언트[thin client 1] 또는 모바일 앱이나 데스크톱 클라이언트 앱과 같은 식 클라이언트[thick client 2]에서 실험을 실행할 수 있다. 웹 페이지의 변경 내용은 프론트엔드인지 백엔드인지에 관계없이 서버에서 완전히 통제한다. 이것은 식 클라이언트와는 매우 다르다. 모바일 사용량이 폭발적으로 증가함에 따라 모바일 앱에서 실행되는 실험의 개수도 증가하고 있다(Xu, Chen 2016). 출시 절차, 인프라 및 사용자 동작으로 인한 신 클라이언트와 식 클라이언트의 차이점을 이해하는 것은 실험의 신뢰성을 보장하는 데에 유용할 것이다.

본서의 대부분에서 논의의 간소화를 위해 실험을 설계하고 실행할 때 신 클라이언트를 가정한다. 이 장에서는 식 클라이언트에서 실행중인 실험과 그들의 차이점 및 시사점에 대해 설명한다.

---

1 최소한의 클라인트로 호스트 컴퓨터의 리소스를 사용한다. – 옮긴이

2 식 클라이언트는 클라이언트로 대부분의 하드웨어 리소스가 내장돼 있어 독립적으로 계산 작업 및 기타 응용 프로그램을 수행하는 클라이언트–서버 아키텍처의 클라이언트 부분이다. 식 클라이언트는 대부분의 작업을 수행할 수 있지만 프로그램과 데이터를 다운로드하고 운영 체제를 업데이트하려면 여전히 주 서버에 연결돼 있어야 한다.

서버 측과 클라이언트 측의 차이점

용어를 단순화하기 위해 "클라이언트 측 실험"을 식 클라이언트 내에서 만들어진 실험 변경을 가리키는 데에 사용할 것이다. 또한 "서버 측 실험"은 신 클라이언트나 식 클라이언트에 영향을 미치는지 여부나 UX 변경인지 백엔드 변경인지 여부에 관계없이 서버 측에서 수행된 실험 변동을 가리키는 데에 사용할 것이다.

온라인 실험에 영향을 주는 서버와 클라이언트 측의 주요한 두 가지 차이점은 출시 프로세스와 데이터 통신이다.

차이 #1: 출시 프로세스

온라인 웹사이트에서는 새로운 기능 출시가 지속적으로, 때에 따라서는 하루에 여러 번 발생하는 것이 일반적이다. 조직에서 변경 사항을 관리하기 때문에 지속적인 통합 및 배포와 같은 서버 측 코드 업데이트는 비교적 쉽다. 사용자가 사이트를 방문하면 서버는 그들의 경험을 방해하지 않고 데이터(예: HTML)를 브라우저로 제공한다. 종합 대조 실험에서 사용자가 보는 변수는 서버에서 완전히 관리되며 사용자의 행동(예: 앱 업데이트)이 추가적으로 요구되지 않는다. 빨간색 또는 노란색 버튼을 표시할지 여부, 새로 개정된 홈페이지를 보일지에 대한 여부는 서버 측 배포 후 즉시 발생할 수 있는 모든 변동사항이다.

클라이언트 앱의 경우 많은 기능이 서비스, 즉 페이스북 앱에 표시된 피드 컨텐츠와 같은 서버 측 코드의 영향을 계속 받을 수 있다. 이에 영향을 주는 변경사항은 위에서 웹 페이지에 대해 설명한 것과 유사한 출시 절차를 따른다. 실제로 서비스에 더 많이 의존할수록 신속하게 실험을 구현할 수 있고 다양한 클라이언트에 일관성 있게 실험하기 쉽다. 예를 들어 빙, 구글, 링크드인 및 오피스의 많은 변경 사항은 서버 측에서 이루어지며 웹 또는 모바일 앱과 같은 식 클라이언트를 포함한 모든 클라이언트에 영향을 미친다.

그러나 클라이언트 자체에는 상당히 많은 양의 코드가 들어있다. 이 코드

222

의 변경 사항은 다르게 배포돼야 한다. 예를 들어 모바일 앱에서 개발자는 배포와 출시 주기를 완전히 제어할 수 없다. 출시 프로세스에는 앱 소유자(예: 페이스북), 앱 스토어(예: 구글 플레이 또는 애플 앱스토어) 및 최종 사용자라는 세 당사자가 관련돼 있다.

코드가 준비되면, 앱 소유자는 검토를 위해 빌드파일을 앱 스토어에 제출해야 한다. 며칠이 걸릴 수 있는 검토를 통과한다고 해서 이 출시로 인해 모든 앱 방문자가 새 버전을 사용하게 되는 것은 아니다. 대신 소프트웨어 업그레이드를 통해 새 버전을 설치 할 수 있는데, 사용자는 이전 버전을 계속 사용하면서 업그레이드를 지연시키거나 무시하도록 선택할 수 있다. 일부 사용자는 업그레이드를 완료하는 데 몇 주가 걸리기도 한다. 일부 기업은 업데이트를 원하지 않을 수도 있고 사용자가 업데이트 하는 것을 금지하기도 한다.

Exchange와 같은 일부 소프트웨어는 승인되지 않은 호출이 제한되는 소버린 클라우드[3]에서 실행된다. 이러한 모든 고려 사항은 특정 시점에 앱 소유자가 지원해야하는 여러 버전의 앱이 있음을 의미한다. 앱 스토어 검토 프로세스가 없더라도 자체 출시 메커니즘(예: 오피스, 어도비 아크로뱃, 아이튠즈)이 있는 데스크톱 클라이언트 또한 비슷한 문제가 있다.

구글 플레이와 애플 앱스토어 모두 이제 단계적 출시(Apple, Inc. 2017, Google Console 2019)를 지원한다는 점을 주목할 필요가 있다. 둘 다 앱 소유자[4]가 새로운 앱을 일정 비율의 사용자만 사용할 수 있게 하고 문제가 발견되면 일시 중지할 수 있게 했다. 적격 사용자가 무작위로 선택되므로 단계적 출시는 본질적으로 랜덤화 실험이다. 그러나 안타깝게도 앱 소유자는 어떤 사용자가 새 앱을 받을 자격이 있는지를 알지 못하므로 이러한 출시는 랜덤화 실험으로 분석하기는 어렵다. 앱 소유자는 단지 누가 새 앱을 "채택했는지"만 알 수 있다. 이 장의 후반부에서 이에 대해 더 논의할 것이다.

---

3 독립적', '자주적' 등을 뜻하는 '소버린(Sovereign)'과 합쳐진 '소버린(주권) 클라우드'는 자국에 데이터센터를 둠으로써 국가의 디지털 및 데이터주권을 달성할 수 있으며 컴플라이언스(규제준수)가 가능한 것이 특징이다. 소버린 클라우드는. 데이터 개인 정보 보호 및 액세스, 제어에 관한 규제 대상 산업 및 현지 관할권 법률의 엄격한 요구 사항을 충족하는 보안 및 데이터 액세스를 제공하도록 설계 및 구축된다. – 옮긴이

4 실질적으로 앱 개발자 – 옮긴이

앱 소유자는 자주 새 버전을 배포하고 싶지 않을 수 있다. 새 버전을 몇 번 출시 할 수 있는지에 대한 제한은 없지만 업데이트할 때마다 사용자의 네트워크 비용이 발생하고(업데이트 및 알림 설정에 따라) 사용자를 성가시게 할 수 있다. 윈도우나 iOS는 일부 재부팅이 필요한 업데이트가 있기 때문에 빈번한 업데이트를 할 수 없는 좋은 사례이다.

차이 #2: 클라이언트와 서버 간의 데이터 통신

이제 새 앱이 사용자에게 제공됐으므로 이 앱은 서버와 통신해야 한다. 클라이언트는 서버에서 필요한 데이터를 가져와야 하며 클라이언트에서 발생한 상황에 대해 서버로 데이터를 다시 전달해야 한다. 클라이언트 측 계측에 대해서는 전반적으로 13장을 참조해야 하지만 여기서는 모바일 앱의 데이터 통신과 관련해 몇 가지 주요 요인을 강조하고자 한다. 모바일을 염두에 두면 이 섹션을 보다 쉽게 읽을 수 있으나, 기술의 발전에 따라 장치와 네트워크 성능의 향상으로 인해 모바일과 데스크톱의 구분이 줄어들고 있음을 주의해야 한다.

첫째, 클라이언트와 서버 간의 데이터 연결이 제한되거나 지연될 수 있다.

- **인터넷 연결.** 인터넷 연결이 신뢰할 수 없거나 안정적이지 않을 수 있다. 일부 국가에서는 사용자가 며칠 동안 오프라인 상태일 수 있다. 일반적으로 온라인 상태인 사용자라도 비행기에서 인터넷에 액세스 할 수 없거나 휴대전화 또는 Wi-Fi 네트워크가 없는 영역에 일시적으로 있을 수 있다. 결과적으로 이러한 클라이언트로 서버 측에서 발생하는 데이터 변경 사항이 무시되지 않는 경우가 있을 수 있다. 유사하게, 클라이언트에서 서버로의 데이터 수집이 지연될 수 있다. 이러한 지연은 국가 또는 인구통계에 따라 다르며 모니터링을 통해 이후 과정에서 고려해야한다.

- **휴대전화 데이터 대역폭.** 대부분의 사용자는 휴대전화의 데이터 요금제를 사용하는데, 이때 Wi-Fi를 사용할 때만 데이터를 업로드 할 것인지 항상 업로드 할 것인지에 대해 선택해야 한다. 대부분의 앱은 Wi-Fi를 통해서만 데이터를 전송하도록 선택하므로 서버 측에서 해당 데이터를 수신하기까지는 지연이 발생할 수 있다. 일부 국가의 모바일 인프라는 대역폭, 비용 등의 측면에서 다른 국가보다 취약하기 때문에 국가마다 다를 수

있다.

데이터 연결 자체가 제한될 수 있을 뿐 아니라 연결 상태가 양호하더라도 네트워크를 사용하는 것은 기기 성능에 영향을 미치고 궁극적으로 앱에 대한 사용자 참여에 영향을 줄 수 있다(Dutta, Vadermeer 2018).

- **배터리.** 데이터 통신이 많을수록 배터리 소모가 증가한다. 예를 들어, 더 많은 데이터를 전송하기 위해 앱이 더 정기적으로 작동할 수 있지만 이는 배터리 소비를 유발한다. 또 한 배터리 절약 모드의 모바일 기기에는 허용되는 앱에 제한이 있다(Apple, Inc. 2018).

- **CPU, 대기 시간 및 성능.** 오늘날 많은 모바일 장치가 미니 컴퓨터처럼 동작하지만 여전 히 CPU 성능에 의해 제약을 받는 저가형 모바일 장치가 있다. 기기에서 데이터를 자주 수집하고 서버와 데이터를 주고받으면 앱의 응답성이 떨어지고 전반적인 성능이 저하 될 수 있다.

- **메모리 및 스토리지.** 캐시는 데이터 통신을 줄이는 방법 중 하나이지만 앱 크기에 영 향을 미치므로 앱 성능에 영향을 미치고 사용자의 앱 삭제를 증가시킨다(Reinhardt 2016). 이는 메모리와 스토리지가 적은 저가형 기기를 사용하는 사용자에게는 더 큰 문 제일 수 있다.

통신 대역폭과 기기 성능은 모두 같은 기기 생태계의 일부이며 서로 트레 이드오프 관계에 있다. 예를 들어, 더 많은 휴대전화 데이터를 사용하면 안정 적으로 인터넷을 사용할 수 있다. 서버로 다시 전송되는 데이터를 줄이기 위 해 기기에서 계산하고 집계하는 데 더 많은 CPU를 소비할 수 있다. 기기의 저장 용량을 사용해 Wi-Fi가 추적 데이터를 보낼 때까지 기다릴 수 있다. 이 러한 장단점은 클라이언트 측과 사용자 참여 및 행동(5장과 유사)에 영향을 주 기 때문에 실험하기에 적절한 영역인 동시에 신뢰할 수 있는 결과를 위해 주 의를 기울여야 하는 영역이다.

실험에 대한 시사점

시사점 #1: 변경사항을 빠른 시일 내에 예측하고 파라미터화 하라

최종 사용자에게 클라이언트 코드를 쉽게 전달할 수 없으므로 모든 클라이언트 측 변경에 대한 종합 대조 실험은 신중히 계획될 필요가 있다. 즉 모든 실험의 모든 실험군을 사전에 앱 빌드⁵로 코드화하고 출시할 필요가 있다. 기존 변수의 버그 수정이나 새로운 변수들은 다음 출시를 기다려야한다. 예를 들어, 마이크로소프트 오피스는 안전한 배포를 위해 통제된 방식을 통해 다양한 기능을 월 단위로 출시한다. 여기에는 세 가지 의미가 있다.

1. **특정 기능이 완성되기 전에 새로운 앱이 출시될 수 있다.** 이 경우 피처 플래그(feature flag)라는 설정 파라미터를 통해 해당 기능이 제어되고, 기본값으로 기능은 꺼지게 된다. 이와 같이 꺼진 기능들을 다크 피처(dark features)라고 한다. 서버 측 서비스가 준비되고 기능이 완성되면, 해당 기능을 켤 수 있다.

2. **더 많은 기능이 구축됨에 따라 서버 측에서 더 많은 조작이 가능하다.** 이들을 A/B 테스트에서 사용할 수 있으며, 종합 대조 실험을 통해 성능을 측정하거나 안전망을 제공할 수 있다. 기능이 제대로 작동하지 않으면 긴 클라이언트 출시 주기를 거치지 않고 기능(종합 대조 실험의 변수)을 종료해서 즉시 되돌릴 수 있다. 이로 인해 최종 사용자가 다음 출시까지 몇 주 동안 결함이 있는 앱을 사용하는 것을 방지할 수 있다.

3. **세분화된 파라미터화를 통해 클라이언트 배포 없이도 새로운 변수로의 확장이 용이하다.** 클라이언트에 새로운 코드를 간단하게 푸시할 수는 없어도 클라이언트 측에 새로운 설정 파라미터를 전달할 수 있어, 클라이언트가 이 설정을 해석할 수 있다면 효과적으로 새로운 실험군을 만들 수 있다. 예를 들어 서버에서 한 번에 가져올 피드 항목 수를 실험해 볼 수 있다. 예상치를 클라이언트 코드에 넣고 우리가 계획한 것만 실험하거나 숫자를 파라미터화해서 출시한 후 자유롭게 이를 변경하며 실험할 수 있다. 윈도우 10은 작업 표시 줄의 검색 상자 텍스트를 매개 변수화하고 배포 후 1년 동안 실험을 실행했으며, 이는 사용자 참여와 빙 매출을 수백만 달러 증가시킨 좋은 변수였다. 또 다른 일반적인 예는 서버에서 머신러닝 모델 파라미터를 업데이트해 시간이 지남에 따라 모델을 조정할 수 있다는 것이다.

사용자 경험을 위해서는 모든 앱 사용자들에게 출시하기 전에 새 기능을 테스트하는 것이 가장 좋다고 생각하지만, 기능이 다크 피처 상태로 배포되

---

5 서버에 반영을 하는 것을 "배포"라고 하고 배포(Deploy)하기 위한 과정을 "빌드"라고 한다. 빌드(Build)는 소스 코드 파일을 컴퓨터에서 실행할 수 있는 독립적인 형태로 변환하는 과정과 그 결과를 말한다. – 옮긴이

는 것을 제한하는 앱 스토어들도 있다. 따라서 앱 스토어 정책을 주의 깊게 읽고 다크 피처에 대한 사항을 적절히 공개하는 것을 권장한다.

시사점 #2: 지연된 로깅 및 유효 시작 시간을 예상하라

클라이언트와 서버 간의 데이터 통신 제한 또는 지연은 데이터 도착을 지연시킬 뿐만 아니라 실험 자체의 시작 시간도 지연시킨다. 먼저 클라이언트 측의 실험은 새로운 버전의 앱을 제공하며 시작된다. 그런 다음 소수의 사용자에 대해 실험을 활성화할 수 있다. 그러나 그럼에도 불구하고 다음과 같은 이유로 실험이 완전히 활성화되지 않는다.

- 오프라인 상태이거나 제한된 대역폭 또는 저 대역폭 상태로 인해 기기가 새로운 실험 구성을 받지 못할 수 있다. 새로운 구성을 추진하면 비용이 증가하거나 사용자 경험이 저하될 수 있다.

- 사용자가 앱을 열 때만 새 실험 구성을 가져오는 경우, 현재 세션의 사용자의 경험에 변화를 주지 않고 싶다면 새로운 세션이 시작될 때까지 새로운 실험을 수행할 수 없다. 하루에 여러 세션을 사용하는 사용량이 많은 사용자의 경우 지연이 적지만, 일주일에 한 번 방문하는 사용량이 적은 사용자의 경우 실험은 일주일이 지나야 시작될 수 있다.

- 특히 새로운 앱 출시 직후에는 새로운 실험 코드가 없는 과거 버전이 설치된 기기가 많을 수 있다. 저자의 경험에 따르면 출시된 앱이 안정적인 앱 채택율에 도달하는 데 약 1주일이 걸린다. 그러나 이는 사용자 수와 앱 유형에 따라 크게 달라질 수 있다.

이러한 실험 시작 시간과 데이터가 서버에 도착하는 시간의 지연은 특히 분석이 시간에 민감한(예: 실시간 또는 거의 실시간) 실험 분석에 영향을 줄 수 있다. 첫째, 실험 초반의 신호는 약한 것으로 보일 수 있으며(더 작은 샘플 크기), 얼리 어답터 경향이 있는 빈도가 높은 사용자와 Wi-Fi 사용자에 대한 선택 편향이 강하다. 따라서 실험이 지연되는 것을 고려해 기간을 연장해야 할 수도 있다. 또 다른 중요한 시사점은 실험군과 대조군에서 유효 시작 시간이 다를 수 있다. 일부 실험 플랫폼에서는 대조군을 공유할 수 있는데, 이 경우 대조군 데이터는 변수가 적용되기 전에 수집된 것일 가능성이 있으므로 선택 편향으로 인해 사용자 집단이 달라진다. 또한 대조군이 더 빨리 활성화되면 캐시가 미리 준비돼 서비스 요청에 대한 응답이 더 빠르기 때문에 추가 편향이 발생할 수 있다. 결과적으로 실험군과 대조군을 비교할 기간을 신중하게 선택해야 한다.

시사점 #3: 오프라인 또는 앱 시작을 다룰 수 있는 안전장치를 생성하라

사용자가 앱을 열 때 기기가 오프라인일 수 있다. 일관성을 유지하기 위해서는 실험의 할당 값을 캐시로 남겨두어 사용자가 오프라인에서 앱을 여는 경우를 대비할 필요가 있다. 또한 서버가 실험을 할당하는데 필요한 환경구성에 응답하지 않는 경우를 대비해 실험용 기본 실험군을 준비해야 한다. 일부 앱은 OEM^{Original Equipment Manufacturing} 계약으로도 배포된다. 이 경우 최초에 실행하는 실험은 사용자 경험을 손상하지 않도록 적절히 설정할 필요가 있다. 여기에는 다음 앱 시작에만 영향을 미치는 환경구성이나 사용자가 가입하거나 로그인하기 전후에 동일한 사용자 경험을 할 수 있는 안정된 랜덤화 ID가 포함된다.

시사점 #4: 트리거 분석에 클라이언트 측 실험 할당 추적이 필요할 수 있음

클라이언트 측 실험에서 트리거 분석을 유효하게 만드려면, 추가적으로 고려해야 할 것이 있다. 예를 들어, 트리거링 정보를 포착하는 한 가지 방법은 실험이 수행될 때 추적 데이터를 서버에 보내는 것이다. 그러나 클라이언트에서 서버로의 통신을 줄이기 위해 실험 할당 정보는 실험의 트리거 여부에 관계없이 일반적으로 모든 활성 실험에 대해 한 번에(예: 앱 시작시) 가져온다(20장 참조). 실험 할당 정보를 가져온 시점의 추적 데이터를 바탕으로 트리거 분석을 실시하면 과도한 트리거를 유발할 수 있다. 이 문제를 해결하는 한 가지 방법은 기능이 실제로 사용될 때 할당 정보를 전송하는 것으로 실험성능 계측정보가 클라이언트로부터 전송돼야 한다. 이러한 추적 이벤트의 양이 많으면 지연 시간 및 성능의 문제가 발생할 수 있다.

시사점 #5: 기기 및 앱에 관한 중요한 가드레일 추적

기기 성능은 앱의 성능에 영향을 줄 수 있다. 예를 들어 실험에 의해 더 많은 CPU를 소비하고 더 많은 배터리 전력을 소모할 수 있다. 사용자 참여 데이터만 추적하면 배터리 소모 문제를 발견하지 못할 수 있다. 또 다른 예는 실험군의 사용자에게 더 많은 푸시 알림을 전송함으로써 장치 설정을 통해 알림 비활성화 수준이 높아질 수 있다는 것이다. 실험 중에는 참여가 크게 감소하지는 않지만 이는 장기적으로 상당한 영향을 미친다.

앱의 전반적인 상태를 추적하는 것도 중요하다. 예를 들어 앱 크기가 클수록 다운로드 수가 줄고 사람들이 제거할 가능성이 높으므로 앱 크기를 추적해야 한다(Tolomei 2017, Google Developers 2019). 앱의 인터넷 대역폭 소비, 배터리 실험에 의해 또는 앱 충돌율에 의해서도 유사한 현상이 발생할 수 있다. 앱 충돌의 경우에도 정상종료의 로그를 기록함으로써 다음 앱 시작 시 충돌에 관한 원격 측정 정보를 보낼 수 있다.

시사점 #6: 준실험 방법을 통해 전체 앱 출시 모니터링

새로운 앱의 모든 변경 사항이 A/B 파라미터로서 고려되는 것은 아니다. 전체적으로 새로운 앱에서 무작위로 종합 대조 실험을 실행하려면 두 버전을 동일한 앱 안에 번들로 묶고 일부 사용자는 새 버전으로 시작하고 다른 사용자는 이전 버전으로 유지해야 한다. 이는 앱 크기를 두 배로 늘릴 수 있으므로 대부분의 앱에는 실용적이거나 이상적이지 않다. 반면 모든 사용자가 동시에 새로운 앱 버전을 채택하는 것은 아니기 때문에 실제 사용자에게 두 버전의 앱 서비스를 제공하는 기간이 있다. 두 버전의 앱 서비스를 제공하는 이것은 효과적으로 A/B 비교를 제공한다. Xu, Chen(2016)은 모바일 채택 설정에서 편향을 제거하는 기법을 공유한다.

시사점 #7: 여러 기기/플랫폼 및 이들 간의 상호작용에 주의하라

사용자는 데스크탑, 모바일 앱 및 모바일 웹과 같은 여러 기기 및 플랫폼을 통해 동일한 사이트에 액세스한다. 이것은 두 가지 의미를 가질 수 있다.

1. 다른 기기에서 다른 ID를 사용할 수 있다. 결과적으로, 동일한 사용자가 다른 기기에서 다른 변수로 랜덤화될 수 있다(Dmi-triev et al. 2016).

2. 서로 다른 기기 간에 상호작용이 있을 수 있다. 엣지6를 포함한 많은 브라우저에는 이제 사용자가 데스크탑과 모바일 간에 쉽게 전환할 수 있도록 "바탕 화면에서 계속" 또는 "모바일에서 계속" 동기화 기능이 있다. 모바일 앱과 모바일 웹 간에 트래픽을 전환하는 것도 일반적이다. 예를 들어, 사용자가 휴대전화로 아마존에서 이메일을 읽고 클릭하면 이메일 링크를 통해 아마존 앱(앱이 설치돼 있다고 가정) 또는 모바일 웹사이트로 바로 이동할 수 있다. 실험을 분석할 때 이러한 상호작용을 유발하거나, 문제가 있는지 여부를 아는 것이 중요하다. 만약 그렇다면 앱 성능을 단독으로 평가할 수는 없더라도 여러 플랫폼에서 사용자 행동을 전체적으로 검토해야 한다. 주의해야 할 또 다른 사항은 한 플랫폼(보통 앱)의 사용자 경험이 다른 플랫폼보다 더 나을 수 있다는 것이다. 앱에서 웹으로 트래픽을 유도하면 전체 참여가 감소하는 경향이 있으며, 이는 실험 자체가 의도하지 않은 교란 효과가 될 수 있다.

결론

이 장에서는 신 클라이언트와 식 클라이언트를 실험할 때의 차이점에 대해 설명했다. 몇몇 차이는 명백하지만, 많은 차이들이 불분명하면서도 중요하다. 따라서 실험을 적절하게 설계하고 분석하려면 각별한 주의를 기울여야 한다. 또한 빠른 기술적 발전을 통해, 시간이 지남에 따라 많은 차이와 시사점들이 변해갈 것으로 예상된다.

---

6 엣지(Edge)는 마이크로소프트의 웹브라우저다. – 옮긴이

13

계측

발생하는 모든 일은 마땅히 그래야 하는 대로 발생하며,
주의 깊게 관찰하면 실제로 그렇게 된다는 걸 알 수 있다.

마르쿠스 아우렐리우스[Marcus Aurelius]

주목해야 하는 이유: 실험을 실행하기 전에 사용자와 시스템(예: 웹사이트, 응용 프로그램)에 발생한 상황을 기록할 수 있는 도구가 있어야 한다. 또한 모든 비즈니스는 시스템의 작동 방법과 어떻게 사용자들이 이와 상호작용하는지에 대해 기본적으로 이해해야 하며, 이를 위해 계측이 필요하다. 실험을 실행할 때에는 사용자가 본 내용, 상호작용(예: 클릭, 머물기 및 클릭 하기까지의 시간) 및 시스템 성능(예: 지연 시간)에 대한 풍부한 데이터가 있어야 한다.

시스템을 계측하는 방법에 대한 자세한 설명은 이 책의 범위를 벗어나며 주로 시스템 아키텍처(위키피디아 기고자, .NET libraries and frameworks, 2019, Logging as a Service, 2019)에 크게 영향을 받는다. 이 장에서는 실험의 관점에서 계측의 핵심 사항에 대해 설명한다. 9장에서 논의한 바와 같이 개인정보보호 역시 계측에서 중요한 고려사항이다. 본서에서 계측[instrument], 추적[track] 및 기록[log]은 비슷한 의미로 사용하고 있다.

클라이언트 계측 대 서버 계측

계측 시 클라이언트 측과 서버 측에 어떤 일이 발생하는지 이해하는 것이 중요하다(Edmons et al. 2007, Zhang, Joseph, Rick-abaugh 2018). 클라이언트 측 계측의 초점은 사용자가 보고 수행하는 것을 포함해서 사용자가 경험하는 것이다. 예를 들면 다음과 같다.

- **사용자 행동**: 클릭, 머물기, 스크롤 등 사용자가 수행하는 활동은 무엇인가? 이것들은 언제 이루어지는가? 서버와 통신없이 클라이언트에서 어떤 작업을 수행하는가? 예를 들어, 커서를 이동시켜 도움말 텍스트를 표시하는 것 또는 입력폼 화면에서의 오류를 발생시키는 것 등이 있을 수 있다. 슬라이드 쇼를 사용하면 슬라이드를 클릭하고 넘길 수 있으므로 해당 이벤트의 시간을 측정하는 것이 중요하다.

- **성능**: 페이지(웹 또는 앱 페이지)가 나타나거나 상호작용적이 되는 데 얼마나 걸리는가? 5장에서는 검색 쿼리 요청에서 완전한 페이지 표시까지의 시간 측정과 관련된 복잡성을 설명했다.

- **오류 및 충돌**: 자바스크립트 오류는 일반적이며 브라우저에 따라 다를 수 있고, 클라이언트 소프트웨어에서의 오류 및 충돌을 추적하는 것이 중요하다.

시스템 측 계측은 다음을 포함해서 시스템이 수행하는 작업에 중점을 둔다.

- **성능**: 서버가 응답을 생성하는 데 시간이 얼마나 걸리고 어느 구성 요소가 가장 오래 걸리는가? 99번째 백분위수에 위치한 성능은 어느 정도인가?

- **시스템 응답 속도**: 서버가 사용자로부터 몇 건의 리퀘스트를 받았는가? 서버는 몇 페이지를 제공했는가? 재시도는 어떻게 처리되는가?

- **시스템 정보**: 시스템에서 몇 개의 예외 또는 오류가 발생하는가? 캐시 적중률은 얼마인가?

클라이언트 측 계측은 사용자가 보고 수행하는 작업을 관찰할 수 있게 해주므로 유용하다. 예를 들어, 클라이언트 측 멀웨어(악성 소프트웨어)는 서버가 전송한 내용을 덮어쓸 수 있으며 클라이언트 측 계측을 통해서만 알아낼 수 있다(Kohavi et al. 2014). 그러나 클라이언트 측 계측은 데이터 정확도 및 사용자 비용 측면에서 단점이 있다. 다음은 자바스크립트기반 클라이언트에 관한 몇 가지 문제들이다(모바일 관련 문제는 12장 참조).

1. 클라이언트 측 계측은 상당한 CPU 사이클과 네트워크 대역폭을 사용하고 배터리를 소모시켜 사용자 경험에 영향을 줄 수 있다. 큰 자바스크립트 코드는 로드시간에 영향을 준다. 이러한 대기 시간 증가는 해당 방문에서의 사용자 상호작용뿐만 아니라 해당 사용자가 다시 방문할 가능성에도 영향을 미친다(5장 참조).

2. 자바스크립트 계측이 손실될 수 있다(Kohavi, Longbotham, Walker 2010): 웹 비콘(web beacon)은 사용자가 링크를 클릭해 새 사이트로 이동하는 경우와 같이 사용자 상호작용을 추적하는 데 자주 사용된다. 그러나 다음과 같은 경우 이러한 비콘이 손실될 수 있다.

   a. 웹 비콘 전송이 성공하기 전에 새 사이트가 로드되면 비콘이 취소되며 사라질 수 있다. 이 손실률은 브라우저마다 다르다.

   b. 동시적으로 리디렉션되는 것과 같이 새로운 사이트가 로드되기 전에 웹 비콘을 전송해야 한다. 비콘 손실이 감소하는 동안 지연 시간이 증가해 사용자 경험이 악화되고 사용자가 클릭을 포기할 가능성이 높아진다.

   c. 응용 프로그램에 따라 두 가지 시나리오 중 하나를 구현하도록 선택할 수 있다. 예를 들어 광고 클릭은 지불이나 규정 준수와 관계돼 있으므로 측정의 신뢰성을 높여야 되므로 대기 시간이 늘어나더라도 b의 시나리오가 선호된다.

   d. 클라이언트 시계는 수동 또는 자동으로 변경할 수 있다. 이것은 클라이언트의 실제 타이밍이 서버 시간과 완전히 동기화되지 않을 수 있다는 것을 의미하며, 이는 이후 처리에서 고려해야한다. 예를 들어, 시간대를 조정한 후에도 클라이언트 및 서버 시간은 크게 차이 날 수 있으므로 두 시간을 함부로 빼지 말아야 한다.

서버 측 계측은 이러한 문제가 덜하다. 이는 사용자가 실제로 하고 있는 일을 덜 명확하게 보여주지만 시스템 내부에서 발생하는 일과 이유에 대해 더 세분화해서 제공한다. 예를 들어, HTML페이지를 생성하는 데 드는 시간을 측정할 수 있다. 네트워크의 영향을 받지 않기 때문에 데이터의 변동성이 낮아 섬세한 측정이 가능하다. 검색 엔진 결과에는 특정 검색 결과가 반환된 이유와 순위를 나타내는 내부 점수가 있다. 이 점수를 계측하면 검색 알고리듬을 디버깅하고 조정하는 데 유용하다. 또 다른 예로는 요청에 응답하는 실제 서버 또는 데이터 센터를 기록해서 불량 장치를 고치거나 과부하를 받고 있는 데이터 센터를 찾을 수 있다. 서버 또한 자주 동기화해야 한다는 점을 기억해야 한다. 한 서버에서 리퀘스트를 처리하는 동안 다른 서버에서 비콘 신호를 기록함으로써 기록된 시각 사이에 불일치를 발생시키는 시나리오가 있을 수 있기 때문이다.

여러 소스에서 로그 처리

다음과 같은 서로 다른 계측 스트림(Google 2019)으로부터 여러 로그가 있을 수 있다.

- 다른 클라이언트 유형 (예: 브라우저, 모바일)의 로그

- 서버의 로그

- 사용자별 상태 (예: 옵트인 및 옵트아웃)

후속처리를 통해 관련 로그를 쉽게 활용하고 결합할 수 있어야 한다. 먼저, 로그를 결합할 방법이 있어야 한다. 이상적인 케이스는 모든 로그에 대해 결합 키 역할을 할 수 있는 공통 식별자를 사용하는 것이다. 결합 키는 어떤 이벤트가 같은 사용자 또는 랜덤화 단위에 대응하는지를 보여줘야 한다. (14장 참조) 특정 이벤트들에 대한 결합 키가 필요할 수도 있다. 예를 들어, 사용자가 특정 화면을 보았음을 나타내는 클라이언트 측 이벤트와 사용자가 해당 특정 화면과 그 요소를 본 이유를 설명하는 해당 서버 측 이벤트가 있을 수 있다. 이 때, 결합 키를 사용하면, 이 두 이벤트가 동일한 사용자에 대한 동일한 이벤트를 표시하는 2개의 뷰라는 것을 알 수 있다.

다음으로 후속 처리를 보다 쉽게 하기 위해 공유 형식을 사용하는 것이 좋

다. 이 공유 형식은 공통 필드(예: 타임 스탬프, 국가, 언어, 플랫폼) 및 사용자 정의 필드일 수 있다. 공통 필드는 종종 분석 및 타겟팅에 사용되는 세그먼트의 기초이다.

계측 문화

계측은 실제 현장에서 중요히 여겨져야 한다. 패널의 장치가 부서진 비행기를 운전한다고 상상해보라. 안전하지는 않지만, 팀은 기기 고장으로 인한 사용자 영향이 없다고 주장할 수 있다. 그들이 그것을 어떻게 알 수 있을까? 적절한 계측이 없으면 눈이 먼 채로 비행하는 것과 같기에 이 팀은 정확한 가정을 바탕으로 하고 있는지 여부에 대해 알 수 없다. 실제로 계측의 가장 어려운 부분은 엔지니어가 처음부터 계측하도록 하는 것이다. 이 어려움은 시간 지연(코드 작성 시점부터 결과를 검토할 때까지)과 직무적 차이(종종 기능을 만드는 엔지니어와 작동을 검토하기 위해 기록을 분석하는 이가 다르다)에서 비롯된다. 이 직무적 분리를 개선하는 방법에 대한 몇 가지 팁이 있다.

- 문화적 규범 확립: 계측 없이는 아무것도 배포할 수 없다. 사양의 일부로 계측을 포함하라. 고장 난 계측은 고장 난 기능과 동일한 우선 순위를 지닌다. 가스 게이지 또는 고도계가 파손된 채로 여전히 비행할 수 있을지라도 이는 매우 위험하다.

- 개발 중 계측 장치의 테스트에 투자하라. 기능을 만드는 엔지니어는 필요한 계측을 추가할 수 있으며 코드를 제출하기 전에 (그리고 코드 검토자가 보기 전에)테스트에서 결과를 확인할 수 있다.

- 가공 전 수집 그대로의 기록 품질을 모니터링하라. 여기에는 주요 차원별 이벤트 수 또는 사실이어야만 하는 불변량(타임스탬프가 특정 범위 내에 있는 것) 같은 항목이 포함된다. 주요 관측치 및 지표에서 특이값을 탐지할 수 있는 도구가 있는지 확인하라. 계측에서 문제점이 감지되면 조직 전체에 걸쳐 개발자들은 즉시 문제점을 수정해야 한다.

14

랜덤화 단위 선택

[임의의 숫자를 생성하기 위해] 평균적으로 초당 약 100,000개의 펄스를 제공하는 임의의 주파수 펄스 소스는 일정한 주파수 펄스에 의해 초당 약 1회 게이트됐다 ... 머신이 만들어낸 결과는 통계적으로 유의한 편향을 보였으며 엔지니어는 완전히 만족할 만한 숫자들을 생성하기 위해 몇 가지 회로의 수정과 개선을 거쳐야 했다. 백만 자릿수의 기본 숫자들이 1947년 5월과 6월에 생성됐다. 이 테이블은 상당히 철저한 테스트를 거쳤으며 여전히 작지만 통계적으로 유의한 편향이 포함된 것으로 확인됐다.

100,000개의 정규 편차가 있는 백만 개의 난수(RAND 1955)

주목해야 하는 이유: 실험 설계에 있어서 랜덤화 실험단위의 선택은 사용자 경험과 실험의 영향을 측정하는 데 사용할 수 있는 지표 모두에 영향을 미치기 때문에 중요하다. 실험 시스템을 구축할 때 어떤 옵션을 사용할 수 있는지 생각해야 한다. 옵션을 선택할 때 사용할 옵션과 고려 사항을 이해함으로써 향상된 실험 설계 및 분석이 가능해진다.

식별자는 실험의 기본이 되는 랜덤화 단위로써 중요하다. 이 식별자는 또한 로그 파일의 후속 처리를 위한 결합 키로서 사용될 수 있다.(13장 및 16장 참조). 이번 장에서는 어떤 식별자를 사용할 것인지를 선택하는 방법에 초점을 맞춘다. 한편 할당의 독립성을 보장(예: 특정 식별자의 변형군에의 할당은 다른 식별자의 변형군에의의 할당과 무관해야 한다.)과 식별자가 여러 실험에 동시에 할당되는 경우 실험 간 할당의 독립성을 보장하는 것과 같은 랜덤화 자체의 기본적인 기준과 같은 주제는 4장을 참조하라.

랜덤화 단위를 선택할 때 고려해야 할 하나의 축은 세분화 수준이다. 예를 들어 웹사이트에는 다음과 같은 자연적 세분화가 있다.

- **페이지 수준**: 사이트에서 본 각각의 새 웹 페이지는 하나의 단위로 간주된다.

- **세션 수준**: 이 단위는 한 번의 방문에서 본 웹 페이지의 그룹이다. 세션 또는 방문은 일반적으로 30분 동안 활동이 없으면 꺼지도록 정의된다.

- **사용자 수준**: 단일 사용자의 모든 이벤트가 단위이다. 사용자는 일반적으로 웹 쿠키 또는 로그인 ID를 사용하는 실제 사용자의 근사치이다. 쿠키가 지워지거나 개인/시크릿 브라우저 세션이 사용돼 사용자 수가 과대 계산될 수 있다. 로그인 ID의 경우 공유 계정으로 과소 계산되는 반면 여러 계정(예: 사용자가 여러 개의 전자 메일 계정이 있을 수 있음)으로 인해 과대 계산될 수 있다.

이러한 관점에서 웹 사이트 사례를 중심으로 주요 검토 사항을 설명한다.

단일 검색어에 대해 여러 페이지 뷰가 있을 수 있는 검색 엔진의 경우 쿼리는 페이지와 세션 사이의 세분화 수준이 될 수 있다. 또한 사용자와 날짜의 조합을 통해 동일한 사용자가 다른 날짜에 일으킨 이벤트를 다른 단위로 (Hohnhold, O'Brien, Tang 2015) 간주할 수 있다.

세분화 수준을 결정할 때 고려해야 할 두 가지 주요 질문이 있다.

1. 사용자 경험의 일관성이 얼마나 중요한가?

2. 어떤 지표가 중요한가?

일관성 유지의 측면에서 중요한 점은 사용자가 변화를 알아차릴 수 있는지 여부이다. 극단적인 예로 글꼴 색상에 관한 실험이 있다고 상상해보라. 페이지 수준과 같은 세분화 수준을 사용하면 페이지가 바뀔 때마다 글꼴 색이 변할 수 있다. 또 다른 예로 새로운 기능을 소개하는 실험을 고려해보자. 랜덤화가 페이지 수준 또는 세션 수준에서 수행되는 경우, 이 기능이 나타나거나 사라질 수 있다. 이는 불편하고 일관되지 않은 사용자 경험일 가능성이 높

238

으며 핵심 지표에 영향을 줄 수 있다. 사용자가 변화를 더 많이 알아차릴수록, 사용자 경험의 일관성을 위해 덜 세분화된 랜덤화를 사용하는 것이 중요하다.

측정단위의 선택과 랜덤화 단위의 선택도 또한 서로 상호작용한다. 랜덤화를 위한 세분화 수준이 높을수록 더 많은 단위가 생성돼 측정단위 평균의 분산이 더 작아지며, 이는 실험이 더 작은 변화를 감지해 통계적 유의성을 보일 수 있음을 뜻한다. 페이지 뷰 별로 랜덤화(및 분석)를 하면 실험 효과(Deng, Lu, Litz 2017)의 분산이 약간 과소 평가될 수 있지만 일반적으로 그 크기가 적어 무시할 수 있다.

낮은 분산 때문에 세분화한 랜덤화를 선택하는 것이 좋아 보일 수 있지만 몇 가지 고려해야 할 사항이 있다.

1. 기능이 해당 세분화 수준을 걸쳐 작동하는 경우 해당 세분화 수준을 랜덤화에 사용할 수 없다. 예를 들어, 개인화 또는 다른 페이지 간 종속성이 있는 경우 한 페이지에서 발생하는 내용이 후속 페이지에서 사용자에게 표시되는 내용에 영향을 미치며 페이지가 더 이상 독립적이지 않기 때문에 페이지 뷰 별 랜덤화가 더는 유효하지 않다. 보다 구체적인 예로, 어떤 검색 페이지의 실험에서 페이지 수준의 랜덤화를 사용한다고 하자. 사용자의 최초의 쿼리가 실험군에 있고, 새로운 기능의 도입이 나쁜 색 결과를 초래하는 경우, 사용자는 같은 페이지에서 쿼리를 고쳐 다시 검색할 수 있으며, 이 두 번째 쿼리가 대조군으로 분류될 수 있다.

2. 마찬가지로, 지표가 해당 세분화 수준을 걸쳐 계산되면 결과를 측정하는 데 사용할 수 없다. 예를 들어 페이지 수준 랜덤화를 사용하는 실험에서는 실험이 사용자 세션의 총 수에 영향을 미치는지 여부를 측정할 수 없다.

3. 1인의 사용자가 여러 변형군에 할당되는 것은 실험 집단이 서로 간섭하지 않는다는 '안정적 단위 실험 가치 가정'(SUTVA, 3장 참조)(Imbens, Rubin 2015)을 위반할 수 있다. 사용자가 다른 변형군의 존재를 알게 되면, 그 지식이 사용자의 행동에 영향을 미치고 방해할 가능성이 있다(22장 참조).

예를 들어 엔터프라이즈용 오피스[Office]의 경우, 고객[tenant] [1]은 엔터프라이

---

1 보통 B2B에서 테넌트는 고객을 지칭한다. – 옮긴이

즈용의 일관된 경험을 원하며, 사용자별로 랜덤화하는 것을 제한한다. 광고주가 경쟁하는 경매가 있는 광고 비즈니스에서는 광고주별 또는 동일한 경매에서 경쟁을 많이 하는 광고주 군집별로 랜덤화 할 수 있다. 소셜 네트워크에서는 간섭을 최소화하기 위해 친구 군집별로 랜덤화할 수 있으며(Xu et al. 2015, Ugander et al. 2013, Katzir, Liberty, Somekh 2012, Eckles, Karrer, Ugander 2017) 이는 구성요소를 달리하면, 다른 종류의 네트워크로도 일반화할 수 있다(Yoon 2018).

랜덤화 단위와 분석 단위

일반적으로 관심의 대상이 되는 지표의 분석 단위와 같은 (또는 덜 세분화된) 랜덤화 단위를 이용하는 것을 권장한다.

분석 단위와 랜덤화 단위가 같을 때 실무적으로 단위간의 독립성을 합리적으로 가정할 수 있으므로, 지표의 분산을 정확하게 계산하는 것이 용이해진다. Deng 외(2017)는 랜덤화 단위 선택과 관련해서 독립동일분포[i.i.d., independent, identical distribution] 가정을 자세히 논의했다. 예를 들어, 페이지별로 랜덤화 한다는 것은 각 페이지 뷰의 클릭이 독립적이므로 평균값인 클릭률(클릭 수/페이지뷰 수)의 분산을 구하는 것이 표준적이다. 마찬가지로 랜덤화 단위가 사용자이고, 분석 단위 역시 사용자이면, 사용자 세션 수, 사용자 당 클릭 수 및 사용자당 페이지 뷰 수와 같은 것을 비교적 쉽게 분석할 수 있다.

사용자를 랜덤화하는 경우에 (페이지 별) 클릭률을 분석하는 것과 같이 랜덤화가 분석 단위보다 덜 세분화돼 있다면 부트스트랩 또는 델타 방법과 같은 더 섬세한 분석 방법이 필요하다(Deng et al. 2017, Deng, Knoblich, Lu 2018, Tang et al. 2010, Deng et al. 2011). 자세한 내용은 18장 및 19장을 참조하라. 이 상황에서 특정 사용자 ID를 사용하는 봇(예를 들어 10,000개의 페이지 뷰를 모두 동일한 사용자 ID를 사용해 수행한 봇)에 의해 실험 결과가 왜곡될 수 있다. 이러한 유형의 시나리오가 우려되는 경우, 개별 사용자가 더 세분화된 지표에 기여할 수 있는 정도를 제한하거나 사용자당 평균 클릭률과 같은 사용자 기반 지표로 전환하는 것을 고려하라. 두 가지 모두 단일 사용자가 결과에 대해 미칠 영향을 제한한다.

반대로, 지표가 사용자 수준(예: 사용자당 세션 수 또는 사용자당 수익)에서 계산되고 랜덤화가 더 세분화된 수준 (예: 페이지 수준)인 경우 하나의 사용자 경험에 여러 변형군이 혼재돼 있을 수 있다. 결과적으로 사용자 수준에서 지표를 계산하는 것은 의미가 없다. 즉, 랜덤화가 페이지별로 수행되는 경우, 사용자 수준 지표를 사용해서 실험을 평가할 수 없다. 만약 이러한 지표가 OEC의 일부인 경우 사용자 수준보다 더 세분화된 수준을 랜덤화에 사용할 수 있다.

사용자 수준 랜덤화

사용자 수준의 랜덤화는 일관성이 결여된 사용자 경험을 회피할 수 있으며, 사용자 재방문과 같은 장기 측정의 측면에서 가장 널리 이용된다(Deng et al. 2017). 사용자 수준 무작위 추출을 사용한다면 고려해야 할 몇 가지 선택 사항이 있다.

- 사용자가 여러 기기나 플랫폼에서 사용할 수 있는 등록된 사용자 ID 또는 로그인. 일반적으로 등록된 ID는 플랫폼간뿐만 아니라 장기적인 시간변화에 대해서도 안정적이다.

- 쿠키와 같은 가명 사용자 ID. 사용자가 방문할 때 대부분의 웹사이트에서 (일반적으로 무작위한) 식별자를 포함하는 쿠키를 생성한다. 네이티브 앱용 모바일 기기에서 OS는 종종 Apple의 idFA나 idFV 또는 Android의 광고 ID와 같은 쿠키를 제공한다. 이러한 ID는 여러 플랫폼에서 호환되지 않으므로 동일한 사용자가 데스크톱 브라우저와 모바일 웹을 통해 방문하더라도 이를 서로 다른 두 개의 ID로 간주한다. 이러한 쿠키는 브라우저 수준 컨트롤 또는 장치의 OS 수준 컨트롤을 통해 사용자가 제어할 수 있다. 즉, 쿠키는 일반적으로 등록된 사용자 ID보다 장기적으로 사용하기에 취약하다.

- 장치 ID는 특정 장치에 주어진 변하지 않는 ID다. 변경할 수 없기 때문에 이러한 ID는 식별 가능한 것으로 간주된다. 장치 ID에는 등록된 사용자 ID가 가진 장치 및 플랫폼 간 호환성이 없지만 시간에 따라 변하지 않는 안정성을 가진다.

이러한 선택지를 논의할 때 기능적인 것과 윤리적인 것을 고려하는 것이 가장 중요하다 (9장 참조).

기능적 관점에서 이러한 다른 ID들의 주요 차이점은 적용가능 범위이다. 등록된 사용자 ID는 다른 장치와 플랫폼 간의 호환성이 있으므로, 이러한 수준의 일관성이 필요하고 가능한 경우라면 등록된 사용자 ID가 최선의 선택이다. 사용자가 처음 로그인하는 것을 포함하는 새로운 사용자 온보딩[on boarding] 프로세스와 같이 사용자 로그인 경계를 넘나드는 프로세스를 테스트하는 경우 쿠키 또는 장치 ID를 사용하는 것이 더 효과적이다.

범위와 관련된 다른 질문은 ID의 시간에 대한 안정성이다. 일부 실험은 장기적 효과가 있는지 여부를 측정하는 것을 목표로 삼기도 한다. 대표적인 예로는 지연 시간이나 속도 변화(5장 참조) 또는 사용자의 광고에 대한 학습된 반응(Hohnhold et al. 2015)이 있다. 이러한 경우 등록된 사용자 ID, 오래 지속되는 쿠키 또는 장치 ID와 같이 수명이 긴 랜덤화 단위를 사용하라.

권장하지는 않지만 최후의 수단으로 쓸 수 있는 옵션은 IP 주소다. IP 기반 변형군 할당은 어떤 호스팅 서비스(또는 어떤 호스팅 위치)와 다른 호스팅 위치를 사용해서 대기 시간을 비교하는 경우와 같이 인프라의 변화를 분석하는 경우의 유일한 옵션일 수 있는데, 이러한 인프라 변화는 IP 수준에서만 제어할 수 있기 때문이다. 그러나 IP 주소는 파편화 되기 쉽기 때문에 일반적으로 사용하지 않는 것이 좋다. 극단적으로 사용자가 이동할 때(예: 집과 직장의 IP 주소가 다를 때) 사용자의 기기 IP 주소가 변경돼 일관되지 않은 경험이 발생할 수 있다. 또 다른 예로 대기업이나 ISP내에는 특정 IP들을 공유하는 사용자들이 있다. 이로 인해 통계적 유의성이 낮아질 수 있을 뿐만 아니라(즉, 광범위한 변수를 처리하기에 충분한 IP 주소가 있는지 검토하라), 많은 수의 사용자를 하나로 집계할 때 발생할 수 있는 왜곡 및 특이값 문제가 발생할 수 있다.

사용자 수준보다도 더 세분화된 수준에서의 랜덤화는 이월[carry over] 또는 정보 누출이 없는 경우에만 유용하며(22장 참조), 이런 조건이 충족되는 상황에서, 검정력 증가를 위해서 종종 선택된다.

15

실험 노출 증가시키기:
속도, 품질 및 위험의 트레이드오프

성공의 진정한 지표는 24시간 내내 행했던 실험의 수이다.

토머스 에디슨Thomas A. Edison

주목해야 하는 이유: 실험은 제품 혁신의 가속화를 위해 보편적으로 쓰이고 있지만 그 방법에 따라 혁신의 속도가 제한될 수 있다. 새로운 기능 출시와 관련해서 불확실한 위험을 통제하기 위해서는 실험에서 새로운 변수들에 대한 트래픽을 점차 증가시키는 램핑 과정ramp process을 거치는 것을 권장한다. 원칙을 세워 작업을 수행하지 않으면 이 프로세스는 비효율 및 위험을 유발해서 실험 규모가 확장됨에 따라 제품 안정성을 저하시킬 수 있다. 램핑 과정에서는 속도, 품질 및 위험이라는 세 가지 주요 고려 사항의 균형을 효과적으로 유지해야 한다.

실험 대상의 확대(램핑)란?

이제까지 이 책에서의 실험은 충분한 통계적 검정력이 얻어질 수 있는 트래픽이 배정되는 것을 전제로 했다. 그러나 실제로 실험은 새로운 기능 출시와 관련된 불확실한 위험을 통제하기 위해 램핑 프로세스(단계적 확대 프로세스로 일명 통제된 노출이다.)를 거치는 것이 일반적이다. 예를 들어, 소수의 사용자에게만 변수를 노출해서 새로운 기능을 시작할 수 있다. 지표에 문제가 없고 시스템 확장성이 안정적이라면 점점 더 많은 사용자를 변수에 노출시킬 수 있다. 실험군이 원하는 노출 수준에 도달할 때까지 트래픽을 증가시킨다. 램핑 과정을 거치지 않았을 시 일어날 수 있는 부정적인 사례는 healthcare. gov의 초기 출시이다. 이 사이트는 모든 사용자에게 공개됐던 첫째 날에 멈춰버렸고, 결과적으로 사이트가 부하를 처리할 준비가 되지 않았다는 것을 알게 됐다. 이는 지역이나 성씨의 철자(A - Z) 순으로 사이트를 개시했을 경우 문제가 일어나지 않았을 수도 있었다. 램핑 과정의 필요성은 후속 출시에 있어 중요한 교훈이 됐다(Levy 2014).

필요한 램핑 과정의 양은 어떻게 결정하고 얼마나 오래 유지해야 하는가? 램핑 과정이 너무 느리면 시간과 자원이 낭비되며, 너무 빠르면 사용자에게 피해를 입히고 최적이 아닌 결정을 내릴 위험이 있다. 4장의 설명대로 자체 서비스 플랫폼을 사용해서 누구나 실험을 할 수 있도록 할 수 있지만, 우리는 실험자를 안내하기 위한 램핑 방법에 대한 원칙과 프로세스를 자동화하고 원칙을 대규모로 시행하기 위한 도구가 필요하다.

주로 램프업$^{ramp-up}$[1] 과정에 중점을 둔다. 램프다운$^{ramp-down}$[2] 과정은 일반적으로 나쁜 변수가 있을 때 사용되며, 보통 이 경우에는 사용자 효과를 제한하기 위해 매우 빠르게 0으로 종료한다. 또한 대기업은 주로 자체 클라이언트 측 업데이트를 통제하므로 일부 실험과 램핑 노출에서 사실상 제외된다.

SQR 램핑 프레임워크

램핑 과정에서 어떻게 위험을 통제하고 의사 결정 품질을 향상시키는 과정을 빠르게 반복할 수 있을까? 다시 말해, **속도, 품질** 및 **위험**$^{SQR, Speed, Quality}$

---

1 실험 대상의 확대 – 옮긴이

2 실험 대상의 축소 – 옮긴이

and Risk의 균형을 맞추는 방법은 무엇인가? 이를 위해 온라인 종합 대조 실험을 실행하는 이유를 생각해보자.

- 출시된 경우의 변수 적용의 효과 및 ROI(Return-On-Investment)를 **측정**한다.
- 실험 중(예: 부정적인 영향이 있는 경우)에 사용자 및 비즈니스에 대한 **피해와 비용을 최소화**해 위험을 줄인다.
- (이상적으로는 세그먼트별로) 사용자의 반응에 대해 **학습**하고 잠재적 오류를 식별한 후 향후 계획에 반영한다. 이것은 일반적인 실험이나 학습을 위해 설계된 실험 모두에 적용되는 부분이다 (5장 참조).

오직 측정만을 위한 대조 실험을 할 경우, 최대 검정력 램프[MPR, Maximum Power Ramp] 3로 실험을 실행할 수 있다. 이는 종종 실험의 목적을 실험군을 100%로 증가시키는 것으로 가정하고, 실험군에 50%의 트래픽을 할당해서 가장 높은 통계적 민감도를 얻는 것을 의미한다. 이를 통해 가장 빠르고 정확한 측정이 가능하다. 그러나 문제 발생에 대한 우려로 MPR에서 시작하고 싶지 않을 수 있다. 따라서 일반적으로 효과를 억제하면서 잠재적인 위험을 완화하기 위해 적은 노출로 시작한다.

MPR과 100% 사이의 중간 램핑 단계가 필요할 수도 있다. 예를 들어, 운영상의 이유로 새로운 서비스 또는 엔드 포인트가 증가하는 트래픽을 감당할 수 있을 정도로 확장될 수 있게 75%에서 기다려야할 수 있다.

또 다른 일반적인 예는 학습이다. 모든 램핑 과정에 학습이 포함돼 있어야 하지만, 때때로 학습을 목적으로 일부 사용자(예: 5 - 10%)가 일정 기간 (예: 2개월)동안 새로운 실험을 부여받지 않는 장기 홀드아웃 램핑을 진행한다. 목표는 MPR 동안 측정된 영향이 장기적으로 지속 가능한지 여부를 학습하는

---

3 실험에 변수가 하나만 있는 전체 100% 트래픽이 있는 경우 2표본 t검정의 분산은 1 / q (1 - q)에 비례한다. 여기서 q는 변수 트래픽 백분율이다. 이 경우 MPR은 50/50 트래픽 할당이 된다. 하나의 실험군과 하나의 대조군 간에 실험에 사용할 수 있는 트래픽이 20%만 있는 경우 MPR은 10/10 분할이 된다. 4개의 변형군이 100% 트래픽을 분할하는 경우, 각 변형군은 25%가 할당된다.

것이다. 자세한 내용은 23장을 참조하라.

4개의 램핑 단계

그림 15.1은 네 가지 램핑 단계에서 속도, 품질 및 위험 균형을 맞추기 위한 원리와 방법을 보여준다. 자세한 내용은 Xu 외(2018)를 참조하라.

상황을 단순화해서 목적을 단일 실험군을 100%로 램핑하는 것으로 하고, MPR은 50%의 실험군 노출을 가진다고 가정한다. 종합해서 보면 SQR 프레임 워크는 전체 램핑 과정을 각각 개별목적을 가진 4단계로 나눈다.

첫 번째 단계는 주로 위험 완화를 위한 단계이므로 SQR 프레임 워크는 속도와 위험의 트레이드오프에 중점을 둔다. 두 번째 단계는 정확한 측정을 위한 것이므로 속도와 품질의 트레이드오프에 중점을 둔다. 마지막 두 단계는 선택 사항이며 추가 운영상의 문제(3단계) 및 장기적인 영향(4단계)을 다룬다.

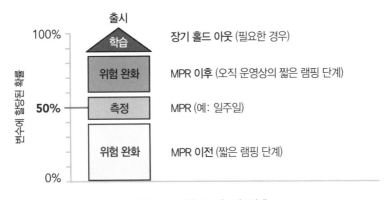

그림 15.1 램핑 프로세스의 4단계

램핑 1단계: MPR 이전 단계

이 단계에서 당신은 위험이 작은지를 안전하게 알아내어 빠르게 MPR로 확장하고자 한다. 다음 방법을 사용할 수 있다.

1. 동질적인 실험 집단을 작성하고 위험을 줄이기 위해 실험을 보다 확대된 실험 집단에 서 서히 적용해 나간다. 첫 번째 테스트 모집단은 유의미한 데이터를 위한 트래픽이 충분 하지 않기 때문에 대체로 정성적 피드백을 얻게 된다. 다음 테스트 모집단은 정량적 측 정을 할 수 있지만 통계적 유의성이 낮기 때문에 여전히 통제되지 않는다. 초기 테스트 모집단에서는 많은 버그가 있으며, 사용자가 "내부자"일 가능성이 높으므로 측정 값이 편향될 수 있다. 일반적으로 사용되는 테스트 모집단은 다음과 같다.

   a) 새로운 기능을 구현하는 팀과 같은 화이트리스트로 등록된 (사용자로 허용된) 개인 들. 팀 구성원으로부터 직접 피드백을 받을 수 있다.

   b) 회사 직원, 일반적으로 나쁜 버그가 있는 경우 좀 더 관대하다.

   c) 원하는 것을 분명히 표현하고 충실하며 새로운 기능을 더 빨리 보고 싶어하고, 대개 피드백을 제공하려는 베타 사용자 또는 내부자.

   d) 메모리 유출(느린 유출로 인한 소실) 또는 기타 부적절한 리소스 사용 (예: 무거운 디 스크 I/O) (22장 참조)과 같이 식별하기 어려운 상호작용을 발견할 수 있도록 특정 데 이터 센터에 한한 테스트. 빙에서 일반적인 램프업은 단일 데이터 센터의 작은 트래 픽이다(예: 0.5 – 2%). 단일 데이터 센터가 적절한 트래픽으로 램프업 하면 모든 데이 터 센터가 램프업 할 수 있다.

2. 원하는 할당량에 도달할 때까지 트래픽을 자동으로 조절한다. 원하는 할당은 특정 테스 트 모집단 또는 미리 설정된 트래픽 할당 백분율일 수 있다. 원하는 할당량이 적은 비율 (예: 5%)인 경우에도 5%에 도달할 때까지 추가시간을 가지는 것은 실험을 과하게 지연 시키지 않으면서도 악성 버그의 영향을 제한할 수 있다.

3. 주요 가드레일 지표에 대한 실시간 또는 거의 실시간 측정. 실험의 위험 정도를 빨리 파 악할수록 더 빨리 다음 램핑 단계의 진입을 결정할 수 있다.

램핑 2단계: MPR

MPR은 실험의 영향을 측정하기 위한 램핑 단계이다. 신뢰할 수 있는 결과 를 얻기 위해 본서 전체에 거쳐 우리가 가졌던 많은 논의들이 이 단계에서 직접 적용된다. MPR에서의 실험은 일주일 동안 유지할 것을 적극 권장하며, 신기 효과나 초두 효과가 있을 경우 더 길게 하도록 권장한다.

이 램핑 단계는 시간에 따른 영향을 파악할 수 있을 정도로 충분히 길어야 한다. 예를 들어 하루 동안만 실행되는 실험에서는 결과가 많은 사용자에게 편향돼 있다. 마찬가지로 주중에 방문하는 사용자는 주말에 방문하는 사용자와 다른 경향이 있다.

일반적으로 실험 시간이 길수록 분산이 작아지지만 차이가 나는 정도는 더 오래 기다릴수록 감소한다. 수익이 감소한다. 우리의 경험에 따르면, 변수 적용으로 인한 신기 효과나 초두 효과가 없다면 일주일 정도의 시간이 적당하다.

램핑 3단계: MPR 이후

실험이 MPR 단계로 진행되면서, 최종 사용자에의 영향에 대한 운영 상의 우려가 없어야 한다. 운영 문제는 초기 단계에 해결되는 것이 가장 좋다. 일부 인프라가 늘어나는 트래픽을 감당할 수 있을지에 대한 우려로, 100%에 도달하기 전에 추가적인 램프 단계를 필요로 하는 경우가 있다. 이러한 램핑 단계는 하루안에 끝나야 하며, 트래픽이 가장 많은 시간대를 주의 깊게 모니터링하는 것이 포함돼야 한다.

램핑 4단계: 장기 홀드 아웃 또는 반복

특정 사용자가 오랫동안 변수에 노출되지 않는 장기 홀드아웃long-term holdouts 또는 holdbacks의 인기가 높아지고 있다. 하지만 우리는 장기 보류를 램핑 과정의 기본 단계로 설정하지 않도록 주의한다. 비용도 비용이지만, 고객이 동등한 금액을 지불하는 경우 보다 우수한 경험을 의도적으로 지연시키는 것은 비윤리적일 수 있다. 실제로 유용할 수 있는 경우에만 장기 보류를 결정하

라. 장기 보류가 유용한 것으로 밝혀진 세 가지 시나리오는 다음과 같다.

1. 장기 실험 효과가 단기 효과와 다를 수 있는 경우(23장 참조). 그 이유는 다음과 같다.

   a. 실험에 신기 효과나 초두 효과가 있는 것으로 알려져 있다.

   b. 주요 지표에 대한 단기적 효과가 너무 커서 재무 예측과 같은 이유로 효과가 지속될 수 있도록 해야 한다.

   c. 단기적인 효과는 미미하지만, 시간이 지남에 따라 효과가 나타날 것으로(예: 채택 또는 발견 가능성) 믿는다.

2. 초기 지표 지표는 효과를 보여줄 수도 있지만 조직의 목표는 1개월 사이 재방문과 같은 장기 지표다.

3. 더 오래 기다림으로써 분산 감소의 이점이 있는 경우 (22장 참조).

실험군 트래픽의 대부분(예: 90% 또는 95%)을 장기 홀드 아웃을 수행해야 한다는 오해가 있다. 이는 일반적으로 효과가 있지만 여기서 논의된 1c 시나리오와 같이 단기 효과가 MPR에서 감지하기에 너무 작은 경우 가능한 한 MPR에서 홀드 아웃을 계속해야 한다. 더 오래 실행해서 얻은 통계적 민감도는 통상적으로는 MPR에서 90% 가동으로 줄이면서 얻은 민감도 손실을 상쇄하기에 충분하지 않다.

실험 수준에서의 홀드 아웃 외에도 누적 효과를 측정하기 위해 트래픽의 일부를 장기간(일반적으로 3개월) 동안 기능 출시에서 홀드 아웃하는 방식uber holdouts을 쓰는 회사도 있다. 빙은 실험 플랫폼의 오버헤드를 측정하기 위해 글로벌 홀드 아웃을 수행했는데(Kohavi et al. 2013), 여기서 빙 사용자의 10%가 모든 실험에서 홀드 아웃됐다. 또한 역실험도 가능한데, 역실험은 예를 들어 사용자를 실험군 100% 적용을 시작한 후 수 주일 (또는 수 개월) 후에 다시 대조군으로 할당하는 방법이다(23장 참조).

예상하지 못한 실험 결과를 얻었을 때는 다시 실험해 보는 것이 좋은 방법이다. 다른 사용자들 또는 기존과는 독립적인 랜덤화를 통해 실험을 다시 실행하라. 결과가 동일하게 유지되면 결과를 신뢰할 수 있다는 확신을 가질 수 있다. 반복은 간단하면서도 효과적인 오류의 제거 방법이다. 또한 실험의 반복이 많은 경우, 최종 반복의 결과는 과대평가될 수 있다. 반복 실행은 다중 테스트 문제를 줄이고 편향 없는 추정치를 제공한다. 자세한 내용은 17장을 참조하라.

최종 램핑 단계 이후

램핑단계가 100%로 진행된 후 발생하는 상황에 대해서는 아직 논의하지 않았다. 실험의 구현 세부 사항(4장 참조)에 따라 서로 다른 램핑 단계 이후의 정리가 필요할 수 있다. 실험 시스템이 변형군 할당을 기반으로 코드 포크[4]를 생성하는 아키텍처를 사용할 경우, 실험 결과를 출시한 후에는 사용하지 않는 코드와 관련된 부분을 정리해야 한다. 실험 시스템이 파라미터 시스템을 사용하는 경우 정리는 단순히 새로운 파라미터 값을 기본값으로 사용한다는 의미이다. 이 프로세스는 빠르게 발전하는 개발 프로세스에서 간과될 수 있지만 실전의 프로덕션 시스템을 정상적으로 유지하는 데 중요하다. 예를 들어 위 상황의 경우 정리되지 않고 남아 있는 코드가 실수로 실행되면 실험 시스템을 중단시킬 수 있다.

---

4 하나의 소프트웨어 소스 코드를 통째로 복사해 독립적인 새로운 소프트웨어를 개발하는 것 – 옮긴이

16

실험 분석 확장

성공률을 높이려면 실패율을 두 배로 높여라.

토머스 왓슨^{Thomas J. Watson}

주목해야 하는 이유: 회사가 후기 성숙 단계(달리기 혹은 날기)로 나아 감에 따라 데이터 분석 파이프라인을 실험 플랫폼의 일부로 통합하는 것은 해당 방법론을 견고하고, 일관적이며, 과학적이고, 신뢰가 높아지게 만든다. 이는 임시방편적인 분석으로 많은 시간을 보내는 것을 방지한다. 이 방향으로 나아 간다면, 데이터 처리, 계산 및 시각화를 위한 일반적인 인프라 단계를 이해하는 것이 유용할 것이다.

데이터 처리

계측된 원시 데이터를 계산에 적합한 상태로 만들려면 데이터를 가공해야 한다. 데이터 가공에는 일반적으로 다음 단계가 포함된다.

1. **데이터를 정렬하고 그룹화하라.** 사용자 요청에 대한 정보는 클라이언트 또는 서버를 포함해서 다양한 시스템에 의해 기록될 수 있기 때문에, 시작 단계에서 이러한 다양한 기록을 정렬하고 결합한다(13장 참조). 사용자 ID와 타임 스탬프를 함께 사용해 정렬할 수 있다. 이 데이터를 합침으로써 세션 또는 사이트 방문을 알 수 있으며 모든 활동을 지정된 시간대로 그룹화할 수 있다. 처리 및 계산 단계 중에서 데이터를 가상적으로 결합하는 것으로 충분하므로, 데이터 결합을 물리적으로 구현하지 않아도 된다. 물리적으로

결합하는 것은 출력이 실험 분석뿐만 아니라 디버깅, 가설 생성 등에 사용되는 경우에 유용하다.

2. **데이터를 정제하라.** 데이터를 정렬하고 그룹화하면 데이터를 보다 쉽게 정제할 수 있다. 경험을 바탕으로 실제 사용자가 아닐 가능성이 있는 세션을 제거할 수 있다 (예: 봇 또는 이상행동, 3장 참조). 경험적으로 세션에서의 지나치게 많거나 적은 활동, 너무 짧은 이벤트 간 시간, 페이지에서의 과도한 클릭, 물리 법칙을 무시하는 방식으로 사이트에 참여하는 사용자 등이 이에 해당한다. 중복 이벤트 감지 또는 잘못된 타임 스탬프 처치와 같은 계측 문제를 해결할 수도 있다. 데이터 정제 단계에서는 그 기반이 되는 데이터 수집 단계에서 발생한 손실로 인해 누락된 이벤트를 보정할 수는 없다. 예를 들어, 클릭 기록은 본질적으로 정확도와 속도 사이의 트레이드오프다(Kohavi, Longbotham, Walker 2010). 일부 필터링은 의도하지 않게 한 실험군(또는 대조군)에서 다른 실험군(또는 대조군)보다 더 많은 이벤트를 제거해서 샘플간 불균형(SRM)을 일으킬 수 있다(3장 참조).

3. **데이터를 보강하라.** 유용한 데이터 또는 유용한 측정 값을 제공하기 위해 일부 데이터를 추출하거나 보강할 수 있다. 예를 들어 사용자 에이전트(user-agent)로부터 브라우저 이름이나 버전을 가져오기도 하며, 날짜에서 요일을 추출할 수 있다. 이벤트 별, 세션 별, 혹은 사용자 별 수준에서 다양한 데이터를 보강할 수 있는데, 예를 들면 중복된 이벤트를 찾아내거나 이벤트 지속 시간을 계산하거나, 세션 중 총 이벤트 수나 총 세션 지속 시간을 추가하는 것이다. 실험에 따라 이 세션을 실험 결과 계산에 포함할지 여부를 주석으로 남길 수 있다. 이러한 주석은 성능상의 이유로 데이터를 보강하는 중에 빈번히 추가되는 비즈니스 로직이다. 이밖에 실험 결과 계산에 해당 세션을 포함시킬지 여부를 결정하는 데 도움이 되는 실험 전환 정보(예: 실험 시작, 실험 램핑업, 버전 변경) 역시 주석으로 남길 필요가 있는 정보다.

데이터 계산

데이터가 처리됐으면 이제 세그먼트 및 지표들을 계산하고, 실험 효과의 추정치(예: 평균 또는 백분위 수 델타)와 통계적 유의성 정보(p값, 신뢰구간 등)를 포함해서 각 실험의 요약 통계를 얻기 위한 결과를 집계할 수 있다. 데이터 계산 단계에서는 어떤 세그먼트가 흥미로운지와 같은 추가적인 정보도 얻을 수 있다(Fabijan, Dmitriev, McFarland et al. 2018).

데이터 계산을 위한 아키텍처를 구현하는 데는 다양한 방법이 있다. 여기서는 두 가지 일반적인 접근법을 살펴볼 것인데, 일반성을 잃지 않고 실험 단위는 사용자라고 가정한다.

1. 첫 번째 방법은 사용자별 통계를 계산해 저장(즉, 모든 사용자의 페이지 뷰 수, 노출 수 및 클릭 수 계산)하고 이를 사용자를 실험에 매핑하는 테이블과 결합하는 것이다. 이 방법의 장점은 실험뿐만 아니라 전체 비즈니스 보고에 사용자별 통계를 사용할 수 있다는 것이다. 계산 리소스를 효과적으로 활용하기 위해 일부 실험에만 필요한 지표들은 좀 더 유연한 방법으로 계산하는 것을 고려할 수 있다.

2. 또다른 아키텍처는 사용자 별 지표 계산을 실험 분석과 완전히 통합하는 것인데, 여기서 사용자 별 지표는 별도로 계산돼 저장되지 않고 필요에 따라 계산된다. 일반적으로 이 아키텍처는 실험 데이터 계산 파이프라인 및 전체 비즈니스 보고 계산 파이프라인과 같은 여러 파이프라인 간의 일관성을 보장하기 위해 지표와 세그먼트의 정의를 공유할 수 있는 방법이 있다. 이러한 아키텍처는 실험 당 더 많은 유연성(기계 및 저장 리소스를 절약할 수 있음)을 가질 수 있으나, 다양한 파이프라인에서 일관성을 유지하려면 추가 작업이 필요하다.

실험이 조직 전체에 걸쳐 확장됨에 따라 속도와 효율성이 더욱 중요해진다. 빙, 링크드인 및 구글은 매일 테라 바이트 단위의 실험 데이터를 처리한다(Kohavi et al. 2013). 세그먼트 및 지표의 수가 증가함에 따라 계산에 많은 리소스가 소모될 수 있다. 더욱이 실험 스코어 카드의 작성이 지연되면 의사결정을 지연시켜 큰 비용을 발생시킬 수 있으며, 실험이 보다 일반화되고, 혁신 싸이클innovation cycle에 필수적일수록 지연에 대한 영향이 커진다. 실험 플랫폼 초기에 빙, 구글 및 링크드인은 약 24시간 지연(예: 월요일 데이터는 수요일 밤에 표시됨)으로 매일 실험 점수 측정 표를 생성했다. 오늘날 우리 모두는 준실시간NRT, Near Real-Time으로 처리 가능하다. 준실시간 처리는 더 간단한 지표와 계산(예: 합계 및 개수, 스팸 필터링 없음, 최소 통계 테스트)만을 포함하며 심각한 문제(예: 잘못 구성되거나 버그가 있는 실험)를 발견하는 데 사용되기도 하며 위에서 설명한 데이터 처리(일부 실시간 스팸 처리 제외)가 이루어지지 않은 상태의 로그 데이터에 적용되기도 한다. 준실시간 처리는 알림 및 자동 실험 종료를 작동시킬 수 있다. 배포 처리 파이프라인은 신뢰할 수 있는 실험 결과를 적시에 사용할 수 있도록 하루 안에 일어나는 계산 및 데이터 처리 및 계산 업데이트를 다룬다.

정확성과 신뢰성뿐만 아니라 속도와 효율성 또한 보장하기 위해 우리는 모든 실험 플랫폼에 다음 사항을 권장한다.

- 공통된 지표와 정의를 통해, 모두가 표준 어휘를 공유하고 동일한 데이터 직관을 확립하도록 한다. 이를 통해 서로 다른 시스템들에 의해 생성되는 유사한 지표들의 차이를 매번 재조사하는 대신 제품에 관한 흥미로운 질문에 대해 토론하도록 할 수 있다.

- 이러한 정의에 대해 한 가지 구현만을 사용하거나 실험 또는 지속적인 비교 메커니즘을 통해 일관성을 유지하라.

- 변화를 관리해야 함을 생각하라. 실험 성숙도 모델(4장 참조)에서 논의한 바와 같이 지표, OEC 및 세그먼트는 모두 변화하므로 변경 사항을 파악하고 적용하는 과정이 반복된다. 기존 지표의 정의를 변경하는 것이 추가 또는 삭제보다 어려운 경우가 많다. 예를 들어, 과거 데이터를 다시 계산할 수 있는가? (즉, 변경 사항을 과거의 데이터로 전파하는가?) 만약 그렇다면 그것이 얼마나 오래된 데이터까지인가?

결과 요약 및 시각화

궁극적인 목표는 의사 결정자를 안내하기 위해 주요 지표와 세그먼트를 시각적으로 요약하고 강조하는 것이다. 요약 및 시각화에서는

- SRM과 같은 주요 테스트를 강조해서 결과의 신뢰성 여부를 명확하게 나타내라. 예를 들어, 주요 테스트에 실패하면 마이크로소프트의 실험 플랫폼(ExP)이 스코어 카드를 표시하지 않는다.

- OEC 및 중요 지표를 강조하고 가드레일, 품질 등을 포함한 다른 많은 지표도 표시하라.

- 결과가 통계적으로 유의한지 여부에 대한 명확한 표시를 포함해서 지표를 상대적 변화로 나타내라. 색상 코드를 사용하고 필터를 활성화함으로써 중요한 변경 사항이 두드러지게 하라.

흥미로운 세그먼트를 자동으로 강조 표시하는 등의 세그먼트 집중 분석을 통해 의사 결정이 올바른지 확인하고 제대로 작동하지 않는 세그먼트에 대한 제품을 개선할 수 있는 방법이 있는지 확인할 수 있다(Wager, Athey 2018, Fabijan, Dmitriev, McFarland et al. 2018). 실험에 트리거 조건이 있는 경우 트리거된 모집단에 대한 효과와 함께 전체 효과를 포함시키는 것이 중요하다(자세한 내용은 20장 참조).

시각화 자체를 넘어 실험 규모를 실제로 확장하기 위해서는 마케팅 담당자에서 데이터 과학자, 엔지니어, 제품 관리자에 이르기까지 다양한 기술적 배경을 가진 사람들이 측정 점수 표 시각화에 접근할 수 있어야 한다. 이를 위해서는 실험자뿐만 아니라 임원 및 기타 의사 결정자가 대시보드를 보고 이해할 수 있어야 한다. 이는 혼동을 줄이기 위해 기술자가 아닌 사람들을 위한 디버깅용 지표와 같은 일부 지표를 숨기는 것을 의미할 수도 있다. 정보 접근성은 정의에 대한 공통 언어를 확립하고 투명성과 호기심의 문화를 조성함으로써 직원들이 실험을 시행하고 변화가 비즈니스에 미치는 영향을 학습하거나 A/B 테스트 결과가 재무적 성과로 나옴으로써 비즈니스에 어떻게 결부시킬 수 있는지에 대해 학습하는 것을 장려한다.

시각화 도구는 실험별 결과를 보여주는 것뿐만 아니라 여러 실험들에 대해서 **지표별 결과**를 보여주는 데에 유용하다. 혁신이 탈중앙화되고 실험을 통해 평가받는 경향이 있지만, 주요 지표의 전반적인 상태는 일반적으로 이해 관계자에 의해 면밀히 모니터링된다. 이해관계자들은 그들이 관심 있는 지표에 영향을 미치는 주요 실험의 자료들에 접근할 수 있어야 한다. 실험이 특정 지표를 과하게 해치는 경우, 이해관계자들은 출시 결정에 관여하고자

할 수 있다. 중앙집중식 실험 플랫폼은 실험과 지표들 모두의 관점을 통합할 수 있다. 건강한 의사 결정 프로세스를 구축하기 위해 플랫폼이 제공할 수 있는 두 가지 선택적 기능은 다음과 같다.

1. 개인이 관심 있는 지표를 구독할 수 있으며 이러한 지표에 영향을 미치는 주요 실험의 요약본을 이메일로 받아 볼 수 있게 하라.

2. 실험이 부정적인 효과를 보일 경우, 실험을 확대하기 전 플랫폼은 실험 담당자가 측정 담당자와 논의하는 승인 프로세스를 시작할 수 있다. 이는 실험 시작 결정과 관련해 투명성을 제고할 뿐만 아니라 논의를 장려해서 회사에서의 실험에 대한 전반적인 지식을 높인다.

시각화 도구는 **제도적 기억**institutional memory에 접근하기 위한 관문이기도 하다(8장 참조).

마지막으로, 조직이 실험 성숙도의 유지 및 성장 단계로 이동함에 따라 조직에서 사용하는 지표의 수는 심지어 수천 단위로도 계속 증가하므로 다음 기능을 사용하는 것이 좋다.

• 지표를 계층 또는 기능별로 **다른 그룹**으로 분류. 예를 들어 링크드인은 지표를 1) 회사 전반적 2) 제품별 3) 기능별(Xu et al. 2015)의 3가지 계층으로 분류한다. 마이크로소프트는 지표를 1) 데이터 품질 2) OEC 3) 가드레일 4) 로컬 기능/진단적(Dmitriev et al. 2017)으로 그룹화한다. 구글은 링크드인과 유사한 카테고리를 사용한다. 시각화 도구는 서로 다른 지표 그룹을 분석할 수 있는 도구이다.

• 지표의 수가 증가함에 따라 **다중 테스트 문제**(Romano et al. 2016)가 더욱 중요해지며 다음과 같은 의문이 생긴다. 관계가 없어 보이는 이 지표가 왜 유의미하게 움직이는가? 교육은 도움이 되지만, 간단하면서도 효과적인 방법 중 하나는 실험자가 가장 중요한 지표로 빠르게 필터링할 수 있도록 표준 값 0.05보다 작은 p값 기준을 사용하는 것이다. 이 책의 17장에서 다중 테스트 문제를 다루기 위한 베냐민 호흐베르크(Benjamini-Hochberg) 절차와 같이 잘 연구된 접근법에 대한 더 많은 논의를 확인하라.

• **관심 지표.** 실험자가 실험 결과를 검토할 때 이미 살펴보기로 마음먹은 지표들이 있을 수 있다. 그러나 언제나 검토할 가치가 있는 다른 지표들에서 예상치 못한 움직임이 발

견된다. 플랫폼은 이러한 지표를 자동으로 식별할 수 있는데, 이는 회사에 대한 이러한 지표의 중요성, 통계적 유의성 및 거짓 양성 조정과 같은 여러 요소를 결합해서 이루어진다.

- **연관 지표.** 지표가 변화하거나 변화하지 않는 것은 종종 다른 관련 지표로 설명할 수 있다. 예를 들어 특정 페이지의 클릭률(CTR)이 높은 것은 클릭이 증가했기 때문일까, 전체 페이지수가 감소했기 때문인가? 움직임의 원인에 따라 출시 결정이 달라질 수 있다. 또 다른 예는 수익과 같이 분산이 높은 지표다. 삭감된 수익 또는 기타 지표와 같이 더욱 민감하고 분산이 낮은 지표를 사용하면 보다 많은 정보에 근거한 의사 결정이 가능해진다.

5부

——

실험 분석을 위한

고급 주제

5부에서는 주로 데이터 과학자와 통제실험의 설계 및 분석에 대한 심층적인 이해를 원하는 사람들을 위한 7가지 고급 분석 주제들을 다룬다.

먼저 t-검정, p값 및 신뢰구간 계산, 정규성 가정, 통계 검정력 및 1종/2종 오류에 대해 간략하게 설명하는 온라인 종합 대조 실험의 통계로 시작한다. 이는 메타 분석을 위한 다중 테스트 및 피셔^{Fisher}의 방법을 다룬다.

18장 '분산 추정 및 민감도 개선: 함정 및 해결책'에서는 표준 공식으로 시작하지만 그 뒤에는 매우 일반적인 함정을 해결하기 위해 필수적인 델타 방법을 소개한다. 이후 분산을 줄여 실험의 민감도를 향상시키는 방안을 검토한다.

A/A 테스트 장에서는 실험 시스템의 신뢰성을 향상시키고 소프트웨어 또는 사용된 통계의 실제 문제와 버그를 발견하기 위한 가장 좋은 방법이 무엇인지를 다룬다. 논의된 많은 함정들은 A/A 테스트로 인해 밝혀졌다.

개선된 민감도 트리거링 장에서는 조직이 이해해야 하는 중요한 개념인 '트리거링'에 대해 자세히 설명한다. 모든 실험이 모든 사용자에게 영향을 미치는 것은 아니므로 영향을 받지 않은 사용자의 노이즈를 줄이고 영향을 받는 모집단에 집중함으로써 민감도가 향상된다. 조직이 성숙함에 따라 트리거링 사용이 증가하며, 이를 활용해 문제를 분석하고 디버깅하는 데 도움이 되는 도구가 생겨난다.

다음 장에서는 샘플 비율 불일치^{SRM}, 기타 신뢰와 관련된 가드레일 지표$_{Trust-Related\ Guardrail\ metrics}$를 살펴볼 것이다. SRM은 실제로 흔히 발생하며, SRM이 있을 때 결과는 매우 긍정적이거나 부정적으로 보이지만 신뢰할 수는 없다. 결과의 신뢰성을 위해 이 테스트(및 다른 것들)를 자동적으로 실행하는 것은 상당히 중요하다.

다양한 마켓플레이스나 소셜 네트워크와 같은 몇몇 실제 시나리오에서는 실험 변수가 정보 누수를 유발할 수 있으며 이를 누수와 변수간 상호작용에서 다룰 것이다.

여전히 진행 중인 연구 주제이자 중요한 문제인 장기 실험효과 측정으로 5부를 마무리 한다. 우리는 이 목표를 달성하기 위해 몇 가지 실험 설계를 제시하고자 한다.

17

온라인 종합 대조 실험에 사용되는 통계 이론

흡연은 통계의 필요성을 알려주는 주요 요인 중 하나다.

플레처 네벨[Fletcher Knebel]

주목해야 하는 이유: 통계는 실험 설계 및 분석의 기본이다.

우리는 몇 가지 통계 개념을 소개했다. 이 장에서는 가설 검정 및 통계적 검정력을 포함해서 실험에 중요한 통계에 대해 자세히 설명한다(Lehmann, Romano 2005, Casella, Berger 2001, Kohavi, Longbotham et al. 2009).

2표본 t검정

2표본 t검정은 실험군와 대조군의 차이가 실제인지 또는 잡음인지를 결정하는 가장 일반적인 통계적 유의성 테스트이다(Student 1908; Wasserman 2004). 2표본 t검정은 분산에 대한 두 평균 간의 차이 크기를 확인한다. 차이의 유의성은 p값으로 표시된다. p값이 낮을수록 실험군과 대조군이 다르다는 증거가 더욱 확실 해진다.

2표본 t검정을 관심 지표 Y (예: 사용자당 검색어 요청)에 적용하기 위해 실험군 및 대조군에서 사용자에 대한 지표 관찰 값이 무작위 변수에 대한 상호 독립적인 관찰값인 Y^t및 Y^c라고 가정한다. 귀무가설은 Y^t와 Y^c가 평균이 같다는 것이고, 대립 가설은 그렇지 않다는 것이다(식 17.1 참조).

$$Ho: \text{평균}\left(Y^{t}\right) = \text{평균}\left(Y^{c}\right)$$
$$H_{A}: \text{평균}\left(Y^{t}\right) \neq \text{평균}\left(Y^{c}\right)$$

(17.1)

2표본 t검정은 t-통계량인 T를 기반으로 한다.

$$T = \frac{\Delta}{\sqrt{var}}\left(\Delta\right)$$

(17.2)

여기서 $\Delta = \overline{Y^{t}} - \overline{Y^{c}}$는 실험군 평균과 대조군 평균 간의 차이로, 두 평균값의 차이에 대한 불편추정치unbiased estimator [1]이다. 표본이 독립적이기 때문에[2]

$$var\left(\Delta\right) = var\left(\overline{Y^{t}} - \overline{Y^{c}}\right) = var\left(\overline{Y^{t}}\right) + var\left(\overline{Y^{c}}\right)$$

(17.3)

t- 통계량 T는 단지 정규화된 버전의 Δ이다. 직관적으로 T가 클수록 평균이 같을 가능성이 줄어든다. 다시 말해, 귀무가설을 기각할 가능성이 높다. 이를 어떻게 정량화할 것인가?

p값과 신뢰구간

이제 당신은 t-통계량 T가 있으므로 p값을 계산할 수 있다[3]. 이는 실험군과 대조군 간에 실제로 차이가 없는 경우 T가 관찰된 값 또는 더 극단적인 값을 가질 확률이다. 일반적으로 p값이 0.05보다 작은 경우 "통계적으로 유의한" 것으로 간주되지만 더 작은 p값을 기본값으로 사용해야 한다는 논쟁이 계속되고 있다(Benjamin et al. 2017). 0.01미만의 p값은 매우 유의한 것으로

---

1 편향되지 않은 추정치 – 옮긴이

2 표본이 독립이어서 공분산이 0이기 때문에 – 옮긴이

3 t-통계량 T는 t본포를 따르는 통계량으로, p값을 직접 계산하는 것보다는 t 분포표를 참조해서 찾는 것이 더 일반적이다. – 옮긴이

간주된다.

p값이 가장 잘 알려진 통계 용어 중 하나이지만 종종 잘못 해석된다. 흔한 오해 중 하나는 p값이 관찰된 데이터를 고려해 귀무가설이 참일 확률을 나타 낸다는 것이다. 대부분의 실험자들이 그들의 변수가 영향을 미치는지에 대한 확률을 기대하기 때문에 이것은 표면적으로는 합리적인 해석이다. 그러나 올 바른 해석은 거의 반대로서, 귀무가설이 참일 경우 델타나 더 극단적인 델타 를 관찰할 확률이다. 이 두 가지 해석이 어떻게 다르면서도 관련이 있는지 보 려면 베이즈^{Bayes} 규칙을 사용해서 분석하면 된다.

$$
\begin{aligned}
P(H_0 \text{가 참} \mid \Delta \text{가 관찰됨}) &= \frac{P(\Delta \text{가 관찰됨} \mid H_0 \text{가 참})\, P(H_0 \text{가 참})}{P(\Delta \text{가 관찰됨})} \\
&= \frac{P(H_0 \text{가 참})}{P(\Delta \text{가 관찰됨})} * P(\Delta \text{가 관찰됨} \mid H_0 \text{가 참}) \\
&= \frac{P(H_0 \text{가 참})}{P(\Delta \text{가 관찰됨})} * p \text{값}
\end{aligned}
\tag{17.4}
$$

식에서 알 수 있듯이 수집된 데이터를 기반으로 귀무가설이 참인지 여부 (사후 확률)를 알려면, p값뿐 아니라 귀무가설이 참일 확률을 나타내는 우도 ^{likelihood}도 필요하다.

델타가 통계적으로 유의한지 여부를 확인하는 다른 방법은 신뢰구간이 0 과 겹치는지 확인하는 것이다. 어떤 사람들은 관찰된 델타의 노이즈와 불확 실성을 해석하기 위해 p값 대신 더 직관적인 방법으로 신뢰구간을 찾는다. 95% 신뢰구간은 실제 차이를 95%의 경우에 포함하고 p값 0.05와 동등한 범위이다. 95% 신뢰구간에 0이 포함돼 있지 않거나 p값이 0.05보다 작은 경 우 델타는 0.05 유의 수준에서 통계적으로 유의하다. 대부분의 경우 델타에 대한 신뢰구간은 관측된 값 양 옆으로 각각 표준편차 2배만큼의 범위를 갖는 다.[4] 이는 델타 백분율을 포함해서 (거의) 정규 분포를 따르는 모든 통계에 해 당된다.

---

4 표준편차의 대략 1.96배가 95% 신뢰구간 너비가 된다는 점을 상기하라. - 옮긴이

정규성 가정

대부분의 경우 t- 통계량 T가 정규 분포를 따른다는 가정하에 p값을 계산하며, 귀무가설하에서 분포는 평균이 0이고 분산이 1이다. 2장의 그림 2.3에서 볼 수 있듯 p값은 정규 곡선 아래의 면적이다. 많은 사람들이 정규성 가정을 지표 Y의 표본 분포에 대한 가정으로 잘못 해석하고, 실제로 사용된 지표가 정규 분포를 따르지 않기 때문에 가정이 잘못됐다고 생각한다.[5] 그러나 대부분의 온라인 실험에서 대조군 및 실험군에 대한 표본 크기는 적어도 수천에 해당한다. Y의 표본 분포는 정규 분포를 따르지 않지만 표본 평균 $\overline{Y}$는 일반적으로 중심 극한 정리(Billingsly 1995)로 인해 정규 분포를 따른다. 그림 17.1은 Y의 표본이 베타 분포에서 추출됐을 때 그 평균의 분포가 수렴하는 것을 보여준다. 표본 크기가 증가함에 따라 표본 평균 $\overline{Y}$의 분포가 보다 정규 분포에 가까워진다.

표본 평균 $\overline{Y}$가 정규 분포를 갖기 위해 필요한 최소 표본 수에 대한 하나의 경험 법칙은 각 변수에 대해 $355s^2$(Kohavi, Deng, Longbotham et al. 2014)이며, 여기서 s는 방정식 17.5에서와 같이 정의된 지표 Y의 표본 분포의 왜도skewness이다.

$$s = \frac{E[Y - E(Y)]^3}{[Var(Y)]^{3/2}} \tag{17.5}$$

---

5 정규성이 가정된 것은 지표 평균의 차이(델타)에 대한 것이므로, 반드시 지표 자체가 정규성을 따르는 것은 아닐 수 있다. - 옮긴이

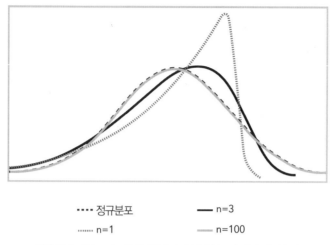

•••• 정규분포   —— n=3

······· n=1   —— n=100

그림 17.1 표본 크기 n이 증가함에 따라 평균 분포가 점차 정규화 됨.

수익과 같은 일부 지표는 왜도가 높은 경향이 있다.[6] 왜도를 줄이는 효과적인 방법 중 하나는 지표를 변경하거나 값을 제한하는 것이다. 예를 들어, 빙이 사용자당 주당 $10로 수익/사용자를 제한한 후 왜도가 18에서 5로 감소했으며 필요한 최소 표본은 114k[7]에서 10k[8]로 10배 감소했다. 이 규칙은 $|s| > 1$ 일 때 유용한 지침을 제공하지만 분포가 대칭이거나 작은 왜도를 갖는 경우 유용한 하한선을 알려주지 않는다. 한편, 왜도가 더 작을 때 더 적은 수의 표본이 필요하다는 것이 일반적이다(Tyurin 2009).[9]

2표본 t검정의 경우, 분포가 비슷한 두 변수의 차이에 집중하기 때문에 정규성 가정을 타당화하는 데 필요한 표본 수가 더 적은 경향이 있다. 실험군 및 대조군에 동일한 트래픽 할당이 있는 경우가 그러한데(Kohavi, Deng,

---

6   예를 들어, 0 미만의 값이 취해지지 않는 것과 1인이 상당한 큰 금액을 사용하는 로얄 사용자가 있는 것에 비롯된다. – 옮긴이

7   355x18x18=115020 – 옮긴이

8   355x5x5=8875 – 옮긴이

9   왜도가 작은 경우는, 원래의 분포 형태가 정규분포에 가깝기 때문이다. – 옮긴이

Longbotham et al. 2014), 차이의 분포가 대칭에 가깝기 때문이다. (특히 귀무가 설하에서 왜도가 0인 경우 완벽한 대칭을 이룬다.)

만약 표본 크기가 정규성 가정에 부합할 정도로 충분히 큰지 궁금한 경우 오프라인 시뮬레이션으로 한 번 이상 테스트하자. 실험군 및 대조군에서 표본을 무작위로 섞어 귀무가설 분포를 생성하고 Kolmogorov–Smirnov, Anderson–Darling(Razali, Wah 2011)과 같은 통계 테스트를 사용해서 분포를 정규 곡선과 비교할 수 있다.[10] 통계적 가설 검정에서는 분포의 꼬리 부분이 주요 관심사이기 때문에 1종 오류율이 사전 설정된 임계값(예: 0.05)에 의해 제한되는지 여부에만 초점을 두어 테스트 민감도를 높일 수도 있다.

정규성 가정이 맞지 않는 경우, 순열 검정(permutation test, Efron, Tibshriani 1994)을 수행하면 시뮬레이션 된 귀무가설 분포에 대한 관측치의 위치를 확인할 수 있다. 순열 테스트는 대규모로 실행하는 데 비용이 많이 들지만 보통 표본 크기가 작을 때 쓰이기 때문에 실제로 효과적이다.

1, 2종 오류 및 검정력

모든 테스트에는 오류가 있다. 가설 검정에서는 1종 및 2종 오류에 관심을 갖는다. 1종 오류는 실제 차이가 없는 경우에도 실험군과 대조군 간에 유의한 차이가 있다는 결론을 내리는 것이다. 2종 오류는 실제로 있음에도 큰 차이가 없다고 결론을 내릴 때 발생한다. p값 < 0.05인 경우에만 통계적으로 유의하다고 결론지어서 1종 오류율을 0.05로 통제할 수 있다. 분명히 이 두 가지 오류 사이에는 상충 관계가 있다. p값 임계값이 높을수록 1종 오류율은 높아지지만 실제 차이를 놓칠 가능성이 낮아 2종 오류율이 낮아진다.

2종 오류의 개념은 검정력[Power]으로 더 잘 알려져 있다. 검정력은 실제로 차이가 있을 때 변수 사이의 차이를 감지할 가능성, 즉 귀무가설을 거부할 확률이다(식 17.6 참조).

---

10 정확히는 이 분포가 정규분포의 가정을 만족하고 있지 않다는 귀무가설에 대한 테스트이며, 가정을 만족하고 있다는 귀무가설에 대한 테스트는 아니다. – 옮긴이

$$\text{검정력(Power)} = 1 - \text{2종 오류} \qquad (17.6)$$

검정력은 델타 δ로 파라미터화된다. 델타는 테스트에서 관심 있는 최소한의 차이 수준을 표현한다. 수학적으로, 원하는 신뢰수준을 95%로 가정할 때, 식은 (17.7)에서와 같이 된다.

$$\text{Power}_\delta = P(|T| \geq 1.96 | \text{실제 차이가 } \delta). \qquad (17.7)$$

업계 표준은 테스트에서 80% 이상의 검정력을 달성하는 것이다. 따라서 충분한 검정력을 달성하기 위해 필요한 표본 수를 결정하기 위해, 실험을 시작하기 전에 검정력 분석을 수행하는 것이 일반적이다. 실험군과 대조군의 크기가 같다고 가정하면, 두 집단 모두에서 80%의 검정력을 달성하는 데 필요한 총 표본 수는 위의 검정력 공식에서 도출할 수 있으며 식 17.8 (van Belle 2008)에 의해 근사치를 구할 수 있다.

$$n \approx \frac{16\sigma^2}{\delta^2} \qquad (17.8)$$

여기서 σ^2는 표본 분산이고 δ는 실험군과 대조군의 차이이다. 사람들이 묻는 일반적인 질문은 실험을 시작하기 전에 δ를 어떻게 알 수 있는가이다. 참 δ를 알 수 없다는 것이 사실이고, 이것이 실험을 시행해야 하는 이유이다.

○ 작은 차이들에 검정력이 낮다

⟨⟩ 큰 차이들에 검정력이 높다

그림 17.2 통계적 검정력과 "틀린 그림 찾기" 게임의 유추
감지하고자 하는 차이가 클수록 검정력이 높아진다.

그러나 우리는 실제로 중요한 δ의 크기를 알고 있다. 예를 들어 0.1%의 차이를 감지하지 못하는 것은 괜찮지만 1%의 수익 감소는 그렇지 않다. 이 경우 0.1%는 실질적으로 유의하지 않지만 1%는 중요하다. 필요한 최소 표본 크기를 추정하려면 실제적으로 의미 있는 최소의 δ를 사용하라. (최소 검출 가능 효과라고도 함)

온라인 실험의 경우, 온라인 사용자가 오랜 기간에 걸쳐 방문하기에 표본 크기 추정이 더 복잡해지며, 이런 경우 실험 기간 또한 실험의 실제 표본 크기에서 중요한 역할을 한다. 랜덤화 단위에 따라 표본 분산 σ^2도 시간에 따라 변할 수 있다. 또 다른 문제는 트리거된 분석(20장 참조)에서 트리거 조건이 실험에 따라 바뀌기 때문에 값 σ^2및 δ가 변한다는 것이다. 이러한 이유로, 15장에서는 대부분의 온라인 실험의 트래픽 할당 및 기간을 결정하는 보다 실용적인 접근 방식을 제시한다.

우리는 통계적 검정력의 개념에 대한 일반적인 오해에 대해 강조하고자 한다. 많은 사람들이 검정력을 테스트의 절대적 특성으로 생각하고 감지하려는 효과의 크기와 관련이 있다는 사실을 잊는다. 10%의 차이를 감지할 수 있는 실험이 1%의 차이는 감지하지 못할 수도 있다. 좋은 비유는 "틀린 그림 찾기" 게임이다. 그림 17.2에서 보듯이 반점(실선 원)에 비해 더 큰 차이를 보여주는 수련의 잎(점선 원)을 감지하기 쉽다.

알다시피 검정력 분석은 1종 및 2종 오류와 밀접한 관련이 있다. Gelman, Carlin(2014)은 표본 크기가 작을 때에는 a) 추정이 잘못된 방향에 있을 확률(유형 S [sign] 오류) 및 b) 효과의 중요도가 과대 평가될 수 있는 요인(유형 M [크기] 오류 또는 과장 비율)을 계산하는 것이 중요하다고 주장한다.

편향

실험 결과에서 추정치와 평균의 실제 값이 시스템적으로 다를 때 편향이 발생한다. 이는 플랫폼 버그, 결함 있는 실험 설계 또는 회사 직원 또는 테스트 계정과 같은 대표성이 떨어지는 표본으로 인해 발생할 수 있다. 3장에서 예방 및 발견을 위한 몇 가지 예와 권장 사항에 대해 설명한다.

다중 테스트

각 실험마다 수백 개의 지표를 계산하기에, 일반적으로 실험자들로부터 "왜 관련성이 없는 지표가 통계적으로 유의합니까?" 라는 질문을 받는다. 이에 대응하는 간단한 방법이 있다. 실험에 대해 100개의 지표를 계산하는 경우, 변수가 아무 효과가 없을 때에도 통계적으로 유의한 지표는 몇 개나 될까? 유의 수준이 5%이면 답은 약 5이다(지표들이 독립적이라고 가정). 문제는 수백 개의 실험을 수행하고 각 실험을 반복해야할 때 더욱 심해진다. 여러 가지를 병렬로 테스트할 때 허위 발견 수가 증가한다. 이것을 "다중 테스트" 문제라고 한다.

다중 테스트에서 1종 및 2종 오류가 여전히 합리적으로 통제되도록 하려면 어떻게 해야 하는가? 이에 대해서는 잘 연구된 접근법이 많지만, 대부분의 접근 방식은 단순하지만 너무 보수적이거나 복잡해서 접근성이 떨어진다. 예를 들어, 일관성은 있지만 훨씬 더 작은 p값 임계값 (0.05를 테스트 수로 나눈 값)을 사용하는 유명한 Bonferroni 교정은 전자의 범주에 속한다. Benjamini-Hochberg 절차(Hochberg, Benjamini 1995)는 서로 다른 테스트에 대해 다양한 p값 임계값을 사용하는 것이며, 후자의 범주에 속한다.

지표가 예기치 않게 유의하게 나타날 경우 어떻게 해야 하는가? 다음은 간단한 2단계 규칙이다.

1. 모든 지표를 세 그룹으로 분리하라.
   - 1차 지표: 실험에 영향을 받을 것으로 예상되는 지표

- 2차 지표: 잠재적으로 영향을 받을 수 있는 지표 (예: 자기잠식(cannibalization)을 통해)
- 3차 지표: 영향을 받지 않을 것들

2. 각 그룹에 계층별 유의 수준을 적용한다(예: 각 0.05, 0.01 및 0.001).

이러한 경험 법칙은 흥미로운 베이지안 해석을 기반으로 한다. 실험을 실행하기 전에 귀무가설 (H_0)이 얼마나 옳다고 생각하는가? 믿음이 강할수록 사용해야 하는 유의 수준이 낮아진다.

피셔의 메타 분석

우리는 8장에서 과거의 실험에 대한 메타 분석을 기반으로 패턴을 식별하고, 제도적 기억을 만들고 활용하는 방법에 대해 논의한다. 이번 섹션에서는 특히 동일한 가설에 대한 여러 테스트 결과를 결합하는 데 주목한다. 예를 들어, 놀라운 결과를 얻은 실험을 반복하는 것은 일반적인 방법이다. 반복은 이전 실험에 할당되지 않은 사용자나 독립적인 랜덤화를 통해 수행된다. 이 두 실험(원본과 반복)은 서로 독립적으로 p값을 생성한다. 직관적으로 두 p값이 모두 0.05보다 작으면 하나의 p값이 0.05보다 작은 것보다 훨씬 강력한 증거가 된다. Fisher는 그의 메타 분석 방법(Fisher 1925)에서 이 직관을 공식화하며, 식 17.9에 표시된 것처럼 여러 독립적인 통계 검정의 p값을 하나의 검정 통계량으로 결합할 수 있다고 밝힌다.

$$X_{2k}^2 = -2 \sum_{i=1}^{k} ln\left(p_i\right) \tag{17.9}$$

여기서 p_i는 i번째 가설 검정의 p값이다. 모든 k 귀무가설이 참이면 이 검정 통계량은 $2k$ 자유도[11]의 카이 제곱 분포chi-square distribution를 따른다. Brown

---

11 용어를 명확히 하게 하기 위해, 여기서 2k는 k의 2배이지 2,000이 아니다. – 옮긴이

(1975)은 Fisher의 방법을 p값이 독립적이지 않은 경우에까지 확장한다. Edgington (1972), Volumne 80 (2) 및 Mudholkar, George (1979)와 같은 다른 p값의 결합 방법이 있다. 자세한 내용은 Hedges, Olkin (2014)을 참조하라.

일반적으로 Fisher의 방법(또는 기타 메타 분석 기술)은 검정력을 높이고 거짓 양성을 줄이는 데 유용하다.[12] 때때로 최대 검정력 트래픽 할당(15장 참조) 및 분산 감소(22장 참조)와 같은 모든 검정력 증가 기술을 적용한 후에도 검정력이 저하될 수 있다. 이 경우 같은 실험(또는 유사한 실험)을 다양한 방법으로 반복하고 Fisher의 방법으로 결합하는 것을 고려할 수 있다.

---

12 역자주: 특히 다중테스트(다중검정)의 함정을 피할 수 있기 때문이다. – 옮긴이

18

분산 추정 및 민감도 개선:
함정 및 해결책

검정력이 높으면, 효과의 크기가 작을 수 있다.

Unknown

주목해야 하는 이유: 신뢰할 수 있는 방식으로 실험을 분석할 수 없는 경우에 실험을 수행하는 게 의미가 있을까? 분산은 실험 분석의 핵심이다. 이제까지 소개한 대부분의 주요 통계적 개념 (통계적 유의성, p값, 검정력 및 신뢰구간)은 분산과 관련이 있다. 따라서 분산을 정확하게 추정하는 것뿐만 아니라 통계적 가설 검정의 민감도를 얻기 위해 분산을 줄이는 방법을 이해하는 것은 매우 중요하다.

이 장에서는 p값과 신뢰구간 계산에 가장 중요한 요소인 분산에 대해 설명한다. 우리는 주로 두 가지 주제, 즉 분산 추정에서의 일반적인 함정(및 해결책)과 민감도를 향상시키기 위해 분산을 줄이는 기법에 중점을 둔다.

$i = 1, ..., n$ 개의 독립적으로 동일하게 분포된(i.i.d.) 표본을 사용해서 지표 평균의 분산을 계산하기 위한 일반적인 절차를 살펴 보자. 대부분의 경우 i는 사용자지만 세션, 페이지, 날짜 등이 될 수도 있다.

- 지표를 계산하라(평균). $\bar{Y} = \frac{1}{n}\sum_{i=1}^{n} Y_i$
- 표본의 분산을 계산하라. $var(Y) = \hat{\sigma}^2 = \frac{1}{n-1}\sum_{i=1}^{n}(Y_i - \bar{Y})^2$

- n의 비율로 스케일링된 표본 분산인 '지표 평균의 분산'을 계산하라.

$$var(\overline{Y}) = var(\frac{1}{n}\sum_{i=1}^{n} Y_i) = \frac{1}{n^2} * n * var(Y) = \frac{\sigma^2}{n}$$

일반적인 함정

분산을 잘못 추정하면 p값과 신뢰구간이 잘못돼 가설 검정의 결론에 오류가 발생한다. 분산을 실제보다 크게 추정하면 거짓 음성[false negative]으로, 분산을 실제보다 과소추정하면 거짓 양성[false positive]으로 이어진다. 여기에 분산 추정과 관련해 몇 가지 일반적인 함정이 있다.

델타 vs. 델타 %

실험 결과를 보고할 때 절대적 차이 대신 상대적 차이를 사용하는 것이 매우 일반적이다. 일반 사용자의 세션이 평균보다 0.01개 더 많다는 것이 얼마나 더 많은 것인지 판단하고, 그것이 다른 지표에 미치는 영향을 파악하는 것은 어려운 일이다. 의사 결정자들은 일반적으로 1% 세션 증가의 의미를 이해한다. 퍼센트 델타라고 하는 상대적인 차이는 다음과 같이 정의된다.

$$\Delta\% = \frac{\Delta}{\overline{Y}^c} \tag{18.1}$$

$\Delta\%$의 신뢰구간을 올바르게 추정하려면 분산을 추정해야 한다. 델타의 분산은 각 요소의 분산의 합이다.

$$var(\Delta) = var(\overline{Y}^t - \overline{Y}^c) = var(\overline{Y}^t) + var(\overline{Y}^c) \tag{18.2}$$

$\Delta\%$의 분산을 추정하기 위해서 하는 일반적인 실수는 $var(\Delta)$을 $\overline{Y}^{c^2}$로 나누는 것, 즉 $\frac{var(\Delta)}{\overline{Y}^{c^2}}$로 추정하는 것이다. $\overline{Y}^c$ 자체가 임의 변수이기 때문에

이렇게 해서는 안 된다. 분산을 추정하는 올바른 방법은 다음과 같다.

$$var(\Delta\%) = var\left(\frac{\overline{Y^t} - \overline{Y^c}}{\overline{Y^c}}\right) = var\left(\frac{\overline{Y^t}}{\overline{Y^c}}\right) \tag{18.3}$$

아래 섹션에서 비율의 분산을 추정하는 방법에 대해 논의한다.

비율 지표. 분석 단위가 실험 단위와 다른 경우

많은 중요한 지표들은 두 지표의 비율에서 비롯된다. 예를 들어 클릭률^{CTR}
은 일반적으로 총 클릭 수 대 총 페이지 뷰 수의 비율로 정의된다. 클릭당 수
익은 총 클릭 수 대비 총 수익의 비율로 정의된다. 사용자당 클릭 수 또는 사
용자당 수익과 같은 지표와 달리 두 지표의 비율을 사용하면 분석 단위는 더
이상 사용자가 아니라 페이지 뷰 또는 클릭이 된다. 실험이 사용자 단위로 랜
덤화되면 분산 추정에 어려움이 생길 수 있다.[1]

분산 공식 $var(Y) = \hat{\sigma}^2 = \frac{1}{n-1}\sum_{i=1}^{n}(Y_i - \overline{Y})^2$이 매우 간단하고
우아해서 뒤에 숨겨진 중요한 가정을 잊기 쉽다. 이는 표본 $(Y_1, ..., Y_n)$이
i.i.d. (독립적으로 동일하게 분포됨)거나 적어도 서로 상관관계가 없어야 한다
는 것이다. 분석 단위가 실험 랜덤화 단위와 동일한 경우 이 가정이 충족되지
만, 그렇지 않은 경우에는 일반적으로 위반된다. 사용자 수준 지표의 경우 각
Y_i는 사용자의 측정 값을 나타낸다. 이 경우 분석 단위는 실험 단위와 일치하
므로 i.i.d. 가정이 유효하다. 그러나 페이지 수준 지표의 경우 각 Y_i는 페이
지에 대한 측정 값을 나타내며 실험은 사용자에 의해 랜덤화되므로 Y_1, Y_2와
Y_3은 모두 동일한 사용자의 것일 수 있으며 서로 상관관계가 있다. 이러한
"상관관계"로 인해, 위의 간단한 공식으로 계산된 분산은 편향되게 된다.

분산을 정확하게 추정하기 위해 비율 지표를 "사용자 수준 지표의 평균"의

---

1 14장 참조 – 옮긴이

비율로 작성할 수 있다(식 18.4 참조).[2]

$$M = \frac{\bar{X}}{\bar{Y}} \qquad (18.4)$$

$\bar{X}$와 $\bar{Y}$는 극한에서 이변량 결합 정규분포로 수렴하므로, 두 평균의 비율인 M도 정규 분포이다. 따라서 델타 방법으로 분산을 (Deng et al. 2017)과 같이 추정할 수 있다(식 18.5 참조).

$$var(M) = \frac{1}{\bar{Y}^2} var(\bar{X}) + \frac{\bar{X}^2}{\bar{Y}^4} var(\bar{Y}) - 2\frac{\bar{X}}{\bar{Y}^3} cov(\bar{X}, \bar{Y}) \quad (18.5)$$

$\Delta\%$의 경우, Y^t와 Y^c는 독립적이므로 식 18.6을 참조하라.

$$var(\Delta\%) = \frac{1}{\overline{Y^c}^2} var(\overline{Y^t}) + \frac{\overline{Y^t}^2}{\overline{Y^c}^4} var(\overline{Y^c}) \qquad (18.6)$$

실험군과 대조군 평균이 크게 다를 경우 이 값은 잘못된 값인 $\frac{var(\Delta)}{\overline{Y^c}^2}$ 와 매우 다르다.

두 개의 사용자 수준 지표의 비율로 기록할 수 없는 지표(예: 페이지로드 시간의 90%에 해당하는 값)가 있다. 이러한 지표의 경우 대체replacement하는 샘플링 방식으로 랜덤화를 하며, 이 작업을 반복해서 분산을 추정하는 부트스트랩 방법(Efron, Tibshriani 1994)을 사용해야한다. 부트스트랩은 계산 비용이 많이 들지만, 강력한 기술이며 광범위하게 적용 가능하고 델타 방법을 보완한다.

이상치

---

2 사용자 마다의 비율 지표를 계산하고, 이 값을 실험군 내에서 평균한다. – 옮긴이

이상치outlier는 다양한 형태로 존재한다. 가장 일반적인 것은 봇이나 스팸 행위로 인해 많은 페이지 뷰를 클릭하거나 수행하는 것이다. 이상치는 평균과 분산 모두에 큰 영향을 미친다. 다음 시뮬레이션이 보여주듯이, 통계 테스트에서 분산에 대한 영향이 평균에 대한 영향보다 더 큰 경향이 있다.

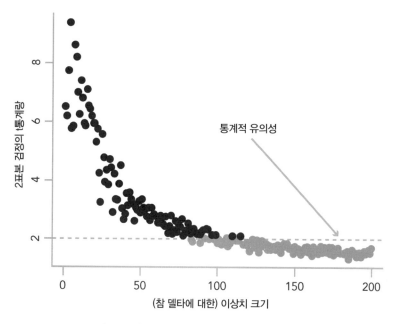

그림 18.1 시뮬레이션에서 (단일) 이상치의 크기를 늘리면
2표본 검정이 매우 유의한 것에서 전혀 유의하지 않은 것이 된다.

시뮬레이션에서 실험군은 대조군에 대한 양(+)의 참 델타를 갖는다. 우리는 실험 집단에 하나의 양의 이상치를 추가한다. 이상치의 크기는 델타 크기의 배수이다. 승수(상대 크기)를 변경하면 이상치가 실험군의 평균을 증가시키는 반면 분산(또는 표준편차)이 더 많이 증가함을 알 수 있다. 결과적으로 그림 18.1에서 이상치의 상대적 크기가 증가함에 따라 t−통계량이 감소하고 결과적으로 검정이 더 이상 통계적으로 유의하지 않음을 알 수 있다.

분산을 추정할 때 이상치를 제거하는 것이 중요하다. 실용적이고 효과적인 방법 하나는 합리적인 임계값 이하의 값으로 관측값을 제한하는 것이다.

예를 들어, 사용자가 하루에 500번 이상 검색하거나 1,000회가 넘는 페이지 뷰를 보일 가능성이 없다. 이외에도 다른 많은 이상치 제거 기법들이 있다 (Hodge, Austin 2004).

민감도 향상

종합 대조 실험을 실행할 때 실험 효과가 있는 경우라면 우리는 그것을 감지하고자 한다. 이 감지 능력은 일반적으로 검정력 또는 민감도라고 불린다. 민감도를 향상시키는 한 가지 방법은 분산을 줄이는 것이다. 분산을 줄이는 방법 중 몇 가지는 아래와 같다.

- 유사한 정보를 포함하면서도 더 적은 분산을 가진 평가 지표를 만들어라. 예를 들어, 검색 수는 검색자 수보다 분산이 더 높다. 또한 구매 금액(실제 가치)은 구매 여부(구매했음과 하지 않았음으로 구분)보다 분산이 더 크다. Kohavi et al.(2009)는 구매 여부 지출 대신 전환율을 사용해 필요한 표본 크기를 3.3배로 줄인 구체적인 예를 제시한다.

- 값 제한, 이진화 또는 로그 변환을 통해 지표를 변환하라. 예를 들어, 넷플릭스는 평균 스트리밍 시간을 사용하는 대신 이진 지표를 사용해서 사용자가 지정된 기간 동안 x시간 이상을 스트리밍했는지 여부를 나타내는 지표를 사용한다(Xie, Aurisset 2016). 두껍고 긴 꼬리를 가지는 지표며 해석력이 중요하지 않을 경우 로그 변환을 고려하라. 그러나 수익과 같은 일부 지표는 로그 변환 버전이 비즈니스를 최적화하기에 좋은 목표가 아닐 수 있다.

- 트리거 분석을 사용하라 (20장 참조). 이것은 변수의 영향을 받지 않는 사람들에 의해 발생하는 노이즈를 제거하는 좋은 방법이다.

- 계층화, 통제변수 또는 CUPED [3]를 사용하라(Deng 외 2013). 계층화는 샘플링 영역을 계층으로 나누고 각 층 내에서 개별적으로 샘플을 수집한 다음 전체 추정치에 대해 개별 층의 결과를 결합하는 것으로, 계층화 없이 추정하는 것보다 일반적으로 분산이 작다. 일반적인 계층으로는 플랫폼(데스크톱과 모바일), 브라우저 유형(크롬, 파이어폭스와 엣지) 및 요일 등이 가능하다. 계층화는 샘플링 단계(런타임)에서 흔히 수행되지만 일

---

3   Controlled Experiments by Utilizing Pre-Experiment Data - 옮긴이

반적으로 대규모로 구현하는 데는 비용이 많이 든다. 따라서 대부분의 응용 프로그램은 분석 단계 동안 계층화를 소급해 적용하는 사후 계층화를 사용한다. 사후 계층화는 표본 크기가 큰 경우 계층화된 샘플링처럼 작동하지만 표본 크기가 작고 표본 간 변동성이 큰 경우 분산이 줄지 않을 수 있다. 통제변수는 계층화와 유사한 아이디어를 기반으로 하지만 공변량을 층을 구성하는 데 쓰는 대신 회귀 변수로 사용한다.[4] CUPED는 온라인 실험에서 사전 실험 데이터를 통제 변수로 활용하는 방법이다(Soriano 2017, Xie, Aurisset 2016, Jackson 2018, Deb et al. 2018). Xie, Aurisset (2016) 은 넷플릭스 실험에서 계층화, 사후 계층화와 CUPED의 성능을 비교한다.

- 더 세분화된 단위로 랜덤화하라. 예를 들어, 페이지 로드 시간 지표에 관심이 있는 경우 페이지 당 랜덤화로 표본 크기를 상당히 늘릴 수 있다. 또한 검색어별 지표를 보고 있는 경우 검색어 별로 무작위 추출해 분산을 줄일 수 있다. 하지만 사용자보다 작은 랜덤화 단위는 다음과 같은 단점이 있다.[5]

  ◦ 실험에서 UI를 눈에 띄게 변경하려는 경우, 동일한 사용자에게 일관되지 않은 UI를 제공하게 되면 사용자 경험에 나쁜 영향을 끼친다.

  ◦ 시간에 따른 사용자 수준의 영향을 측정하는 것은 불가능하다 (예: 사용자의 재방문).

- 쌍으로 묶인 실험을 설계하라. 동일한 사용자에게 실험군과 대조군의 디자인을 모두 제공할 수 있다면 사용자 간 변동 효과를 제거하고 분산을 더 작게 만들 수 있다. 랭킹 방식을 평가하는 일반적인 방법 중 하나는 교차배포(interleaving) 설계로, 두 순위 목록을 교차배포하고 사용자에게 합쳐진 목록을 제공하는 것이다(Chapelle et al. 2012, Radlinski, Craswell 2013).

- 대조 집단을 통합하라[6]. 트래픽을 분할하는 실험이 여러 개이며 각각에 고유한 대조군이 있는 경우 별도의 대조군을 한 데 모아 더 큰 공유 대조 집단을 구성하는 것이 좋다. 각 실험군을 공유 대조군과 비교하면 관련된 모든 실험의 검정력이 증가한다. 대조 집단과 비교하는 모든 실험군의 크기를 알고 있다면 공유 대조군에 대한 최적의 크기를 수학적으로 도출할 수 있다. 실제로 이를 구현하기 위한 고려 사항은 다음과 같다.

---

4 공변량을 설명변수, 지표를 목적변수로 해서 다중회귀분석을 행한다. 공변량에 의한 지표에의 영향(편향)을 측정하고, 이를 제거하는 방법이다. – 옮긴이

5 보다 상세한 논의는 14장을 참조하라. – 옮긴이

6 나눠져 있는 집단을 한데 모아 관리 – 옮긴이

- 각 실험마다 고유한 트리거 조건이 있는 경우 동일한 대조군을 사용하기 어려울 수 있다.
- 실험군끼리 직접적으로 비교하고 싶을 수 있다. 대조군에 대한 테스트와 비교할 때 이러한 비교에서 통계적 검정력은 얼마나 중요한가?
- 합쳐진 대조군이 실험군 집단보다 클 가능성이 높지만, 비교할 때는 동일한 크기의 실험군과 대조군을 사용하는 것이 좋다. 실험 집단이 크기가 비슷하면 정규 수렴 속도를 빠르게 하고(17장 참조) 캐시 크기에 대해 있을 수 있는 우려를 줄여준다(캐시 구현 방법에 따라 다름).

기타 통계량들의 분산

이 책의 대부분의 논의에서 우리는 관심 통계량이 평균이라고 가정한다. 분위수quantile와 같은 다른 통계량에 관심이 있다면 어떻게 해야 할까? PLTpage-load-time와 같은 시간 기반 지표의 경우 사이트 속도 성능을 측정하기 위해 평균이 아닌 분위수를 사용하는 것이 일반적이다. 예를 들어, 90번째 또는 95번째 백분위 수는 일반적으로 사용자 참여 관련 로드 시간을 측정할 때 사용하고, 99번째 백분위 수는 서버 측 지연 시간을 측정할 때 사용한다.

분포의 꼬리 확률을 찾아 통계 테스트를 수행하기 위해 항상 부트스트랩을 사용할 수 있지만 데이터 크기가 커짐에 따라 계산 비용이 많이 든다. 반면에 통계량이 점근적으로 정규 분포를 따르는 경우 적은 계산 비용으로 분산을 추정할 수 있다. 예를 들어, 분위수 지표에 대한 분산의 점근값은 밀도의 함수이다(Lehmann, Romano 2005). 따라서 밀도를 추정하면 분산을 추정할 수 있다.

또 다른 복잡한 문제가 있다. 대부분의 시간 기반 지표는 이벤트/페이지 수준에 있으며 실험은 사용자 수준에서 랜덤화된다. 이 경우 밀도 추정과 델타 방법의 조합을 적용하라(Liu et al. 2018).

19

A/A 테스트

모든 것이 제어되고 있는 상황이라면,
그건 충분히 빠르게 못 나아가고 있다는 뜻이다.

마리오 안드레티^{Mario Andretti}

모든 것이 제어되고 있는 상황이라면, [1]
당신은 A/A 테스트를 실행하고 있다.

로니 코 하비^{Ronny Kohavi} [2]

주목해야 하는 이유: A/A 테스트 실행은 실험 플랫폼에 대한 신뢰를 구축하는 데 중요한 부분이다. 이 아이디어가 매우 유용한 이유는 현실에서는 A/A 테스트가 실패하는 것을 발견할 수 있고, 이에 따라 가정을 재평가하고 오류를 식별할 수 있기 때문이다.

A/A 테스트의 개념은 간단하다. 일반 A/B 테스트에서와 같이 사용자를 두 그룹으로 나누지만 B를 A와 동일하게 만든다(따라서 A/A 테스트라고 함). 시스템이 올바르게 작동하는 경우, 반복 시행에서 약 5%의 경우에 주어진 지표는 0.05 미만의 p값을 지니며 통계적으로 유의해야 한다. p값을 계산하기 위해

---

1 모두가 제어되고 있으므로, 모두가 대조군이라는 은유적 표현이다. – 옮긴이

2 https://twitter.com/ronnyk/status/794357535302029312

t-검정을 수행할 때 반복 시행에서 얻은 p값 분포는 균등분포에 가까워야 한다.

A/A 테스트가 필요한 이유

종합 대조 실험의 이론은 잘 알려져 있지만 실제로 구현할 때에는 여러 가지 함정이 있다. Null 테스트(Peterson 2004)라고도 하는 A/A 테스트(Kohavi, Longbotham et al. 2009)는 실험 플랫폼에 대한 신뢰를 구축하는 데 매우 유용하다.

A/A 테스트는 A/B 테스트와 동일하지만 실험군 및 대조군의 사용자가 동일한 경험을 한다는 점에서 다르다. 다음과 같은 여러 목적으로 A/A 테스트를 사용할 수 있다.

- 1종 오류가 예상대로 통제되는지(예: 5%) 확인하라. 예를 들어, 이 장 뒷부분의 예시 1에서 볼 수 있듯이 표준 분산 계산은 일부 지표에 대해 올바르지 않거나 정규성 가정이 유지되지 않을 수 있다. 예상 밖의 비율로 실패하는 A/A 테스트는 해결해야 할 문제가 있음을 암시한다.

- 지표의 변동성 평가. 더 많은 사용자가 실험에 참여함에 따라 시간에 따른 지표 분산의 변화를 확인하기 위해 A/A 테스트의 데이터를 조사할 수 있으며, 평균 분산의 예측되는 감소가 일어나지 않음을 알게 될 수도 있다(Kohavi et al. 2012).

- 특히 이전 실험의 모집단을 재사용하는 경우 실험군 사용자와 대조군 사용자 간에 편향이 없는지 확인하라. A/A 테스트는 특히 플랫폼 수준에서 도입된 편향을 식별하는 데 매우 효과적이다. 예를 들어 빙은 연속 A/A 테스트를 사용해서 이월 효과 (또는 잔여 효과)를 식별하는데, 이는 이전 실험은 같은 사용자에 대해 실행되는 후속 실험에 영향을 미치기 때문이다(Kohavi et al. 2012).

- 기록 시스템과 데이터를 비교하라. A/A 테스트는 보통 조직에서 종합 대조 실험을 사용하기 전에 첫 번째 단계로 사용된다. 별도의 로깅 시스템을 사용해서 데이터를 수집하는 경우 추천할 만한 검증 절차는 주요 지표(예: 사용자 수, 수익, 클릭률(CTR))가 기록 시스템과 일치하는지 확인하는 것이다.

- 기록 시스템에 실험 중 X명의 사용자가 웹사이트를 방문하고 실험군과 대조군에 20% 씩 할당했을 때, 실제로 각각 약 20%의 사용자가 나타나는가? 놓치고 있는 사용자는 없는가?

- 통계적 검정력 계산을 위한 분산을 추정하라. A/A 테스트는 최소한의 감지 가능한 효과를 얻기 위해 얼마나 오랫동안 A/B 테스트를 실행해야 하는지 결정하는 데 도움이 되는 지표의 분산을 제공한다.

우리는 분포 불일치와 플랫폼 이상을 포함한 문제를 발견하기 위해 다른 실험과 병행해서 계속해서 A/A 테스트를 실행하는 것을 강력하게 추천한다.

다음 예시들을 통해 A/A 테스트를 하는 이유와 방법에 대해 자세히 살펴보자.

예시 1: 분석 단위가 랜덤화 단위와 다르다

14장에서 논의했듯이 사용자별로 랜덤화하고, 페이지별로 분석을 하는 것이 필요한 실험이 있을 수 있다. 예를 들어, 경고 시스템은 일반적으로 거의 실시간으로 모든 페이지를 집계함으로써 페이지 로드 시간^{PLT}과 클릭율^{CTR}을 추적한다. 따라서 페이지별로 실험효과를 추정해야 하는 경우가 흔히 발생한다.

이제 CTR을 살펴보고 각각 다른 분석 단위를 사용해서 CTR을 계산하는 두 가지 일반적인 방법에 대해 논의하고자 한다. 첫 번째는 클릭 수를 계산하고 페이지 뷰 수로 나누는 것이다. 두 번째는 각 사용자의 CTR을 평균한 다음 모든 CTR의 평균을 산출하는 것이다. 사용자 수준에서 무작위 추출을 수행한다면 첫 번째 메커니즘은 랜덤화 단위와 분석 단위가 다르기에 독립 가정을 위반해서 분산 계산을 더 복잡하게 한다.

이 예시에서는 두 가지 방법을 모두 분석한 다음 결과를 비교해 볼 것이다. 여기서 n은 사용자 수이며 K_i는 사용자 i의 페이지 뷰 수이다. $N = \sum_{i=1}^{n} K_i$은 총 페이지 뷰 수이며, $X_{i,j}$는 사용자 i가 페이지 j를 클릭한 수이다. 이제 CTR에 대한 두 가지 합리적인 정의를 살펴보자.

1. 모든 클릭 수를 계산하고 식 19.1에 나타난 대로 총 페이지 뷰 수로 나누어라.

$$CTR_1 = \left.\sum_{i=1}^{n}\sum_{j=1}^{K_j} X_{i,j} \middle/ N\right. \tag{19.1}$$

두 명의 사용자가 있는데, 한 명은 클릭 없이 한 번의 페이지 뷰가 있으며, 다른 한 명은 두 페이지를 방문해서 각각 한 번씩 클릭한 경우(식 19.2 참조) :

$$CTR_1 = \frac{0+2}{1+2} = \frac{2}{3} \tag{19.2}$$

2. 각 사용자의 CTR의 평균을 낸 다음 모든 CTR의 평균을 계산하라(식 19.3 참조).

$$CTR_2 = \left.\sum_{i=1}^{n} \frac{\sum_{j=1}^{K_j} X_{i,j}}{K_i} \middle/ n\right. \tag{19.3}$$

정의 1의 예를 적용하려면 (식 19.4 참조) :

$$CTR_2 = \left.\frac{\dfrac{0}{1} + \dfrac{2}{2}}{2}\right. = \frac{1}{2} \tag{19.4}$$

이러한 정의에는 옳고 그름이 없으며 둘 다 CTR에 유용한 정의이지만 평균하는 방법이 달라지면 다른 결과가 나온다. 실제로는 두 지표 모두 스코어보드에 표시하는 경우가 흔하지만, 일반적으로 봇으로 인해 페이지 뷰나 클릭수가 큰 값을 가지는 이상치에 대해 영향을 덜 받는 정의 2를 권장한다.

분산을 계산할 때 실수하기가 쉽다. A/B 테스트가 사용자 단위로 무작위 추출되면 첫 번째 정의를 사용해서 분산을 계산할 때 다음과 같은 결과를 얻는다(공식 19.5 참조).

$$VAR(CTR_1) = \left.\sum_{i=1}^{n}\sum_{j=1}^{K_i} (X_{ij} - CTR_1)^2 \middle/ N^2\right. \tag{19.5}$$

이것은 X_{ij}가 독립적이라고 가정하기 때문에 올바르지 않다(14장 및 18장 참조). 분산의 불편 추정치를 계산하려면 델타 방법 또는 부트스트랩을 사용하라(Tang et al. 2010, Deng et al. 2011, Deng, Lu, Litz 2017).

우리가 이 문제에 처음 관심을 가졌던 것은 독립성 가정의 위반을 이론적으로 발견했기 때문이 아니라, A/A 테스트를 통해 CTR_1이 예상했던 5%보다도 훨씬 더 많은 빈도로 통계적으로 유의했기 때문이었다.

예시 2: 옵티마이즐리(Optimizely)[3]는 결과가 통계적으로 유의미할 때 종료하는 것을 권장했다

『A/B Testing』(Siroker, Koomen 2013) 책에서는 "테스트가 통계적으로 유의한 수준에 도달하면 답을 얻을 수 있다." 그리고 "테스트는 통계적으로 유의한 결론에 도달했을 때 …"와 같이 실험 종료를 위한 잘못된 절차를 제안한다(Kohavi 2014). 일반적으로 사용되는 통계학에서는 실험의 마지막에 한 번의 테스트가 수행하는 것을 전제로 하는데, 중간 과정에서 테스트를 수행하는 것(결과 미리 보기, 즉 결과의 peeking)은 이러한 가정을 위반하며 예상보다 많은 거짓 양성 결과를 도출한다.

옵티마이즐리의 초기 버전은 이러한 중간 과정 테스트(를 통한 결과 미리보기)와 조기 종료를 장려했으며 이는 수많은 거짓 개선을 야기했다. 일부 실험자들이 A/A 테스트를 통해 이를 알아챘으며 이는 "어떻게 옵티마이즐리가 나를 해고당하게 하였는가"(Borden 2014)와 같은 기사로 이어졌다. 훌륭하게도, 옵티마이즐리는 라메쉬 조하리, 레오 페켈리스, 데이비드 월시와 같은 해당 분야의 전문가와 협력해서 이들의 평가를 반영한 '옵티마이즐리의 새로운 통계 엔진'(Pekelis 2015, Pekelis, Walsh, Johari 2015)이라는 이름을 붙였다. 그들은 용어집에서 A/A 테스트를 다룬다(Optimizely 2018a).

---

3   A/B 테스트 솔루션 회사 – 옮긴이

예시 3 : 브라우저 리디렉션

웹사이트의 새 버전을 구축 중이고 이전 버전과 새 버전의 A/B 테스트를 실행하고 싶다고 가정하자. 변형군 B의 사용자는 새 웹사이트로 리디렉션된다. 미리 결론을 얘기하면, B는 높은 확률로 실패할 것이다. 많은 아이디어들과 마찬가지로 이 아이디어도 단순하고 우아하지만 결함이 있다.

이 접근 방식에는 세 가지 문제가 있다(Kohavi, Longbotham 2010, 섹션 2).

1. 성능 차이. 리디렉션 된 사용자는 추가적인 리디렉션을 겪는다. 회사 내 테스트에서는 빠르게 보일 수 있지만 다른 지역의 사용자는 1~2초의 대기 시간을 겪을 수 있다.

2. 봇. 로봇은 리디렉션을 다르게 처리한다. 일부는 리디렉션되지 않을 수 있다. 일부는 이를 새로운 처음 보는 영역으로 판단해서 대량의 크롤링을 수행하며, 이는 사람이 발생시키지 않지만 주요 지표에 영향을 미칠 수 있다. 일반적으로 소규모 활동 봇은 모든 변형군들에 균등하게 배포되므로 제거하는 것이 중요하지 않지만 새 사이트 또는 업데이트 된 사이트에서는 다른 행동을 일으킬 가능성이 있다.

3. 북마크와 공유 링크는 오염을 유발한다. 북마크를 사용하거나 공유 링크를 통해 웹사이트 (예: 제품 상세 페이지)로 이동하는 사용자는 계속 리디렉션돼야 한다. 이러한 리디렉션은 변형군 간에 대칭이어야 하므로, 대조군의 사용자 역시도 사이트 A로 리디렉션돼야한다.

경험에 따르면 리디렉션은 일반적으로 A/A 테스트에 실패한다. 리디렉션이 없도록 구성하거나 (예: 서버 측에서 두 홈페이지 중 하나를 반환) 대조군 및 실험군 모두에 대해 리디렉션을 실행하라(대조군을 질적으로 저하시킴).

예제 4: 균등하지 않은 분할

균등하지 않은 분할(예: 10%/90%)을 할 경우 리소스의 분배가 더 큰 변형군에게 유리하게 적용될 수 있다(Kohavi, Longbotham 2010, 섹션 4). 특히 대조군과 실험군 간에 공유되는 LRU^{Least Recently Used, 가장 오랫동안 사용되지 않은} 캐시는 보다 큰 변형군에 의해 더 큰 캐시 항목을 가지게 된다(실험에서 동일한 해시 키에 대해 다른 값을 캐시할 수 있으므로 실험 ID는 항상 실험의 영향을 받을 수 있는 모든 캐싱 시스템의 일부여야 함).[4] 18장도 참조하라.

어떤 경우에는 LRU 캐싱 문제를 피하기 위해 10%/10% 실험(이론적으로 유용한 데이터의 80%를 활용하지 않음)을 실행하는 것이 더 쉽지만 이는 실행 시간에 수행해야 한다. 즉, 10%/90%를 실행하고 데이터를 버릴 수 없다. 50/50% A/A 테스트가 통과했더라도, 90%/10%로 실험을 실행하는 경우라면 실제로 이 조합의 A/A 테스트 실행을 권장한다.

균등하지 않은 분할의 또 다른 문제는 정규 분포로의 수렴 속도가 다르다는 것이다. 어떤 지표에서 한 쪽으로 과도하게 치우친 분포가 있는 경우 중심극한정리는 백분율이 다르면 평균은 정규분포로 수렴하지만 수렴 속도가 달라짐을 보인다. A/B 테스트에서 중요한 것은 대조군 및 실험군에 대한 지표의 델타이며, 두 구성 요소의 분포가 같으면 (정규분포가 아니더라도) 델타가 더 정규분포에 가까울 수 있다. 자세한 내용은 17장을 참조하라.

예시 5: 하드웨어 차이

페이스북은 몇 대의 컴퓨터에서 실행되는 서비스를 갖고 있었다. 그들은 새로운 V2 서비스를 구축하고 A/B 테스트를 수행하기를 원했다. 그들은 신형과 구형 사이에서 A/A 테스트를 했는데, 그들은 하드웨어가 동일하다고 생각했지만 A/A 테스트에 실패했다. 이는 작은 하드웨어 차이로 인해 예상치 못한 차이가 발생할 수 있음을 보여준다(Bakshy, Frachtenberg 2015).

4　보다 큰 실험군은 캐시 히트율이 높기 때문에, 응답 속도 등이 좋아지고 결과도 좋아질 가능성이 높게 된다.
　 – 옮긴이

A/A 테스트 실행 방법

A/B 테스트 시스템을 사용하기 전에 항상 일련의 A/A 테스트를 실행하라. 이상적으로는 1,000개의 A/A 테스트를 시뮬레이션하고 p값의 분포를 시각화하라. 분포가 균등하지 않으면 문제가 있는 것이다. 이 문제를 해결하기 전에는 A/B 테스트 시스템을 신뢰할 수 없다.

관심 지표가 연속적이고 A/A 테스트 예시에서 "동일한 평균"과 같은 간단한 귀무가설의 경우 p값 분포는 균등해야 한다(Dickhaus 2014, Blocker et al. 2006)

그림 19.1은 균등분포와는 거리가 먼 실제 히스토그램이다. 그림 19.2는 델타 방법을 적용한 후 분포가 훨씬 더 균등하다는 것을 보여준다.

1000번의 A/A 테스트를 실행하는 것은 비용이 많이 들기 때문에 약간의 트릭을 쓸 수 있다. 지난 주의 실험을 반복하는 것이다. 물론 이것은 관련 원시 데이터를 저장했음을 가정한다. 이는 향후 테스트를 실행하고 새로 개발된 지표를 적용하기 위해 데이터를 저장해야 하는 이유의 예이기도 하다. 물론 이 접근법에는 한계가 있다. 성능 문제를 포착하지 못하고, 위에서 언급한 LRU 캐시와 같이 리소스를 공유하지는 못한다. 그러나 많은 문제를 식별하는 데 도움이 되는 매우 가치 있는 과정이다.

이 방식은 제품에 실제로 변경을 가하지 않아도 되고, 테스트할 변형군이 동일하기 때문에, 단지 A/A 테스트 시뮬레이션을 수행하기만 하면 된다. 매번 반복시행시 사용자 할당을 위해서 새로운 랜덤화 해시 시드를 선택하고, 지난 주의 데이터를 다시 사용해 사용자들을 두 그룹으로 분할한다. 그런 다음 관심 있는 각 지표(보통 수십에서 수백 개의 지표들)에 대한 p값을 계산하고 각 지표별로 이 p값의 히스토그램을 생성한다.

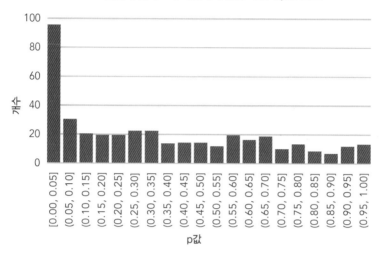

그림 19.1 분석 단위가 랜덤화 단위와 같지 않기 때문에 분산이
올바르게 계산되지 않은 지표에 대한 A/A 테스트의 불균등한 p값 분포

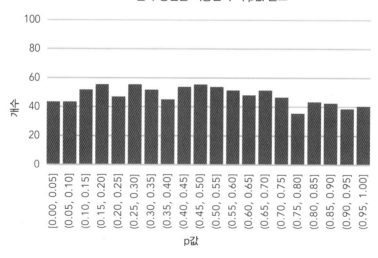

그림 19.2 분산을 계산하기 위해 델타 방법을 적용한 후에 분포가 균등에 가깝다.

이제 앤더슨 달링 검정 또는 콜모고로프-스미노프 검정(위키피디아 기고자, Perverse Incentive 2019, Goodness of fit)과 같은 적합도 테스트goodness-of-fit test를 실행해서 분포가 균등에 가까운지 평가한다.

A/A 테스트가 실패한 경우

p-값의 균등분포에 대한 적합도 테스트가 실패하는 일반적인 시나리오 몇 가지가 존재한다(Mitchell et al. 2018).

1. 분포가 치우쳐 있고 분명히 균등에 가깝지 않다. 일반적인 문제는 지표의 분산 추정 문제이다(18장 참조). 다음 사항을 확인하라.

   a. 랜덤화 단위가 분석 단위와 다르기 때문에 (CTR 예에서와 같이) 독립성 가정이 위반 됐는가? 그렇다면 델타 방법 또는 부트스트래핑을 사용하라(15장 참조).

   b. 지표가 매우 치우친 분포를 갖고 있는가? 작은 샘플에서는 정규분포 근사가 실패할 수 있다. 몇몇 경우에는 최소 표본 크기가 100,000명 이상의 사용자여야 한다 (Kohavi et al. 2014). 제한된 지표 또는 최소 표본 크기 설정이 필요할 수 있다 (17장 참조).

2. p값이 0.32 주변에 몰려 있다면 이상치 문제가 있는 것이다. 예를 들어, 데이터에서 하나의 매우 큰 이상치 o가 있다고 가정하라.
   t-통계량을 계산할 때(식 19.6 참조):

$$T = \frac{\Delta}{\sqrt{var}}(\Delta) \qquad (19.6)$$

특이값은 두 변수 중 하나에 속하고 평균의 델타는 o/n(또는 음(-))에 가까울 것이다.[5] 다른 모든 숫자는 이 특이값에 의해 휩쓸리기 때문이다. 해당 변수에 대한 평균의 분산도 o^2/n^2에 가까울 것이므로 T값은 1에 가깝거나 -1에 가까워 약 0.32의 p값에 매핑된다.

이것이 보이면 이상치의 원인을 조사하거나 데이터를 제한해야 한다. 이러한 큰 이상치

---

5 여기서 n은 실험 대상의 실험 단위 수이다. - 옮긴이

로 인해 t– 검정은 통계적으로 유의한 결과로 이어지지 않을 수 있다(18장 참조).

3. 분포가 큰 간격으로 값이 몇 개의 점에 몰려있다. 이는 데이터가 대부분 단일 값(예: 0)을 가지고, 몇 개의 0이 아닌 값을 가질 때 발생한다. 이러한 시나리오에서 평균의 델타는 몇 개의 이산 값만 사용할 수 있으므로 p값도 몇 개의 값만 취할 수 있다. 여기서도 t–검정은 정확하지 않지만 이전 시나리오만큼 심각하지는 않다. 왜냐하면, 새로운 실험이 희소한 사건을 더 빈번하게 발생시키므로, 이러한 실험효과가 더 커지고, 통계적으로 유의하게 된다.

A/A 테스트를 통과한 후에도 A/B 테스트와 동시에 정기적으로 A/A 테스트를 실행해서 시스템에 문제가 발생하는 것을 알아내거나 이상치의 등장으로 분포가 변경돼 실패한 새 지표가 있는지 확인하는 것을 권장한다.

20

민감도 향상을 위한 트리거링

방아쇠를 당기기 전에 목표물을 확실하게 식별하라.

톰 플린Tom Flynn

주목해야 하는 이유: 트리거링은 실험의 영향을 받지 않았을 사용자가 생성한 노이즈를 필터링해서 민감도(통계적 검정력)를 개선할 수 있는 방법이다. 조직의 실험 성숙도가 향상됨에 따라 더 많은 트리거 실험이 실행되고 있다.

실험을 분석할 때, 어떤 사용자가 있는 변형군과 다른 어떤 변형군 (반사실적) 간의 시스템 또는 사용자 행동에 (잠재적으로) 차이가 있는 경우, 사용자에게 트리거를 적용할 수 있다. 트리거링은 실제 사용시에 유용한 도구이지만 부정확한 결과를 초래할 수 있는 몇 가지 함정을 지니고 있다. 적어도 모든 트리거된 사용자에 대해 분석 단계를 수행하는 것이 중요하다. 실험 실행시에 트리거 이벤트가 로그에 기록되게 하면, 트리거된 사용자 모집단을 더 쉽게 식별할 수 있다.

트리거링의 예

일부의 사용자에게만 영향을 주는 변경을 수행한 경우, 영향을 받지 않은 사용자의 실험효과는 0이다. 변경의 영향을 받았을 가능성이 있는 사용자만 분석하면 된다는 이 간단한 관찰은 실험 분석에 큰 의미를 가지며, 민감도 또는 통계적 검정력을 크게 향상시킬 수 있다. 단계적으로 복잡성을 증가시키면서 몇 가지 트리거링의 예를 살펴보자.

예시 1: 의도적인 부분 노출

미국의 사용자만을 변경을 가하는 대상으로서 하는 실험을 고려해보자. 이 경우에는 미국의 사용자만을 대상으로 분석해야 한다. 다른 국가의 사용자는 변경에 노출되지 않았으므로 실험 효과가 없으며 만약 이들을 분석에 추가하면 노이즈가 더해지고 통계적 검정력이 감소한다. 만약 이 분석에서 사용자들이 변경에 노출된 것을 확인한 후에는 미국 및 다른 국가의 "혼합된" 사용자를 모두 포함한 분석을 실시해야 한다. 여기서 미국 뿐만 아니라 모든 활동을 포함해야 한다. 왜냐하면 미국 이외에서도 변경에 노출될 수 있고 이로부터 비롯된 잔여효과가 있을 수 있기 때문이다.

이러한 관찰은 엣지 브라우저 사용자에게만 적용되는 변경 또는 배송 주소가 지정된 우편 번호에 있는 사용자만 적용되는 변경 또는 지난 달 웹사이트를 최소 세 번 이상 방문한 사용량이 많은 사용자들에게만 적용되는 변경과 같은 다른 부분 노출의 경우에도 적용될 수 있다(여기서 개입 대상이 실험 개시 전의 데이터를 기반으로 충분히 명확하게 정의되는 것이 중요하며, 개입에 의해서 정의 자체가 영향을 받지 않도록 주의해야 한다).

예시 2: 조건부 노출

체크아웃 페이지와 같은 특정 웹사이트에 도달한 사용자 또는 엑셀에서 그래프를 그리는 것과 같은 기능을 사용하는 사용자에게 변경이 주어지고, 변경에 노출된 사용자들만 분석한다고 가정하자. 이 예에서는 사용자가 변경 사항에 노출되자 마자 실험에 트리거됐다. 왜냐하면 사용자가 특정 조건을 만족시키는 것 자체가 차이를 만들었기 때문이다. 조건부 노출에 의한 트리거링은 매우 일반적으로 일어나는 시나리오다. 다음은 몇 가지 추가 예이다.

1. 결제 변경: 결제를 개시한 사용자만 트리거하라.

2. 마이크로소프트 워드 또는 구글 문서도구에서 문서 공동 편집과 같은 공동 작업 변경: 공동 작업에 참여하는 사용자만 트리거하라.

3. 구독 취소 화면 변경: 이러한 변경이 표시된 사용자만 트리거하라.

4. 검색 엔진 결과 페이지에 날씨 답변이 표시되는 방식 변경: 날씨 답변이 표시된 쿼리를 발송한 사용자만 트리거하라.

예시 3: 적용 범위 증가

당신의 사이트에서 장바구니에 $35가 넘는 사용자에게 무료 배송을 제공하고 있으며 이를 $25로 더 낮추는 테스트를 하고 있다고 가정해보자. 여기서 중요한 관찰 포인트는 "어떤 시점에 $25에서 $35 사이의 장바구니로 결제를 개시한 사용자들만" 변경에 의해 영향을 받는다는 것이다. 장바구니가 $35 이상인 사용자와 장바구니가 $25 미만인 사용자는 대조군과 실험군에서 동일한 행동을 보인다. 장바구니에 $25~$35가 있어서 무료 배송 제의를 받는 사용자들만 트리거한다. 이 예에서는 무료 배송 프로모션의 "광고"가 사이트에 없다고 가정한다. 만약 어떤 시점에 무료 배송 광과가 사용자에게 표시되고, 그것이 대조군과 실험군 간에 다르다면, 그 광고 표시 시점이 트리거 포인트가 된다.

그림 20.1은 이 예를 벤 다이어그램으로 보여준다. 대조군은 무료 배송의 제의를 받는 일부 사용자($35 이상)이며, 실험군에서는 무료 배송의 적용 범위를 확대한 것($25 이상)을 보여주고 있다. 예시 2에서와 같이 T의 외부의 사용자($25미만)를 트리거할 필요는 없으며, 또한 C의 조건(T의 일부도 포함)에서는 대조군과 실험군에 대한 제의가 동일하므로 이들 사용자들도 트리거할 필요는 없다.

예시 4: 적용 범위 변경

그림 20.2의 벤 다이어그램에 보이는 것처럼 적용 범위가 단순한 확대가 아니라 변경되는 경우라면, 상황은 조금 더 복잡해진다. 예를 들어 대조군에서는 장바구니에 $35 이상 있는 쇼핑객에게 무료 배송을 제공하지만, 실험군에서는 실험 시작 전 60일 이내에 품목을 반품한 경우를 제외하고 장바구니에 $25 이상 있는 사용자에게 무료 배송을 제공한다고 가정하라.

대조군 및 실험군은 모두 "기타" 조건, 즉 반사실counterfactual, 사실에 반하는 가정을 평가하고 두 변형군 간에 차이가 있는 경우에만 사용자가 트리거된 것으로 표시해야 한다. [1]

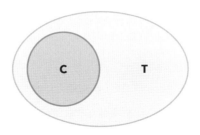

그림 20.1 실험군에서 기능에 대한 적용 범위를 확대한다. T \ C의 사용자만 트리거된다.
C (그리고 T)에 있는 사람들은 동일한 제안을 보게 됨으로 실험 효과는 0이다.

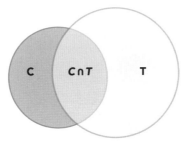

그림 20.2 실험군 적용 범위를 변경한다. 교집합에 있는 사용자가
똑같은 것을 본다면 나머지 사용자만 트리거한다.

---

1 이 경우는 대조군에 "실험 시작 전 60일 이내에 품목을 반품하지 않았다"는 조건을 추가해 "$25 이상 $35 미만과 실험 시작 전 60일 이내에 품목을 반품하지 않았다"가 트리거될 뿐 아니라, 실험군에서는 "$35 이상과 실험 시작전 60일 이내에 품목을 반품한 적이 있는" 사용자에 무료 배송을 제공되기 때문에, 여기서에서도 대조군과의 차이가 있는 트리거가 발생한다. 전자는 그림 20.2에서 C가 아닌 T에 해당하고, 후자는 T가 아닌 C에 해당한다. – 옮긴이

예시 5: 머신러닝 모델에 대한 반사실 트리거링

사용자를 세 가지 프로모션 중 하나로 분류하는 머신러닝 분류기 또는 페이지에 표시된 제품에 관련 제품을 추천하는 추천 모델이 있다고 가정하라. 여러분은 새로운 분류 또는 추천 모델을 훈련시켰으며, 오프라인 테스트에서 V2는 매우 좋은 성과를 보였다. 이제 여러분은 이것이 OEC를 개선하는지 여부를 확인하기 위해 실제 사용자에 적용해보고자 한다(7장 참조).

중요한 점은 만약 새로운 모델(신 모델)이 대부분의 사용자에 대해 기존 모델(구 모델)과 중복된다면, 즉 동일한 입력에 대해 동일한 분류 또는 추천을 할 경우 이들 사용자들에 대한 실험효과는 0이라는 것이다. 이를 알기 위해서는 반사실[2]을 생성해야 한다. 대조군에서 구 모델과 신 모델 모두 다 실행하고, 구 모델의 출력값과 신 모델의 출력값(반사실)을 로그에 기록한다. 또한 실험군에서 신구 모델 모두 다 실행하고, 신 모델 출력값과 구 모델 출력값(반사실)을 로그에 기록한다. 그리고 실제와 반사실 출력에 차이가 나는 사용자만이 트리거된다. 사실과 반사실이 다른 경우 사용자가 트리거된다.

이러한 시나리오에서 신구 머신러닝 모델 모두가 실행돼야 하기 때문에 계산 비용이 증가한다(예: 실험이 한 종류라면 모델 추론 비용은 두 배 증가). 두 모델이 병렬로 실행하지 않는 경우에는 지연시간도 영향을 받을 수 있다. 또한 대조 실험에서 모델 실행의 차이(예: 한 모델이 더 빠르거나, 메모리를 적게 사용하는 것)를 확인할 수 없다.

수치 예시(Kohavi, Longbotham et al. 2009)

표준 편차 σ와 바람직한 민감도 수준 Δ(감지하려는 변화의 양)의 OEC하에서 95%의 신뢰수준 및 80%의 검정력을 위한 최소 표본 크기(van Belle 2008, 31)는 식 20.1과 같다.

---

2   여기서 반사실적(counterfactual)이란, "만약 그 기능이 도입되지 않았다면 어떤 일이 일어났을 것인가"를 말한다. – 옮긴이

$$n = \frac{16\sigma^2}{\Delta^2} \qquad\qquad (20.1)$$

실험 기간 동안 방문한 사용자 중 5%가 실제 구매를 하는 전자 상거래 사이트를 살펴보자. 물건 구매는 $p = 0.05$인 베르누이 시행$^{Bernoulli\ trial}$이다. 베르누이 시행의 표준편차 σ는 $\sqrt{p(1-p)}$이므로 $\sigma^2 = 0.05(1-0.05)$ $= 0.0475$이다. 만약 구매전환에서 5%의 변화를 보고자 할 경우($\Delta = 0.05$) 위 공식에 따르면 최소 $16 * 0.0475 / (0.05 \cdot 0.05)^2 = 121,600$명의 사용자가 필요하다.

예시 2와 같이 결제 프로세스를 변경한 경우라면 결제 프로세스를 시작한 트리거된 사용자만 분석하라. 사용자의 10%가 결제를 시작하고 5%의 구매율이 주어졌다고 가정하면 절반이 결제를 완료한 것이므로 ($p = 0.5$) 분산은 $\sigma^2 = 0.5(1-0.5) = 0.25$이다. 따라서 최소 $16 * 0.25 / (0.5 \cdot 0.05)^2 = 6,400$명의 결제를 시작하는 사용자가 필요하다. 90%의 사용자가 결제를 시작하지 않기 때문에 실험에 참여하는 사용자 수는 64,000명 (위의 121600명에 비하면 거의 절반)이 돼야 한다. 따라서 실험은 약 절반의 시간 내에 동일한 검정력을 가질 수 있다(반복해서 사용하는 사용자가 있기에 일반적으로 절반 미만의 시간이 소요된다).

최적 및 보수적(Conservative) 트리거링

두 가지 버전을 비교할 때 최적의 트리거 조건은 변수의 적용으로 인한 차이가 발생하는 사용자에게만 분석을 하는 것이다.

실험군이 여러 개인 경우 모든 변형군에 대한 사실과 반사실을 기록하는 것이 이상적이다. 이로 인해 영향을 받은 사용자를 최적으로 트리거할 수 있다. 그러나 반사실을 생성하기 위해 여러 모델을 실행해야 하기 때문에 다중 실험군에는 상당한 비용이 든다.

실제로 최적은 아니지만 보수적인 트리거링을 수행하는 것이 때로는 더쉽다. 최적보다 많은 사용자를 포함하는 것이 이에 해당한다. 이것은 분석의의미를 잃게 하진 않지만, 통계적 검정력을 떨어뜨린다. 보수적인 트리거가이상적인 트리거보다 더 많은 사용자를 식별하지 않는 경우 단순한 트레이드오프가 유용할 수 있다. 여기 몇 가지 예가 있다.

1. **다중 실험군.** 실험군 간에 또는 대조군과 어떤 차이라도 있으면 트리거한다. 각 변형군의 출력을 기록하는 대신 불리언[3]으로 기록해서 그들이 서로 다르다는 것을 나타낸다. 일부 사용자의 경우 대조군과 실험군 1의 행동은 동일하지만 실험군 2의 경우에는 다를 수 있다. 따라서 대조군과 실험군 1만 비교할 때는 실험 효과가 없는[4] 사용자를 포함한다.

2. **사후 분석.** 실험이 실행됐고 반사실 기록에 문제가 있다고 가정해보자. 아마도 결제 중에 사용된 추천 모델이 반사실을 제대로 기록하지 못했을 것이다. 이때는 "사용자 시작 결제"와 같은 트리거 조건을 사용할 수 있다. 이는 결제 시 추천 모델의 결과가 다른 사용자들을 고르는 것보다 더 많은 사용자를 식별하지만 결제 단계를 시작도 하지 않는, 따라서 실험 효과가 없는 90%의 사용자를 여전히 제외시킬 수 있다.

전반적인 실험 효과

트리거된 모집단에 대한 실험 효과를 계산할 때에는 반드시 효과를 전체사용자 기반으로 희석해야 한다(희석효과 또는 side-wide 효과라고도 함) (Xu et al. 2015). 사용자 10%에 대해 수익이 3% 증가했다면 전체 수익은 $10\% * 3\% = 0.3\%$ 만큼 증가한 것일까? 절대 그렇지 않다! (흔히 실수하기 쉬운 부분이다.) 전반적인 영향은 0%에서 3%사이 어느 값도 될 수 있다!

예시 1

---

3 사실 또는 거짓의 두 가지 값 중 하나를 갖는 변수 – 옮긴이

4 실험군 1과 차이가 없었던 – 옮긴이

결제 프로세스가 변경됐을 경우[5], 트리거된 사용자[6]는 결제를 시작한 사용자이다. 수익이 결제를 통해서만 발생된다면 트리거된 수익과 전체 수익 모두 3%이며, 이 비율을 희석할 필요가 없다.

예시 2

평균 사용자의 10%를 지출하는, 매우 낮은 지출을 하는 사용자들 중 10%에서 3%의 수익 증가가 나타났다면 전체적으로 봤을때 $0.1 * 0.1 * 0.3 = 0.03\%$[7]의 미미한 증가만 있을 뿐이다.

- ω는 전체 사용자를, θ는 트리거된 사용자를 나타낸다고 해보자.
- C와 T는 각각 대조군 및 실험군을 나타낸다.

주어진 지표 M에 대해

- $M_{\omega C}$는 트리거되지 않은 대조군에 대한 지표 값이다.
- $M_{\omega T}$는 트리거되지 않은 실험군에 대한 지표 값이다.
- $M_{\theta C}$는 트리거된 대조군에 대한 지표 값이다.
- $M_{\theta T}$는 트리거된 실험군에 대한 지표 값이다.

N은 사용자 수를 나타내며 식 $\Delta_\theta = M_{\theta T} - M_{\theta C}$으로 트리거된 모집단에 대한 절대 효과를 정의하자.

또한 식 $\delta_\theta = \Delta_\theta / M_{\theta C}$으로 트리거된 모집단에 대한 상대적 효과를 정의하자. 트리거링 비율 τ는 트리거된 사용자의 비율이며 $N_{\theta C}/N_{\omega C}$이다.

---

5 3%의 수익 개선에 상응 – 옮긴이

6 10%의 사용자에 상응 – 옮긴이

7 "10%의 사용자에 대해서 3%의 수익 개선이 있고, 이 사용자들은 모든 사용자 평균에 비해서 10%밖에 지출하지 않기에 전체 수익은 0.1 * 0.1 * 0.03 = 0.0003 = 0.03% 개선된다"에 해당한다. – 옮긴이

실험군 역시 비슷한 식을 사용할 수 있으며, 다른 방법으로 식 20.2와 같이 결합할 수도 있다. [8]

$$(N_{\theta C} + N_{\theta T}) / (N_{\omega C} + N_{\omega T}). \qquad (20.2)$$

여기서는 희석된 백분율 효과를 다루는 두 가지 방법을 알아볼 것이다.

1. 실험 효과를 전체로 나눈 것 (식 20.3 참조):

$$\frac{\Delta_\theta * N_{\theta C}}{M_{\omega C} * N_{\omega C}} \qquad (20.3)$$

2. "트리거 되지 않은 지표에 대한 실험 효과 비율"과 트리거링 비율을 곱한 것 (식 20.4 참조 [9]):

$$\frac{\Delta_\theta}{M_{\omega C}} * \tau \qquad (20.4)$$

τ는 $N_{\theta C}/N_{\omega C}$이기 때문에 이것이 이전 방정식과 동일하다는 것을 알 수 있다. 트리거링 비율로 직접 희석하는 것의 흔한 함정은 무엇인가? 트리거링 비율로 직접 희석한다면 계산은 다음과 같이 할 수 있다.

$$\frac{\Delta_\theta}{M_{\theta C}} * \tau \qquad (20.5)$$

트리거된 모집단이 랜덤화 표본일 때 이 계산이 유지되지만, 트리거된 모

---

8 대조군과 실험군은 무작위 표본 추출로 생성되므로, 이론적으로는 트리거율에 차이가 없다. 유의한 차이가 있는 경우는 SRM을 의심할 필요가 있다. – 옮긴이

9 "10%의 사용자에 대해서 3%의 수익 개선이 있는 경우, 전체 수익이 10%x3%=0.3% 개선된다"에 해당

집단이 치우친 경우(종종 발생함) 이 계산은 $M_{\omega C}/M_{\theta C}$[10]로 인해 부정확해진다.

비율 지표를 희석하려면 더 정제된 공식을 사용해야 한다(Deng, Hu 2015). 특히 비율 지표는 '트리거된 모집단의 비율은 개선되지만 희석된 전반적인 효과는 그렇지 않다'는 심슨의 역설(3장 참조)을 유발할 수 있음에 유의해야 한다.

신뢰할 수 있는 트리거링

신뢰할 수 있는 트리거링 사용을 보장하기 위해 수행해야 하는 두 가지 검사가 있다. 이를 수행하는 것은 매우 의미 있으며 주기적으로 이슈들을 발견할 수 있다.

1. 샘플 비율 불일치(SRM, 3장 참조). 전체 실험에 SRM이 없지만 트리거된 분석이 SRM을 보여준다면 약간의 편향이 도입된 것이다. 일반적으로 반사실 트리거링이 제대로 수행되지 않았을 경우 나타난다.

2. 보완 분석. 한 번도 트리거되지 않은 사용자에 대한 점수를 생성하고 A/A 테스트 점수를 구해보자(19장 참조). 예상한 지표보다 통계적으로 유의미한 경우 트리거 조건이 올바르지 않을 가능성이 높다. 트리거 조건에 포함되지 않은 사용자에게 영향을 미친 것이다.

일반적인 함정

트리거링은 강력한 개념이지만 주의해야 할 몇 가지 함정이 있다.

함정 1: 일반화하기 어려운 작은 세그먼트 실험

전체 모집단에 대한 지표를 개선하려는 경우 중요한 것은 실험의 희석된 값이다. 지표를 5%나 개선하더라도 트리거된 모집단이 전체 사용자의 0.1%

---

10 식(20.5)를 식(20.4)로 나눠 도출 – 옮긴이

이면, $\tau = 0.001$로 놓고 식 20.6에 따라 계산하면 희석된 값을 구할 수 있다.

$$\frac{\Delta_\theta}{M_{\omega C}} * \tau \qquad (20.6)$$

컴퓨터 아키텍처 분야에서 암달의 법칙[Amdahl's law]은 전체 실행 시간의 작은 부분을 차지하는 시스템 일부분의 속도를 높이는 것을 피하기 위해 자주 언급된다.

이 규칙에는 작은 아이디어의 일반화라는 중요한 예외가 있다. 예를 들어, 2008년 8월에 MSN UK는 핫메일에 대한 링크가 새 탭(또는 구 브라우저의 경우 새 창)에서 열리는 실험을 했는데 홈페이지 클릭 수/사용자 수로 측정한 MSN 사용자의 참여도가 핫메일 링크를 클릭한 트리거된 사용자에서 8.9% 증가했다(Gupta et al. 2019). 이것은 엄청난 향상이었지만 상대적으로 작은 세그먼트였다.[11] 몇 년 동안 이 아이디어를 일반화하기 위해 일련의 실험이 진행됐고 당시에는 매우 논란이 많았다. 2011년까지 MSN US는 1,200만 명이 넘는 사용자를 대상으로 대규모 실험을 실행해서 새 탭/창에서 검색 결과를 열었으며 사용자당 클릭 수로 측정한 참여도가 무려 5% 증가했다. 이것은 MSN이 사용자 참여 증가 측면에서 구현한 최고의 기능 중 하나였다(Kohavi et al. 2014, Kohavi, Thomke 2017).

함정 2: 트리거된 사용자가 남은 실험 기간 동안 제대로 트리거되지 않음

사용자가 트리거되는 즉시 그들을 분석에 포함해야 한다. 실험군은 약간의 경험 차이로 인해 그들의 미래의 행동에 영향을 미칠 수 있다. 일별 또는 세션별로 트리거된 사용자 분석은 이전 경험의 영향을 받기 쉽다. 예를 들어, 실험이 사용자의 방문을 현저히 감소시키는 끔찍한 경험을 제공한다고 가정

---

11 MSN UK만의 실험이었다. - 옮긴이

해보자. 만약 일별 또는 세션별로 사용자를 분석한다면 실험 효과는 과소 평가된다. 사용자당 방문수가 통계적으로 크게 변하지 않을 경우 트리거된 방문을 통해 통계적 검정력을 얻을 수 있다.

함정 3: 반사실 기록의 성능 영향

반사실을 기록하기 위해 대조군과 실험군은 서로의 코드(예: 모델)를 실행한다. 한 집단에 대한 모델이 다른 집단보다 훨씬 느리면 종합 대조 실험의 결과가 명확하지 않을 수 있다. 다음 두 가지를 참고하라.

1. 이 문제에 대한 인식. 직접 비교할 수 있도록 각 모델의 실행 타이밍을 로그에 기록한다.

2. A/A'/B 실험을 실행하라. 여기서 A는 원래 시스템(대조군), A'는 반사실 기록이 있는 원래 시스템, B는 반사실 로깅이 있는 새 실험군이다. A와 A'가 크게 다를 경우 이는 반사실의 로그가 영향을 받고 있다는 경고가 된다.

공유 대조군은 일반적으로 코드 변경없이 실행되기 때문에 반사실 기록은 공유 대조군을 사용하는 것을 매우 어렵게 만든다는 점에 유의해야 한다(12장 및 18장 참조). 경우에 따라 트리거링 조건은 다른 방법을 통해 결정될 수 있지만 이로 인해 최적이 아닌 트리거링 또는 오류 조건이 발생할 수 있다.[12]

열린 질문들

다음은 우리가 종종 맞닥뜨리는 명확한 답이 없는 문제이다. 우리가 "답"을 알지 못하고 찬반양론이 있는 문제라도 이를 인식하고 있는 것은 중요하

---

12 저자의 보충설명은 다음과 같다. 몇 개의 플랫폼(마이크로소프트의 ExP도 이 중 하나)에서는 실험자가 실험 후에 식과 조건을 설정하므로, 트리거되는 조건을 정의할 수 있다. 예를 들어, 사용자가 쿠폰 코드를 입력하는 "쿠폰 코드"를 클릭할 때 표시되는 팝업을 실험에서 변경한다고 하자. 이상적으로는 "쿠폰 코드"를 클릭하는 것을 트리거 조건으로 하고 싶을 것이다. 그러나 "구입처리를 갱신한 모든 사용자"라는 트리거 조건으로 분석하면, 사용자의 상위집합을 트리거하고 있는 것이 되지만, 이것이 더 효과적이다. 이것은 많은 사용자를 포함하므로 최적은 아니지만, 분석의 관점에서 올바른 접근법이다. - 옮긴이

다.

질문 1: 트리거링 단위

　사용자가 트리거되면 트리거 시점 이후에 기록된 활동만 활용할 수 있다. 분명히 트리거 시점 이전의 데이터는 실험의 영향을 받지 않는다. 우리는 이렇게 작업을 수행해왔지만 트리거된 세션은 이제 부분적이며 지표는 비정상이다(예: 결제 전 지표 클릭 수가 0임). 전체 세션, 하루 종일, 혹은 실험 시작부터의 모든 사용자 활동 중 어느 시점에서 진행하는 것이 더 나은가?

　계산상으로는 사용자가 어떤 시점에서든 트리거되는 경우, 실험 시작부터의 데이터를 갖고 있는 사용자를 고려하는 것이 더 쉽다. 그러나 이로 인해 통계적 검정력이 약간 손실된다.

질문 2: 시간에 따른 지표 시각화

　사용자 수가 증가할 때 시간에 따라 변하는 지표를 시각화하면 일반적으로 잘못된 경향이 나타난다(Kohavi et al. 2012, Chen, Liu, Xu 2019). 매일 그날 방문한 사용자를 보여주는 그래프를 시간 경과에 따라 살펴보는 것이 가장 좋다. 사용자가 트리거되면 동일한 문제가 발생한다. 첫째 날 사용자의 100%가 트리거됐지만 둘째 날에는 더 적은 사용자가 트리거되는데, 이는 첫째 날 트리거된 일부 사용자가 방문은 둘째 날에 하기 때문이다. 일반적으로 시간이 지남에 따라 감소하는 실험 효과로 인해 잘못된 경향이 발생하기 시작한다. 당일 방문해서 트리거된 사용자로 매일 시각화하는 것이 좋다. 전반적인 변수 적용 효과는 전체 기간의 효과가 모두 포함돼야 하는데 매일 매일의 수치와 전체(또는 각 날짜별로)의 수치가 일치하지 않는다는 것이다.

21

샘플 비율 불일치 및
기타 신뢰성 관련 가드레일 지표

잘못될 수 있는 것과 잘못될 수 없는 것의 가장 큰 차이점은
잘못될 수 없는 것이 잘못되면 대개는 발견하거나
고치기가 불가능하다는 것이다.

더글라스 아담스^{Douglas Adams}

주목해야 하는 이유: 가드레일 지표는 가정이 위반될 경우에 실험자에게
경고하기 위해 설계된 중요한 지표다. 가드레일 지표의 유형으로는 조직
관련 지표와 신뢰 관련 지표가 있다. 7장에서는 비즈니스를 보호하는 데 사
용되는 조직적 가드레일에 대해 설명하고, 이 장에서는 신뢰 관련 가드레
일인 샘플 비율 불일치^{SRM, Sample Ratio Mismatch}에 대해 자세히 설명한다. SRM
가드레일은 실험 결과의 내적 타당성과 신뢰성을 보장하는 데 사용되므로
모든 실험에 포함돼야 한다. 다른 몇 가지 신뢰성 관련 가드레일 지표도 여
기에 살펴볼 것이다.

더글라스 아담스의 인용문에서 알 수 있듯이 많은 사람들은 실험이 설계
에 따라 실행될 것이라고 가정한다. 그 가정이 실패하고 또 예상하는 것보

다 더 자주 실패한다면 분석은 통상 심하게 편향되고 일부 결론이 유효하지 않게 된다. 여러 회사에서 SRM을 확인하고 있음을 보고했고 이 테스트의 값을 가드레일로써 중요하게 간주한다(Kohavi, Long- botham 2017, Zhao et al. 2016, Chen, Liu, Xu 2019, Fabijan et al. 2019).

샘플 비율 불일치

SRM^{샘플 비율 불일치} 지표는 일반적으로 실험군 및 대조군과 같은 두 변형군 사이의 사용자(또는 기타 단위, 14장 참조) 비율을 확인한다. 실험 설계에서 특정 비율의 사용자(예: 1:1)를 두 변형군에 노출해야 하는 경우 결과가 설계와 거의 일치해야 한다. 실험에 의해 영향을 받을 수 있는 지표와 달리 사용자를 변형군에 노출시키는 의사결정은 실험과 독립적이어야 하므로 변형군 내의 사용자 비율이 실험 설계와 일치해야 한다. 예를 들어 동전을 10번 던질 때 앞면 4번과 뒷면 6번이 나오는 것은 놀라운 일이 아니다. 그러나 대수의 법칙에 따라 샘플 크기가 커지면서 따라 비율이 1:1에 가까워져야 한다.

샘플 비율 지표에서 실험 설계 시 그 값보다 더 극단적인 경우를 관찰할 확률인 p값이 낮은 경우, 샘플 비율 불일치(SRM)가 있으며 아마도 다른 모든 지표도 유효하지 않을 것이다. 표준 t−검정 또는 카이 제곱 검정을 사용해서 p값을 계산할 수 있다. http://bit.ly/srmCheck에서 Excel 스프레드 시트 버전을 사용해 볼 수 있다.

시나리오 1

이 실험에서 대조군과 실험군에 각각 사용자의 50%가 할당된다. 각각의 사용자 수가 거의 동일 할 것으로 예상하지만 결과는 다음과 같다.

- 대조군 : 사용자 821,588명
- 실험군 : 사용자 815,482명

둘 사이의 비율은 0.993이지만 설계 당 비율은 1.0이어야 한다.

위의 .993 표본 비율의 p값은 1.8E-6이므로 대조군 및 실험군 내 동일한 수의 사용자가 있는 설계에서 이 비율이나 더욱 극단적인 경우를 볼 확률은 1.8E-6 또는 500,000분의 1 이하이다!

이는 일어날 가능성이 매우 희박하다. 따라서 실험 구현에 버그가 있을 가능성이 더 높으며 다른 지표들을 신뢰해서는 안 된다.

시나리오 2

이 실험은 또한 사용자의 50%가 할당된 대조군 및 실험군과 함께 실행되며 비율은 0.994이다. p값을 계산하면 2E-5인데 여전히 가능성이 희박하다. 이는 작은 비율인데, 지표가 얼마나 차이날 수 있을까? 정말 결과를 버려야만 할까?

그림 21.1은 빙의 실제 점수표를 보여준다.

중간 열에는 실험군, 대조군, 델타, 델타 %, P값 및 P-MOVE(이 예에서는 중요하지 않은 베이지안 확률)이 표시된다. 기밀 데이터의 공개를 피하기 위해 실험군 및 대조군 값은 숨겨져 있지만 우리의 예와는 관련이 없다. 세션 수/UU (UU = 순 사용자)으로 시작해 다섯 가지 지표가 모두 향상됐고, p -값이 작거나(모두 0.05 미만) 매우 작은 것(하위 4개 지표의 경우 0.0001 미만)을 알 수 있다.

	Treatment	Control	Delta	Delta %	P-Value	P-Move	Treatment	Control	Delta	Delta %	P-Value	P-Move
▼ Metadata												
Scorecardld	96699772						96762547					
Sample Ratio [by user]	0.9938 = 959,716 (T) / 965,679 (C)				P=2e-5		0.9993 = 924,240 (T) / 924,842 (C)				P=0.6580	
Sample Ratio [by page]	0.9914 = 6,906,537 (T) / 6,966,740 (C)						0.9955 = 6,652,169 (T) / 6,682,151 (C)					
Trigger Rate [by user]							0.9604 = 1,849,082 (T+C) / 1,925,395 (T+C)					
Trigger Rate [by page]							0.9612 = 13,334,320 (T+C) / 13,873,277 (T+C)					
▼ Main Metrics												
▼ Success Metrics												
Sessions/UU			+0.54%	0.0094	12.8%				+0.19%	0.3754	0.2%	
			+0.20%	7e-11	>99.9%				+0.04%	0.1671	10.1%	
			+0.49%	2e-10	>99.9%				+0.13%	0.0727	24.6%	
			-0.46%	4e-5	99.5%				-0.12%	0.2877	7.4%	
			+0.24%	0.0001	99.0%				+0.01%	0.8275	0.7%	

그림 21.1 빙의 점수표. 왼쪽 열에는 메타 데이터 또는 지표 이름이 표시된다. 중앙 열에는 전체 실험에 대한 각 지표의 통계가 표시된다. 오른쪽 열에는 모집단 세그먼트에 대한 각 지표의 통계가 표시된다.

오른쪽 열은 96%가 약간 넘는 사용자를 나타낸다. 제외된 사용자는 SRM의 원인이었던 이전 버전의 크롬 브라우저를 사용한 사용자였다. 또한 실험의 일부 변경으로 인해 봇이 제대로 분류되지 않아 SRM이 발생했다. 세그먼트가 없으면 나머지 96%의 사용자가 적절하게 균형을 이루고 5개의 지표에서 통계적으로 유의한 움직임을 보이지 않는다.

SRM의 원인

잘못된 결과를 발생시키는 SRM의 사례는 많이 보고됐으며(Zhao et al. 2016, Chen et al. 2019, Fabijan et al. 2019) 마이크로소프트에서는 약 6%의 실험에서 SRM이 나타났다.

SRM의 몇 가지 원인은 다음과 같다.

- **사용자 랜덤화의 버그.** 대조군과 실험군에 할당된 비율을 기반으로 한 사용자의 단순한 베르누이 무작위 추출은 생각해 내기는 쉽지만 15장에서 논의된 램프업 절차(예: 1%에서 실험을 시작해서 최대 50%로 증가), 제외(실험 X에 참여한 사용자는 실험 Y에 있어서는 안 됨), 과거 데이터를 통한 공변량 균형잡기 시도(19장의 해시 시드 참조)로 인해 현실에서는 더욱 복잡해진다.

  한 실사례로 마이크로소프트내의 마이크로소프트 오피스 조직에 100%로 노출된 다음 외부 사용자에게 10%/10%로 노출되는 동일한 실험이 시작됐다. 실험군의 상대적으로 적은 수의 추가 오피스 사용자는 결과를 왜곡하고 실험 효과를 인위적으로 좋게 보이게 했다(마치 그들이 사용량이 많은 사용자들인 것처럼 보이게 함). SRM은 결과의 신뢰성을 위해 유용한 가드레일을 제공했다. 이러한 내부 마이크로소프트 사용자가 제거됐을 때, 강력한 실험 효과가 사라졌다.

- 위의 시나리오 2에서 언급한 봇 필터링과 같은 **데이터 파이프라인 문제.**

- **잔여 효과.** 때때로 버그를 수정한 후 실험이 다시 시작된다. 실험이 사용자에게 적용되고 난 후에 다시 랜덤화(re-randomize)를 하는 것은 좋지 않기 때문에 분석 시작일은 버그 수정이 도입된 시점으로 설정된다. 사용자가 이탈할 만큼 버그가 심각하다면 SRM이 있을 것이다(Kohavi et al. 2012).

- **잘못된 트리거 조건.** 트리거 조건은 영향을 받을 수 있는 모든 사용자를 포함해야 한다. 일반적인 예는 리디렉션이다. 웹사이트 A는 특정 사용자들을 그들이 구축 및 실험중인 새로운 웹사이트 A'로 리디렉션한다. 리디렉션으로 인해 약간의 손실이 발생하기 때문에 웹사이트 A'로 이동하는 사용자만 실험군에 있다면 일반적으로 SRM이 있다. 20장을 참조하라.

- **실험의 영향을 받은 속성을 기반으로 하는 트리거링.** 예를 들어 사용자 프로필 데이터베이스에 저장된 휴면 속성을 기반으로 휴면 사용자에 대해 캠페인을 실행한다고 가정해보자. 실험이 일부 휴면 사용자를 다시 활동하도록 돌아오게 만들 수 있다면, 실험 종료 시 이 속성을 기반으로 사용자를 식별하는 것은 SRM을 유발한다. 초기에 휴면 상태였고 현재 활성화된 사용자는 트리거 조건에 의해 제외된다. 분석은 실험이 시작되기 전(또는 각 사용자가 할당되기 전) 휴면 속성 상태로 트리거돼야 한다. 머신러닝 알고리듬에 기반한 트리거 조건은 실험이 실행되는 동안 모델이 업데이트되고 실험 효과의 영향을 받을 수 있기 때문에 주의해야 한다.

SRM 디버깅

위에서 언급했듯이 샘플 비율 가드레일 지표에 대한 p값이 낮으면 설계가 제대로 구현됐다는 가설을 거부하고 시스템 어딘가에 버그가 있다고 가정해야 한다. 문제를 디버깅하는데 도움이 되는 경우를 제외하고는 절대 다른 지표를 보지 말아야 한다. SRM 디버깅은 어렵기 때문에 아래의 제안사항을 참고해 SRM 디버깅에 도움을 줄 수 있는 내부적인 도구를 마련해야 한다.

다음은 이를 위해 유용하게 쓸 수 있는 일반적인 검사 지침들이다.

- **랜덤화 시점 또는 트리거 시점의 이전 단계에 차이가 없는지 검증하라.** 예를 들어, 결제 기능을 변경했기 때문에 결제 시점에서 시작하는 사용자를 분석하는 경우 해당 시점의 이전의 변수 간에 차이가 없는지 확인하라. 결제 시점에서의 50% 할인과 "원 플러스 원"을 평가하는 경우 홈페이지에서 이러한 옵션을 언급할 수 없다. 만약 그렇게 하고 싶다면 홈페이지에서부터 사용자를 분석해야 한다.

  빙 이미지 팀은 빙 이미지를 사용해 검색하는 사용자에 대한 실험을 실행한다. 그들은 때때로 실험이 이미지 검색 결과를 일반 빙 웹 검색 결과와 함께 제공해 검색 결과에 영향을 미치고 종종 SRM을 유발한다는 것을 발견했다.

- **실험군 및 대조군 할당이 올바른지 검증하라.** 사용자가 데이터 파이프라인의 상단에서 적절히 적절히 랜덤화되는가? 대부분의 할당 시스템은 사용자 ID 해싱을 기반으로 하는 간단한 랜덤화 방법으로 시작하지만, 시간이 지남에 따라 서로 다른 실험이 같은 사용자에게 노출되지 않도록 하는 동시 실험, 그룹 격리 등을 수행하기 위해 복잡해진다 (Kohavi et al. 2013).

  예를 들어 글꼴 색상을 검은 색에서 진한 파란색으로 변경하는 실험을 하는 동시에 글꼴이 검은색으로 설정된 사용자들만을 대상으로 배경색을 변경하는 실험을 하는 경우를 생각해보라. 코드가 실행되는 방식으로 인해 두 번째 실험은 첫 번째 실험으로부터 글꼴 색상을 검은색으로 설정하고 있는 사용자를 "훔치게" 된다. 물론 이것은 SRM을 유발한다.

- **데이터 처리 파이프라인의 단계를 따라 SRM의 원인이 있는지 확인하라.** 예를 들어 매우 흔한 SRM의 출처는 봇 필터링이다. 봇은 노이즈를 증가시켜 분석의 민감도를 낮추기 때문에 봇을 제외하는데 일반적으로 경험 법칙에 따른다. 빙은 미국에서 트래픽의 50% 이상이 봇으로 필터링되고 중국과 러시아에서는 트래픽의 90%가 봇으로 생성된다! MSN의 한 극단적인 경우에서 실험군의 사용량 증가가 매우 커서, 특히 최다 사용자들은 경험적인 사용량 임계값을 넘어 봇으로 분류됐다. 이는 분명한 버그이다. SRM 문제를 고려하지 않고 실험 결과를 봤을 때는, 이런 사용자들이 제외됐기 때문에 실험군이 훨씬 더 나빠진 것으로 나타났다(Kohavi 2016).

- **실험 시작 후 초기 기간을 제외하라.** 두 변형군이 함께 시작되지 않는 것이 가능한가? 일부 시스템에서는 대조군이 여러 실험에서 공유된다. 나중에 실험을 시작하는 경우, 분석기간을 실험이 시작된 이후로 잡더라도 여러 문제가 발생할 수 있다. 예를 들어, 캐시가 채워지는데 시간이 걸리고, 앱이 푸시되는 데 시간이 걸리며, 휴대폰이 오프라인이어서 지연을 일으킬 수 있다.

- **세그먼트의 샘플 비율을 확인하라.**
  - 매일 개별적으로 살펴보라. 이상이 감지됐을 때 특별한 사건이 있었는가? 예를 들어, 특정한 시기에 누군가가 실험군에 대한 실험 비율을 증가시켰는가? 아니면 또 다른 실험이 시작돼 트래픽을 "훔쳤는가?"
  - 위의 시나리오 2에서와 같이 눈에 띄는 브라우저 세그먼트가 있는가?

- 신규 사용자와 재 방문 사용자의 비율이 서로 다른가?

- **다른 실험과의 공통점을 살펴보라.** 실험군과 대조군의 할당 비율이 다른 실험과 유사해야 한다.

어떤 경우에서는, SRM을 이해하면 분석 단계에서 원인(예: 봇)을 고칠 수 있다. 그러나 다른 경우 트래픽 제거(예: 해당 브라우저의 버그로 인한 브라우저 제거)는 일부 세그먼트가 실험에 제대로 노출되지 않았음을 의미하므로 실험을 다시 실행하는 것이 좋다.

기타 신뢰성 관련 가드레일 지표

SRM 외에 무언가 잘못됐음을 나타내는 다른 지표가 있다(Dmitriev et al. 2017). 다음 예에서 볼 수 있듯이 이러한 문제는 때때로 심층 조사로 이어지며, 아래에서 볼 수 있듯이 소프트웨어 버그와 관련이 있는 경우가 있다.

- **원격측정 정확도.** 클릭 추적은 일반적으로 클릭의 일부가 손실되는 결함이 있는 것으로 알려진 웹 비콘을 통해 수행된다(Kohavi, Messner et al. 2010). 실험이 손실률에 영향을 미치는 경우 결과는 실제 사용자 경험보다 좋거나 나빠 보일 수 있다. 웹사이트에 대한 내부 리퍼러referrer 혹은 이중 로깅을 사용하는 클릭(때로는 높은 정확도가 필요한 광고 클릭에 사용됨)을 통해 결함을 평가할 수 있는 지표가 있으면 정확도 문제가 발견될 수 있다.

- **캐시 적중률.** 3장에서 언급했듯이 공유 리소스는 SUTVA를 위반할 수 있다(Kohavi, Longbotham 2010). 캐시 적중률과 같은 공유 리소스에 대한 지표를 사용하면 실험의 신뢰성에 영향을 미치는 예상치 못한 요인을 식별하는 데 도움이 될 수 있다.

- **쿠키 쓰기 속도** – 실험군 및 대조군에서 영구적(비세션) 쿠키를 쓰는 속도. 쿠키 클로버링(Dmitriev et al. 2016)이라고 불리는 이 현상은 브라우저 버그로 인해 다른 지표에 심각한 왜곡을 일으킬 수 있다. 빙의 한 실험은 어디에도 사용되지 않는 쿠키를 작성하고 그것을 모든 검색 응답 페이지에서 임의의 숫자로 설정했다. 그 결과 사용자당 세션 수, 사용자당 쿼리 및 사용자당 수익을 포함한 모든 주요 지표에서 엄청난 사용자 저하가

나타났다[1].

- "빠른 쿼리"는 동일한 사용자로부터 1초 이내에 검색 엔진에 도착하는 둘 이상의 검색 쿼리이다. 구글과 빙은 모두 이 현상을 관찰했지만 현재까지 그 원인을 설명할 수 없다. 우리가 알고 있는 것은 일부 실험이 빠른 쿼리의 비율을 늘리거나 줄이고, 이러한 결과는 신뢰할 수 없는 것으로 간주된다는 것이다.

---

1 쿠키를 읽고 쓰는 것 이외에는 차이가 없는 실험에서 저하가 발견됐으므로, 쿠키의 읽고 쓰는 것 자체가 악영향을 끼쳤다고 판단된다. – 옮긴이

22

실험 간의 누출 및 간섭

당신의 이론이 얼마나 아름다운지는 중요하지 않다.
당신이 얼마나 똑똑한지는 중요하지 않다.
실험과 일치하지 않으면 잘못된 것이다.

리처드 파인만Richard Feynman

주목해야 하는 이유: 대부분의 실험 분석에서 실험에서의 각 실험단위의 행동은 다른 실험 단위들에게 실험을 적용하는 것에 영향을 받지 않는다고 가정한다. 이것은 대부분의 실제 적용에서 그럴듯한 가정이다. 그러나 이 가정이 실패하는 경우도 많이 있다.

이 책의 대부분의 논의에서 우리는 종합 대조 실험을 분석하기 위한 표준 프레임워크인 루빈Rubin 인과 모델(Imbens, Rubin 2015)을 가정한다. 이 장에서는 이러한 가정과 실패하는 시나리오 및 이를 해결하기 위한 접근 방식에 대해 설명한다.

루빈 인과 모델에서 만들어진 주요 가정은 SUTVAStable Unit Treatment Value Assumption로, 식 22.1과 같이 실험에서 각 실험단위의 행동은 다른 실험단위에 대한 변형군 할당에 의해 영향을 받지 않는다는 것이다(Rubin 1990, Cox 1958, Imbens, Rubin 2015):

$$Y_i(z) = Y_i(z_i) \qquad (22.1)$$

$z = (z_1, z_2, ..., z_n)$는 n개의 실험단위에 대한 변형군 할당 벡터다. [1]

이것은 대부분의 실용적인 애플리케이션에서 그럴듯한 가정이다. 예를 들어 2장에서 설명한 새 결제 흐름을 좋아하는 사용자는 구매할 가능성이 더 높으며, 해당 행동은 동일한 전자 상거래 사이트를 사용하는 다른 사용자와는 독립이다. 그러나 SUTVA 가정이 유효하지 않은 경우에(이 장 뒷부분의 예 참조) 분석 결과는 잠재적으로 잘못된 결론을 내릴 수도 있다. 여기서는 SUTVA 가정을 위반한 것을 '간섭'으로 정의하며, 때로는 실험 간의 유출 또는 누출 또는는 파급효과라고 한다.

간섭이 발생할 수 있는 방법에는 직접 또는 간접 연결의 두 가지가 방식이 있다. 예를 들어, 소셜 네트워크 상에서 친구이거나 또는 동시에 동일한 물리적 공간을 방문한 경우 두 단위를 직접 연결할 수 있다. 간접 연결은 동일한 광고 캠페인 예산을 공유하는 실험군 및 대조군 집단과 같은 어떠한 잠재 변수 또는 공유 리소스로 인해 생기는 연결이다. 이 두 방식은 모두 실험군과 대조군을 연결하고 상호작용하는 중간 매개체가 있다는 점에서 유사하다. 중간 매개체는 소셜 네트워크 상의 친구관계거나 실험군 및 대조군 사용자의 클릭에 대해 비용이 청구되는 공유 광고 예산일 수 있다. 이를 해결하기 위한 최상의 해결책은 다를 수 있으므로 간섭이 나타날 수 있는 메커니즘을 이해하는 것이 중요하다.

문제를 더 구체적으로 설명하기 위해 여기에 더 자세한 논의가 포함된 사례를 제시한다.

예시

직접 연결된 경우

---

[1] Y_i는 실험단위 i의 결과변수이고, 이 수식은 Y_i의 값이 i에의 실험단위 할당만이 주어질 때와 i이외의 실험단위 할당도 주어질 때와 차이가 없다는 것을 나타낸다. – 옮긴이

소셜 네트워크에서 친구이거나 동시에 동일한 물리적 공간을 방문한 경우 두 단위를 직접 연결할 수 있다. 직접 연결된 두 단위는 실험군과 대조군으로 분리돼 실험 간의 간섭을 유발할 수 있다.

페이스북/링크드인. 페이스북 또는 링크드인과 같은 소셜 네트워크에서 사용자 행동은 해당 사이트 내 이웃의 행동에 영향을 받을 가능성이 있다 (Eckles, Karrer, Ugander 2017, Gui et al. 2015). 더 많은 이웃이 특정 기능을 사용할수록 사용자는 그 기능을 사용하려 한다. 예를 들어, 사용자 관점에서

- 친구가 페이스북에서 화상 채팅을 사용할 경우 나도 사용할 가능성이 더 높다.
- 친구가 링크드인에서 메시지를 보내면 나도 친구에게 메시지를 보낼 가능성이 더 크다.
- 내 네트워크의 친구가 링크드인에 게시물을 올리면 나도 링크드인에 게시물을 올릴 가능성이 더 크다.

A/B 실험에서 이것은 실험군이 사용자에게 상당한 영향을 미치는 경우 이웃이 실험군 또는 대조군에 있는지 여부에 관계없이 그 효과가 점진적으로 퍼질 수 있음을 의미한다. 예를 들어 링크드인에서 실험군의 더 우수한 "People You May Know(어쩌면 아는 사람)" 추천 알고리듬 성능은 사용자에게 더 많은 연결 초대를 보내게 만든다. 그러나 이러한 초대를 받은 사용자는 대조군에 속할 수 있으며, 초대를 수락하기 위해 링크드인을 방문하면 더 많은 사람과 연결될 수 있다. 주요 관심 지표가 총 전송된 초대 수인 경우, 실험군 및 대조군 초대가 모두 증가할 가능성이 있으므로 델타가 아래쪽으로 편향돼 새 알고리듬의 이점을 완전히 포착하지 못할 수 있다. 마찬가지로, 실험군 사용자가 더 많은 메시지를 보내도록 권장하는 경우에 대조군 사용자가 응답하며 전송하는 메시지가 증가한다. 그림 22.1을 참조하라.

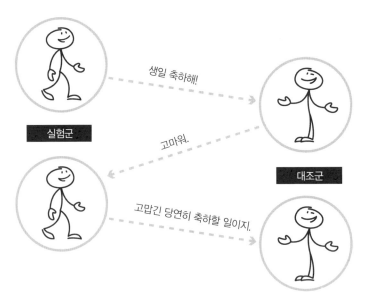

그림 22.1 실험군의 사용자가 네트워크에 더 많은 메시지를 보내면 대조군의
사용자는 해당 메시지에 응답하며 더 많은 메시지를 보낸다.

스카이프 통화. 커뮤니케이션 도구로서 스카이프의 모든 통화에는 적어도 두 사람이 참여한다. 분명히 사용자가 스카이프에서 친구에게 전화하기로 결정하면 친구는 적어도 이 전화에 응답하기 위해 스카이프를 더 많이 사용하게 된다. 친구는 스카이프를 사용해서 또다른 친구에게 전화를 걸 수도 있다. A/B 환경에서 스카이프가 실험군에 대한 통화 품질을 개선해서 실험군으로부터의 통화 수를 늘렸다고 가정한다. 이러한 통화는 실험군 또는 대조군의 사용자 모두에게 갈 수 있다. 그 결과 대조군 사용자의 스카이프 사용 빈도도 증가하므로 실험군와 대조군 간의 차이가 과소 평가된다.

간접 연결

특정 잠재 변수 또는 공유 리소스로 인해 두 단위가 간접 연결을 가질 수 있다. 직접 연결과 마찬가지로 이러한 간접 연결은 간섭을 유발하거나 변수 적용 효과의 편향된 결론을 야기할 수 있다.

- **에어비앤비.** 임대용 주택의 에어비앤비 마켓플레이스 사이트가 실험군 사용자의 구매 전환 흐름을 개선해서 더 많은 예약을 유도하면 자연스럽게 대조군 사용자의 재고가 줄어들 것이다. 이것은 대조군에서 발생하는 수익이 실험이 없었을 경우의 수익보다 적다는 것을 의미한다. 실험군과 대조군을 비교하면 실험효과가 과대 평가된다(Holtz 2018).

- **우버/리프트.** 우버가 다른 "할증 요금" 알고리듬을 테스트 한다고 가정해보자. 이 알고리듬이 너무 좋아서 실험군의 고객들이 이를 이용할 가능성이 더 높아졌다고 하자. 따라서 남아있는 운전자가 적어지며, 대조군의 가격이 올라가며 운전자 수는 더욱 줄어든다.[2] 그 결과 실험군과 대조군을 비교하는 델타가 과대 평가된다(Chamandy 2016).

- **이베이.** 실험군에서 구매자의 할인 또는 판촉과 같은 입찰을 장려한다고 가정한다. 실험군 및 대조군 사용자가 동일한 아이템에 대해 경쟁하기 때문에 실험군의 입찰 가격이 높을수록 대조군 사용자가 경매에서 이길 가능성이 낮아진다. 관심 지표가 총 거래수인 경우 실험군과 대조군 간의 델타는 과대 평가된다(Blake, Coey 2014, Kohavi, Longbotham et al. 2009).

- **광고 캠페인.** 사용자에게 동일한 광고에 대해 다른 순위를 보여주는 실험을 고려해보라. 실험군이 광고 클릭을 더 많이 유도하면 캠페인 예산이 더 빨리 소모된다. 주어진 캠페인의 예산이 실험군과 대조군 간에 공유되기 때문에 대조군은 더 작은 예산을 사용하게 된다. 결과적으로 실험군과 대조군 사이의 델타가 과대 평가된다. 또한 예산 제약으로 인해 광고 수익에 영향을 미치는 실험은 월초(또는 분기)와 월말(또는 분기)이 다른 결과를 도출하는 경향이 있다(Blake, Coey 2014, Kohavi, Longbotham et al. 2009).

- **관련성 모델 훈련.** 관련성 모델은 무엇이 관련성이 있는지 아닌지를 학습하기 위해 사용자 참여 데이터에 크게 의존한다. 개념을 설명하기 위해, 간단한 클릭 기반의 관련성 모델을 순위를 매길 목적으로 사용하는 검색 엔진을 상상해보자. 이 경우 "신발"을 검색할 때 보다 많은 사용자가 (신발을 온라인 판매하는) target.com을 클릭한다. 이때 검색엔진의 학습이 이뤄져 '신발'이라는 키워드에 대해 target.com은 순위를 더 높게 매기게 된다. 이런 학습 프로세스는 모델 훈련(model training)이라 하며, 이는 새로운 데이터가 유입되며 연속적으로 일어난다. 사용자가 무엇을 클릭하는지를 더 잘 예측할 수

---

2 A/B 테스트는 운전자 단위로 수행되고, 주문단위로 행해지지 않으므로, 대조군은 가격 상승의 악영향을 받지만, 새로운 알고리듬의 좋은 영향은 받지 않는다. – 옮긴이

있는 관련성 모델에 대해 실험하는 경우를 고려하자. 모든 사용자로부터 수집된 데이터를 사용해서 대조군 및 실험군 모두를 훈련하는 경우, 실험기간이 길어지면 길어질수록 실험군으로부터 클릭은 대조군의 예측력을 높이게 된다.

- **CPU.** 사용자가 장바구니에 아이템을 추가하거나 검색 결과를 클릭하는 등 웹사이트에서 작업을 수행하면 일반적으로 웹사이트 서버에 대한 리퀘스트가 발생한다. 쉽게 말해서 리퀘스트가 서버 시스템에서 처리되고 정보가 사용자에게 반환된다. A/B 환경에서 실험군 및 대조군의 리퀘스트는 일반적으로 동일한 머신에 의해 처리된다. 과거에 실험의 버그가 예기치 않게 시스템의 CPU와 메모리에 부하를 줘서 실험군과 대조군 모두의 리퀘스트를 처리하는 시간이 지연된 적이 있었는데, 통상적인 방법으로 대조군과 실험군을 비교하면, 이러한 부정적인 실험 효과는 과소 평가된다.

- **사용자보다 더 세분화된 실험 단위.** 14장에서 논의했듯이 사용자가 더 일반적으로 사용되는 실험 단위이지만 실험이 페이지 방문 또는 세션과 같은 다른 단위로 랜덤화 되는 경우가 있다. 사용자보다 더 작은 실험 단위(예: 페이지 뷰)는 동일한 사용자의 실험군으로부터 학습효과로 인해 잠재적인 유출을 일으킬 수 있다. 이 경우 "사용자"가 잠재적 연결이다. 예를 들어, 지연시간을 크게 개선하는 실험이 있고, 페이지 뷰로 랜덤화한다고 가정하면, 동일한 사용자가 실험군과 대조군 양 쪽에서 각각 페이지 뷰를 경험하게 된다. 페이지 로드 시간이 빨라지면 일반적으로 더 많은 클릭과 수익으로 이어진다(5장 참조). 그러나 사용자는 혼합된 경험을 하기 때문에 빠른 페이지에서의 행동은 느린 페이지의 행동에 의해 영향을 받을 수 있으며 그 반대의 경우도 마찬가지이다. 이 경우에도 실험 효과는 과소 평가된다.

몇 가지 실용적인 해결책

이러한 예시에서의 간섭은 서로 다른 이유로 인해 발생하지만 모두 편향된 결과로 이어질 수 있다. 예를 들어 광고 캠페인에서 실험 중 수익에 대한 긍정적인 델타를 볼 수 있지만, 실험이 모든 사용자에게 시작되면 예산 제약으로 인해 영향이 중립적일 수 있다. 실험을 실행할 때 두 평행 우주, 즉 모든 실험단위가 실험군이거나 모든 실험단위가 대조군인 우주 사이의 델타를 추정하고 싶어 하지만, 실험군과 대조군 실험단위 사이의 누출은 추정치를 편향시킨다. 어떻게 예방하거나 해결할 수 있을까?

종합 대조 실험에서 간섭을 해결하기 위한 몇 가지 범주의 실용적인 접근법들이 있다. Gupta et al.(2019) 또한 이러한 방법들에 대해 논의한다.

경험 법칙: 행동의 생태계 가치

모든 사용자 행동이 실험군에서 대조군으로 유출되는 것은 아니다. 당신은 잠재적으로 유출될 수 있는 행동을 식별할 수 있으며 이러한 행동이 실험에서 중대한 영향을 받는 경우에만 간섭에 대해 고려하면 된다. 이것은 일반적으로 1차적인 행동뿐만 아니라 행동에 대한 잠재적인 반응을 의미한다. 예를 들어 소셜 네트워크 실험에 대한 다음 지표를 고려하라.

- 총 전송된 메시지 및 응답한 메시지의 수

- 작성된 총 게시물 수 및 받은 총 좋아요/댓글 수

- 총 좋아요 및 댓글의 수, 이러한 좋아요와 댓글을 받은 투고자의 총 수

이러한 지표는 다운스트림 영향을 나타낼 수 있다. 반응을 측정하면 1차 행동으로 인한 잠재적으로 생태계 내에 미치는 영향의 깊이와 폭을 추정할 수 있다(Barrilleaux, Wang 2018). 1차 행동에 긍정적인 영향을 미치고 다운스트림 지표에 영향을 미치지 않는 실험은 측정 가능한 유출효과를 갖는다고 간주되지 않는다.

다운스트림 영향을 나타내는 지표를 식별하면 각 행동이 전체 생태계에 대한 가치 또는 참여로 어떻게 변환되는지에 대한 일반적인 지침을 설정할 수 있다. 예를 들어, 사용자 A의 메시지가 A와 이웃 모두의 세션 방문으로 변환되는 양은 얼마인가? 이 경험 법칙을 설정하는 한 가지 접근법은 다운스트림 영향이 있다고 입증된 과거의 실험을 사용하고, 이들의 영향을 도구 변수 방법(Instrument Vairable apporache)을 사용해 행동 X/Y/Z의 다운스트림 영향에 외삽하는 것이다(Tuttlerow, Saint-Jacques 2019).

이 경험 법칙 방법은 생태계 가치를 한 번만 구축하면 되고 어떤 베르누이 무작위 실험[3]에도 적용할 수 있기 때문에 비교적 구현하기 쉽다. 다운스트림 지표에 대한 중요한 영향을 측정하기 위해 베르누이 랜덤화에 의존하기 때문에 다른 방법보다 더 민감하다. 그러나 이 방법에는 한계가 있다. 기본적으로 경험 법칙은 근사일 뿐이며 모든 시나리오에서 작동하지 않을 수 있다. 예를 들어, 특정 실험에 기인한 추가 메시지는 평균보다 더 큰 생태계 효과를 미칠 수 있다.

격리

간섭은 실험군과 대조군을 연결하는 매개체를 통해 발생한다. 매개체를 식별하고 각 변형군을 격리시켜 잠재적인 간섭을 제거할 수 있다. 경험 법칙은 베르누이 랜덤화 설계를 사용해서 분석 중 생태계 효과를 추정할 수 있도록 한다. 격리를 위해서는 실험군 및 대조군 단위가 잘 나눠지도록 다른 실험 설계들을 고려해야만 한다. 다음은 몇 가지 실용적인 격리에 관한 접근 방법이다.

- **공유 리소스 분할.** 공유 리소스가 간섭을 유발하는 경우 실험군과 대조군을 분리하는 것이 가장 확실한 첫 번째 선택이다. 예를 들어, 실험군 및 대조군 할당에 따라 광고 예산을 분할하고 트래픽의 20%가 할당된 실험군 또는 대조군에서 20% 예산만 사용하도록 허용할 수 있다. 마찬가지로 관련성 알고리듬 훈련 사례에서는 실험군 및 대조군별로 훈련 데이터를 분할할 수 있다.

  이 방법을 적용할 때 주의해야 할 두 가지 사항이 있다.

  1. 간섭 리소스를 실험군 및 대조군에 대한 트래픽 할당에 따라 정확하게 분할할 수 있는가? 예산이나 교육 데이터에 대해서는 쉽게 해낼 수 있지만 불가능한 경우도 많다. 예를 들어, 공유 머신을 사용하면 개별 머신 간에 이질성이 있으며, 단순히 실험군 및 대조군 트래픽을 다른 머신에 제공하면 수정하기 어려운 다른 교란 요인이 매우 많이 발

---

3 실험 대상의 단계별 확대와 복잡한 트리거 조건을 사용하지 않는 단순한 무작위 실험을 지칭한다. – 옮긴이

생한다.

2. 트래픽 할당(자원 분할 크기)이 편향을 유발하는가? 훈련 데이터의 경우 더 많은 훈련 데이터를 얻을수록 모델 성능이 향상된다. 실험군 모델이 학습할 데이터를 5%만 얻고 대조군 모델이 95% 데이터를 얻는 경우, 이는 대조군 모델에 대한 편향을 유발한다. 이것이 트래픽 할당에 대해 50/50 분할을 권장하는 이유 중 하나이다.

- **지리 기반 랜덤화.** 두 단위가 지리적으로 가까울 때 간섭이 발생하는 많은 사례가 있다. 예를 들어, 동일한 관광객들을 위해 경쟁하는 두 개의 호텔이나 동일한 승객들을 위해 경쟁하는 두 대의 택시가 있다. 다른 지역의 단위(호텔, 택시, 배달원 등)가 서로 격리돼 있다고 가정하는 것이 합리적이다. 이를 통해 실험군와 대조군 간의 간섭을 분리하기 위해 지역 수준에서 랜덤화할 수 있다(Vaver, Koehler 2011, 2012). 한 가지 주의사항은 지리적 수준에서 랜덤화하면 사용 가능한 지리적 위치 수에 따라 표본 크기가 제한된다. 이로 인해 A/B 테스트에 대한 분산이 커지고 검정력이 낮아진다. 분산 감소와 더 나은 검정력 달성에 대한 논의는 18장을 참조하라.

- **시간 기반 랜덤화.** 시간을 사용해서 격리를 만들 수 있다. 임의의 시간 t에서 동전을 던져서 모든 사용자에 대해서 실험을 할지 아니면 모든 사용자를 대조군으로 할당할지를 결정할 수 있다(Bojinov, Shephard 2017, Hohnhold, O'Brien, Tang 2015). 물론 이것이 작동하려면, 시간이 지남에 따라 동일한 사용자에 의해 발생할 수 있는 간섭이 중요하지 않은 문제여야 한다(사용자보다 더 세분화된 실험단위에 대한 앞의 논의 참조). 시간 단위는 실용적인 구현이 가능한지 여부와 필요한 표본 수에 따라 짧거나(초) 길어질 수 있다(주). 예를 들어, "일"이 단위인 경우 일주일에 7개의 표본만 수집할 수 있으며 이는 아마도 충분히 빠르지 않을 것이다. 명심해야 할 한 가지는 일반적으로 한 주에서 무슨 요일인지, 하루 중에 어떤 시간인지와 같이 강력한 시간적 변화가 나타나는 경우가 있다는 것이다. 이는 일반적으로 쌍에 대한 t-검정 또는 공변량 조정에서 이 정보를 활용해서 분산을 줄이는 데 도움이 된다. 자세한 내용은 18장을 참조하라. 이와 유사한 기법인 단절적 시계열(ITS, Interrupted Time Series)은 11장에서 설명했다.

- **네트워크 클러스터 랜덤화.** 지리적 기반 랜덤화와 유사하게 소셜 네트워크에서 간섭 가능성에 따라 서로 가까운 노드의 "클러스터"를 구성한다. 이 클러스터들을 "커다란" 랜덤화 단위로 사용하고 독립적으로 실험군 또는 대조군으로 랜덤화 한다(Gui et al. 2015, Backstrom, Kleinberg 2011, Cox 1958, Katzir, Liberty, Somekh 2012).

이 접근법에는 두 가지 제한 사항이 있다.

1. 실제로 완벽하게 격리되는 것은 드물다. 대부분의 소셜 네트워크에서 연결 그래프는 일반적으로 너무 조밀해서 완벽하게 격리된 클러스터로 잘라낼 수 없다. 예를 들어 전체 링크드인 그래프에서 격리되고 균형 잡힌 클러스터 10,000개를 만들려고 할 때, 80% 이상의 클러스터 간 연결이 여전히 존재했다(Saint-Jacques et al. 2018).

2. 다른 큰 단위의 랜덤화 접근법과 마찬가지로 유효 표본 크기(클러스터 수)는 일반적으로 작기 때문에 클러스터를 구축할 때 분산과 편향 사이에 트레이드오프 관계가 있다. 클러스터 수가 많을수록 분산이 작아지지만 격리가 잘 되지 않을 수 있으며 더 큰 편향을 가져온다.

- **네트워크 에고(ego) 중심 랜덤화.** 네트워크-클러스터 랜덤화 접근법에서 클러스터는 클러스터 간의 엣지 절단을 최소화해서 구성되며 각 클러스터는 특정 구조를 사용하지 않는다. 실험 할당 중 클러스터의 모든 노드도 동일하게 처리된다. 에고 중심 랜덤화는 소셜 네트워크에서 유사한 간섭 문제가 있지만 제약사항이 적다. "에고"(초점이 되는 개인)와 "올터(alters)"(즉시 연결되는 개인)로 구성된 클러스터를 생성해서 더 나은 격리와 더 작은 분산을 얻을 수 있다. 이를 통해 자에고와 올터에 대한 변형군 할당을 별도로 결정할 수 있다. 예를 들어 모든 올터와 절반의 에고에 대해 실험을 수행해 실험군의 에고와 대조군의 에고를 비교함으로써 1차적 영향과 다운스트림 영향을 측정할 수 있다. Saint-Jacques et al.(2018)에서 이에 대한 유용한 논의를 찾을 수 있다.

가능하다면 항상 격리 방법을 결합해 더 큰 표본 크기를 얻어라. 예를 들어 네트워크 클러스터 랜덤화를 적용하는 동안 표본 추출의 차원으로 시간 t를 활용해서 표본 크기를 확대할 수 있다. 간섭의 대부분의 시간 범위가 짧고, 실험효과 자체가 길지 않다면 매일 동전 던지기를 통해 각 클러스터에 대한 실험군 및 대조군 할당을 결정할 수 있다. 때로는 간섭이 발생할 수 있는 곳을 예측해서 더 나은 격리를 만들 수 있다. 예를 들어 사용자는 소셜 네트워크의 모든 이웃에게 메시지를 보내지 않는다. 연결 네트워크 자체가 일반적으로 너무 밀집돼 격리된 클러스터를 만들 수 없음을 알고 메시지가 교환될 가능성이 있는 서브그래프를 식별하면 더 나은 클러스터를 만들 수 있다.

엣지 수준 분석

일부 유출은 두 사용자 간의 명확하게 정의된 상호작용에서 발생한다. 이러한 상호작용(엣지)은 식별하기 쉽다. 사용자에 대해 베르누이 랜덤화를 사용한 다음, 사용자(노드)의 실험 할당에 따라 엣지를 다음 네 가지 유형 중 하나로 구분할 수 있다. 실험군-실험군, 실험군-대조군, 대조군-대조군 및 대조군-실험군. 서로 다른 엣지에서 발생하는 대조적인 상호작용(예: 메시지, 좋아요)을 통해 중요한 네트워크 효과를 이해할 수 있다. 예를 들어, 실험군-실험군 및 대조군-대조군 경계 사이의 차이를 사용해서 편향되지 않은 델타를 추정하거나, 실험군의 단위가 대조군 단위보다 다른 실험군 단위에 메시지를 보내는 것을 선호하는지(실험군 친화성), 실험군이 생성한 새로운 활동이 더 높은 응답률을 받는지 여부를 식별하라. Saint Jacques et al.(2018)의 엣지 수준 분석을 참조하라.

간섭 감지 및 모니터링

간섭의 메커니즘을 이해하는 것이 좋은 해결책을 알아내는 열쇠이다. 정확한 측정을 하는 것이 모든 실험에서 실용적이지 않을 수 있지만, 간섭을 감지하기 위해서는 강력한 모니터링 및 경고 시스템을 갖추는 것이 중요하다. 예를 들어 실험 중 모든 광고 수익이 예산 제약이 있는 광고주와 예산에 제약이 없는 광고주로부터 나오는 경우, 출시 후 실험 결과를 일반화할 수 없다. [4] 실험 램프업 단계(예: 직원과 소규모 데이터 센터에의 최초의 실험 확대)에서는 매우 나쁜 간섭(예: 한 실험이 모든 CPU를 소비하는 것)을 감지할 수 있다. [5] 자세한 내용은 15장을 참조하라.

---

4 정확한 측정이 어려운 예이다. - 옮긴이

5 간섭의 감지가 중요한 예이다. - 옮긴이

23

장기 실험효과 측정

우리는 기술의 효과를 단기적으로는 과대 평가하고,
장기적으로는 과소 평가하는 경향이 있다.

로이 아마라^{Roy Amara}

주목해야 하는 이유: 때로는 측정하려는 효과가 누적되는 데 수개월 또는 수년이 걸리는 장기적 효과일 수 있다. 제품과 서비스가 민첩한 방식으로 빠르고 반복적으로 개발되는 온라인 세상에서 장기적인 효과를 측정하는 것은 어려운 일이다. 이는 활발히 연구되고 있는 영역이며, 문제의 본질을 따라가기 위해서는 주요 난점과 현재 방법론을 이해하는 것이 유용하다.

장기적 효과는 무엇인가?

이 책에서 설명하는 대부분의 시나리오에서 1~2주 동안 실험을 실행하는 것을 권장한다. 이 짧은 기간에 측정된 실험 효과를 단기 효과라고 한다. 대부분의 실험에서 이 단기 효과는 안정적이고, 주된 관심 대상인 장기적인 장기 실험 효과로 일반화되므로 이 단기 효과를 이해하는 것만으로 충분하다. 그러나 장기 효과와 단기 효과가 다른 시나리오가 존재할 수 있다. 예를 들어 가격을 올리면 단기 수익은 증가하지만 사용자가 제품이나 서비스를 포기함에 따라 장기 수익이 감소한다. 검색 엔진에서 열악한 검색 결과를 표시하면 사용자는 다시 검색하게 된다(Kohavi et al. 2012). 쿼리 점유율이 단기적으로는 증가하지만 사용자가 더 나은 검색 엔진으로 전환함에 따라 쿼리 점유율이 장기적으로는 감소한다. 마찬가지로 더 낮은 품질의 광고를 포함해서 더 많은 광고를 표시하면 단기적으로는 광고 클릭과 수익이 증가할 수 있지만 장기적으로는 광고 클릭 및 검색이 줄어들며 수익이 감소할 수 있다(Hohnhold, O'Brien, Tang 2015, Dmitriev, Frasca, et al. 2016).

장기 효과는 이론적으로는 몇 년 후에도 지속될 수 있는 실험의 점근적 효과로 정의된다. 실제로 장기적인 효과를 3개월 이상으로 간주하거나 노출 횟수를 기준으로 하는 것이 일반적이다(예: 새로운 기능에 10회 이상 노출된 사용자에 대한 실험 효과).

이 논의 과정에서 짧은 수명의 변화를 의도적으로 제외할 것이다. 예를 들어, 실험 대상으로 편집자가 선정한 뉴스 헤드라인과 같이 수명이 수 시간뿐인 것은 제외한다. 그러나 헤드라인이 "관심을 끌거나", 또는 "재미있어야 하는" 것이 최우선인가 하는 질문은 단기적인 초기 참여 증가가 장기적인 이탈 증가와 관련이 있을 수 있기 때문에 좋은 장기적인 가설이 될 수 있다. 이러한 짧은 수명의 변화에 대해서 실험을 실행하는 특별한 경우가 아니라면, 새로운 실험을 테스트할 때는 그것이 장기적으로 어떠한 성과를 가져올지에 대해서 알고 싶을 것이다.

23장에서는 장기 효과가 단기 효과와 다를 수 있는 이유를 다루고 측정 방법에 대해 논의한다. 단기 및 장기 효과가 다른 시나리오에만 집중할 것이다. 추정된 실험 효과와 분산을 다르게 하는 표본 크기의 차이와 같은 장기와 단기 간의 기타 중요한 차이는 고려하지 않을 것이다.

OEC(7장 참조)를 결정하는 데 있어 한 가지 핵심 과제는 그것이 단기적으로 측정될 수 있어야 하지만 장기적인 목표에 인과적으로 영향을 미칠 것으로 예상되는 것이어야 한다는 것이다. 이 장에서 논의되는 장기 효과의 측정은 장기 목표에 영향을 미치는 단기 지표를 개선하고 고안하기 위한 통찰을 제공할 수 있다.

실험 효과가 단기와 장기간에 다를 수 있는 이유

단기 및 장기 실험 효과가 다를 수 있는 몇 가지 이유가 있다. 3장에서 신뢰성의 맥락에서 몇 가지에 대해 논의했다.

- **사용자 학습 효과**: 사용자가 변화를 학습하고 이에 적응하면 행동이 바뀐다. 예를 들어, 작동정지는 끔찍한 사용자 경험이지만 한 번 발생한다고 사용자가 떠나지는 않는다. 그러나 자주 발생하면 사용자는 이를 학습하고 제품을 포기하기로 결정할 수 있다. 사용자가 광고의 품질이 좋지 않다는 것을 알게 되면 광고 클릭률을 조정할 수 있다. 행동 변화는 사용자가 기능을 발견할 수 있는지 여부(어떤 새로운 기능은 사용자가 알아차리기까지 시간이 걸릴 수 있다)에 따라 영향을 받지만, 만일 그들이 유용성을 발견하면 많이 참여하게 된다. 또한 사용자는 새로운 기능에 적응하는 데 시간을 필요로 할 수 있는데 이는 이전 기능에 익숙해져 있거나 처음 도입될 때 새로운 변경 사항을 더 많이 탐색하기 때문이다(3장 참조). 이러한 경우 사용자가 최종적인 균형점에 도달하기 때문에 장기 효과와 단기 효과가 다를 수 있다(Huang, Reiley, Raibov 2018, Hohnhold, O'Brien, Tang 2015, Chen, Liu, Xu 2019, Kohavi, Longbotham et al. 2009).

- **네트워크 효과**: 사용자가 페이스북 메신저, 왓츠앱 또는 스카이프와 같은 커뮤니케이션 앱에서 라이브 비디오 기능을 사용하는 친구를 보면 그들도 사용할 가능성이 높다. 어떤 기능이 네트워크를 네트워크를 통해 전파될 때 그 효과가 완전히 나타나는 데 시간이 걸릴 수 있지만, 사용자 행동은 네트워크의 사람들에 의해 영향을 받는 경향이 있다(집단 간의 유출로 인한 단기간의 편향된 추정에 초점을 두고 제한적이거나 공유된 자원이 있는 마켓플레이스에서의 간섭에 대해 논의하는 22장 참조). 제한된 자원은 장기적인 영향을 측정할 때 추가적인 문제를 발생시킨다. 예를 들어 에어비앤비, 이베이 및 우버와 같은 양면시장에서의 새로운 기능은 임대 주택, 컴퓨터 키보드 또는 승차와 같은 항목에 대한 수요를 유도하는 데 매우 효과적일 수 있지만, 공급이 이 수요를 따라잡는 데까지는 더 오래 걸릴 수 있다. 그 결과, 공급 부족 문제로 인해 늘어난 수요가 수익에 실제로 영향을 미칠 때까지는 시간이 걸릴 수 있다. 채용 시장(구직자 및 구직), 광고 시장(광고주 및 게시자), 콘텐츠 추천 시스템(뉴스 피드) 또는 인적 네트워크(링크드인의 People You May Know)와 같은 다른 영역에도 유사한 예가 있다. 한 사람이 아는 사람("공급")의 수가 제한돼 있기 때문에 새로운 알고리듬은 처음에는 더 잘 수행 될 수 있지만, 공급 제약으로 인해 장기적으로 더 낮은 균형 상태에 도달할 수 있다(유사한 효과를 보다 일반적인 추천 알고리듬에서 볼 수 있는데, 이 경우 새로운 알고리듬이 처음 얼

마 동안은 이제까지 본 것과는 다른 상품을 추천함으로써 다양성을 증가시켜 좋은 성능을 발휘하는 것을 쉽게 볼 수 있다).

- **지연된 경험 및 측정**: 사용자가 전체적인 실험 효과를 경험하기까지 시간차가 있을 수 있다. 예를 들어 에어비앤비 및 부킹닷컴과 같은 회사의 경우 사용자의 온라인에서의 경험과 사용자가 물리적으로 목적지에 도달하는 것 사이에는 몇 개월의 간격이 있을 수 있다. 사용자 유지^{이탈방지, retention}와 같은 중요한 지표는 사용자의 일정 지연으로 인해 영향을 받을 수 있다. 또 다른 예는 연간 계약이다. 가입한 사용자는 연도가 끝날 시점에 결정을 해야 하고, 해당 연도의 누적 경험이 갱신 여부를 결정한다.

- **생태계 변화**: 생태계의 많은 것들은 시간이 지남에 따라 변하고 다음과 같이 사용자가 변수에 반응하는 방식에 영향을 미칠 수 있다.

  ○ **다른 새로운 기능 출시**: 예를 들어 더 많은 팀이 제품에 라이브 비디오 기능을 포함하면 라이브 비디오의 가치가 높아진다.

  ○ **계절성**: 예를 들어, 크리스마스 시즌에 실적이 좋은 기프트 카드에 대한 실험은 크리스마스가 아닌 시즌에 같은 효과를 내지 않을 수 있다. 이는 사용자의 구매 의도가 다르기 때문이다.

  ○ **경쟁 환경**: 예를 들어, 경쟁 업체에서 동일한 기능을 출시하면 해당 기능의 가치가 하락할 수 있다.

  ○ **정부 정책**: 예를 들어, 유럽 연합 GDPR(General Data Protection Regulation)은 사용자가 온라인 데이터를 통제하는 방법과 온라인 광고 타겟팅에 사용할 수 있는 데이터를 어떤 것으로 할 지를 변경한다(European Commission 2018, Google, 광고주가 GDPR 2019를 준수하도록 지원).

  ○ **컨셉 드리프트**: 업데이트 되지 않은 데이터에 대해 훈련된 머신러닝 모델의 성능은 상황이 변경되면서 시간의 흐름에 따라 저하될 수 있다.

  ○ **오래된 소프트웨어**: 기능이 출시된 후 유지 관리되지 않는 한 기능은 주변 환경과 관련해서 성능이 저하되는 경향이 있다. 예를 들어, 이는 시간이 지남에 따라 무효화되도록 짜여진 코드에 의해 발생할 수 있다.

장기 효과를 측정하는 이유는 무엇인가?

장기 효과는 여러 가지 이유로 단기 효과와 확실히 다를 수 있지만 이러한 모든 차이가 측정할 가치가 있는 것은 아니다. 장기 효과로 달성하고자 하는 것은 무엇을 측정해야 하고 어떻게 측정해야 하는지 결정하는 데 중요한 역할을 한다. 장기효과 측정의 주요 이유들은 다음과 같다

- **기여도 분석**: 강력한 데이터 기반 문화를 가진 회사는 실험 결과를 사용해 팀 목표와 성과를 추적하고 실험 결과를 장기 재무 예측에 통합할 수 있다. 이러한 시나리오에서는 실험의 장기적 영향에 대한 적절한 측정 및 기여도 분석이 필요하다. 지금 새로운 기능을 도입하지 않은 경우와 도입한 경우의 세상은 장기적으로 어떤 모습일까? 이러한 유형의 원인 찾기는 사용자 학습 효과와 같은 내생적인 이유와 경쟁 환경 변화와 같은 외생적인 이유를 모두 고려해야 하기 때문에 어렵다. 실제로, 미래의 제품 변경은 일반적으로 과거 출시를 기반으로 하기 때문에 이러한 복합적인 영향의 원인을 찾기는 어려울 수 있다.

- **조직적인 학습**: 단기와 장기의 차이점은 무엇인가? 차이가 크면 원인은 무엇인가? 초두 효과가 강한 경우 이는 최적이 아닌 사용자 경험을 나타낼 수 있다. 예를 들어 사용자가 좋아하는 새로운 기능을 발견하는 데 너무 오래 걸리는 경우 제품 교육을 사용해서 신속하게 활용하도록 할 수 있다. 반면에 많은 사용자가 새로운 기능에 매력을 느끼지만 단지 한 번만 사용한다면 품질이 낮거나 클릭을 위한 미끼일 수 있다. 차이점에 대해 학습하는 것은 후속 반복 작업을 개선하는 데 통찰을 줄 수 있다.

- **일반화**: 대부분의 경우, 일부 실험에 대한 장기적인 영향을 통해 다른 실험의 결과를 추정할 수 있다. 유사한 변경이 장기적으로 얼마나 많은 영향을 미치는가? 특정 제품 영역(예: Hohnhold et al. (2015)의 검색 광고)에 대한 일반 원칙을 도출할 수 있는가? 장기를 예측하는 단기 지표를 만들 수 있는가(이 장의 마지막 섹션 참조)? 만약 우리가 장기적인 효과를 일반화하거나 예측할 수 있다면 의사 결정 과정에서 이러한 일반화를 고려할 수 있다. 이를 위해 외부 요인, 특히 시간이 지남에 따라 반복될 가능성이 없는 큰 충격으로부터 장기적인 영향을 분리할 수 있다.

장기 실험

장기 효과를 측정하는 가장 간단하고 가장 널리 사용되는 접근법은 실험을 장기간 실행하는 것이다. 실험 시작(첫 주)과 실험 종료(마지막 주)에 실험

효과를 측정할 수 있다. 이 분석 접근법은 전체 실험 기간 동안 평균 효과를 측정하는 일반적인 실험 분석과 다르다. 첫 번째 퍼센트 델타 측정 $p\Delta_1$ 는 단기 효과로 간주되고 마지막 측정 $p\Delta_t$ 는 그림 23.1에 나타난 장기 효과이다.

이것은 실행 가능한 솔루션이지만 이러한 유형의 장기 실험 설계에는 몇 가지 문제와 한계가 있다. 원인 찾기와 기관의 학습이라는 목표를 중심으로 장기 효과 측정과 관련된 몇 가지 주제를 다룰 것이다.

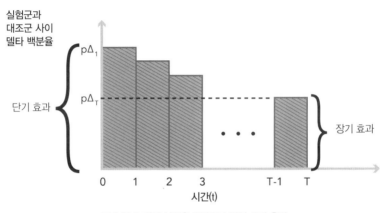

그림 23.1 장기 실험을 기반으로 장기 효과 측정

- **기여도 분석에 대해.** 장기 실험의 마지막 주($p\Delta_T$)측정 값은 다음과 같은 이유로 진정한 장기 실험 효과를 나타내지 않을 수 있다.
  - 실험 효과 희석.
  - 사용자는 여러 기기 또는 진입 방법(예: 웹과 앱)을 사용할 수 있지만 실험은 각 부분들만 포착한다. 실험이 오래 실행될수록 사용자가 실험 기간 동안 여러 기기를 사용할 가능성이 높아진다. 마지막 1주간에 방문한 사용자의 경우 전체 T 기간이 아닌 일부 시간 동안의 경험만 실험에 포함되게 된다. 따라서 사용자가 학습 중인 경우 $p\Delta_T$로 측정되는 것은 사용자가 T시간 동안 실험에 노출된 이후 학습한 내용의 장기적인 영향이 아니라 희석된 버전인 셈이다. 이 희석은 모든 기능에 중요하지 않을 수 있지만 정량적인 부분이 중요한 경우에는 중요성을 지닌다.
  - 쿠키를 기반으로 실험 단위를 무작위로 지정하면 사용자 행동으로 인해 쿠키가 삭

제되거나 브라우저 문제로 인해 방해받을 수 있다(Dmitriev et al, 2016). 실험군의 사용자는 새 쿠키를 사용해서 대조군으로 무작위 배정될 수 있다. 위의 두 개 항목에서 볼 수 있듯 실험을 더 오래 실행할수록 사용자가 실험군과 대조군을 모두 경험할 가능성이 높아진다.

- 네트워크 효과가 있는 경우 변형군 간에 완벽한 격리가 없으면 실험효과가 실험군에서 대조군으로 "유출"될 수 있다(22장 참조). 실험이 오래 실행될수록 효과가 네트워크를 통해 더 광범위하게 전달돼 더 큰 유출이 발생할 가능성이 있다.

- **생존 편향.** 실험을 시작할 때 모든 사용자가 실험이 끝날 때까지 살아남는 것은 아니다. 실험군과 대조군 사이의 생존율이 다른 경우 $p\Delta_T$는 생존 편향의 영향을 받게 되며, 이는 SRM을 유발할 수 있다(3장 및 21장 참조). 예를 들어 새로운 기능을 싫어하는 실험군 사용자가 시간이 지남에 따라 이탈하는 경우 $p\Delta_T$는 남아있는 사용자(및 실험에 참여한 새 사용자)에 대한 편향된 관점만 포착한다. 실험군이 쿠키 이탈을 유발하는 버그 또는 부작용을 들여오는 경우에도 유사한 편향이 존재할 수 있다.

- **다른 새로운 기능과의 상호작용.** 장기 실험이 실행되는 동안 다른 많은 기능이 출시될 수 있으며 테스트 중인 특정 기능과 상호작용할 수 있다. 이러한 새로운 기능은 시간이 지남에 따라 실험의 성과를 떨어뜨릴 수 있다. 예를 들어 사용자에게 푸시 알림을 보내는 첫 번째 실험은 세션을 진행하는 데 매우 효과적일 수 있지만 다른 팀이 알림을 보내기 시작하면 첫 번째 알림의 효과가 감소한다.

- **시간 외삽 효과 측정.** $p\Delta_0$와 $p\Delta_T$의 차이를 실험군 자체에 의한 의미 있는 차이로 해석하기 위해서는 더 많은 실험과 연구가 필요하다. 위에서 논의된 $p\Delta_T$ 자체의 해석을 복잡하게 하는 귀속의 문제 외에도, 그 차이는 계절성과 같은 외부적 요인 때문일 수 있다. 일반적으로 두 기간 사이에 기본 모집단 또는 외부 환경이 변화하면 더 이상 단기 및 장기 실험 결과를 직접 비교할 수 없다.

물론, 기여도 분석 및 시간 외삽 효과 측정과 관련된 문제 때문에 특정 장기 실험의 결과를 보다 확장 가능한 원리와 기술로 일반화하기는 어렵다. 또한 장기 결과가 안정화됐는지 확인하는 방법과 실험을 중지해야 하는 시기에 대한 문제도 있다. 다음 섹션에서는 이러한 문제를 부분적으로 해결하는 실험 설계 및 분석 방법을 살펴 볼 것이다.

장기 실험의 대체 방법

장기 실험 측정을 개선하기 위해 다양한 방법이 제안됐다(Hohnhold, O'Brien, Tang 2015, Dmitriev, Frasca, et al. 2016). 이 섹션에서 설명하는 각 방법은 몇 가지 개선 사항을 제공하지만 모든 시나리오의 한계를 완전히 해결하지는 못한다. 이러한 제한 사항이 적용되는지 항상 평가하고 만약 적용된다면 결과 또는 결과 해석에 얼마나 영향을 미치는지 평가할 것을 적극 권장한다.

방법 #1: 코호트 분석

실험을 시작하기 전에 안정적인 사용자 집단(코호트)을 구성하고 해당 코호트에 대한 단기 및 장기 효과만 분석할 수 있다. 이를 적용하기 위한 한 가지 방법은 로그인한 사용자 ID와 같은 안정적인 식별장치에 기반한 코호트를 이용하는 것이다. 이 방법은 특히 코호트를 안정적인 방식으로 추적하고 측정할 수 있는 경우 희석 및 생존 편향을 해결하는 데 효과적일 수 있다. 명심해야 할 두 가지 중요한 고려 사항이 있다.

- 효과의 측면에서 코호트가 얼마나 안정적인지 평가해야 한다. 예를 들어 식별장치가 쿠키를 기반으로 하고 쿠키 삭제율이 높을 때 이 방법은 편향을 교정하는 데 적합하지 않다(Dmitriev et al. 2016).

- 코호트가 전체 모집단을 대표하지 않는 경우 분석 결과가 전체 모집단으로 일반화되지 않을 수 있으므로 외적 타당성(external validity) 문제가 있을 수 있다. 예를 들어, 로그인한 사용자는 로그인하지 않은 사용자와 다르기 때문에 분석 시 편향이 발생할 수 있다. 계층화를 기반으로 한 가중치 조정과 같은 추가 방법을 사용해 일반화 성능을 개선할 수 있다 (Park, Gelman, Bafumi 2004, Gelman 1997, Lax, Phillips 2009). 이 접근법에서는 먼저 사용자를 하위 그룹으로 계층화 한 다음(예: 사전 실험에서의 높은/중간/낮은 참여 수준을 기반으로) 각 하위 그룹의 실험 효과에 대해 가중 평균을 계산하며, 가중치는 모집단 분포를 반영한다. 이 접근법은 11장에서 광범위하게 논의된 관측 연구와 유사한 한계가 있다.

방법 #2: 사후 분석

이 방법에서는 실험을 한동안 실행한 후 (시간 T) 실행을 중지하고, 그림 23.2와 같이 T 및 T + 1 시간 동안 실험군 사용자와 대조군 사용자 간의 차이를 측정한다. 사용자 경험 문제로 인해 새로운 실험을 축소할 수 없는 경우에도 모든 사용자들에 대해 실험을 실행할 수 있다. 이 방법의 핵심은 측정 기간 동안 실험군 및 대조군의 사용자가 모두 정확히 동일한 기능에 노출됐냐는 것이다. 그러나 그룹 간의 차이점이 발생할 수 밖에 없는데, 첫 번째 경우는 실험군이 대조군이 노출되지 않은 기능 세트에 노출되는 경우이고, 두 번째는 램프업 경우로 실험군이 대조군보다 더 오랜 시간 동안 기능에 노출된 경우다.

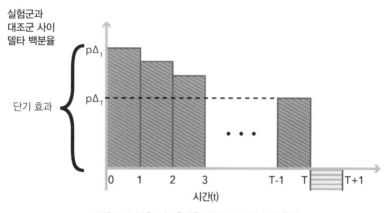

그림 23.2 사후 A/A 측정을 기반으로 장기 효과 측정

Hohnhold et al.(2015)는 사후 기간 동안 측정된 효과를 학습 효과라고 부른다. 이를 올바르게 해석하려면 실험에서 테스트한 구체적인 변화를 이해해야 한다. 학습된 효과에는 두 가지 유형이 있다.

1. **사용자 학습 효과.** 사용자는 시간이 지남에 따라 변화를 학습하고 적응한다. Hohnhold et al.(2015) 는 광고가 로드되는 시간의 증가가 사용자의 광고 클릭 행동에 미치는 영향을 연구한다. 사례 연구에서 사용자 학습은 사후 효과의 주요 원인으로 간주된다.

2. **시스템 학습 효과.** 시스템은 실험기간 중의 정보를 "기억"할 수 있다. 예를 들어, 실험이 더 많은 사용자가 자신의 프로필을 업데이트하도록 유도할 수 있으며 이 업데이트 된 정보는 실험이 종료된 후에도 시스템에 남아 있다. 또는 더 많은 실험군 사용자가 이메일을 귀찮아하고 실험 중에 사용을 중지하는 경우 이후 기간 동안 이메일을 받지 못한다. 또 다른 일반적인 예는 광고를 더 많이 클릭하는 사용자에게 더 많은 광고를 표시하는 모델과 같은 머신러닝 모델을 통한 개인화이다. 실험군 사용자가 광고를 더 많이 클릭하게 하는 경우, 개인화를 위해 충분히 오랜 시간 사용자에 대해 학습한 시스템은 사용자가 대조군이 되더라도 더 많은 광고를 표시할 수 있다.

충분한 실험이 가능하다면 이 방법은 학습된 효과를 시스템 파라미터 기반으로 추정한 다음 새로운 단기 실험으로부터 장기효과를 추정할 수 있다 (Gupta et al. 2019). 이 추정은 실험군 및 대조군 사용자가 똑같은 기능 세트에 노출되는 A/A 사후 기간과 같이 시스템 학습 효과가 없을 때 합리적이다. 이 시스템 학습 효과가 있는 경우의 예로는 장기적인 개인화, 옵트아웃[1], 구독 취소, 광고 노출 횟수 초과 등과 같은 영구적인 사용자 상태 변경이 포함될 수 있다.

즉, 이 접근법은 시간이 지남에 따라 변경되는 외부 요인과 새로 출시된 다른 기능과의 잠재적 상호작용과 같은 영향을 격리하는 데 효과적이다. 학습효과를 개별적으로 측정할 수 있으므로, 단기효과와 장기효과가 다른 이유에 대해서 더 많은 통찰력을 제공한다. 그러나 이 방법은 잠재적인 희석화와 생존 편향이 있다(Dmitriev et al. 2016). 그럼에도 학습된 효과는 사후에 개별적으로 측정되기 때문에 희석화를 설명하거나 앞에서 논의한 코호트 분석 방법과 결합해 학습된 효과를 수정할 수 있다.

---

1 사용자 동의 없이 마케팅 정보를 보내며 거부의사 표현 시 더 이상 보내지 않는 방식 – 옮긴이

방법 #3: 시간차 변수 적용

지금까지 논의된 방법은 실험자가 장기 측정을 수행하기 전에 "충분한" 시간을 기다려야 한다는 것이다. 그러나 "충분히 길다"는 것이 정말 얼마나 길어야 하는 것일까? 소박한 방법은 실험 효과의 추세선을 관찰하고 이것이 안정화될 때까지 충분한 시간이 경과됐다고 판단하는 것이다. 이것은 실험 효과가 시간이 지남에 따라 안정되는 경우가 거의 없기에 좋은 방법이 아니다. 또한 시간 경과에 따른 변동성은 큰 이벤트 또는 요일에 따른 변동성으로 인해 장기 추세를 압도하는 경향이 있다.

측정 시간을 정하기 위해 동일한 실험군에 대해 시차를 둔 두 가지 버전의 실험을 수행할 수 있다. 한 버전(T_0)은 시간 $t = 0$에서 시작하고 다른 버전(T_1)은 시간 t = 1에서 시작한다. 주어진 시간인 $t > 1$에 실험의 두 버전 간의 차이를 측정할 수 있다. 시간 t에서 T_0 및 T_1은 사용자가 실험에 노출되는 기간의 차이만 제외하면 A/A 테스트다. 그림 23.3과 같이 $T_1(t)$과 $T_0(t)$의 차이가 통계적으로 유의한지 확인하기 위해 2표본 t검정을 수행할 수 있으며, 그 차이가 작으면 두 실험이 수렴했다고 결론을 내릴 수 있다. 실질적으로 중요한 델타를 정하고, 그 비교가 이를 감지할 수 있는 충분한 통계적 검정력을 갖고 있는지 확인하는 것이 중요하다. 이 시점에서 장기 효과를 측정하기 위해 시간 t 이후 사후 분석을 적용할 수 있다(Gupta, Kohavi et al. 2019). 두 실험군의 차이를 테스트하는 동안, 1종 오류율이 5% 이상 높아지더라도 2종 오류율을 20%보다 낮게 통제하는 것이 더 중요하다. [2]

이 방법은 두 실험의 차이가 시간이 지남에 따라 더 작아진다고 가정한다. 즉, $T_1(t) - T_0(t)$는 t의 감소함수이다. 이것은 그럴듯한 가정이지만 실제로는 두 실험 사이에 충분한 시간차가 있는지도 확인해야 한다. 학습된 효과가 나타나기까지 약간의 시간이 걸리고, 두 실험군이 차례로 시작되는 경우 T_1

---

2 실험이 목적이 "정말로 차이가 있는가(학습효과가 있는가)"를 밝히는 것이므로, 2종 오류율이 커지면 이것을 간과할 위험성이 커지기 때문이다. – 옮긴이

이 시작될 때 두 실험군이 차이를 가질 시간이 충분하지 않을 수 있다.

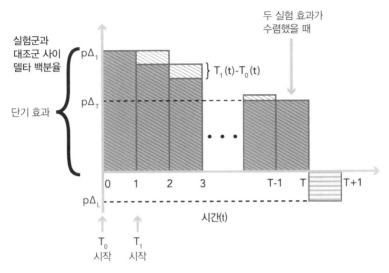

그림 23.3 두 개의 시간차를 가진 실험이 수렴된 것을 관찰한 후 장기 효과를 측정

방법 #4: 보류와 역실험

모든 사용자에게 실험을 시작해야 하는 시간적 압박이 있는 경우 장기 실험이 불가능할 수 있다. 대조군은 실험 대상이 아니므로 기회비용이 많이 든다(Varian 2007). 이에 대한 대안은 홀드 아웃holdout, holdback을 수행하는 것이다. 90% 사용자에 대해 실험을 실시한 후 몇 주(또는 몇 달) 동안 사용자의 10%를 대조군으로 유지하는 것이다(Xu, Duan, Huang 2018). 홀드 아웃 실험holdback experiment은 장기 실험의 전형적인 형태이다. 대조군의 표본 크기가 작기 때문에 최적의 경우보다 적은 검정력을 갖는 경향이 있다. 민감도의 저하가 대조군 보류로부터 학습하고자 하는 것에 영향을 미치치 않도록 하는 것이 중요하다. 자세한 내용은 15장을 참조하라.

역실험이라는 또 다른 방법도 있다. 역실험에서는 사용자의 100%로 실험군을 런칭한 몇 주(또는 몇 개월) 후 10%의 사용자를 대조군으로 다시 변경한다. 이 접근법의 장점은 모든 사람이 한동안 실험 효과를 받았다는 것이다. 이 방법은 네트워크 효과가 중요하거나 시장에서 공급이 제한되는 경우, 역실험을 통해 네트워크나 시장이 새로운 균형에 도달할 수 있는 시간을 준다. 단점은 실험군에서 눈에 띄는 변화가 관찰되는 중에 사용자를 다시 대조군으로 변경한다면 그들을 혼란스럽게 할 수 있다는 점이다.

참고문헌

Abadi, Martin, Andy Chu, Ian Goodfellow, H. Brendan Mironov, Ilya Mcmahan, Kunal Talwar, and Li Zhang. 2016. "Deep Learning with Differential Privacy." Proceedings of the 2016 ACM SIGSAC Conference on Computer and Communications Security.

Abrahamse, Peter. 2016. "How 8 Different A/B Testing Tools Affect Site Speed." CXL: All Things Data-Driven Marketing. May 16. https://conversionxl.com/blog/ testing-tools-site-speed/.

ACM. 2018. ACM Code of Ethics and Professional Conduct. June 22. www.acm.org/ code-of-ethics.

Alvarez, Cindy. 2017. Lean Customer Development: Building Products Your Custom- ers Will Buy. O'Reilly.

Angrist, Joshua D., and Jörn-Steffen Pischke. 2014. Mastering 'Metrics: The Path from Cause to Effect. Princeton University Press.

Angrist, Joshua D., and Jörn-Steffen Pischke. 2009. Mostly Harmless Econometrics: An Empiricist's Companion. Princeton University Press.

Apple, Inc. 2017. "Phased Release for Automatic Updates Now Available." June 5. https://developer.apple.com/app-store-connect/whats-new/?id=31070842.

Apple, Inc. 2018. "Use Low Power Mode to Save Battery Life on Your iPhone." Apple.

September 25. https://support.apple.com/en-us/HT205234.

Athey, Susan, and Guido Imbens. 2016. "Recursive Partitioning for Heterogeneous Causal Effects." PNAS: Proceedings of the National Academy of Sciences. 7353-7360. doi: https://doi.org/10.1073/pnas.1510489113.

Azevedo, Eduardo M., Alex Deng, Jose Montiel Olea, Justin M. Rao, E. Glen Weyl. 2019. "A/B Testing with Fat Tails." February 26. Available at SSRN: https://ssrn.com/abstract=3171224 or http://dx.doi.org/10.2139/ssrn.3171224.

Backstrom, Lars, and Jon Kleinberg. 2011. "Network Bucket Testing." WWW '11 Proceedings of the 20th International Conference on World Wide Web. Hydera- bad, India: ACM. 615 - 624.

Bailar, John C. 1983. "Introduction." In Clinical Trials: Issues and Approaches, by Stuart Shapiro and Thomas Louis. Marcel Dekker.

Bakshy, Eytan, Max Balandat, and Kostya Kashin. 2019. "Open-sourcing Ax and BoTorch: New AI tools for adaptive experimentation." Facebook Artificial Intelli- gence. May 1. https://ai.facebook.com/blog/open-sourcing-ax-and-botorch-new- ai-tools-for-adaptive-experimentation/.

Bakshy, Eytan, and Eitan Frachtenberg. 2015. "Design and Analysis of Benchmarking Experiments for Distributed Internet Services." WWW '15: Proceedings of the 24th International Conference on World Wide Web. Florence, Italy: ACM. 108 - 118. doi: https://doi.org/10.1145/2736277.2741082.

Bakshy, Eytan, Dean Eckles, and Michael Bernstein. 2014. "Designing and Deploying Online Field Experiments." International World Wide Web Conference (WWW 2014). https://facebook.com//download/255785951270811/planout.pdf.

Barajas, Joel, Ram Akella, Marius Hotan, and Aaron Flores. 2016. "Experimental Designs and Estimation for Online Display Advertising Attribution in Market- places." Marketing Science: the Marketing Journal of the Institute for Operations Research and the Management Sciences 35: 465 - 483.

Barrilleaux, Bonnie, and Dylan Wang. 2018. "Spreading the Love in the LinkedIn Feed with Creator-Side Optimization." LinkedIn Engineering. October 16. https:// engineering.linkedin.com/blog/2018/10/linkedin-feed-with-creator-side-optimization. Basin, David, Soren Debois, and Thomas Hildebrandt. 2018. "On Purpose and by Necessity: Compliance under the GDPR." Financial Cryptography and Data Security 2018. IFCA. Preproceedings 21.

Benbunan-Fich, Raquel. 2017. "The Ethics of Online Research with Unsuspecting Users: From A/B Testing to C/D Experimentation." Research Ethics 13 (3 - 4): 200 - 218. doi: https://doi.org/10.1177/1747016116680664.

Benjamin, Daniel J., James O. Berger, Magnus Johannesson, Brian A. Nosek, E.-J. Wagenmakers, Richard Berk, Kenneth A. Bollen, et al. 2017. "Redefine Statistical Significance." Nature Human Behaviour 2 (1): 6-10. https://www.nature.com/ articles/s41562-017-0189-z.

Beshears, John, James J. Choi, David Laibson, Brigitte C. Madrian, and Katherine L. Milkman. 2011. The Effect of Providing Peer Information on Retirement Savings Decisions. NBER Working Paper Series, National Bureau of Economic Research. www.nber.org/papers/w17345.

Billingsly, Patrick. 1995. Probability and Measure. Wiley.

Blake, Thomas, and Dominic Coey. 2014. "Why Marketplace Experimentation is Harder Than it Seems: The Role of Test-Control Interference." EC '14 Proceed- ings of the Fifteenth ACM Conference on Economics and Computation. Palo Alto, CA: ACM. 567 582.

Blank, Steven Gary. 2005. The Four Steps to the Epiphany: Successful Strategies for Products that Win. Cafepress.com.

Blocker, Craig, John Conway, Luc Demortier, Joel Heinrich, Tom Junk, Louis Lyons, and Giovanni Punzi. 2006. "Simple Facts about P-Values." The Rockefeller University. January 5. http://physics.rockefeller.edu/luc/ technical_reports/cdf8023_ facts_about_p_values.pdf.

Bodlewski, Mike. 2017. "When Slower UX is Better UX." Web Designer Depot. Sep 25. https://www.webdesignerdepot.com/2017/09/when-slower-ux-is-better-ux/.

Bojinov, Iavor, and Neil Shephard. 2017. "Time Series Experiments and Causal Estimands: Exact Randomization Tests and Trading." arXiv of Cornell University. July 18. arXiv:1706.07840.

Borden, Peter. 2014. "How Optimizely (Almost) Got Me Fired." The SumAll Blog: Where E-commerce and Social Media Meet. June 18. https://blog. sumall.com/ journal/optimizely-got-me-fired.html.

Bowman, Douglas. 2009. "Goodbye, Google." stopdesign. March 20. https://stop design.com/archive/2009/03/20/goodbye-google.html.

Box, George E.P., J. Stuart Hunter, and William G. Hunter. 2005. Statistics for Experi- menters: Design, Innovation, and Discovery. 2nd edition. John Wiley & Sons, Inc. Brooks Bell. 2015. "Click Summit 2015 Keynote Presentation." Brooks Bell. www.brooksbell.com/wp-content/ uploads/2015/05/BrooksBell_ClickSummit15_ Keynote1.pdf.

Brown, Morton B. 1975. "A Method for Combining Non-Independent, One-Sided Tests of Signficance." Biometrics 31 (4) 987-992. www.jstor.org/stable/2529826. Brutlag, Jake, Zoe Abrams, and Pat Meenan. 2011. "Above the Fold Time: Measuring Web Page Performance Visually." Velocity: Web Performance and Operations Conference.

Buhrmester, Michael, Tracy Kwang, and Samuel Gosling. 2011. "Amazon's Mechan- ical Turk: A New Source of Inexpensive, Yet High-Quality Data?" Perspectives on Psychological Science, Feb 3.

Campbell, Donald T. 1979. "Assessing the Impact of Planned Social Change." Evalu- ation and Program Planning 2: 67-90. https://doi.org/10.1016/0149-7189(79) 90048-X.

Campbell's law. 2018. Wikipedia. https://en.wikipedia.org/wiki/Campbell%27s_law. Card, David, and Alan B Krueger. 1994. "Minimum Wages and Employment: A Case Study of the Fast-Food Industry in New Jersey and Pennsylvania." The American Economic Review 84 (4): 772 793. https://www.jstor.org/stable/2118030.

Casella, George, and Roger L. Berger. 2001. Statistical Inference. 2nd edition. Cengage Learning.

CDC. 2015. The Tuskegee Timeline. December. https://www.cdc.gov/tuskegee/ timeline.htm.

Chamandy, Nicholas. 2016. "Experimentation in a Ridesharing Marketplace." Lyft Engineering. September 2. https:/eng.lyft.com/experimentation-in-a-risharing-mar ketplace-b39db027a66e.

Chan, David, Rong Ge, Ori Gershony, Tim Hesterberg, and Diane Lambert. 2010. "Evaluating Online Ad Campaigns in a Pipeline: Causal Models at Scale." Pro- ceedings of ACM SIGKDD.

Chapelle, Olivier, Thorsten Joachims, Filip Radlinski, and Yisong Yue. 2012. "Large- Scale Validation and Analysis of Interleaved Search Evaluation." ACM Transac- tions on Information Systems, February.

Chaplin, Charlie. 1964. My Autobiography. Simon Schuster.

Charles, Reichardt S., and Mark M. Melvin. 2004. "Quasi Experimentation." In Hand- book of Practical Program Evaluation, by Joseph S. Wholey, Harry P. Hatry and Kathryn E. Newcomer. Jossey-Bass.

Chatham, Bob, Bruce D. Temkin, and Michelle Amato. 2004. A Primer on A/B Testing. Forrester Research.

Chen, Nanyu, Min Liu, and Ya Xu. 2019. "How A/B Tests Could Go Wrong: Automatic Diagnosis of Invalid Online Experiments." WSDM '19 Proceedings of the Twelfth ACM International Conference on Web Search and Data Mining. Melbourne, VIC, Australia: ACM. 501–509. https://dl.acm.org/citation.cfm?id= 3291000.

Chrystal, K. Alec, and Paul D. Mizen. 2001. Goodhart's Law: Its Origins, Meaning and Implications for Monetary Policy. Prepared for the Festschrift in honor of Charles Goodhart held on 15–16 November 2001 at the Bank of England. http:// cyberlibris.typepad.com/blog/files/ Goodharts_Law.pdf.

Coey, Dominic, and Tom Cunningham. 2019. "Improving Treatment Effect Estimators Through Experiment Splitting." WWW '19: The Web Conference. San Francisco, CA, USA: ACM. 285–295. doi:https://dl.acm. org/citation.cfm?doid= 3308558.3313452.

Collis, David. 2016. "Lean Strategy." Harvard Business Review 62–68. https://hbr.org/ 2016/03/lean-strategy.

Concato, John, Nirav Shah, and Ralph I Horwitz. 2000. "Randomized, Controlled Trials, Observational Studies, and the Hierarchy of Research Designs." The New England Journal of Medicine 342 (25): 1887–1892. doi:https://www.nejm.org/ doi/10.1056/NEJM200006223422507.

Cox, David Roxbee. 1958. Planning of Experiments. New York: John Wiley.

Croll, Alistair, and Benjamin Yoskovitz. 2013. Lean Analytics: Use Data to Build a Better Startup Faster. O'Reilly Media.

Crook, Thomas, Brian Frasca, Ron Kohavi, and Roger Longbotham. 2009. "Seven Pitfalls to Avoid when Running Controlled Experiments on the Web." KDD '09: Proceedings of the 15th ACM SIGKDD international conference on Knowledge discovery and data mining, 1105–1114.

Cross, Robert G., and Ashutosh Dixit. 2005. "Customer-centric Pricing: The Surprising Secret for Profitability." Business Horizons, 488.

Deb, Anirban, Suman Bhattacharya, Jeremey Gu, Tianxia Zhuo, Eva Feng, and Mandie Liu. 2018. "Under the Hood of Uber's Experimentation Platform." Uber Engin- eering. August 28. https://eng.uber.com/xp.

Deng, Alex. 2015. "Objective Bayesian Two Sample Hypothesis Testing for Online Controlled Experiments." Florence, IT: ACM. 923–928.

Deng, Alex, and Victor Hu. 2015. "Diluted Treatment Effect Estimation for Trigger Analysis in Online Controlled Experiments." WSDM '15: Proceedings of the Eighth ACM International Conference on Web Search and Data Mining. Shang– hai, China: ACM. 349–358. doi:https://doi. org/10.1145/2684822.2685307.

Deng, Alex, Jiannan Lu, and Shouyuan Chen. 2016. "Continuous Monitoring of A/B Tests without Pain: Optional Stopping in Bayesian Testing." 2016 IEEE Inter– national Conference on Data Science and Advanced Analytics (DSAA). Montreal, QC, Canada: IEEE. doi:https://doi.org/10.1109/ DSAA.2016.33.

Deng, Alex, Ulf Knoblich, and Jiannan Lu. 2018. "Applying the Delta Method in Metric Analytics: A Practical Guide with Novel Ideas." 24th ACM SIGKDD Conference on Knowledge Discovery and Data Mining.

Deng, Alex, Jiannan Lu, and Jonathan Litz. 2017. "Trustworthy Analysis of Online A/B Tests: Pitfalls, Challenges and Solutions." WSDM: The Tenth International Con– ference on Web Search and Data Mining. Cambridge, UK.

Deng, Alex, Ya Xu, Ron Kohavi, and Toby Walker. 2013. "Improving the Sensitivity of Online Controlled Experiments by Utilizing Pre–Experiment Data." WSDM 2013: Sixth ACM International Conference on Web Search and Data Mining.

Deng, Shaojie, Roger Longbotham, Toby Walker, and Ya Xu. 2011. "Choice of Randomization Unit in Online Controlled Experiments." Joint Statistical Meetings Proceedings. 4866–4877.

Denrell, Jerker. 2005. "Selection Bias and the Perils of Benchmarking." (Harvard Business Review) 83 (4): 114–119.

Dickhaus, Thorsten. 2014. Simultaneous Statistical Inference: With Applications in the Life Sciences. Springer. https://www.springer.com/ cda/content/document/cda_ downloaddocument/9783642451812–c2. pdf.

Dickson, Paul. 1999. The Official Rules and Explanations: The Original Guide to Surviving the Electronic Age With Wit, Wisdom, and Laughter. Federal Street Pr. Djulbegovic, Benjamin, and Iztok Hozo. 2002. "At What Degree of Belief in a Research Hypothesis Is a Trial in Humans Justified?" Journal of Evaluation in Clinical Practice, June 13.

Dmitriev, Pavel, and Xian Wu. 2016. "Measuring Metrics." CIKM: Conference on Information and Knowledge Management. Indianapolis, In. http://bit. ly/ measuringMetrics.

Dmitriev, Pavel, Somit Gupta, Dong Woo Kim, and Garnet Vaz. 2017. "A Dirty Dozen: Twelve Common Metric Interpretation Pitfalls in Online Controlled Experiments." Proceedings of the 23rd ACM SIGKDD International Conference on Knowledge Discovery and Data Mining (KDD 2017). Halifax, NS, Canada: ACM. 1427 – 1436. http://doi.acm. org/10.1145/3097983.3098024.

Dmitriev, Pavel, Brian Frasca, Somit Gupta, Ron Kohavi, and Garnet Vaz. 2016. "Pitfalls of Long–Term Online Controlled Experiments." 2016 IEEE International Conference on Big Data (Big Data). Washington DC. 1367 – 1376. http://bit.ly/ expLongTerm.

Doerr, John. 2018. Measure What Matters: How Google, Bono, and the Gates Foun– dation Rock the World with OKRs. Portfolio.

Doll, Richard. 1998. "Controlled Trials: the 1948 Watershed." BMJ. doi:https://doi.org/ 10.1136/bmj.317.7167.1217.

Dutta, Kaushik, and Debra Vadermeer. 2018. "Caching to Reduce Mobile App Energy Consumption." ACM Transactions on the Web (TWEB), February 12(1): Article No. 5.

Dwork, Cynthia, and Aaron Roth. 2014. "The Algorithmic Foundations of Differential Privacy." Foundations and Trends in Computer Science 211 – 407.

Eckles, Dean, Brian Karrer, and Johan Ugander. 2017. "Design and Analysis of Experiments in Networks: Reducing Bias from Interference." Journal of Causal Inference 5(1). www.deaneckles.com/misc/Eckles_Karrer_ Ugander_Reducing_ Bias_from_Interference.pdf.

Edgington, Eugene S. 1972. "An Additive Method for Combining Probablilty Values from Independent Experiments." The Journal of Psychology 80 (2): 351 – 363.

Edmonds, Andy, Ryan W. White, Dan Morris, and Steven M. Drucker. 2007. "Instru– menting the Dynamic Web." Journal of Web Engineering. (3): 244 – 260. www.microsoft.com/en–us/research/wp–content/ uploads/2016/02/edmondsjwe 2007.pdf.

Efron, Bradley, and Robert J. Tibshriani. 1994. An Introduction to the Bootstrap. Chapman & Hall/CRC.

EGAP. 2018. "10 Things to Know About Heterogeneous Treatment Effects." EGAP: Evidence in Government and Politics. egap.org/methods-guides/10-things-hetero geneous-treatment-effects.

Ehrenberg, A.S.C. 1975. "The Teaching of Statistics: Corrections and Comments." Journal of the Royal Statistical Society. Series A 138 (4): 543-545. https://www.jstor.org/stable/2345216.

Eisenberg, Bryan 2005. "How to Improve A/B Testing." ClickZ Network. April 29. www.clickz.com/clickz/column/1717234/how-improve-a-b-testing.

Eisenberg, Bryan. 2004. A/B Testing for the Mathematically Disinclined. May 7. http:// www.clickz.com/showPage.html?page=3349901.

Eisenberg, Bryan, and John Quarto-vonTivadar. 2008. Always Be Testing: The Com- plete Guide to Google Website Optimizer. Sybex. eMarketer. 2016. "Microsoft Ad Revenues Continue to Rebound." April 20. https://www.emarketer.com/Article/Microsoft-Ad-Revenues-Continue-Rebound/1013854. European Commission. 2018. https://ec.europa.eu/commission/priorities/justice-and-fundamental-rights/data-protection/2018-reform-eu-data-protection-rules_en.

European Commission. 2016. EU GDPR.ORG. https://eugdpr.org/.

Fabijan, Aleksander, Pavel Dmitriev, Helena Holmstrom Olsson, and Jan Bosch. 2018. "Online Controlled Experimentation at Scale: An Empirical Survey on the Current State of A/B Testing." Euromicro Conference on Software Engineering and Advanced Applications (SEAA). Prague, Czechia. doi:10.1109/SEAA.2018.00021. Fabijan, Aleksander, Pavel Dmitriev, Helena Holmstrom Olsson, and Jan Bosch. 2017. "The Evolution of Continuous Experimentation in Software Product Development: from Data to a Data-Driven Organization at Scale." ICSE '17 Proceedings of the 39th International Conference on Software Engineering. Buenos Aires, Argentina: IEEE Press. 770-780. doi:https://doi.org/10.1109/ ICSE.2017.76.

Fabijan, Aleksander, Jayant Gupchup, Somit Gupta, Jeff Omhover, Wen Qin, Lukas Vermeer, and Pavel Dmitriev. 2019. "Diagnosing Sample Ratio Mismatch in Online Controlled Experiments: A Taxonomy and Rules of Thumb for Practition- ers." KDD '19: The 25th SIGKDD International Conference on Knowledge Discovery and Data Mining. Anchorage,

Alaska, USA: ACM.

Fabijan, Aleksander, Pavel Dmitriev, Colin McFarland, Lukas Vermeer, Helena Holm- ström Olsson, and Jan Bosch. 2018. "Experimentation Growth: Evolving Trust- worthy A/B Testing Capabilities in Online Software Companies." Journal of Software: Evolution and Process 30 (12:e2113). doi:https://doi.org/10.1002/ smr.2113.

FAT/ML. 2019. Fairness, Accountability, and Transparency in Machine Learning. http://www.fatml.org/.

Fisher, Ronald Aylmer. 1925. Statistical Methods for Research Workers. Oliver and Boyd. http://psychclassics.yorku.ca/Fisher/Methods/.

Forte, Michael. 2019. "Misadventures in experiments for growth." The Unofficial Google Data Science Blog. April 16. www. unofficialgoogledatascience.com/ 2019/04/misadventures-in-experiments-for-growth.html.

Freedman, Benjamin. 1987. "Equipoise and the Ethics of Clinical Research." The New England Journal of Medicine 317 (3): 141 - 145. doi:https:// www.nejm.org/doi/ full/10.1056/NEJM198707163170304.

Gelman, Andrew, and John Carlin. 2014. "Beyond Power Calculations: Assessing Type S (Sign) and Type M (Magnitude) Errors." Perspectives on Psychological Science 9 (6): 641 - 651. doi:10.1177/1745691614551642.

Gelman, Andrew, and Thomas C. Little. 1997. "Poststratification into Many Categories Using Hierarchical Logistic Regression." Survey Methdology 23 (2): 127 - 135. www150.statcan.gc.ca/n1/en/pub/12-001-x/1997002/ article/3616-eng.pdf.

Georgiev, Georgi Zdravkov. 2019. Statistical Methods in Online A/B Testing: Statistics for Data-Driven Business Decisions and Risk Management in e-Commerce. Inde- pendently published. www.abtestingstats.com

Georgiev, Georgi Zdravkov. 2018. "Analysis of 115 A/B Tests: Average Lift is 4%, Most Lack Statistical Power." Analytics Toolkit. June 26. http://blog. analytics- toolkit.com/2018/analysis-of-115-a-b-tests-average-lift-statistical-power/.

Gerber, Alan S., and Donald P. Green. 2012. Field Experiments: Design, Analysis, and Interpretation. W. W. Norton & Company. https://www. amazon.com/Field-Experi ments-Design-Analysis-Interpretation/ dp/0393979954.

Goldratt, Eliyahu M. 1990. The Haystack Syndrome. North River Press.

Goldstein, Noah J., Steve J. Martin, and Robert B. Cialdini. 2008. Yes!: 50 Scientifically Proven Ways to Be Persuasive. Free Press.

Goodhart, Charles A. E. 1975. Problems of Monetary Management: The UK Experi- ence. Vol. 1, in Papers in Monetary Economics, by Reserve Bank of Australia.

Goodhart's law. 2018. Wikipedia. https://en.wikipedia.org/wiki/ Goodhart%27s_law.

Goodman, Steven. 2008. "A Dirty Dozen: Twelve P-Value Misconceptions." Seminars in Hematology. doi:https://doi.org/10.1053/ j.seminhematol.2008.04.003.

Google. 2019. Processing Logs at Scale Using Cloud Dataflow. March 19. https:// cloud.google.com/solutions/processing-logs-at-scale-using-dataflow.

Google. 2018. Google Surveys. https://marketingplatform.google.com/ about/surveys/. Google. 2011. "Ads Quality Improvements Rolling Out Globally." Google Inside AdWords. October 3. https://adwords. googleblog.com/2011/10/ads-quality-improve ments-rolling-out.html.

Google Console. 2019. "Release App Updates with Staged Rollouts." Google Console Help. https://support.google.com/googleplay/android-developer/answer/6346149? hl=en.

Google Developers. 2019. Reduce Your App Size. https://developer. andriod.com/topic/ performance/reduce-apk-size.

Google. Helping Advertisers Comply with the GDPR. 2019. Google Ads Help. https:// support.google.com/google-ads/answer/9028179?hl=en.

Google Website Optimizer. 2008. http://services.google.com/ websiteoptimizer.

Gordon, Brett R., Florian Zettelmeyer, Neha Bhargava, and Dan Chapsky. 2018. "A Comparison of Approaches to Advertising Measurement: Evidence from Big Field Experiments at Facebook (forthcoming at Marketing Science)." https:// papers.ssrn.com/sol3/papers.cfm?abstract_ id=3033144.

Goward, Chris. 2015. "Delivering Profitable 'A-ha!' Moments Everyday." Conversion Hotel. Texel, The Netherlands. www.slideshare.net/ webanalisten/chris-goward- strategy-conversion-hotel-2015.

Goward, Chris. 2012. You Should Test That: Conversion Optimization for More Leads, Sales and Profit or The Art and Science of Optimized Marketing. Sybex.

Greenhalgh, Trisha. 2014. How to Read a Paper: The Basics of Evidence-Based Medicine. BMJ Books. https://www.amazon.com/gp/product/B00IPG7GLC.

Greenhalgh, Trisha. 1997. "How to Read a Paper : Getting Your Bearings (deciding what the paper is about)." BMJ 315 (7102): 243–246. doi:10.1136/bmj.315.7102.243.

Greenland, Sander, Stephen J. Senn, Kenneth J. Rothman, John B. Carlin, Charles Poole, Steven N. Goodman, and Douglas G. Altman. 2016. "Statistical Tests,   P Values, Confidence Intervals, and Power: a Guide to Misinterpretations." Euro- pean Journal of Epidemiology 31 (4): 337–350. https://dx.doi.org/10.1007%2Fs10654-016-0149-3.

Grimes, Carrie, Diane Tang, and Daniel M. Russell. 2007. "Query Logs Alone are not Enough." International Conference of the World Wide Web, May.

Grove, Andrew S. 1995. High Output Management. 2nd edition. Vintage.

Groves, Robert M., Floyd J. Fowler Jr, Mick P. Couper, James M. Lepkowski, Singer Eleanor, and Roger Tourangeau. 2009. Survey Methodology. 2nd edition. Wiley.

Gui, Han, Ya Xu, Anmol Bhasin, and Jiawei Han. 2015. "Network A/B Testing From Sampling to Estimation." WWW '15 Proceedings of the 24th International Con- ference on World Wide Web. Florence, IT: ACM. 399–409.

Gupta, Somit, Lucy Ulanova, Sumit Bhardwaj, Pavel Dmitriev, Paul Raff, and Alek- sander Fabijan. 2018. "The Anatomy of a Large-Scale Online Experimentation Platform." IEEE International Conference on Software Architecture.

Gupta, Somit, Ronny Kohavi, Diane Tang, Ya Xu, and etal. 2019. "Top Challenges from the first Practical Online Controlled Experiments Summit." Edited by Xin Luna Dong, Ankur Teredesai and Reza Zafarani. SIGKDD Explorations (ACM) 21 (1). https://bit.ly/OCESummit1.

Guyatt, Gordon H., David L. Sackett, John C. Sinclair, Robert Hayward, Deborah J. Cook, and Richard J. Cook. 1995. "Users' Guides to the Medical Literature: IX. A method for Grading Health Care Recommendations." Journal of the American Medical Association (JAMA) 274 (22): 1800–1804. doi:https://doi.org/10.1001%2Fjama.1995.03530220066035.

Harden, K. Paige, Jane Mendle, Jennifer E. Hill, Eric Turkheimer, and Robert E. Emery. 2008. "Rethinking Timing of First Sex and Delinquency." Journal of Youth and Adolescence 37 (4): 373–385. doi:https://doi.org/10.1007/s10964–007–9228–9.

Harford, Tim. 2014. The Undercover Economist Strikes Back: How to Run – or Ruin –an Economy. Riverhead Books.

Hauser, John R., and Gerry Katz. 1998. "Metrics: You Are What You Measure!" European Management Journal 16 (5): 516–528. http://www.mit.edu/~hauser/ Papers/metrics%20you%20are%20what%20you%20measure.pdf.

Health and Human Services. 2018a. Guidance Regarding Methods for De–identification of Protected Health Information in Accordance with the Health Insurance Port– ability and Accountability Act (HIPAA) Privacy Rule. https://www.hhs.gov/hipaa/ for–professionals/privacy/special–topics/de–identification/index.html.

Health and Human Services. 2018b. Health Information Privacy. https://www.hhs.gov/ hipaa/index.html.

Health and Human Services. 2018c. Summary of the HIPAA Privacy Rule. https:// www.hhs.gov/hipaa/for–professionals/privacy/laws–regulations/index.html.

Hedges, Larry, and Ingram Olkin. 2014. Statistical Methods for Meta–Analysis. Aca– demic Press.

Hemkens, Lars, Despina Contopoulos–Ioannidis, and John Ioannidis. 2016. "Routinely Collected Data and Comparative Effectiveness Evidence: Promises and Limita– tions." CMAJ, May 17.

HIPAA Journal. 2018. What is Considered Protected Health Information Under HIPAA. April 2. https://www.hipaajournal.com/what–is–considered–protected– health–information–under–hipaa/.

Hochberg, Yosef, and Yoav Benjamini. 1995. "Controlling the False Discovery Rate: a Practical and Powerful Approach to Multiple Testing Series B." Journal of the Royal Statistical Society 57 (1): 289–300.

Hodge, Victoria, and Jim Austin. 2004. "A Survey of Outlier Detection Methodolo- gies." Journal of Artificial Intelligence Review. 85 - 126.

Hohnhold, Henning, Deirdre O'Brien, and Diane Tang. 2015. "Focus on the Long- Term: It's better for Users and Business." Proceedings 21st Conference on Knowledge Discovery and Data Mining (KDD 2015). Sydney, Australia: ACM. http://dl.acm.org/citation.cfm?doid=2783258.2788583.

Holson, Laura M. 2009. "Putting a Bolder Face on Google." NY Times. February 28. https://www.nytimes.com/2009/03/01/business/01marissa.html.

Holtz, David Michael. 2018. "Limiting Bias from Test-Control Interference In Online Marketplace Experiments." DSpace@MIT. http://hdl.handle.net/1721.1/117999.

Hoover, Kevin D. 2008. "Phillips Curve." In R. David Henderson, Concise Encyclo- pedia of Economics. http://www.econlib.org/library/Enc/PhillipsCurve.html.

Huang, Jason, David Reiley, and Nickolai M. Raibov. 2018. "David Reiley, Jr." Measuring Consumer Sensitivity to Audio Advertising: A Field Experiment on Pandora Internet Radio. April 21. http://davidreiley.com/papers/PandoraListener DemandCurve.pdf.

Huang, Jeff, Ryen W. White, and Susan Dumais. 2012. "No Clicks, No Problem: Using Cursor Movements to Understand and Improve Search." Proceedings of SIGCHI. Huang, Yanping, Jane You, Iris Wang, Feng Cao, and Ian Gao. 2015. Data Science Interviews Exposed. CreateSpace.

Hubbard, Douglas W. 2014. How to Measure Anything: Finding the Value of Intan- gibles in Business. 3rd edition. Wiley.

Huffman, Scott. 2008. Search Evaluation at Google. September 15. https://googleblog.blogspot.com/2008/09/search-evaluation-at-google.html.

Imbens, Guido W., and Donald B. Rubin. 2015. Causal Inference for Statistics, Social, and Biomedical Sciences: An Introduction. Cambridge University Press.

Ioannidis, John P. 2005. "Contradicted and Initially Stronger Effects in Highly Cited Clinical Research." (The Journal of the American Medical Association) 294 (2).

Jackson, Simon. 2018. "How Booking.com increases the power of online experiments with CUPED." Booking.ai. January 22. https://booking.ai/how-booking-com- increases-the-power-of-online-experiments-with-cuped-995d186fff1d.

Joachims, Thorsten, Laura Granka, Bing Pan, Helene Hembrooke, and Geri Gay. 2005. "Accurately Interpreting Clickthrough Data as Implicit Feedback." SIGIR, August. Johari, Ramesh, Leonid Pekelis, Pete Koomen, and David Walsh. 2017. "Peeking at A/B Tests." KDD '17: Proceedings of the 23rd ACM SIGKDD International Conference on Knowledge Discovery and Data Mining. Halifax, NS, Canada: ACM. 1517–1525. doi:https://doi.org/10.1145/3097983.3097992.

Kaplan, Robert S., and David P. Norton. 1996. The Balanced Scorecard: Translating Strategy into Action. Harvard Business School Press.

Katzir, Liran, Edo Liberty, and Oren Somekh. 2012. "Framework and Algorithms for Network Bucket Testing." Proceedings of the 21st International Conference on World Wide Web 1029–1036.

Kaushik, Avinash. 2006. "Experimentation and Testing: A Primer." Occam's Razor. May 22. www.kaushik.net/avinash/2006/05/experimentation-and-testing- a-primer.html.

Keppel, Geoffrey, William H. Saufley, and Howard Tokunaga. 1992. Introduction to Design and Analysis. 2nd edition. W.H. Freeman and Company.

Kesar, Alhan. 2018. 11 Ways to Stop FOOC'ing up your A/B tests. August 9. www.widerfunnel.com/stop-fooc-ab-tests/.

King, Gary, and Richard Nielsen. 2018. Why Propensity Scores Should Not Be Used for Matching. Working paper. https://gking.harvard.edu/publications/why-propensity- scores-should-not-be-used-formatching.

King, Rochelle, Elizabeth F. Churchill, and Caitlin Tan. 2017. Designing with Data: Improving the User Experience with A/B Testing. O'Reilly Media.

Kingston, Robert. 2015. Does Optimizely Slow Down a Site's Performance. January 18. https://www.quora.com/Does-Optimizely-slow-down-a-sites-performance/answer/ Robert-Kingston.

Knapp, Michael S., Juli A. Swinnerton, Michael A. Copland, and Jack Monpas-Huber. 2006. Data-Informed Leadership in Education. Center for the Study of Teaching and Policy, University of Washington, Seattle,

WA: Wallace Founda- tion. https://www.wallacefoundation.org/ knowledge-center/Documents/1-Data- Informed-Leadership.pdf.

Kohavi, Ron. 2019. "HiPPO FAQ." ExP Experimentation Platform. http:// bitly.com/ HIPPOExplained.

Kohavi, Ron. 2016. "Pitfalls in Online Controlled Experiments." CODE '16: Confer- ence on Digital Experimentation. MIT. https://bit.ly/ Code2016Kohavi.

Kohavi, Ron. 2014. "Customer Review of A/B Testing: The Most Powerful Way to Turn Clicks Into Customers." Amazon.com. May 27. www. amazon.com/gp/cus tomer-reviews/R44BH2HO3OT18.

Kohavi, Ron. 2010. "Online Controlled Experiments: Listening to the Customers, not to the HiPPO." Keynote at EC10: the 11th ACM Conference on Electronic Com- merce. www.exp-platform.com/ Documents/2010-06%20EC10.pptx.

Kohavi, Ron. 2003. Real-world Insights from Mining Retail E-Commerce Data. Stan- ford, CA, May 22. http://ai.stanford.edu/~ronnyk/ realInsights.ppt.

Kohavi, Ron, and Roger Longbotham. 2017. "Online Controlled Experiments and A/B Tests." In Encyclopedia of Machine Learning and Data Mining, by Claude Sammut and Geoffrey I Webb. Springer. www.springer.com/ us/book/ 9781489976857.

Kohavi, Ron, and Roger Longbotham. 2010. "Unexpected Results in Online Controlled Experiments." SIGKDD Explorations, December. http://bit.ly/ expUnexpected.

Kohavi, Ron and Parekh, Rajesh. 2003. "Ten Supplementary Analyses to Improve E-commerce Web Sites." WebKDD. http://ai.stanford. edu/~ronnyk/supplementary Analyses.pdf.

Kohavi, Ron, and Stefan Thomke. 2017. "The Surprising Power of Online Experiments." Harvard Business Review (September – October): 74 - 92. http://exp-platform.com/ hbr-the-surprising-power-of-online- experiments/.

Kohavi, Ron, Thomas Crook, and Roger Longbotham. 2009. "Online Experimentation at Microsoft." Third Workshop on Data Mining Case Studies and Practice Prize. http://bit.ly/expMicrosoft.

Kohavi, Ron, Roger Longbotham, and Toby Walker. 2010. "Online

Experiments: Practical Lessons." IEEE Computer, September: 82 – 85. http://bit.ly/ expPracticalLessons.

Kohavi, Ron, Diane Tang, and Ya Xu. 2019. "History of Controlled Experiments." Practical Guide to Trustworthy Online Controlled Experiments. https://bit.ly/ experimentGuideHistory.

Kohavi, Ron, Alex Deng, Roger Longbotham, and Ya Xu. 2014. "Seven Rules of Thumb for Web Site." Proceedings of the 20th ACM SIGKDD International Conference on Knowledge Discovery and Data Mining (KDD '14). http://bit.ly/ expRulesOfThumb.

Kohavi, Ron, Roger Longbotham, Dan Sommerfield, and Randal M. Henne. 2009. "Controlled Experiments on the Web: Survey and Practical Guide." Data Mining and Knowledge Discovery 18: 140 – 181. http://bit.ly/ expSurvey.

Kohavi, Ron, Alex Deng, Brian Frasca, Roger Longbotham, Toby Walker, and Ya Xu. 2012. "Trustworthy Online Controlled Experiments: Five Puzzling Outcomes Explained." Proceedings of the 18th Conference on Knowledge Discovery and Data Mining. http://bit.ly/expPuzzling.

Kohavi, Ron, Alex Deng, Brian Frasca, Toby Walker, Ya Xu, and Nils Pohlmann. 2013. "Online Controlled Experiments at Large Scale." KDD 2013: Proceedings of the 19th ACM SIGKDD International Conference on Knowledge Discovery and Data Mining.

Kohavi, Ron, David Messner, Seth Eliot, Juan Lavista Ferres, Randy Henne, Vignesh Kannappan, and Justin Wang. 2010. "Tracking Users' Clicks and Submits: Trade– offs between User Experience and Data Loss." Experimentation Platform. September 28. www.exp–platform.com/ Documents/TrackingUserClicksSubmits.pdf

Kramer, Adam, Jamie Guillory, and Jeffrey Hancock. 2014. "Experimental evidence of massive–scale emotional contagion through social networks." PNAS, June 17.

Kuhn, Thomas. 1996. The Structure of Scientific Revolutions. 3rd edition. University of Chicago Press.

Laja, Peep. 2019. "How to Avoid a Website Redesign FAIL." CXL. March 8. https:// conversionxl.com/show/avoid–redesign–fail/.

Lax, Jeffrey R., and Justin H. Phillips. 2009. "How Should We Estimate Public Opinion in The States?" American Journal of Political Science

53 (1): 107-121. www.columbia.edu/~jhp2121/publications/
HowShouldWeEstimateOpinion.pdf.

Lee, Jess. 2013. Fake Door. April 10. www.jessyoko.com/blog/2013/04/10/
fake-doors/.

Lee, Minyong R, and Milan Shen. 2018. "Winner's Curse: Bias Estimation for
Total Effects of Features in Online Controlled Experiments." KDD 2018:
The 24th ACM Conference on Knowledge Discovery and Data Mining.
London: ACM.

Lehmann, Erich, L., and Joseph P. Romano. 2005. Testing Statistical
Hypothesis. Springer.

Levy, Steven. 2014. "Why The New Obamacare Website is Going to Work
This Time." www.wired.com/2014/06/healthcare-gov-revamp/.

Lewis, Randall A, Justin M Rao, and David Reiley. 2011. "Here, There, and
Everywhere: Correlated Online Behaviors Can Lead to Overestimates of
the Effects of Advertising." Proceedings of the 20th ACM International
World Wide Web Conference(WWW). 157-166. https://ssrn.com/
abstract=2080235.

Lewis, Randall A., Justin M. Rao, and David Reiley. 2011. "Proceedings of
the 20th ACM International World Wide Web Conference (WWW20)."
157-166. https:// ssrn.com/abstract=2080235.

Li, Lihong, Wei Chu, John Langford, and Robert E. Schapire. 2010.
"A Contextual- Bandit Approach to Personalized News Article
Recommendation." WWW 2010: Proceedings of the 19th International
Conference on World Wide Web. Raleigh, North Carolina. https://arxiv.
org/pdf/1003.0146.pdf.

Linden, Greg. 2006. Early Amazon: Shopping Cart Recommendations. April
25. http:// glinden.blogspot.com/2006/04/early-amazon-shopping-cart.
html.

Linden, Greg. 2006. "Make Data Useful." December. http://sites.google.
com/site/glin den/Home/StanfordDataMining.2006-11-28.ppt.

Linden, Greg. 2006. "Marissa Mayer at Web 2.0 ." Geeking with Greg .
November 9. http://glinden.blogspot.com/2006/11/marissa-mayer-at-
web-20.html.

Linowski, Jakub. 2018a. Good UI: Learn from What We Try and Test.
https://goodui.org/.

Linowski, Jakub. 2018b. No Coupon. https://goodui.org/patterns/1/.

Liu, Min, Xiaohui Sun, Maneesh Varshney, and Ya Xu. 2018. "Large-Scale Online Experimentation with Quantile Metrics." Joint Statistical Meeting, Statistical Con- sulting Section. Alexandria, VA: American Statistical Association. 2849 – 2860.

Loukides, Michael, Hilary Mason, and D.J. Patil. 2018. Ethics and Data Science. O'Reilly Media.

Lu, Luo, and Chuang Liu. 2014. "Separation Strategies for Three Pitfalls in A/ B Testing." KDD User Engagement Optimization Workshop. New York. www.ueo-workshop.com/wp-content/uploads/2014/04/Separation-strategies-for- three-pitfalls-in-AB-testing_withacknowledgments.pdf.

Lucas critique. 2018. Wikipedia. https://en.wikipedia.org/wiki/Lucas_critique.

Lucas, Robert E. 1976. Econometric Policy Evaluation: A Critique. Vol. 1. In The Phillips Curve and Labor Markets, by K. Brunner and A. Meltzer, 19 – 46. Carnegie-Rochester Conference on Public Policy.

Malinas, Gary, and John Bigelow. 2004. "Simpson's Paradox." Stanford Encyclopedia of Philosophy. February 2. http://plato.stanford.edu/entries/paradox-simpson/.

Manzi, Jim. 2012. Uncontrolled: The Surprising Payoff of Trial-and-Error for Busi- ness, Politics, and Society. Basic Books.

Marks, Harry M. 1997. The Progress of Experiment: Science and Therapeutic Reform in the United States, 1900 – 1990. Cambridge University Press.

Marsden, Peter V., and James D. Wright. 2010. Handbook of Survey Research, 2nd Edition. Emerald Publishing Group Limited.

Marsh, Catherine, and Jane Elliott. 2009. Exploring Data: An Introduction to Data Analysis for Social Scientists. 2nd edition. Polity.

Martin, Robert C. 2008. Clean Code: A Handbook of Agile Software Craftsmanship. Prentice Hall.

Mason, Robert L., Richard F. Gunst, and James L. Hess. 1989. Statistical Design and Analysis of Experiments With Applications to Engineering and Science. John Wiley & Sons.

McChesney, Chris, Sean Covey, and Jim Huling. 2012. The 4 Disciplines of Execution: Achieving Your Wildly Important Goals. Free Press.

McClure, Dave. 2007. Startup Metrics for Pirates: AARRR!!! August 8. www.

slide share.net/dmc500hats/startup-metrics-for-pirates-long-version.

McClure, Dave. 2007. Startup Metrics for Pirates: AARRR!!! August 8. www. slide share.net/dmc500hats/startup-metrics-for-pirates-long-version.

McCrary, Justin. 2008. "Manipulation of the Running Variable in the Regression Discontinuity Design: A Density Test." Journal of Econometrics (142): 698 – 714. McCullagh, Declan. 2006. AOL's Disturbing Glimpse into Users' Lives. August 9. www.cnet.com/news/aols-disturbing-glimpse-into-users-lives/.

McFarland, Colin. 2012. Experiment!: Website Conversion Rate Optimization with A/B and Multivariate Testing. New Riders.

McGue, Matt. 2014. Introduction to Human Behavioral Genetics, Unit 2: Twins: A Natural Experiment. Coursera. https://www.coursera.org/learn/behavioralge netics/lecture/u8Zgt/2a-twins-a-natural-experiment.

McKinley, Dan. 2013. Testing to Cull the Living Flower. January. http://mcfunley.com/ testing-to-cull-the-living-flower.

McKinley, Dan. 2012. Design for Continuous Experimentation: Talk and Slides. December 22. http://mcfunley.com/design-for-continuous-experimentation.

Mechanical Turk. 2019. Amazon Mechanical Turk. http://www.mturk.com.

Meenan, Patrick. 2012. "Speed Index." WebPagetest. April. https://sites. google.com/a/ webpagetest.org/docs/using-webpagetest/metrics/speed-index.

Meenan, Patrick, Chao (Ray) Feng, and Mike Petrovich. 2013. "Going Beyond Onload – How Fast Does It Feel?" Velocity: Web Performance and Operations conference, October 14 – 16. http://velocityconf.com/velocityny2013/public/sched ule/detail/31344.

Meyer, Michelle N. 2018. "Ethical Considerations When Companies Study – and Fail to Study – Their Customers." In The Cambridge Handbook of Consumer Privacy, by Evan Selinger, Jules Polonetsky and Omer Tene. Cambridge University Press.

Meyer, Michelle N. 2015. "Two Cheers for Corporate Experimentation: The A/B Illusion and the Virtues of Data-Driven Innovation." 13 Colo. Tech. L.J. 273. https://ssrn.com/abstract=2605132.

Meyer, Michelle N. 2012. Regulating the Production of Knowledge: Research Risk- Benefit Analysis and the Heterogeneity Problem. 65

Administrative Law Review 237; Harvard Public Law Working Paper. doi:http://dx.doi.org/10.2139/ ssrn.2138624.

Meyer, Michelle N., Patrick R. Heck, Geoffrey S. Holtzman, Stephen M. Anderson, William Cai, Duncan J. Watts, and Christopher F. Chabris. 2019. "Objecting to Experiments that Compare Two Unobjectionable Policies or Treatments." PNAS: Proceedings of the National Academy of Sciences (National Academy of Sci- ences). doi:https://doi.org/10.1073/ pnas.1820701116.

Milgram, Stanley. 2009. Obedience to Authority: An Experimental View. Harper Perennial Modern Thought.

Mitchell, Carl, Jonathan Litz, Garnet Vaz, and Andy Drake. 2018. "Metrics Health Detection and AA Simulator." Microsoft ExP (internal). August 13. https://aka.ms/exp/wiki/AASimulator.

Moran, Mike. 2008. Multivariate Testing in Action: Quicken Loan's Regis Hadiaris on multivariate testing. December. www.biznology. com/2008/12/multivariate_ testing_in_action/.

Moran, Mike. 2007. Do It Wrong Quickly: How the Web Changes the Old Marketing Rules. IBM Press.

Mosavat, Fareed. 2019. Twitter. Jan 29. https://twitter.com/far33d/ status/1090400421 842018304.

Mosteller, Frederick, John P. Gilbert, and Bucknam McPeek. 1983. "Controversies in Design and Analysis of Clinical Trials." In Clinical Trials, by Stanley H. Shapiro and Thomas A. Louis. New York, NY: Marcel Dekker, Inc.

MR Web. 2014. "Obituary: Audience Measurement Veteran Tony Twyman." Daily Research News Online. November 12. www.mrweb. com/drno/news 20011.htm.

Mudholkar, Govind S., and E. Olusegun George. 1979. "The Logit Method for Com- bining Probablilities." Edited by J. Rustagi. Symposium on Optimizing Methods in Statistics." Academic Press. 345 – 366. https:// apps.dtic.mil/dtic/tr/fulltext/u2/ a049993.pdf.

Mueller, Hendrik, and Aaron Sedley. 2014. "HaTS: Large-Scale In-Product Measure- ment of User Attitudes & Experiences with Happiness Tracking Surveys." OZCHI, December.

Neumann, Chris. 2017. Does Optimizely Slow Down a Site's Performance?

October 18. https://www.quora.com/Does–Optimizely–slow–down–a–sites–performance.

Newcomer, Kathryn E., Harry P. Hatry, and Joseph S. Wholey. 2015. Handbook of Practical Program Evaluation (Essential Tests for Nonprofit and Publish Leader– ship and Management). Wiley.

Neyman, J. 1923. "On the Application of Probability Theory of Agricultural Experi– ments." Statistical Science 465 – 472.

NSF. 2018. Frequently Asked Questions and Vignettes: Interpreting the Common Rule for the Protection of Human Subjects for Behavioral and Social Science Research. www.nsf.gov/bfa/dias/policy/hsfaqs.jsp.

Office for Human Research Protections. 1991. Federal Policy for the Protection of Human Subjects ('Common Rule'). www.hhs.gov/ohrp/regulations–and–policy/ regulations/common–rule/index.html.

Optimizely. 2018. "A/A Testing." Optimizely. www.optimizely.com/optimization–gloss ary/aa–testing/.

Optimizely. 2018. "Implement the One–Line Snippet for Optimizely X." Optimizely. February 28. https://help.optimizely.com/Set_Up_Optimizely/Implement_the_one– line_snippet_for_Optimizely_X.

Optimizely. 2018. Optimizely Maturity Model. www.optimizely.com/maturity–model/. Orlin, Ben. 2016. Why Not to Trust Statistics. July 13. https://mathwithbaddrawings.com/2016/07/13/why–not–to–trust–statistics/.

Owen, Art, and Hal Varian. 2018. Optimizing the Tie–Breaker Regression Discontinuity Design. August. http://statweb.stanford.edu/~owen/reports/tiebreaker.pdf.

Owen, Art, and Hal Varian. 2009. Oxford Centre for Evidence–based Medicine – Levels of Evidence. March. www.cebm.net/oxford–centre–evidence–based–medicine– levels–evidence–march–2009/.

Park, David K., Andrew Gelman, and Joseph Bafumi. 2004. "Bayesian Multilevel Estimation with Poststratification: State–Level Estimates from National Polls." Political Analysis 375 – 385.

Parmenter, David. 2015. Key Performance Indicators: Developing, Implementing, and Using Winning KPIs. 3rd edition. John Wiley & Sons, Inc.

Pearl, Judea. 2009. Causality: Models, Reasoning and Inference. 2nd edition. Cam— bridge University Press.

Pekelis, Leonid. 2015. "Statistics for the Internet Age: The Story behind Optimizely's New Stats Engine." Optimizely. January 20. https://blog. optimizely.com/2015/01/ 20/statistics-for-the-internet-age-the-story-behind-optimizelys-new-stats-engine/.

Pekelis, Leonid, David Walsh, and Ramesh Johari. 2015. "The New Stats Engine." Optimizely. www.optimizely.com/resources/stats-engine-whitepaper/.

Pekelis, Leonid, David Walsh, and Ramesh Johari. 2005. Web Site Measurement Hacks. O'Reilly Media.

Peterson, Eric T. 2005. Web Site Measurement Hacks. O'Reilly Media.

Peterson, Eric T. 2004. Web Analytics Demystified: A Marketer's Guide to Understand— ing How Your Web Site Affects Your Business. Celilo Group Media and CafePress. Pfeffer, Jeffrey, and Robert I Sutton. 1999. The Knowing-Doing Gap: How Smart Companies Turn Knowledge into Action. Harvard Business Review Press.

Phillips, A. W. 1958. "The Relation between Unemployment and the Rate of Change of Money Wage Rates in the United Kingdom, 1861–1957." Economica, New Series 25 (100): 283–299. www.jstor.org/stable/2550759.

Porter, Michael E. 1998. Competitive Strategy: Techniques for Analyzing Industries and Competitors. Free Press.

Porter, Michael E. 1996. "What is Strategy." Harvard Business Review 61–78. Quarto-vonTivadar, John. 2006. "AB Testing: Too Little, Too Soon." Future Now. www.futurenowinc.com/abtesting.pdf.

Radlinski, Filip, and Nick Craswell. 2013. "Optimized Interleaving For Online Retrieval Evaluation." International Conference on Web Search and Data Mining. Rome, IT: ASM. 245–254.

Rae, Barclay. 2014. "Watermelon SLAs – Making Sense of Green and Red Alerts." Computer Weekly. September. https://www.computerweekly. com/opinion/Water melon-SLAs-making-sense-of-green-and-red-alerts.

RAND. 1955. A Million Random Digits with 100,000 Normal Deviates. Glencoe, Ill: Free Press. www.rand.org/pubs/monograph_reports/MR1418.html.

Rawat, Girish. 2018. "Why Most Redesigns fail." freeCodeCamp. December 4. https:// medium.freecodecamp.org/why-most-redesigns-fail-6ecaaf1b584e.

Razali, Nornadiah Mohd, and Yap Bee Wah. 2011. "Power comparisons of Shapiro- Wilk, Kolmogorov-Smirnov, Lillefors and Anderson-Darling tests." Journal of Statistical Modeling and Analytics. January 1: 21 - 33.

Reinhardt, Peter. 2016. Effect of Mobile App Size on Downloads. October 5. https:// segment.com/blog/mobile-app-size-effect-on-downloads/.

Resnick, David. 2015. What is Ethics in Research & Why is it Important? December 1. www.niehs.nih.gov/research/resources/bioethics/whatis/index.cfm.

Ries, Eric. 2011. The Lean Startup: How Today's Entrepreneurs Use Continuous Innovation to Create Radically Successful Businesses. Crown Business.

Rodden, Kerry, Hilary Hutchinson, and Xin Fu. 2010. "Measuring the User Experience on a Large Scale: User-Centered Metrics for Web Applications." Proceedings of CHI, April. https://ai.google/research/pubs/pub36299

Romano, Joseph, Azeem M. Shaikh, and Michael Wolf. 2016. "Multiple Testing." In The New Palgrave Dictionary of Economics. Palgram Macmillan.

Rosenbaum, Paul R, and Donald B Rubin. 1983. "The Central Role of the Propensity Score in Observational Studies for Causal Effects." Biometrika 70 (1): 41 - 55. doi:http://dx.doi.org/10.1093/biomet/70.1.41.

Rossi, Peter H., Mark W. Lipsey, and Howard E. Freeman. 2004. Evaluation: A Systematic Approach. 7th edition. Sage Publications, Inc.

Roy, Ranjit K. 2001. Design of Experiments using the Taguchi Approach : 16 Steps to Product and Process Improvement. John Wiley & Sons, Inc.

Rubin, Donald B. 1990. "Formal Mode of Statistical Inference for Causal Effects." Journal of Statistical Planning and Inference 25, (3) 279 - 292.

Rubin, Donald 1974. "Estimating Causal Effects of Treatment in Randomized and Nonrandomized Studies." Journal of Educational Psychology 66 (5): 688 - 701.

Rubin, Kenneth S. 2012. Essential Scrum: A Practical Guide to the Most Popular Agile Process. Addison-Wesley Professional.

Russell, Daniel M., and Carrie Grimes. 2007. "Assigned Tasks Are Not the Same as Self-Chosen Web Searches." HICSS'07: 40th Annual Hawaii International Con- ference on System Sciences, January. https://doi.org/10.1109/HICSS.2007.91.

Saint-Jacques, Guillaume B., Sinan Aral, Edoardo Airoldi, Erik Brynjolfsson, and Ya Xu. 2018. "The Strength of Weak Ties: Causal Evidence using People-You-May- Know Randomizations." 141 - 152.

Saint-Jacques, Guillaume, Maneesh: Simpson, Jeremy Varshney, and Ya Xu. 2018. "Using Ego-Clusters to Measure Network Effects at LinkedIn." Workshop on Information Systems and Exonomics. San Francisco, CA.

Samarati, Pierangela, and Latanya Sweeney. 1998. "Protecting Privacy When Disclos- ing Information: k-anonymity and its Enforcement through Generalization and Suppression." Proceedings of the IEEE Symposium on Research in Security and Privacy.

Schrage, Michael. 2014. The Innovator's Hypothesis: How Cheap Experiments Are Worth More than Good Ideas. MIT Press.

Schrijvers, Ard. 2017. "Mobile Website Too Slow? Your Personalization Tools May Be to Blame." Bloomreach. February 2. www.bloomreach.com/en/blog/2017/01/ server-side-personalization-for-fast-mobile-pagespeed.html.

Schurman, Eric, and Jake Brutlag. 2009. "Performance Related Changes and their User Impact." Velocity 09: Velocity Web Performance and Operations Conference. www.youtube.com/watch?v=bQSE51-gr2s and www.slideshare.net/dyninc/the- user-and-business-impact-of-server-delays-additional-bytes-and-http-chunking-in- web-search-presentation.

Scott, Steven L. 2010. "A modern Bayesian look at the multi-armed bandit." Applied Stochastic Models in Business and Industry 26 (6): 639 - 658. doi:https://doi.org/ 10.1002/asmb.874.

Segall, Ken. 2012. Insanely Simple: The Obsession That Drives Apple's Success. Portfolio Hardcover.

Senn, Stephen. 2012. "Seven myths of randomisation in clinical trials." Statistics in Medicine. doi:10.1002/sim.5713.

Shadish, William R., Thomas D. Cook, and Donald T. Campbell. 2001. Experimental and Quasi-Experimental Designs for Generalized Causal

Inference. 2nd edition. Cengage Learning.

Simpson, Edward H. 1951. "The Interpretation of Interaction in Contingency Tables." Journal of the Royal Statistical Society, Ser. B, 238–241.

Sinofsky, Steven, and Marco Iansiti. 2009. One Strategy: Organization, Planning, and Decision Making. Wiley.

Siroker, Dan, and Pete Koomen. 2013. A/B Testing: The Most Powerful Way to Turn Clicks Into Customers. Wiley.

Soriano, Jacopo. 2017. "Percent Change Estimation in Large Scale Online Experi- ments." arXiv.org. November 3. https://arciv.org/pdf/1711.00562.pdf.

Souders, Steve. 2013. "Moving Beyond window.onload()." High Performance Web Sites Blog. May 13. www.stevesouders.com/blog/2013/05/13/moving–beyond– window–onload/.

Souders, Steve. 2009. Even Faster Web Sites: Performance Best Practices for Web Developers. O'Reilly Media.

Souders, Steve. 2007. High Performance Web Sites: Essential Knowledge for Front– End Engineers. O'Reilly Media.

Spitzer, Dean R. 2007. Transforming Performance Measurement: Rethinking the Way We Measure and Drive Organizational Success. AMACOM.

Stephens–Davidowitz, Seth, Hal Varian, and Michael D. Smith. 2017. "Super Returns to Super Bowl Ads?" Quantitative Marketing and Economics, March 1: 1–28.

Sterne, Jim. 2002. Web Metrics: Proven Methods for Measuring Web Site Success. John Wiley & Sons, Inc.

Strathern, Marilyn. 1997. "'Improving ratings': Audit in the British University System." European Review 5 (3): 305–321. doi:10.1002/(SICI)1234–981X (199707)5:33.0.CO:2–4.

Student. 1908. "The Probable Error of a Mean." Biometrika 6 (1): 1–25. https://www.jstor.org/stable/2331554.

Sullivan, Nicole. 2008. "Design Fast Websites." Slideshare. October 14. www.slide share.net/stubbornella/designing–fast–websites–presentation.

Tang, Diane, Ashish Agarwal, Deirdre O'Brien, and Mike Meyer. 2010. "Overlapping Experiment Infrastructure: More, Better, Faster Experimentation." Proceedings 16th Conference on Knowledge

Discovery and Data Mining.

The Guardian. 2014. OKCupid: We Experiment on Users. Everyone does. July 29. www.theguardian.com/technology/2014/jul/29/okcupid-experiment-human-beings- dating.

The National Commission for the Protection of Human Subjects of Biomedical and Behavioral Research. 1979. The Belmont Report. April 18. www.hhs.gov/ohrp/ regulations-and-policy/belmont-report/index. html.

Thistlewaite, Donald L., and Donald T. Campbell. 1960. "Regression-Discontinuity Analysis: An Alternative to the Ex-Post Facto Experiment." Journal of Educa- tional Psychology 51 (6): 309 - 317. doi:https://doi. org/10.1037%2Fh0044319.

Thomke, Stefan H. 2003. "Experimentation Matters: Unlocking the Potential of New Technologies for Innovation."

Tiffany, Kaitlyn. 2017. "This Instagram Story Ad with a Fake Hair in It is Sort of Disturbing." The Verge. December 11. www.theverge.com/ tldr/2017/12/11/ 16763664/sneaker-ad-instagram-stories-swipe-up-trick.

Tolomei, Sam. 2017. Shrinking APKs, growing installs. November 20. https://medium.com/googleplaydev/shrinking-apks-growing-installs-5d3fcba23ce2.

Tutterow, Craig, and Guillaume Saint-Jacques. 2019. Estimating Network Effects Using Naturally Occurring Peer Notification Queue Counterfactuals. February 19. https://arxiv.org/abs/1902.07133.

Tyler, Mary E., and Jerri Ledford. 2006. Google Analytics. Wiley Publishing, Inc. Tyurin, I.S. 2009. "On the Accuracy of the Gaussian Approximation." Doklady Mathematics 429 (3): 312 - 316.

Ugander, Johan, Brian Karrer, Lars Backstrom, and Jon Kleinberg. 2013. "Graph Cluster Randomization: Network Exposure to Multiple Universes." Proceedings of the 19th ACM SIGKDD International Conference on Knowledge Discovery and Data Mining 329 - 337.

van Belle, Gerald. 2008. Statistical Rules of Thumb. 2nd edition. Wiley-Interscience.

Vann, Michael G. 2003. "Of Rats, Rice, and Race: The Great Hanoi Rat Massacre, an Episode in French Colonial History." French Colonial

History 4: 191 – 203. https:// muse.jhu.edu/article/42110.

Varian, Hal. 2016. "Causal inference in economics and marketing." Proceedings of the National Academy of Sciences of the United States of America 7310 – 7315.

Varian, Hal R. 2007. "Kaizen, That Continuous Improvement Strategy, Finds Its Ideal Environment." The New York Times. February 8. www.nytimes. com/2007/02/08/ business/08scene.html.

Vaver, Jon, and Jim Koehler. 2012. Periodic Measuement of Advertising Effectiveness Using Multiple–Test Period Geo Experiments. Google Inc.

Vaver, Jon, and Jim Koehler. 2011. Measuring Ad Effectiveness Using Geo Experi– ments. Google, Inc.

Vickers, Andrew J. 2009. What Is a p–value Anyway? 34 Stories to Help You Actually Understand Statistics. Pearson. www.amazon.com/p–value-Stories–Actually– Understand–Statistics/dp/0321629302.

Vigen, Tyler. 2018. Spurious Correlations. http://tylervigen.com/spurious-correlations. Wager, Stefan, and Susan Athey. 2018. "Estimation and Inference of Heterogeneous Treatment Effects using Random Forests." Journal of the American Statistical Association 13 (523): 1228 – 1242. doi:https://doi.org/10.1080/01621459.2017.1319839.

Wagner, Jeremy. 2019. "Why Performance Matters." Web Fundamentals. May. https:// developers.google.com/web/fundamentals/performance/ why–performance–matters/ #performance_is_about_improving_ conversions.

Wasserman, Larry. 2004. All of Statistics: A Concise Course in Statistical Inference. Springer.

Weiss, Carol H. 1997. Evaluation: Methods for Studying Programs and Policies. 2nd edition. Prentice Hall.

Wider Funnel. 2018. "The State of Experimentation Maturity 2018." Wider Funnel. www.widerfunnel.com/wp–content/uploads/2018/04/State–of–Experimentation– 2018–Original–Research–Report.pdf.

Wikipedia contributors, Above the Fold. 2014. Wikipedia, The Free Encyclopedia. Jan. http://en.wikipedia.org/wiki/Above_the_fold.

Wikipedia contributors, Cobra Effect. 2019. Wikipedia, The Free Encyclopedia. https:// en.wikipedia.org/wiki/Cobra_effect.

Wikipedia contributors, Data Dredging. 2019. Data dredging. https://

en.wikipedia.org/ wiki/Data_dredging.

Wikipedia contributors, Eastern Air Lines Flight 401. 2019. Wikipedia, The Free Encyclopedia. https://en.wikipedia.org/wiki/Eastern_Air_Lines_Flight_401.

Wikipedia contributors, List of .NET libraries and frameworks. 2019. https://en.wikipedia.org/wiki/List_of_.NET_libraries_and_frameworks#Logging_Frameworks.

Wikipedia contributors, Logging as a Service. 2019. Logging as a Service. https:// en.wikipedia.org/wiki/Logging_as_a_service.

Wikipedia contributors, Multiple Comparisons Problem. 2019. Wikipedia, The Free Encyclopedia. https://en.wikipedia.org/wiki/Multiple_comparisons_problem.

Wikipedia contributors, Perverse Incentive. 2019. https://en.wikipedia.org/wiki/Per verse_incentive.

Wikipedia contributors, Privacy by Design. 2019. Wikipedia, The Free Encyclopedia. https://en.wikipedia.org/wiki/Privacy_by_design.

Wikipedia contributors, Semmelweis Reflex. 2019. Wikipedia, The Free Encyclopedia. https://en.wikipedia.org/wiki/Semmelweis_reflex.

Wikipedia contributors, Simpson's Paradox. 2019. Wikipedia, The Free Encyclopedia. Accessed February 28, 2008. http://en.wikipedia.org/wiki/Simpson%27s_paradox. Wolf, Talia. 2018. "Why Most Redesigns Fail (and How to Make Sure Yours Doesn't)." GetUplift. https://getuplift.co/why-most-redesigns-fail.

Xia, Tong, Sumit Bhardwaj, Pavel Dmitriev, and Aleksander Fabijan. 2019. "Safe Velocity: A Practical Guide to Software Deployment at Scale using Controlled Rollout." ICSE: 41st ACM/IEEE International Conference on Software Engineer- ing. Montreal, Canada. www.researchgate.net/publication/333614382_Safe_Vel ocity_A_Practical_Guide_to_Software_Deployment_at_Scale_using_Controlled_ Rollout.

Xie, Huizhi, and Juliette Aurisset. 2016. "Improving the Sensitivity of Online Con- trolled Experiments: Case Studies at Netflix." KDD '16: Proceedings of the 22nd ACM SIGKDD International Conference on Knowledge Discovery and Data Mining. New York, NY: ACM. 645–654. http://doi.acm.org/10.1145/ 2939672.2939733.

Xu, Ya, and Nanyu Chen. 2016. "Evaluating Mobile Apps with A/B and

Quasi A/B Tests." KDD '16: Proceedings of the 22nd ACM SIGKDD International Confer- ence on Knowledge Discovery and Data Mining. San Francisco, California, USA: ACM. 313-322. http://doi.acm.org/10.1145/2939672.2939703.

Xu, Ya, Weitao Duan, and Shaochen Huang. 2018. "SQR: Balancing Speed, Quality and Risk in Online Experiments." 24th ACM SIGKDD Conference on Knowledge Discovery and Data Mining. London: Association for Computing Machinery. 895-904.

Xu, Ya, Nanyu Chen, Adrian Fernandez, Omar Sinno, and Anmol Bhasin. 2015. "From Infrastructure to Culture: A/B Testing Challenges in Large Scale Social Net- works." KDD '15: Proceedings of the 21th ACM SIGKDD International Conference on Knowledge Discovery and Data Mining. Sydney, NSW, Australia: ACM. 2227-2236. http://doi.acm.org/10.1145/2783258.2788602.

Yoon, Sangho. 2018. Designing A/B Tests in a Collaboration Network. www.unofficialgoogledatascience.com/2018/01/designing-ab-tests-in-collaboration.html. Young, S. Stanley, and Allan Karr. 2011. "Deming, data and observational studies: A process out of control and needing fixing." Significance 8 (3).

Zhang, Fan, Joshy Joseph, and Alexander James, Zhuang, Peng Rickabaugh. 2018. Client-Side Activity Monitoring. US Patent US 10,165,071 B2. December 25.

Zhao, Zhenyu, Miao Chen, Don Matheson, and Maria Stone. 2016. "Online Experi- mentation Diagnosis and Troubleshooting Beyond AA Validation." DSAA 2016: IEEE International Conference on Data Science and Advanced Analytics. IEEE. 498-507. doi:https://ieeexplore.ieee.org/document/7796936.

찾아보기

A/B 테스트

신뢰할 수 있는 온라인 종합 대조 실험

발 행 | 2022년 6월 30일

옮긴이 | 이 기 홍 · 김 기 영
지은이 | 론 코하비 · 다이앤 탕 · 야 쉬

펴낸이 | 권 성 준
편집장 | 황 영 주
편 집 | 김 진 아
         임 지 원
디자인 | 윤 서 빈

에이콘출판주식회사
서울특별시 양천구 국회대로 287 (목동)
전화 02-2653-7600, 팩스 02-2653-0433
www.acornpub.co.kr / editor@acornpub.co.kr

한국어판 ⓒ 에이콘출판주식회사, 2022, Printed in Korea.
ISBN 979-11-6175-570-0
http://www.acornpub.co.kr/book/trustworthy-abtest

책값은 뒤표지에 있습니다.